ケースで学ぶ行動分析学による問題解決

日本行動分析学会＝編　山本淳一・武藤崇・鎌倉やよい＝責任編集

Ψ金剛出版

はじめに

　本書の出版は，日本行動分析学会（The Japanese Association for Behavior Analysis／2015年4月1日より一般社団法人日本行動分析学会）によって企画されました。日本行動分析学会は，社会的に重要な問題の解決にむけて，実証研究を深めること，実践のための行動をすること，そしてそれを支援することをミッションにしています。社会的に重要な問題の中には，子育て，保育，教育，医療，リハビリテーション，看護，福祉，介護など，人の一生の中で遭遇するさまざまな問題が含まれています。よりよいヒューマンサービスの実現に向けて，何を行ってきたのか，これから何を行っていくのかを社会に向けて示していく活動に取り組んできました。

　本書は，そのような日本行動分析学会のミッションに鑑み，各ライフステージの中，社会的文脈の中で，問題解決に取り組んできた実践成果を，社会にむけて発信することを目的に編集したものです。執筆者は，これまでさまざまな領域で研究と実践を積まれ，行動分析学をになう研究者，実践家の方々です。

　目次をご覧いただくと，各ライフステージと社会的文脈の中での，問題解決事例（ケース）から構成されていることがわかります。各事例とも，始めに「問題の設定」がなされます。それは，問題自体の成立を支えている文脈を読み解くための枠組みで，どのような意味でその行動が解決すべき問題となっているのかなどの検討がなされます。次に「問題の分析」です。問題は，個人に帰着するものではありません。個人と環境との相互作用という分析の視点を徹底させ，問題が起こっている時の環境が個人に与える影響を明らかにすることが，「問題の分析」です。ここで，問題が生じている文脈と原因と考えられるものが明らかになります。最後に「問題の解決」です。文脈，要因をひとつずつ調整していき，問題の分析に従って支援，介入を実施し，問題解決を目指します。解決しない場合には，再度，分析を繰り返します。

　行動分析学は，さまざまな領域にわたる問題を，共通の枠組みによって分析し，解決できるところに大きなメリットがあります。大枠で共通の用語と枠組みを用いていますが，各領域によって，また各実践者によって，その用い方が微妙に異なります。そのた

め本書では，大きな枠組みと基本用語以外は，あえて統一しませんでした。それは，それぞれの実践現場での文脈を大切にしたかったからです。共通する枠組みや用語の理解を促進するために，「用語集」を参照しながら読み進めていただきたいと思います。

　本書では，問題解決の典型的な事例を示しています。典型事例と，問題行動の解決の方向性をつかむために活用していただきたいと思います。なお，今現在起こっている問題を直接的に解決するためには，行動分析学の知識の上に，行動分析学の専門家に直接相談する必要があることもご理解いただければと思います。読者の皆様が，本書をフル活用して問題を解決していくことを願っています。

　金剛出版編集部の藤井裕二さんには，編集作業の細部にわたって，即座のご対応をしていただきました。また，各章，起伏のある原稿を，本として一貫した構成に仕上げていただきました。記して，感謝いたします。

山本淳一
武藤　崇
鎌倉やよい

目次

はじめに .... 山本淳一｜武藤 崇｜鎌倉やよい 2

第I部 総論

第 1 章── 行動分析学による問題解決① 12
行動分析学の基礎と幼児・児童への介入方法を整理する
山本淳一

第 2 章── 行動分析学による問題解決② 20
青年・成人における問題解決ストラテジーを整理する
武藤 崇

第 3 章── 行動分析学による問題解決③ 29
医療における行動問題への取り組み
鎌倉やよい

第II部 各論

第 1 章── 子育て・保護者支援①
原口英之
ペアレントトレーニングによる問題解決 38
保護者面接を通した問題解決 42

第 2 章── 子育て・保護者支援②
熊 仁美｜竹内弓乃
スモールステップで「待つ」行動を指導した事例 46
保護者主導の療育における刺激内プロンプト活用 50

第 3 章── 保育
田中善大
暴言に対するABC観察記録に基づく支援 54
活動への参加に対するABC観察記録に基づく支援 58

第Ⅱ部 各論

第4章 — 教育：通常学級①
道城裕貴
機能アセスメントと行動コンサルテーション 62
学級全体へのアセスメントと介入 66

第5章 — 教育：通常学級②
小野昌彦
未支援長期不登校生徒の支援依頼行動の形成 70
ポジティブ行動支援による対教師暴力行動の変容 74

第6章 — 教育：特別支援学校①
平澤紀子
望ましい教室環境の構築による問題行動の解決支援 78
スクールワイドで進める問題行動の解決支援 82

第7章 — 教育：特別支援学校②
岡村章司
校内支援体制における課題の解決 86
行動問題を示す自閉症児の指導 90

第8章 — 大学教育
佐藤美幸
大学の授業における私語の低減 94
大学の授業における発言の増加 98

第9章 — 発達障害：幼児
谷 晋二
包括的な支援戦略 102
ソーシャルスキル訓練の展開 106

第10章 — 発達障害：児童
小笠原 恵
授業中の逸脱行動を示すADHD児に対する支援 110
自己記録介入パッケージによる「キレ」る行動への支援 114

第11章 — 発達障害：青年
井澤信三
ASDのある成人における自傷行動への指導 118
発達障害青年における地域生活スキル支援 122

第Ⅱ部 各論

第12章 ── 心理臨床①
石川健介 | 松本 圭
- 精神障害者への複数の技法を含む指導プログラム 126
- 社交不安に悩むクライエントに対する ACT 130

第13章 ── 心理臨床②
三田村 仰
- 不安症への ACT ── アクセプタンス編 134
- うつ病への ACT ── コミットメント編 138

第14章 ── 心身医学
大内佑子 | 熊野宏昭
- 2型糖尿病患者への ACT 142
- 過敏性腸症候群への ACT 146

第15章 ── 非行
野田 航
- 非行や反社会的行動への理解と支援 150
- 児童自立支援施設に入所する非行少年への集団 SST 154

第16章 ── 地域支援
大石幸二
- 学校コンサルテーションの実践における相談過程 158
- 保育巡回相談を地域支援システムに結びつける介入 162

第17章 ── コミュニティ支援
佐伯大輔
- 放置自転車問題に対する行動分析学的アプローチ 166
- 放置自転車問題に対する介入効果 170

第18章 ── リハビリテーション：理学療法
山﨑裕司
- 運動療法の導入を目的とした応用行動分析学的介入 174
- 重度片麻痺患者における起き上がり・座位保持訓練 178

第19章 ── リハビリテーション：作業療法
鈴木 誠
- 身体的ガイダンスを用いた介助協力動作の学習 182
- 外的補助を調整した箸操作の学習 186

第Ⅱ部 各論

第20章 —— リハビリテーション：言語聴覚療法
森下浩充
- 自閉症児の離席行動に対する介入 190
- 強化により行動問題が解決したADHD児 194

第21章 —— 看護
飛田伊都子
- 慢性腎不全患者における水分管理マネジメント 198
- 慢性疾患患者の問題行動に対する行動マネジメント 202

第22章 —— 高齢者支援
野口 代｜山中克夫
- 行動分析学に基づくBPSDマネジメントと介護職員研修 206
- 行動分析学による認知症のひきこもりの改善 210

理解を深めるための用語集 214
参考文献リスト 220
索引 224

ケースで学ぶ
行動分析学による
問題解決

第Ⅰ部
総論

第1章 ── 行動分析学による問題解決①
行動分析学の基礎と幼児・児童への介入方法を整理する

山本淳一

◉ 行動分析学とは何か？

　行動分析学（behavior analysis）は，ハーバード大学の心理学者であったB.F. Skinner（1904-1990）が創設した学問体系である。行動分析学は，心の働きを「個人の中」に求めるのではなく「個人と環境との相互作用」のあり方と考え，それをひとつの機能として分析する（オドノヒュー・ファーガソン，2005；スキナー，2003，2013）。その枠組みは，ヒューマンサービスのための「応用行動分析学（applied behavior analysis）」として発展してきた（クーパーほか，2013）。

　応用行動分析学は，旧来より，自閉症スペクトラム障害児の早期療育で大きな成果をあげてきているが，そこにとどまらず，子育て支援，保育，教育，発達臨床，心理臨床，地域支援，看護，リハビリテーション，高齢者介護などでも活用されてきた（ミルテンバーガー，2006）。

　行動分析学によるヒューマンサービスへの貢献のなかで最も大きなことは，共通の概念枠，分析方法，介入技法を持っているところにある。したがって，どのような障害や問題に対しても，さまざまな形で貢献できる。環境から本人への関わりを，介入しながら系統的に変化させ，本人の心的過程ではなく，現実の行動の変化をモニターしながら調整し，再介入する。行動分析学での問題解決はこのように進む。

◉ 行動分析学による行動問題への介入の特徴

①行動分析学の特徴は，たとえ行動問題が起こっている場合でも，個人にレッテルを貼らないという点にある（杉山ほか，1998）。行動のレベルに徹底的に焦点を当てる。「ことば」も言語行動であり，「認知」も観察可能である限り行動として扱う（トールネケ，2013）。「治療意欲」「動機づけ」を扱う場合も，個人と環境との相互作用という点から分析と介入を進める。個人要因が大きい場合であっても，障害の重さなどに帰着させず，つねに個人と環境との相互作用に焦点を当てながら介入を行う。

②応用行動分析学は，問題行動を減らすことを目的にするのではなく，適切な行動を増やすことを目的にする（オニールほか，2003）。そして，結果として問題行動の減少をはかる。問題行動を減らすことを目的にすると，その時点で問題行動が減少した場合でも，適切な行動が獲得されていなかったならば，別の状況で，別の行動として，あるいは発達的に別の時点で問題行動が出現する可能性が高い。

③応用行動分析学は，予防的な対応，早期対応を基本とする（カー・ワイルダー，2002）。行動問題は，対応が遅くなればなるほど解決が難しくなる。ひとつの問題「行動」が，悪循環の「状態（steady state）」となってしまうからである。幼児期，児童期においては，それぞれの状況や子どものプロファイルに対応した問題行動のパターンは，それほど多くはない。したがって，適切な行動の質を高め，量を増やすことで問題を解決することができるはずである。また，適切な行動が出現する機会を設定することで，問題行動への予防と早期対応をはかる。生活の質を上げる介入も同時に行う。

④応用行動分析学は，一般的な介入から問題に特定した介入に向けて階層的なプランを立案する（バンバラ・ノスター，2005）。第2章でも武藤崇が指摘するように，基礎的，一般的，特定的という，3つのレベルでの問題解決プランを立てることができ，その結果，問題解決の適用の幅が格段

に広くなる。その結果，それぞれの実践現場で必要かつ十分な支援の量，質（集中介入かコンサルテーションか）に対応した，ベストプラクティスを運用することができる。

問題行動か，行動問題か

ある子どもの不適切な行動そのものに焦点を当てる場合には，問題行動という言い方を用いる。一方，それを子どもと環境との相互作用という観点でとらえると，子どもの要因ではなく，環境要因が問題の出現に大きな影響を与えていることがわかる。本書で，「行動問題」と述べる場合は，視野を広げて，個人と環境との相互作用のあり方の不全というニュアンスを含む場合に用いる。そのため，一歩引いた視点で，相互作用の状態を分析することになる（山本・加藤，1997）。

ここで「問題」という言葉のニュアンスについて吟味してみよう。問題行動は，なくしたい，あるいは減少させたい行動である。また，行動問題は，解決して，完了させたい場合に用いる。ここで，問題を扱う場合，誰にとっての問題であるかの検討が，介入の倫理という意味でも必要である（ベイリー・バーチ，2015）。問題を減らしたいと思うのは，誰であるのか？ 特に，幼児，児童を対象としている場合，問題を減らしたいと思うのは誰であるかを明確にしておく必要がある。さらに，問題行動を減らした結果，他の行動にどのような影響が出るかを想定しておく必要があろう。

問題行動は，不適切行動，逸脱行動，気になる行動，減らしたい行動など，さまざまな名称で呼ばれているが，そこには，問題行動に関する，大人の側のニュアンスが含まれている。その意味で，問題行動への介入は，適切な行動の増加とあわせて考えておかなくてはならない（平澤，2013；小笠原，2010）。問題行動への介入には，本人，保護者，支援者などの社会的合意が必要なのである。応用行動分析学では，社会的妥当性（social validity）は，ターゲット行動，介入方法，介入結果について評価されるが，問題行動の解決に関しても重要なものである（クーパーほか，2013）。

行動問題解決の具体的方法

行動問題は，「個人と環境との相互作用」の不全と考えてよい。子どもの持っている適切な行動レパートリーがない（少ない）場合に行動問題が起こりやすくなる。行動レパートリーが少ない，あるいは機能しないということは，子どもたちが，家庭，園，学校で，生活の質の高い，良い時間を過ごせないということである。その場合には，まず適切な行動レパートリーを増やすことを目的とする。同様に，環境からの関わりがうまく働かない場合は，本人の得意な行動に焦点を当て，「わかりやすい先行刺激」「楽しい後続刺激」を繰り返し与え，経験させることが肝要である。同様に，適切な行動が出現しやすい環境を整備することも同時に必要である（山本・池田，2005）。

介入の正解と運用

応用行動分析学による問題行動への介入には，「正解」がある。少なくとも，そういう仮説を設定する。問題行動がなくなった，あるいは減少した場合には，介入方法が適切であったということになる。行動分析家は介入方法を，再現可能な形で記述するようにつねに試みている。そして，変化の過程を多面的に評価しようと努めている。

介入方法を独立変数，介入による変化を従属変数という。一般的に，問題行動に関して私たちが知りたいのは，「どう関わったら（原因），どうなったのか（結果）」ということである。目標に応じた変化が得られた場合を，「正解」と言うことにする。「正解」は，これまでの行動分析学の膨大な実証研究によって支持されたものである。

一方，問題行動が減少しない，増加したなどの場合には，介入方法が不適切であったということになる。つまり，仮説が反証されたのである。行動分析学は，うまくいかなかった（ネガティブな）結果に関してもオープンである。ネガティブな結果に関してオープンであること（反証可能性）は，科学，また科学的介入にとって最低限必要なことである。このような正解の事例とネガティブな事例を積み上げ，整理していくことによって，より効果的で効率的な概念枠，分析方法，介入技法が作り上げられ，今日に至っている。

一方，介入の効果を機能化させ，維持，般化を促すには，適確な「運用」が必要である。正解が得られたとしても，個々の家庭，個々の園，個々の学校

で，効果的かつ効率的に運用できるかどうかは，実践現場の方々の工夫にかかってくる。

以上，まとめると，問題行動に関して，実践現場での観察と予備的な介入の知見をもとに，そして，これまでの蓄積された研究のデータベースから正解を抽出する。それを，その実践現場で活用できるようにカスタマイズし，運用する。うまくいけば，終了する。うまくいかなければ，正解と運用のいずれかあるいは両方を修正し，再度，実施する。その結果は，行動分析学そのものにも貢献し，同時に実践的知識として蓄積される。

これまでの研究／実践データベースから正解を抽出し，実践のなかで運用し，さらに新しい正解を蓄積していく。このような不断の行動が，行動分析学なのである。PDCAは，行動分析学の基本方略と合致するものである。

また，共通の枠組みのもとで実践的成果が積み上げられてくるので，支援方法が再現可能となり，多くの実践現場で活用可能となる点も，行動分析学の大きな利点である。

◉ 介入のための基本的枠組み

個人の行動に影響を及ぼす環境の条件のことを刺激（stimulus）という（小野，2005）。環境と個人との相互作用は，刺激（環境）→行動（個人）→刺激（環境）→行動（個人）→刺激（環境）→……という時間的な連鎖のなかで連続的に続いていく。行動分析学では，一連の流れを切り出し，次のような時間軸上のまとまりを1単位とする（図1-1）。①環境から与えられる刺激（外部的な刺激，内部的な刺激の双方を含む）に対応して子どもが特定の行動を行う。②子どもが特定の行動を行うと，外部環境や自分自身の身体（内部環境）から応答となる刺激が与えられる。③その行動から引き出された刺激が，直前に行った行動を増やす，減らすなどの効果をもたらす。

行動に先立ち，行動のきっかけになる環境刺激を「先行刺激（antecedent stimulus：A）」という。それによって引き出された「行動」（behavior：B）は，結果として環境刺激の変化をもたらす，すなわち「後続刺激」（consequent stimulus：C）を生み出す。「後続刺激」は，それに先立つ行動を「増やす」「減らす」「変化をもたらさない」といういずれかの働き（機能）をもつ。このようにして切り出されたABCの単位を，行動随伴性（behavior contingency）という。

先行刺激は，先験的に特定の行動を引き出す働きはもっていない。特定の先行刺激と特定の行動との関係が，行動随伴性のなかで繰り返されることで，特定の先行刺激が特定の行動に対して影響をもたらすようになる。すなわち先行刺激が機能をもつのである。同様に，特定の行動に対して特定の後続刺激が繰り返し与えられることが，行動随伴性として繰り返されることで，行動に対して効果をもたらす。すなわち，後続刺激が，その後の特定の行動の増減に影響を与える。

先行刺激が行動に与える影響も，後続刺激が行動に与える影響も，一義的に決まるものではなく，あくまで確率的に決定される。

図1-1 ◉ 応用行動分析による介入のための基本的枠組み

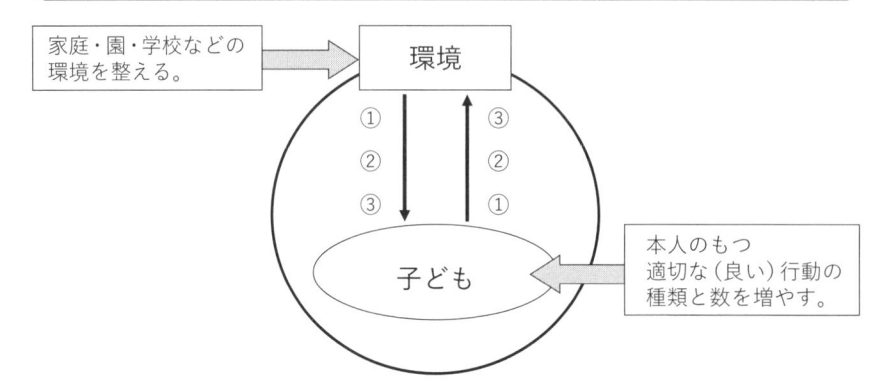

家庭・園・学校などの環境を整える。 → 環境
環境 ①②③ → 子ども
子ども ③②① → 環境
本人のもつ適切な（良い）行動の種類と数を増やす。 → 子ども

行動問題出現のプロセス

行動問題が起こりやすい状況は，以下のような場合である。①見通しが十分にないなかで指示が繰り返し出された場合。②ターゲット行動や課題が本人にとって難しすぎ，あるいは出現率が低く，適切なヒントも与えられなかった場合。③ほめられるなどの経験，また自分なりにうまくいったと感じる経験が得られない場合。④行動の選択肢が少なく，生活の質が低い場合。これらのケースにおいて，その結果として適切な行動が増えなかった，あるいは減少したということが起こる（山本・池田，2007）。

逆に，問題行動を起こりにくくするには，以下の状況設定が有効である。①見通しが明確に先行刺激として示される。②少しでも自分なりにできる得意な行動がターゲット行動や課題とされる。③その結果，十分にほめられた，うまくいったという経験が繰り返されるという形で，後続刺激が良い結果をもたらす。④生活のなかに選択肢が多く存在し，生活の質が高くなる環境にある。この4つのポイントが，適切な行動を増やし，不適切な行動を減らす必須の条件である（山本・池田，2007）。これは，年齢を超えた普遍的な法則である。

行動問題における先行刺激と行動との関係

先行刺激と行動とのズレの拡大　個人ではなく，行動に焦点を当て，環境と個人との相互作用として問題解決を図る必要がある事例をあげてみよう（山本・池田，2005）。

問題行動のひとつとして，子どもが，先生の指示を聞かない場合のことを考えてみよう。その原因はひとつではなく，いくつか考えられる。例えば，①聴覚的な聞き取りが難しい場合，②全般的注意や覚醒水準の問題として注意を集中することができない場合，③長い音声言語の意味の理解ができない場合などが考えられる。これらは，指示に従う行動レパートリーがない場合である。

一方，①聞いて理解はできているが指示通りに行動しないことで，先生の怒りを引き出そうとする場合，②ことばによる指示が条件性嫌悪刺激になってしまい，指示から逃げたり回避する逃避・回避行動を学習する場合もある。

いずれにしても，子どもが指示を聞かないと，先生は，再度大きな声で指示をする，指示を聞かないことに関して叱るなどの行動を行う。ところが，大きな声での指示は，緊張，興奮，いらだち，不安などの不随意的なレスポンデント行動を誘発する。その結果，その場に存在していた刺激が条件性嫌悪刺激になり，環境全体がさらに多くの緊張，興奮，いらだち，不安などを生み出すことになり，場面自体や文脈が情動反応を生み出しやすくなる（小野，2005）。そうすると，指示に従わせたいという先生の思惑とは逆に，ますます指示に従わず，指示された行動以外の行動が増えていき，行動問題の悪循環に陥ってしまう。

先行刺激と行動とのズレの調整　行動随伴性における刺激と行動との関係を分析すると，指示（先行刺激）の出し方を工夫することになる。子どもの注意を十分引いてから指示を出す。そのために，こちらを向いてもらう工夫をし，子どもの視野のなかに入ってから指示を出す。聴覚的注意に問題がある場合は，強く，口型を大きく示しながら，ゆっくりリズムを取りながら確実に話すようにする。

意味理解ができない場合は，キーワードになる単語のみを強調したり，動作，写真，文字，絵カード，マークなどの視覚刺激を用いて，理解を促進する。このように，先行刺激を子どもの状態に対応して変えたり，子どもが指示に従えるかをモニターしながら，指示に従う行動を増やしていく。

一方，指示に従わないことで，先生の怒りや友人からの注目などの強化が得られる場合，少しでも簡単な指示に従う，得意な課題を指示のもとで実施し，即座に強化するなどの関わりを増やしていく。また，指示自体が条件性嫌悪刺激になっている場合でも，簡単な指示に従う，得意な課題を指示のもとで実施するなどで十分な強化が得られるようにする。このような介入で，適切な指示に従う行動を増やすようにする。指示に従う行動の出現回数を，徐々に上げることを目的にする。

行動問題における行動と後続刺激との関係

指示に従う行動が成立したら，十分な強化刺激を与える必要がある。あるいは，行動内在型の強化が得られる工夫をする。一般に，指示に従った行動が出た場合，それで終了となることが多い。大人が，できて当たり前，やって当たり前と考え，せっかく

できた適切な行動でもほめないままにされると，その結果，強化によって適切な行動を獲得する機会が得られないことになってしまう。必ず強化で完了することが，行動分析学の介入の基本である（オドノヒュー・ファーガソン，2005）。

以上まとめると，適切な行動を増やすことで，結果として問題行動が生起しないようにすることが，行動分析学の本筋である。そのためには，適切な行動が出やすい環境をつくる（A）。「弱い（苦手な，できない）」行動ではなく，「強い（得意な，できつつある）」行動を見出し，そこに焦点を当てて介入する（B）。少しでも適切な行動が出現，成立したら十分賞賛する，行動内在型強化が得られるような仕掛けをする（C）。

実践現場で使う行動問題解決法

ここでは，実践現場で，行動問題に直接対応する方法を提案する。行動問題への対応方法をいつでも持っていられる小さなノートにメモしておくことで，「支援力」がアップする（島宗，2014）。

(1) ノートをつくり，実際の行動が起こる条件を簡単に記録する。

行動問題に対応するためには，その強さ，激しさのみに注目せずに，その回数，起こったきっかけ，終わるきっかけなどの条件を知る必要がある。小さいメモ用紙をつねに持ち歩いて，問題行動が起こったらすぐにメモを取る。

問題行動が起こったら「正」の字を書く，チェックを書くなど，1日の回数を記録する。できれば，時間や状況を記録しておくと，1日のリズムやそのきっかけがわかる。また，収まるまでの時間を書いておく。こうすることで，問題行動が鎮静に向かっているのか，より起こりやすくなっているのかがわかる。また，必要であれば，激しさのレベルを，あらかじめ決めておいて，その評定値を書く。

①問題行動の「はじまり」：「きっかけ」「状況」を書く。
②問題行動の「おわり」：「どうしたら収まったか」「どのくらいの時間で収まったか」を書く。

(2) ノートをつくり，簡単な記録をつける。

行動問題は，同じ機能をもつ適切な行動に置き換えることで，減少する，またはなくなることがわかっている（オニールほか，2003）。したがって，行動問題が起きたときに，どのようなことばや行動（「適切な（よい）行動」）と置き換えればよいかを書いておく。例えば，砂場で友だちの使っているトラックが欲しいときに，砂を投げる行動をする子どもがいたら，「貸して」などの適切なことばで要求することを教える。

同時に，生活全体で，伸びてきた，成長してきた行動を書いておく。私たちは，ネガティブな行動や，目の前で起こっている，なくしたい行動のみに注意を向ける傾向がある。成長しつつあることを書いておくことで，ポジティブな行動を思い出し，子どもの適切な行動に目を向けるトレーニングになる。

(3) ノートを見返す。

記録したノートを見返すことで，問題行動の推移がわかる。問題行動が，「減ってきたか」「増えてきたか」「変わらないか」を確認する。減ってきた場合には，そのままの対応で進める。増えてきた場合には，介入方法を再検討するか，専門家に相談する。

(4) ノートを参考にして，予防的対応と早期対応の方法を導入する。

①問題行動が「始まらないようにする」：問題行動が起こらず，良い行動が起こるための「きっかけ」「状況」をつくる。
②適切な行動を増やす：適切な行動レパートリーが少ない子どもの場合，個別的に，それらの行動を増やす介入を行う。
③問題行動が「終わるような対応を取る」：これまでの関わりのなかで，問題行動を収めることができた方法を活用する。

行動問題の分析から解決へ

行動問題分析のための方略 問題行動が起こっている場合は，自分で制御できない，あるいは他者が制御できない状態である。環境の直接的，個別的な刺激ではなく，全体の文脈刺激を考えると，問題行動が起こっている，あるいは起こりやすくなっているときは，子どもや周りの大人が，つねに，緊張，興奮，いらだち，不安などを生み出しやすい状態にあ

る。つまりレスポンデント条件づけによって，問題行動が生じやすい状態となっている。繰り返し条件性嫌悪刺激が与えられたことによって，刺激に対する全般的な過敏性が強まっている状態は問題行動出現の可能性が高い。

　問題行動は，一度生起すると，次のような行動随伴性によって維持され，悪循環に陥る（杉山ほか，1998）。問題行動によって要求が通った（正の強化）。注目が得られた（正の強化）。心地よい感覚刺激が得られた（正の強化）。それによって嫌な状況から逃れることができた（逃避）。嫌な経験をしなくて済んだ（回避）。

行動問題解決のための方略　行動問題が，悪循環となってしまった場合でも，一回一回の問題行動に対して，ABC分析とABC支援を繰り返し，それぞれの行動の行動随伴性を最適化することを続けることで適切な行動を増やし，子どもと大人，子ども同士が，相互に強化で維持される状態をつくりあげる（平澤，2013）。

　行動問題解決の要因は，行動問題全体を支えている文脈や確立操作とABCのなかにある。つまり，問題行動を，徹底的に刺激（環境条件）と反応（個人の行動）との関係という観点から考えるのである。環境の刺激が，対象者の適切で自立的な行動を引き出しているかを分析し，それらを引き出すように，刺激の与え方を変えていく。「個人と環境との相互作用」という観点から，さらなる問題解決にはどのようにしたらよいかを，再度分析し，実行することになる。このような観点から，行動分析学は，徹底的に帰納的アプローチを取る。

　以上まとめると，以下の要因へのアプローチを行うことになる。

　①文脈と確立操作：適切な行動が出現しやすいように文脈や全体的な環境刺激を変える。生活の質を向上させる。
　②先行刺激：個々の先行刺激を最適化する。
　③行動：ターゲット行動と課題を最適化する。
　④後続刺激：十分な強化を与える。強化の種類や与え方を変える。行動内在型の強化を機能化させる。

　したがって，問題解決のためには，適切な行動を増やす方略が必要である（図1-2）。不適切な行動を適切な行動に置き換える，不適切な行動が起きやすい環境条件を最小限にする，適切な行動が起きやすい環境条件を最大限にする。適切な行動が，行動レパートリーとして獲得されていない場合には，それを事前に十分に習得させておく。

図1-2 ◉ 応用行動分析による問題解決

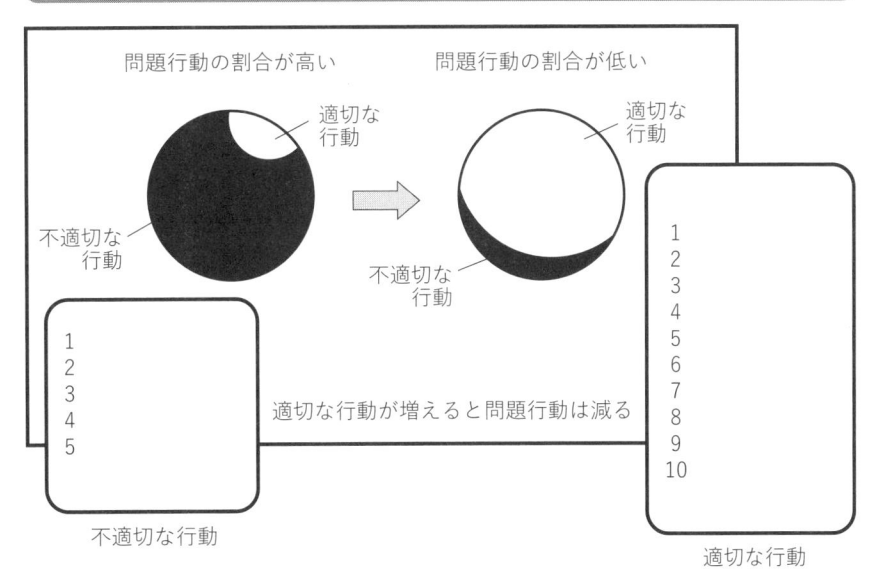

問題行動の割合が高い　→　問題行動の割合が低い

適切な行動が増えると問題行動は減る

不適切な行動　　　　　　　　　　　　　　適切な行動

まとめ：行動問題解決のヒント

行動問題を「こじれさせる」ことをしない

以下のようなことは，行動問題を重篤化させるので，行わない。

- レッテルを貼る。
- 無理にやめさせようとする。
- 無理に何かをさせようとする。
- 強い指示を与え続ける。
- あいまいな指示を繰り返す。
- 興奮しているとき，緊張しているときに，指示を与える。

行動問題解決のための具体的方法を活用する

- 視覚刺激を活用する。
- 子どもに十分な見通しを与える。
- できる行動からはじめて，徐々に苦手な行動を習得させる。
- できる行動を，ひとつずつ増やす。
- 楽しい関わりのなかで学習を進める。
- 楽しく過ごせる時間と場所を確保する。
- いろいろな形でほめる。
- 先行刺激はできるだけ少なく，後続刺激はできるだけたっぷり，メリハリをつけて関わる。
- しばらく関わってうまくいかなかったら，大人の側が関わり方を切り替える。
- それでもうまくいかなかったら，専門家のアドバイスをもらう。
- 専門家から良いアドバイスをもらうためには，「関わり方と子どもの様子との関係」を記録しておく。
- 行動の「はじめ」と「おわり」を明瞭にする。
- 不安，緊張，興奮，イライラしているときに強い指示は行わない。
- 大人がこだわると，子どもはもっとこだわるようになるので，まず大人が切りかえる。
- 子どもが間違ってから（失敗してから）対応するのではなく，間違わないように（失敗しないように）対応する。

本書の概要

幼児期の行動問題解決　幼児の行動問題解決の場面は，家庭や保育所，幼稚園などであろう。行動分析家が，幼児本人への直接的な発達支援を実施するのと同時に，保護者（第1章，第2章），保育者（第3章）などと，行動問題解決に協働していくことが大切である。「個人と環境との相互作用」という行動分析学の観点からは，①本人の行動レパートリーやスキルを増やしていく支援と，②家庭や園の物理的（空間的，時間的）環境および社会的環境（保護者，保育者）の整備の両方のアプローチを取ることになる。

発達初期の幼児は，行動レパートリーやスキルが未獲得であるため配慮が必要である。家庭への支援においては，保護者の養育スキル，心身の健康の状態，家庭そのものの安定性なども含めて包括的なアセスメントを行う必要がある（第1章）。また，家庭の生活時間，生活空間，兄弟姉妹との関係などのアセスメントも欠かせない。基本的には，不適切な行動には危機管理として対応し，適切な行動に焦点を当てて，それを増やすことを目標にする。

幼児の保護者，保育者とも，定型発達児との比較によって，支援目標を高く設定する傾向がある。あるいは，「（4歳なんだから）できて当たり前」という考えで取り組むことも多い。それに対して，本人の達成しやすい目標を設定し，適切な行動を一つひとつ丁寧に形成していき，十分な強化を与えることで，行動問題が起こらないように予防的に対応すること，また行動問題が起こっても，すぐに適切な行動と置き換えられるようにしておくことが大切である。幼児自身が着実に成長しているという確信を，目の当たりにしてもらうのが，最も説得力がある。

家庭や園で実施可能な方法を用いるためには，保護者，保育者の支援スキルを伸ばす方法（第1章，第2章，第3章）と，ある程度のスキルがあれば実施できるような教材開発（第2章）や環境整備（第3章）を進める方法がある。

学齢期の行動問題解決　児童期の行動問題に関しては，例えば，クラスからの逃避，立ち歩き，私語（第4章），教員への暴力行為（第5章）などがある。解決に向けてまず分析しなければならないのは，クラスそのものの行動随伴性である。行動問題にクラスのメンバーが注目などの強化を与えて，結果としてそれを増加させていることも多い（第4章）。本人への個別的対応というよりも，クラス担任，支援員，学年主任，生徒指導主任，特別支援教育コーディネーター，管理職などが協働して問題解決を進めていく体制づくりが不可欠である。クラスルームでの

行動随伴性のマネージメントが必要なゆえんである。また，行動分析家は，学校内のスタッフが行動問題解決の主役になるため，行動コンサルテーションという文脈での支援を行うことも多い。

不登校の問題は，学校での支援だけでは解決しない（第5章）。学校に来ないという事実（学校からの回避），1日家にいるという事実（家での強化），学校に来る対応が行われていないという事実の3方向からのアプローチを行う（第5章）。家にいるメリットをなくし，外出や登校への支援を学校に要望する本人や保護者の行動を形成し，登校行動を強化する。

特別支援学校での支援に関しては，往々にして，無理な行動をさせないような対応が行われることがあるが，これでは，適切な行動を学習する機会を逸してしまう（第6章）。行動問題が起こった場合，その機能を分析し（機能アセスメント），将来も必要になる適切行動を形成する。そのため，学校の生活時間と生活空間の分析を行い，学習機会を最大化する「ポジティブ行動支援」を系統的に進めていく。

同時に，学内の支援体制づくりをすすめる。学校のそれぞれのメンバーが，機能的に動けるように，キーパーソンとの連携，会議や校内委員会の機能化，教員同士が強化し合える環境作りが必要となる（第7章）。その際，情報の共有化は，記録などの客観的データにもとづいて行う。

発達障害への支援　発達障害に対応した支援として，保護者の障害そのものの理解を促進すると同時に，うまく対応できないことに対するあせりや落ち込みなどへの対応が迫られることが多い（第9章）。個別支援計画の立案と同時に，保護者の問題に対して，系統的対応を行う。障害についての理解は，親の会，インターネットでの情報，家庭療育などのリソースから得ることになるが，それらを系統的にまとめる役割が必要である。

自閉症スペクトラム障害の行動問題への予防的対応と早期対応の基本は，コミュニケーションスキルの向上にある。一方，注意欠陥・多動性障害などの多動性，衝動性などの問題への支援の基本は，自己制御である（第10章）。授業中の，おしゃべり，離席，うろつき，「キレ」る行動などへの対応のためには，自己制御の構成要素である「自分自身での目標設定」「自己記録」などが有効な手段になる。その際，効果を発揮するのは，目標を本人が決め，その結果を本人が記録するという形での，本人のコミットメントである。

● 文献

L・M・バンバラ，T・ノスター［三田地真実 訳］（2005）リサーチから現場へ3 プラス思考でうまくいく行動支援計画のデザイン．学苑社．
J・ベイリー，M・バーチ［日本行動分析学会行動倫理研究会 訳］（2015）行動分析家の倫理——責任ある実践へのガイドライン．二瓶社．
J・E・カー，D・A・ワイルダー［園山繁樹 訳］（2002）入門・問題行動の機能的アセスメントと介入．二瓶社．
J・O・クーパー，T・E・ヘロン，W・L・ヒューワード［中野良顯 訳］（2013）応用行動分析学．明石書店．
平澤紀子（2013）応用行動分析学から学ぶ 子ども観察力＆支援力養成ガイド 家庭支援編——発達障害のある子の「困り」を「育ち」につなげる！．学研教育出版．
R・G・ミルテンバーガー［園山繁樹，野呂文行，渡部匡隆ほか訳］（2006）行動変容法入門．二瓶社．
W・T・オドノヒュー，K・E・ファーガソン［佐久間徹訳］（2005）スキナーの心理学——応用行動分析学（ABA）の誕生．二瓶社．
小笠原恵 編著（2010）発達障害のある子の「行動問題」解決ケーススタディ——やさしく学べる応用行動分析．中央法規出版．
R・E・オニール，R・W・アルビン，K・ストーレイ 著［茨木俊夫 監修］（2003）問題行動解決支援ハンドブック——子どもの視点で考える．学苑社．
小野浩一（2005）行動の基礎——豊かな人間理解のために．培風館．
島宗理（2014）使える行動分析学——じぶん実験のすすめ．筑摩書房．
B・F・スキナー［河合伊六，長谷川芳典，高山巌ほか訳］（2003）科学と人間行動．二瓶社．
B・F・スキナー［山形浩生 訳］（2013）自由と尊厳を超えて．春風社．
杉山尚子，島宗理，佐藤方哉，R・W・マロット，M・E・マロット（1998）行動分析学入門．産業図書．
N・トールネケ［山本淳一 監修，武藤崇，熊野宏昭 監訳］（2013）関係フレーム理論（RFT）をまなぶ——言語行動理論・ACT入門．星和書店．
山本淳一，加藤哲文 編著（1997）応用行動分析学入門——障害児者のコミュニケーション行動の実現を目指す．学苑社．
山本淳一，池田聡子 編（2005）応用行動分析で特別支援教育が変わる——子どもへの指導方略を見つける方程式．図書文化社．
山本淳一，池田聡子（2007）できる！ をのばす行動と学習の支援——応用行動分析によるポジティブ思考の特別支援教育．日本標準．

第2章 ── 行動分析学による問題解決②
青年・成人における問題解決ストラテジーを整理する

武藤 崇

　人は複雑な言語を駆使し，ひとりの個人として自己の一貫性を求め，過去や未来を考慮し，さまざまな危険を回避し，社会的な関係を維持しながら，自らの幸福を維持・追求するようになる。つまり，セルフマネジメントが可能となり，またそれを社会からも要請されるようになる。そして，そのような言語によるセルフマネジメントが確立した個人（生体）は，一般的に「成人」あるいは「大人」と呼ばれる。

　しかし，行動分析学の枠組みから考えると，上記のようなイメージが，さまざまな心理・社会的な問題を生じさせている，ということが示唆できる。なぜなら，このようなセルフマネジメントは，個人というものを社会や環境から切り離された存在と捉え，その個人が生起させる行動の制御変数を本人に帰属させる，というイメージを喚起させやすいからである。そのため，ある個人に何らかの問題が生じた場合，責任はその個人に帰着され，それに対して非難や罰が与えられることが多くなるからである。一方，行動分析学における「行動」は，当該環境との相互作用として表現され，その制御変数を環境のなかに同定していく。さらに，個人は，さまざまな行動を生起させるための「場」と捉える（個人を「家」に見立てるのなら，行動はその家に住む「住人」となる。その詳細は，Baer（1976）を参照）。つまり，成人においても，心理・社会的な問題は，行動の問題であって，個人の問題ではない，というのが行動分析学の問題解決がもっている首尾一貫したスタンスなのである。それでは，行動分析学において，ある個人における，自己，過去や未来，危険の回避，社会的な関係の維持，そして幸福の維持や追求ということにまつわる心理・社会的な問題が，どのように扱われているのかを検討していこう。

◉ 成人に対する問題解決の基本的なスタンス

競合行動モデル　実のところ，成人期における問題解決のスタンスも，児童期におけるものと基礎的な部分は同一である（図2-1；O'Neill et al., 1997）。それは，競合行動モデル（competing behavior model）に基づくケースフォーミュレーションである（図2-1；O'Neill et al., 1997, p.71）。

　その特徴は，①問題行動が生起している「いま，ここ」の状況に関する情報をできる限り収集する，②問題行動に対して罰（弱化）を使用しない，③問題行動を維持している機能（環境変化との関数）を同定する，④問題行動と同一の機能で維持する代替行動を同定し，置換する，⑤より適切な結果で（正の強化で）維持している望ましい行動を同定し，それを増加・拡大する，というものである。特に，⑤の視点は，成人の問題を扱うときには強調しても強調し過ぎることはない（武藤・三田村，2011；大屋・武藤，2013）。なぜなら，成人の問題を扱う場合，全般的な「生活の質」（Quality of Life：以下，QOL）に対する査定が不十分になりやすいからである。さらに，行動分析学におけるマッチング法則（伊藤，2009）や変化抵抗・行動モメンタム（井垣，2009）

図2-1 ◉ O'Neillほかによる競合行動モデル

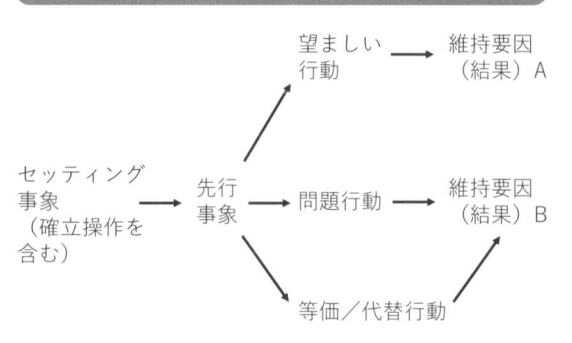

の基礎研究の知見から考えれば，望ましい行動を維持している正の強化にアクセスする機会を単に増加させるだけで，問題行動の生起頻度が相対的に減少していく可能性があるからである。つまり，それは，援助の第一義的な目的を，その個人に対する積極的なQOLの拡大に置くというPositive Behavior Support（PBS）という児童期における支援方針と同一なのである（Sailor et al., 2010）。

また，問題行動の機能についても，図2-2のように6つに分類できる（O'Neill et al., 1997, p.13）。ただし，成人の場合は，この6つの機能がいくつかが複合していたり，同一の機能を持っている行動レパートリーが多岐にわたっていたりする（一見すると，形態がまるで異なっているが実は機能が同一である場合もある）可能性が高いので，分析や整理に注意を要する。

ルール支配行動 成人になるにつれ，その問題解決には，心理療法やカウンセリングといった言語によるアプローチが多用されるようになる。それは，上述したように，成人はセルフマネジメントがある程度可能であるということが暗黙の前提となっているからと考えられる。行動分析学において，言語によるセルフマネジメントというトピックを扱う場合，少なくとも，「ルール支配行動」（rule-governed behavior：以下，RGB）という概念が用いられる。

RGBとは，何らかの強化随伴性を記述した言語刺激（それを「ルール（rule）」と呼ぶ）を弁別刺激として自発する行動のことである（Skinner, 1966, 1969）。そして，この概念は，何らかの強化随伴性に実際にさらされて形成・維持されている「随伴性形成行動」（contingency-shaped behavior：以下，CSB）と対比して使用される。つまり，RGBは，実際の経験を介さずに，新規な反応を効率的に生じさせる点が特徴である（比喩的に言えば，見知らぬ土地で地図を使って迷わずに目的地に到達できることがRGBであり，その場合の「地図」が「ルール」に相当する）。ただし，このRGBは，以下の点で注意を要する（佐藤，1982, p.187；引用は太字）。①CSBとRGBは，その制御変数が異なっているばかりではなく，反応の型（topography）も両者では同一ではない。ルールは真の随伴性を完全に記述しえないからである（上述の比喩を援用すれば，地図を持ちながら新たな目的地まで行くのには，ときどき立ち止まり，地図と実際の地形とを照合しながら進むこととなるため，経験に基づいて目的地まで行くことと比べると「スムースさに欠ける」ことになる。そして，地図はあくまで実際の地形を簡略化したものに過ぎず，完璧な地図を作成することはできない）。②RGBは，当然，ルールなしで自発できないが，CSBはルールとは独立で，ルールを知っている，すなわち，ルールを言語化できる必要はない（ホームタウンで観光客から道を尋ねられても，言語的に正確に説明できるとは限らない）。③RGBは，ルールが真の随伴性をほぼ正しく記述しているために強化されるならばCSBとなる。一方，ルールが真の強化随伴性に反しているため強化されないならば，そのRGB

図2-2 ◎ O'Neillほかによる問題行動の6つの機能分類

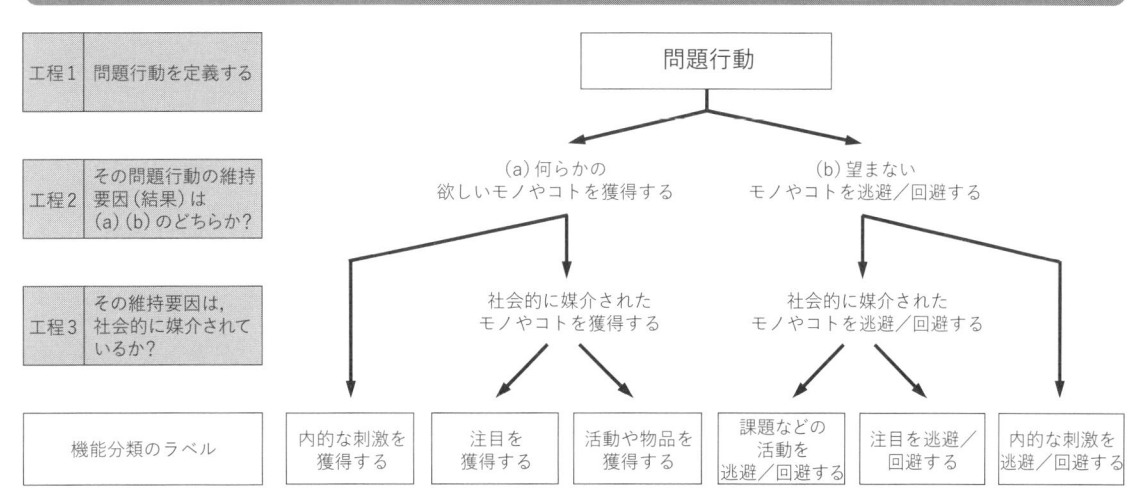

工程1	問題行動を定義する
工程2	その問題行動の維持要因（結果）は(a)(b)のどちらか？
工程3	その維持要因は，社会的に媒介されているか？

問題行動
├─ (a) 何らかの欲しいモノやコトを獲得する
│   ├─ 内的な刺激を獲得する
│   ├─ 社会的に媒介されたモノやコトを獲得する
│   │   ├─ 注目を獲得する
│   │   └─ 活動や物品を獲得する
└─ (b) 望まないモノやコトを逃避/回避する
    ├─ 社会的に媒介されたモノやコトを逃避/回避する
    │   ├─ 課題などの活動を逃避/回避する
    │   └─ 注目を逃避/回避する
    └─ 内的な刺激を逃避/回避する

機能分類のラベル

は自発されなくなる。要するに，維持されている行動はすべてCSBである（地図Aの精度が高ければ，地図Aを使って目的地まで行くという行動は維持する。しかし，地図Bの精度が低ければ，地図Bを使って目的地まで行くという行動は維持しない。さらには，地図を使って目的地まで行くという行動自体が維持しない（たとえば，その場にいる地元の人に道を尋ねるという代替行動が生起・維持するかもしれない）こととなる）。

さらに，補足的に比喩的な説明を加えるとすれば，RGBとCSBの関係は，波と海の関係に似ている。それというのも，波は，海の一部であるが，水温，風，気圧の変化によって，一時的に海面から上昇し，異なる形状となって波と呼ばれるものとなる。しかし，一時的に波になったその部分は，ある一定の時間が経過すれば，再び海に戻る。ただし，波自体が，海から消えることはない。一方，水温，風，気圧，地殻の急激な変化によって，波は津波と呼ばれるものとなる。その影響力は甚大であるために，クローズアップされやすい。ただし，それはあくまで，何らかの特異な条件によって生じるレアケースであり，海が持っている特徴のひとつに過ぎないことを忘れてはならない。つまり，RGB自体は随伴性によって形成・維持されるものである（つまり，CSBである）が，いったんRGBという反応クラスが形成・維持されると，一見，CSBの特徴にない影響力を生体にもたらすようになる。しかし，あくまでRGBという反応クラスはCSBの一部に過ぎないため，その影響力自体を変化させようとすれば，その反応クラスを維持する随伴性を変化させねばならない。つまり，RGBの影響力をRGBによって変容させることは，論理的に考えても不可能なことなのである。

翻って，RGBという概念によって，心理療法やカウンセリングといった言語によるアプローチを整理してみよう（ただし，行動分析学では，心理療法やカウンセリングの文脈においても，問題行動の随伴性を変化させることが最重要事項であると捉えていることを再度強調しておきたい）。そのアプローチは，論理的に考えれば，①ルールを書き換える，②RGBの生起頻度を相対的に低減する，となるだろう。①の方針を，比喩的に表現すれば，「現在の地図が現実とズレているのだから，そのズレを修正すればよい」というものである。具体的には，クライエントの多くが，自らの地図が現実とズレていることを自覚していないため，相談室内でそのズレを実際に自覚させる必要がある。たとえば，クライエントが持っているルールに従って行動してもらい，その行動が強化されないという問題を相談室内で生じさせ，ルールを再形成していくのである。一方，②の方針は「クライエントは，地図を使うこと自体に頼りすぎている（あるいは地図を使って目的地に最短で辿り着くことしかしていない）ので，地図を使わないで，まずはその土地をいろいろと探索してみる」ということになるだろう。上述したように，この方針を遂行するのは，RGBを用いて改善することができないため，相談室内でまずはRGBを消去し，CSBを強化するような随伴性を設定していくのである。

成人に対する問題解決をする際に生じる固有な課題

まず，成人期の問題解決に関わる固有な課題を生じさせるのは，援助が行われる設定の固有性に起因すると考えられる。その固有性とは，援助が日常場面と乖離した相談室で行われ，問題の情報源がクライエント自身であることが多く，さらに日常場面で問題解決をするのはクライエント自身であることが多い，という点が挙げられるだろう。

上記の設定のために，以下のような課題が生じる。それは，①セラピストは，主となっている問題行動を直接観察することが少なく，問題行動に関する言語報告を基にケースフォーミュレーションをしなければならない（その言語報告の真偽を直接観察によって判断する機会が乏しい），②たとえ，セッション中に，その問題行動が生起したとしても，生起頻度が少なく，直接介入することが難しい，③たとえ，その言語報告が正確でないことが明確になったとしても，それが正確ではないことを直接に指摘しにくい（その指摘は，多くの場合，罰の機能を持ってしまうため，さらに正確な報告を得にくくさせるため），④問題の原因が自分の私的な事象（認知，感情，思考，記憶，身体感覚など）であるという前提を強く持っており，セルフマネジメントをしなければならないという発想と相まって，自ら内的な事象の変容を試み，その結果として二次的な問題行動が生起したり，さらに悪循環が生じたりする，となるだろう。

要約すれば，成人の場合，行動分析学の問題解決

の最大の特徴でありかつ利点でもある「いま，ここ」というスタンスが発揮できず，日常場面と相談室との間の「いま，ここ」をつなぐ役割を担っているエージェント（児童期であれば，保護者の存在）が設定しにくい。さらに，問題を抱えている本人の言語行動が，問題を不明確にし，さらにその問題を悪化させている，ということも挙げられよう。

それでは，次に，これらの課題をどのように解決して援助をしていくのかをみていこう。

成人に対する問題解決の固有なストラテジー

①治療・作業同盟を充分に確立する 上述したように，成人の援助文脈では，日常場面と相談室との間の「いま，ここ」をつなぐエージェント役が期待できない場合が多い。そのため，まずは，クライエントにとって，相談室まで行き，そこでセラピストと話をするという行動が，他の日常場面で生起している行動の強化子よりも，相対的に強化価の高いものでなければならない（武藤，2013）。

②セッション実施中におけるセラピストの観察行動の精度を向上させる 成人の援助文脈では，児童のそれ以上に，①セッション中に生じるクライエントの諸反応（服装などの外見も含む）の機能，②セッション中に生じるクライエントの言語内容とその機能の乖離，③セラピストによる対応の変化に対するクライエントの応答（非言語反応も含む）の変化，というものに対するセラピストの観察行動の生起頻度を上げる必要がある（武藤・梅澤，2015）。それというのも，相談室内で生じる些細な変化から，日常場面のアセスメントをする必要があるからである。

③クライエントの言語報告の正確さやホームワークの遂行頻度を向上させる 正確な報告行動，約束実施行動といった「言行一致行動」（correspondence between saying and doing；Lima & Abreu-Rodrigues, 2010）をシェイピングする必要がある。そのためには，行動産物のようなエビデンスが得られるような観察補助機器（スマートフォンのカメラ機能，活動量記録機能，GPS機能など）を利用し，言行一致行動をスモールステップで強化する（Muto et al., 1997）。

④日常場面と相談室の物理的なシームレス化を創出する 実のところ，行動レベルで考えれば，日常場面と相談室との間の「いま，ここ」をつなぐエージェントは，身体である。なぜなら，ケガや病気さえしていなければ，日常場面と相談室での身体という環境は，行動にとっては同一だからである。たとえば，パニック障害（パニック症）のクライエントに対して，相談室内で踏み台昇降などの運動をしてもらうことによって，身体的な息苦しさを喚起させることがある。その息苦しさの喚起によって，安全確保という回避機能を持った問題行動を相談室内で実際に生起させることができるのである（三田村・武藤，2015）。

⑤日常場面と相談室の機能的なシームレス化を創出する もうひとつの「いま，ここ」をつなぐエージェントは，言語である。なぜなら，私的（内的）事象に関する言語行動の起源は，外的事象の般化によって成立しているからである（Skinner, 1957）。たとえば，クライエントに3センチ立方の氷を握ってもらい，「この氷を握ると刺すような痛みが生じます。この氷をあなたの心だと思ってみてください。これから感じる痛みは，あなたの心の痛みです。その痛みをやさしく包むように持ってみましょう」という体験的なエクササイズをして，心的な痛みに対する機能的な対処行動をシェイピングすることもできるのである（武藤・橋本，2014）。

⑥「私的事象を制御することが問題解決に直結する」ということが機能しないことを自覚化させる 文化的な慣習として「思考を抑制できれば，行動も抑制できる」というものがある。しかし，Wegner et al.（1987）の実験に端を発する一連の研究知見の蓄積によれば，それは短期的な効果しかないことが実証されている（Wegner, 1994）。そのため，私的事象を制御しようとするあらゆる行動は，徒労に終わることになる。その労力を別の行動に向けることがQOLにつながるのである（酒井ほか，2014）。

⑦「自己も，過去や未来も，言語的な構築物である」という視点を付与する この視点は，もちろん全てのクライエントに必要なわけではない。しかし，自身で確立した「自分らしさ」の首尾一貫性にこだわるあまりに，不要な罪悪感や自己卑下を感じてしまい，日常生活に支障をきたしている，あるいは美しい夕日を眺めながら「この美しい風景をいつまで見ることができるのだろう」と急に不安に襲われ，「いま，ここ」を楽しめなくなるといった場合には，「自己も，過去や未来も，言語的な構築物である」という視点を体験的に自覚化させる必要がある（北川・

武藤，2013）。

⑧「言語も『行動』である」という視点を付与する　この視点も，もちろん全てのクライエントに必要なわけではない。しかし，幻聴を誰かのリアルな声であると認識したり，妄想をリアルな考えであると認識したりする（統合失調症の症状としてみられるもの）場合には，「言語も『行動（行動分析学的な意味での）』である」という視点を付与することで，その幻聴や妄想に影響を及ぼされなくなる可能性が高い。具体的には，幻聴や妄想を「擬人化」するといった方略が用いられることがある（Kishita et al., 2014；茂本・武藤，2013）。

⑨クライエントの「正の強化」で維持する行動随伴性を自覚化させる　上述したように，適切なCSBが維持していても，クライエントは必ずしもその随伴性を記述していない。そこで，その随伴性を記述させ（つまり，ルールを形成させ），RGBとして，その適切な行動を日常場面において広範囲にわたって生起させるようにする。また，その場合，単一の反応としてではなく，反応クラスとして記述させることによって，反応形態は異なるものの機能的に類似した行動として，適切な行動の生起を増大させることができる（坂野・武藤，2012）。

⑩新たな言語共同体を形成・維持する　上記の⑥〜⑧の方略は，一般的な慣習からすれば異質であるために，たとえクライエントがその視点をセラピストと共有したとしても，日常場面でそれが強化されないことも多い。そこで，家族やパートナーに同様の視点を共有してもらい，そのような視点が強化されるような言語共同体を新たに形成・維持することも必要となる。その場合，彼らに対する心理教育を効果的に行うために，有用性が実証されているワークブックなどを使うことが考えられる（Muto et al., 2011）。さらに，薬物依存や性犯罪などの維持が困難な問題については，彼らに言語共同体として参加してもらうだけではなく，実際の日常場面における適切な行動を強化するエージェントとして動いてもらうことも指向していくのである（Smith & Meyers, 2004）。

新たな言語共同体の形成・維持はセラピスト側にも必要な場合がある。たとえば，境界性パーソナリティ障害と診断されたクライエントは，感情的な起伏が激しく，自殺企図などの問題行動をもつ場合があり，セラピストが一人で担当するのは非常に困難な場合がある。その場合には，一人のセラピストが単独に対応するのではなく，チームで問題を共有・対応する（たとえば，チームで電話対応したり，チーム内のピアによるメンタルケアをしたりすることも含む）という言語・作業共同体を確立することが重要となるのである（Linehan, 1993）。

以上のようなストラテジーを概観してわかるように，行動分析学は，クライエントに対して，「協働（collaborative）マネジメント」によって（自己責任に帰着させられるようなセルフマネジメントではなく），日常場面における実際の問題解決を追求していくのである。

◉ 成人に対する問題解決のパッケージに関する「見取り図」

前節のストラテジーを構成要素として，いくつかのパッケージが提案されている。図2-3は，成人の精神疾患に対する問題解決のパッケージを，基礎的（basic），一般的（general），そして特定的（specific）という3つのレベルで整理・分類している。ここでの「基礎的」とは，精神疾患にかかわらず，行動分析学に基づいて，相談室というセッティングで，個人セラピーを行うために必要なものであることを意味する。また「一般的」とは，複数の精神疾患にわたり，効果的でかつ機能的な問題解決が可能であるものであることを意味する。そして「特定的」とは，ある精神疾患や問題に特化した解決が可能となるものであることを意味する。

まず，「基礎的」に分類された「機能分析的心理療法」（Functional Analytic Psychotherapy：FAP）は，特に前節の①〜⑤の方略を詳しく扱っており，いわゆる相談室における個人療法において必要なスキルと配慮が網羅的に構成されている（Kohlenberg & Tsai, 1991）。具体的には，相談室内で生じるクライエントの行動を「臨床関連行動」（clinically relevant behavior：以下，CRB）と呼び，セッション内で生じるクライエントの問題行動をCRB1，クライエントの問題行動の低減に関係する適応的な行動をCRB2，さらにクライエント自身による問題に関する言語行動をCRB3に分類して，表2-1にあるような5つの指針に基づいて援助を行っていく。

次に「一般的」に分類された「アクセプタンス＆

コミットメント・セラピー」(Acceptance and Commitment Therapy：ACT)は、言語固有のメリットとデメリットに特化したアプローチであり、言語によって症状が増悪されるもの（たとえば、慢性疼痛、うつ、不安、強迫性障害）に特に効果的であることが実証されており（三田村・武藤，2012），主に前節の⑥～⑨の方略を詳しく扱っている（Hayes et al., 2011）。その治療モデルは、図2-4のように視覚化され、セッション内で複数の標的行動を設定し、援助を進めていく。

そして、「特定的」に分類された「行動活性化」(Behavioral Activation：BA)は、うつ病に特化して開発された手続きであり、前節の⑨の方略が強調されている（Martell et al., 2001）。また、「弁証法的行動療法」(Dialectical Behavior Therapy：DBT)は、境界性パーソナリティ障害に特化して開発された手続きであり、前節のすべての方略を有機的に組み合わせて構成されている（Linehan, 1993）。さらに、CRAFT（Community Reinforcement Approach and Family Training）は、治療を拒む物質依存患者に特

表2-1 ● FAPにおける5つの援助指針

指針1：セッション内に生じている3つのCRBを観察する。
指針2：3つのCRBを積極的にセッション内で生起させる。
指針3：CRB2を強化する。
指針4：3つのCRBを生起させるために、どのようなセラピストの対応が強化子となるのかを常にモニターする。
指針5：クライエントの行動に対する制御変数に対して言語記述（解釈）する。

化して開発された手続きであり、前節の⑩の方略が強調されている（Smith & Meyers, 2004）。

青年に対する問題解決の固有な配慮

ここでの青年とは、およそ15～22歳（高校生～大学生）を指す。この時期は、移行と変化が著しい発達段階にある。それは、身体の変化ばかりではなく、抽象的な思考の精緻化やアイデンティティの確立、家族以外の親密な友人関係の構築が進んでいく時期に当たる。そのため、いくつかの点で、青年期

図2-3 ● 成人に対する問題解決のパッケージに関する「見取り図」

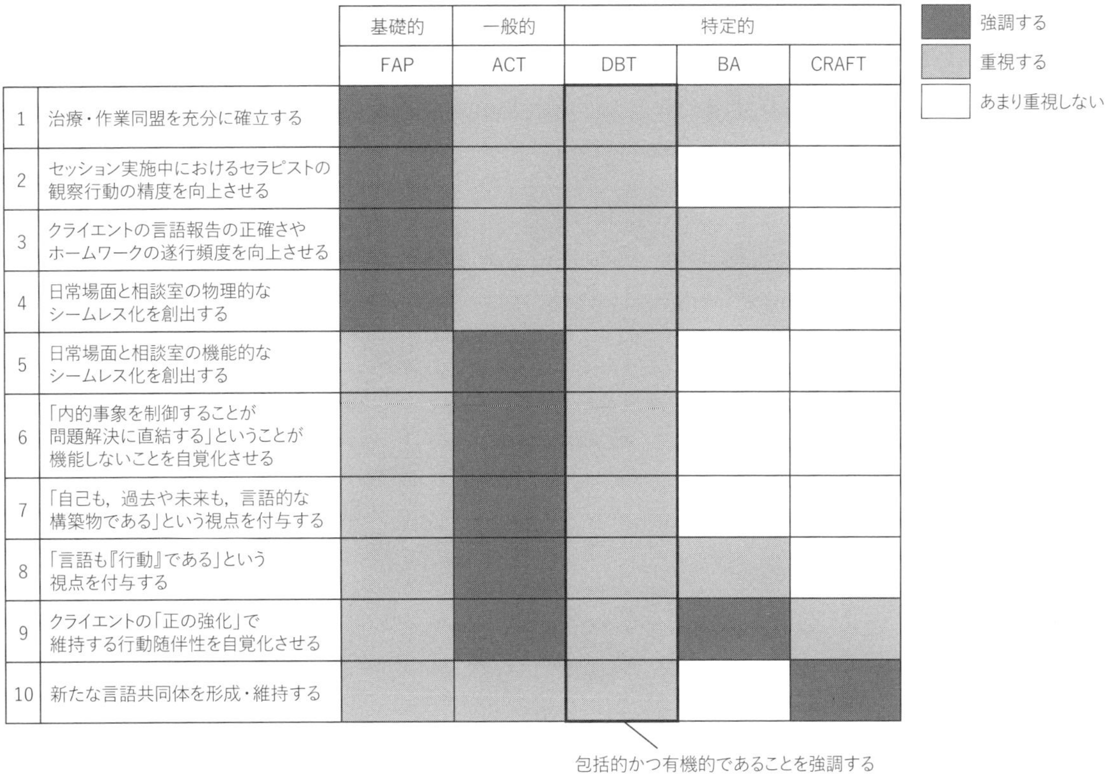

		基礎的	一般的	特定的		
		FAP	ACT	DBT	BA	CRAFT
1	治療・作業同盟を充分に確立する	強調	重視	重視		
2	セッション実施中におけるセラピストの観察行動の精度を向上させる	強調	重視	重視		
3	クライエントの言語報告の正確さやホームワークの遂行頻度を向上させる	強調	重視	重視		
4	日常場面と相談室の物理的なシームレス化を創出する	強調	重視	重視		
5	日常場面と相談室の機能的なシームレス化を創出する	重視	重視	重視		
6	「内的事象を制御することが問題解決に直結する」ということが機能しないことを自覚化させる	重視	強調	重視		
7	「自己も、過去や未来も、言語的な構築物である」という視点を付与する		強調	重視		
8	「言語も『行動』である」という視点を付与する	重視	強調	重視		
9	クライエントの「正の強化」で維持する行動随伴性を自覚化させる	重視	重視	重視	強調	
10	新たな言語共同体を形成・維持する		重視	重視		強調

凡例：強調する／重視する／あまり重視しない

包括的かつ有機的であることを強調する

固有の配慮が必要となるだろう。

　まず，成人と比較して青年が異なる点は，①経済的に十分には自立しておらず社会的には保護者の監督下にある，②援助や治療を受ける場合にも，自ら選択・決定していないことが多い，③①と②に対して自覚的であり，そのため保護者からの自立を求める場合が多い（そのため，成人一般に対して反抗的である場合がある），④その一方で，同年代の他者との比較対照を過度に行う場合が多い。以上のような点から，まず前節の⑨〜⑩の配慮にも青年期特有の工夫が必要であると考えられる。たとえば，セラピストは，そのクライエントを成人として尊重し，彼らの自己権利擁護をサポートする（時には，スポンサーである保護者と対立的な関係も辞さない）役目を担う。そのため，学校の先生とは異なる役割であることを明確に伝達する必要があろう。次に，青年期においては，⑥〜⑧の配慮に関する発達的差異が非常に大きいため，競合行動モデルに基づいた綿密な機能アセスメントを踏まえて，個別的な工夫を考える必要がある。さらに，場合によっては，この部分の配慮はまったく行う必要がない可能もある（個々のパッケージにおける配慮事項については，Greco & Hayes（2008）を参照されたい）。

本書の概要：青年・成人への問題解決の要点

　青年・成人の抱える問題は，児童期までのそれと比べると，あまりにも多様である。なぜなら，生体（個人）は等しく加齢していくものの，その過程における経験や体験（随伴性の履歴や行動レパートリーを含む）は，その生体ごとに固有であるため，結果として多様性（問題行動も含む）が非常に大きくなってしまうためである。

　しかしながら，青年・成人期における行動分析学的な問題解決も，その基本的スタンスは，一貫して幼児・児童期と同一である。もちろん，その同一性こそ，行動分析学の強みである。その基本スタンスとは，問題となっている状況に含まれる登場人物それぞれの行動随伴性を丁寧に記述・分析し，さらにその分析に基づき，登場人物全員の「正の強化」を拡大すべく，その行動随伴性をアレンジしていくことである。そのパラダイムのシンプルな表現が，本章で冒頭に紹介した「競合行動モデルに基づく問題解決」である。

図2-4 ● ACTの「心理的柔軟性」援助モデル

「今，この瞬間」との接触
（＝随伴性の変化に対する感受性が高い）

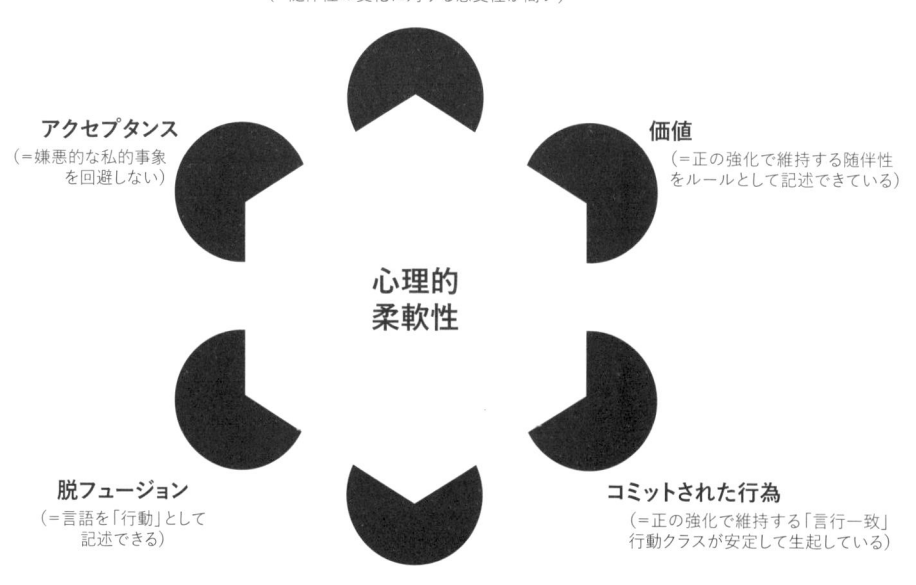

アクセプタンス
（＝嫌悪的な私的事象を回避しない）

価値
（＝正の強化で維持する随伴性をルールとして記述できている）

脱フュージョン
（＝言語を「行動」として記述できる）

コミットされた行為
（＝正の強化で維持する「言行一致」行動クラスが安定して生起している）

文脈としての自己
（＝自己に関係する言語行動に対してセルフモニタリングできる）

心理的柔軟性

ただし，幼児・児童期と異なる点が2つ存在する。まず，本人の行動レパートリーやスキルの拡大に関する援助や指導の割合が相対的に減少し，物理的・社会的環境の整備に対するアプローチの割合が増加する点である。その物理的・社会的整備には，保護者，兄弟姉妹，友人，支援者（非専門家としてのボランティアも含む），職場の同僚・上司，地域住民といったように，その場面に関わる登場人物が多くなる。そのため，各登場人物のそれぞれの「正の強化」を，誰が，いつ，どのようにアレンジしていくべきなのかが問題となってくる。場合によっては，その問題解決には，行政や法律の整備といった非常にマクロな視点を必要となるだろう。

幼児・児童期と異なる点の2つ目は，問題の中心になっている青年・成人の言語レパートリーが拡大・充実している点である。しかし，それにはメリットとデメリットが存在する。そのメリットとしては，言語的なルールによって，短時間にかつ広範囲にわたって行動レパートリーやスキルの拡大が容易となる点である。つまり，幼児・児童期に行われていたような，問題行動一つひとつに対して，随伴性を直接アレンジして，時間をかけて改善・修正していくことが必ずしも必要ではなくなるのである。一方，デメリットとしては，言語行動のレパートリーが生起しすぎることがあり，その結果として，実際の環境的な随伴性にさらされる機会が減少し，さらに身体的あるいは社会的なバリア（たとえば，社会的不適応や精神疾患）を自ら抱え込むことになる点である。このような言語レパートリーの生起過剰に対しては，もちろん実際の随伴性をアレンジすることによって改善するになる。しかし，皮肉なことに，そのような問題に対する援助設定が「相談室」という，実際の随伴性とは乖離し，言語レパートリーを生起させやすい設定なのである。そのため，本章では，その設定における固有な問題解決のストラテジーの解説に多くの紙面を割くこととなった。

図2-5は，第II部で実際に扱う「青年・成人の抱える問題とその行動分析学的な問題解決」を事例ごとに整理したものである。本章の内容に対応させるために，図2-5における水平軸は，援助方法に含まれる「随伴性を重視した援助」と言語性（ルール）を重視した援助」の割合を表し，一方垂直軸は，援助場面の設定が個人を対象にしたミクロなものから，組織やコミュニティ全体を対象にしたマクロなもの

図2-5 ◉ 第II部で扱う事例における「青年・成人が抱える問題とその解決」に関する見取り図

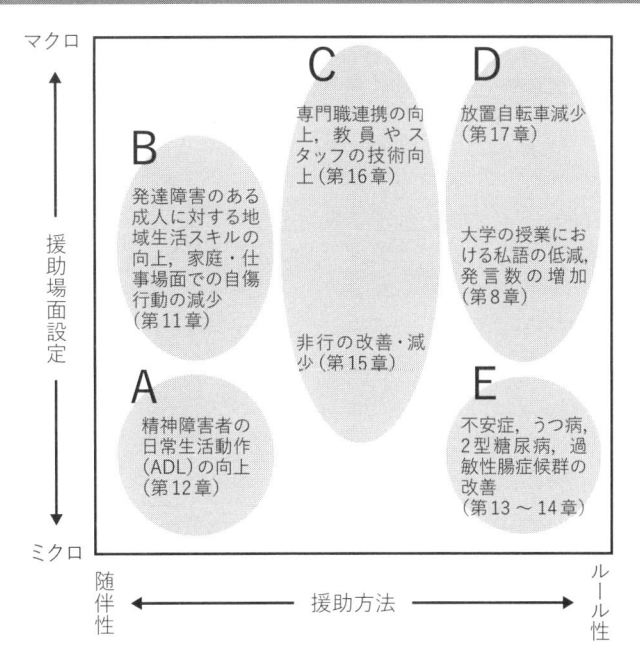

```
マクロ
 ↑
      C          D
 専門職連携の向  放置自転車減少
 上，教員やス   （第17章）
 B タッフの技術向
発達障害のある 上（第16章）
成人に対する地        大学の授業にお
援 域生活スキルの        ける私語の低減，
助 向上，家庭・仕        発言数の増加
場 事場面での自傷        （第8章）
面 行動の減少
設 （第11章）   非行の改善・減
定              少（第15章）
 A                  E
精神障害者の    不安症，うつ病，
日常生活動作    2型糖尿病，過
（ADL）の向上  敏性腸症候群の
（第12章）     改善
                （第13～14章）
 ↓
ミクロ
  随              ルール
  伴   ← 援助方法 →   性
  性
```

水平軸は，援助方法に含まれる「随伴性を重視した援助」と「ルール性を重視した援助」の割合を表している。一方，垂直軸は，援助場面の設定が個人を対象にしたミクロなものから，組織やコミュニティ全体を対象にしたマクロなものへの広がりを表している。

へ広がりを表している。

　図2-5中のAの事例群は，幼児・児童期と同一の行動分析学的なスタンスによって問題解決しているものである。Bは，解決のスタンスは同一であるが，登場人物が増えたことに対する新たな工夫が加わっている事例群である。Cは，Bと類似しているものの，言語ルールを用いより効率な指導・援助を行っている，あるいは言語ルールを用い，援助者間の連携等を成立させている事例群である。Dは，言語のメリット（ルール支配行動の効率性）を利用し，一度に多くの登場人物の行動修正を行っている事例群である。Eは，言語のデメリットを修正するための固有なストラテジー，特にアクセプタンス＆コミットメント・セラピー（ACT）がさまざまな精神疾患等に適用されている事例群である。

● 文献

Baer DM（1976）The organism as host. Human Development 19 ; 87-98.
Greco LA & Hayes SC（2008）Acceptance and Mindfulness Treatments for Children and Adolescents : A Practitioner's Guide. New Harbinger Publications : Oakland.（武藤崇 監修，伊藤義徳，石川信一，三田村仰 監訳（2013）子どもと青少年のためのマインドフルネス＆アクセプタンス——新世代の認知／行動療法実践ガイド．明石書店．）
Hayes SC, Strosahl KD & Wilson K（2011）Acceptance and Commitment Therapy, Second Edition : The Process and Practice of Mindful Change. Guilford Press : New York.（武藤崇，三田村仰，大月友 監訳（2014）アクセプタンス＆コミットメント・セラピー（ACT）第2版——マインドフルネスな変化のためのプロセスと実践．星和書店．）
井垣竹晴（2009）変化抵抗を使う．In：海保博之 監修，坂上貴之 編：意思決定と経済の心理学．朝倉書店，pp.69-88.
伊藤正人（2009）マッチング関数を使う．In：海保博之 監修，坂上貴之 編：意思決定と経済の心理学．朝倉書店，pp.9-29.
Kishita N, Muto T, Ohtsuki T & Barnes-Holmes D（2014）Measuring the effect of cognitive defusion using the Implicit Relational Assessment Procedure : An experimental analysis with a highly socially anxious sample. Journal of Contextual Behavioral Science 3 ; 8-15.
北川嘉野，武藤崇（2013）マインドフルネスの促進困難への対応方法とは何か．心理臨床科学 3 ; 41-51.
Kohlenberg R & Tsai M（1991）Functional analytic psychotherapy : Creating intense and curative therapeutic relationships. Springer : New York.（大河内浩人 監訳（2007）機能分析心理療法——徹底的行動主義の果て，精神分析と行動療法の架け橋．金剛出版．）
Lima EL & Abreu-Rodrigues J（2010）Verbal mediating responses : Effects on generalization of say-do correspondence and noncorrespondence. Journal of Applied Behavior Analysis 43 ; 411-424.
Linehan MM（1993）Cognitive-Behavioral Treatment of Borderline Personality Disorder. Guilford Press : New York.（大野裕 監訳（2007）境界性パーソナリティ障害の弁証法的行動療法——DBTによるBPDの治療．誠信書房．）
Martell CR, Addis ME & Jacobson NS（2001）Depression in Context : Strategies for Guided Action. Norton : New York.（熊野宏昭，鈴木伸一 監訳（2011）うつ病の行動活性化療法——新世代の認知行動療法によるブレイクスルー．日本評論社．）
三田村仰，武藤崇（2012）アクセプタンス＆コミットメント・セラピーにおける治療効果のエビデンスに関する評価——ランダム化比較試験（RCT）における質と目的．認知療法研究 5 ; 51-61.
三田村仰，武藤崇（2015）社交不安に引きこもっていた青年に対するアクセプタンス＆コミットメント・セラピー（ACT）——マインドフルネスを活用したエクスポージャー技法のプロセス．認知療法研究 8 ; 1-13.
武藤崇（2013）同盟の作り方．臨床心理学 13 ; 779-782.
武藤崇，橋本光平（2014）たとえる——有効なメタファーの作り方．精神療法 40 ; 32-37.
Muto T, Hayes SC & Jeffcoat T（2011）The effectiveness of Acceptance and Commitment Therapy bibliotherapy for enhancing the psychological health of Japanese college students living abroad. Behavior Therapy 42 ; 323-335.
武藤崇，三田村仰（2011）診断横断的アプローチとしてのアクセプタンス＆コミットメント・セラピー——並立習慣パラダイムの可能性．心身医学 51 ; 1105-1110.
武藤崇，梅澤友香里（2015）行動的心理療法における"抵抗"に対する機能分析とその改善．立命館文学 641 ; 69-82.
Muto T, Yamanashi A, Ishizaka M & Kobayashi S（1997）Expanding the food repertoire of a child with autism through parent's self-recording. 心身障害学 21 ; 1-7.
O'Neill RE, Horner RH, Albin RW, Sprague JR, Storey K & Newton JS（1997）Functional Assessment and Program Development for Problem Behavior : A Practical Handbook. Brooks/Cole Publishing Company : Pacific Grove, CA.（茨木俊夫 監修，三田地昭典，三田地真実 訳（2003）問題行動解決支援ハンドブック——子どもの視点で考える．学苑社．）
大屋藍子，武藤崇（2013）2型糖尿病を有する高度肥満者の行動的QOLの拡大——アクセプタンス＆コミットメント・セラピー（ACT）による援助．対人援助学研究 2 ; 12-21.
Sailor W, Dunlap G, Sugai G & Horner R（2010）Handbook of Positive Behavior Support. Springer : New York.
酒井美枝，増田暁彦，木下奈緒子，武藤崇（2014）社交不安傾向者の回避行動に対するcreative hopelessnessの効果——変容のアジェンダへの主観的評価に焦点をあてて．感情心理学研究 21 ; 58-64.
坂野朝子，武藤崇（2012）「価値」の機能とは何か——実証に基づく価値研究についての展望．心理臨床科学 2 ; 69-80.
佐藤方哉（1982）言語行動．In：八木冕 監修，佐藤方哉 編：現代心理学第6巻・学習Ⅱ（その展開）．東京大学出版会，pp.183-214.
茂本由悦，武藤崇（2013）脱フュージョン・エクササイズの作用メカニズムの検討——3つのエクササイズの順序効果について．心理臨床科学 3 ; 13-26.
Skinner BF（1957）Verbal Behavior. Appleton-Century-Crofts : New York.
Skinner BF（1966）An operant analysis of problem solving. In : B Keinmuntz（Ed.）: Problem Solving : Research, Method, and Theory. John Wiley : New York, pp.225-257.
Skinner BF（1969）Contingencies of Reinforcement : A Theoretical Analysis. Appleton-Century-Crofts : New York.
Smith JE & Meyers RJ（2004）Motivating Substance Abusers to Enter Treatment : Working with Family Members. Guilford Press.（境泉洋，原井宏明，杉山雅彦 監訳（2012）CRAFT・依存症患者への治療動機づけ——家族と治療者のためのプログラムとマニュアル．金剛出版．）
Wegner DM（1994）Ironic processes of mental control. Psychological Review 101 ; 34-52.
Wegner DM, Schneider DJ, Carter SR & White TL（1987）Paradoxical effects of thoughts suppression. Journal of Personality and Social Psychology 53 ; 5-13.

第3章 —— 行動分析学による問題解決③
医療における行動問題への取り組み

鎌倉やよい

◉ 医療と行動分析学

　行動分析学は，2冊の書籍によって日本の医療界に紹介された。LeBow, M.D.が執筆した"Behavior Modification a Significant Method in Nursing practice"（1973）を大久保幸郎が翻訳した『患者行動の変容』（医歯薬出版，1975）が，その1冊目に当たる。2冊目は，Berni RとFordyce WEが共同執筆した"Behavior Modification and the Nursing Process"第2版（1977）を，大橋正洋，前田小三郎および内山勉が翻訳した『ナースのための行動療法――問題行動への援助』（医学書院，1982）である。いずれも，強化，弱化，行動形成など，基本的な原理に基づいて論じられており，行動変容に関する手続きが簡潔に述べられている。

　その後，Mowrer DEが執筆した"Method of Modifying Speech Behaviors"第2版（1982）を伊藤元信が翻訳した『言語治療の理論と実際――行動変容理論によるアプローチ』（協同医書出版社，1984）が出版された。言語行動を記録して評価し，行動目標を設定すること，行動療法として強化の原理を用いた訓練プログラムが紹介されている。

　これらは，エビデンスに基づく援助の方法論を示唆するものであった。しかし，当時の看護界は学問としての成熟はまだまだであり，病院では看護師が患者個人を受け持つ体制にはなく，看護チームが機能別に決められた業務を実施する体制にあった。また，リハビリテーション領域では，1965年に理学療法士及び作業療法士法が施行されて，これらの専門職が誕生した。言語聴覚士法が施行されたのは1997年であった。そのような時期にこれらの書籍が出版されたことは，その先見性の高さに驚くばかりであるが，それを受け止める土壌は熟成されていなかったと推測される。行動分析学は医療界に広がることはなく，後者の『ナースのための行動療法――問題行動への援助』および『言語治療の理論と実際――行動変容理論によるアプローチ』は絶版となった。

　医療分野への行動分析学の導入は，緒に着いたところであり，今後の発展が期待される。現在，行動分析学による問題解決は理学療法を中心としてリハビリテーション領域に広がりを見せている。また，看護学の領域では，行動分析学の原理に基づく認知行動療法が広がりを見せているものの，行動分析学による問題解決はまだまだこれからである。ここでは，大きく医療行動分析学ととらえて述べていきたい。

◉ 医療における行動問題の特徴

　本章では，病院・施設における成人期，老年期の人々の行動問題への，行動分析学による問題解決の取り組みを検討する。したがって，対象となる人々は，病院において患者として医療を受ける成人・老人であり，加えて，施設において介護を受ける老人である。行動問題そのものを考えるとき，問題と判断するのは医療者である。では，何をもって問題とするのであろうか。基本的に，問題とは期待される結果と現実とのギャップと言われている。そのため，期待される結果をどのように規定するかによって，問題の様相が変化することを意味する。

　医療場面における期待される結果は，患者の健康回復であり，そのために「治療上必要とされる行動」が遂行されることである。すなわち，医療における患者の行動問題は，治療上必要とされる患者の行動と患者の現在の行動とのギャップである。具体例を検討すると，食事療法，薬物療法，運動療法などの治療方針が示され，その行動の遂行（期待される結果）の指示に対して，患者がその行動を獲得していない状況を，患者の行動問題としてとらえることができる。このように，「治療上必要とされる行動」が期待される結果として機能し，これが現実の患者の行動変容の目標となる。

　次に，病院や施設に入院または入所した成人・老人は，前述した健康回復のために医療上期待される

行動のみならず，その環境での共同生活に適応することが求められる．病院や施設という小さな社会における規範に抵触する行動があるとき，それは患者に期待される行動に対して，患者行動の現実とのギャップが生じており，行動問題となり得る．この場合「病院や施設における生活上の規範（社会規範）に基づく行動」が期待される結果として機能する．

医療上の行動問題への介入の特徴

前項で述べたように，医療における患者の行動問題は，2種類に大別される．それに伴って，変容を目指す行動の目標も異なってくる．目標は，第1に治療上で求められる行動であり，第2に病院や施設での生活上求められる行動である．

順に介入の特徴を述べていくが，1人の患者に対して，1人の医療者が専従として介入するか，複数の医療者が介入するのかが，特徴の要となる．

医療上求められる行動への介入

①1人の医療者が専従として介入

リハビリテーションにおける理学療法・作業療法・言語聴覚療法では，医師を中心に治療方針が決定され，患者の同意の下に医療上の目標が設定されて，機能訓練が実施される．機能訓練そのものは，医師からの指示に基づき，理学療法士・作業療法士・言語聴覚士が各々の専門技術を用いて，患者に身体的に介入する技術である．

訓練は疼痛や苦痛を伴ったり，成果がすぐには現れないこと，できていたことができなくなった状態を自覚させられたりするために，訓練をいやがる患者も存在する．理学療法士・作業療法士・言語聴覚士は，患者自身が自律的に訓練を実施できるように行動問題に介入することができる．

ここでの特徴は，これらの医療者が，受け持ち患者との一対一の関係において，介入できることである．ただし，患者に行動変容プログラムを導入するには，リハビリテーション部など所属する組織や専門医療チームからの承認が必要となる．

②複数の医療者がチームとして介入

看護の領域でも同様に，医療上の目標が設定されて，患者に対して看護ケアが実施される．例えば，手術前に呼吸訓練を実施すること，手術後に食事療法や運動療法を実施すること，造設された人工肛門のケアの方法を習得することなどである．

従来，看護における患者の身体へ介入する技術は，生活援助の技術，診療援助の技術として開発されてきた．一方，行動へ介入する技術は，「説明する」「モデルを見せる」ことにとどまり，患者教育と表現されてきた．しかし，説明しても患者が実行するとは限らない．現在，医療者の指示に従う「コンプライアンス」の概念から，患者自身が自律的に行う「アドヒアランス」の概念へと変化させて，技法を開発している段階であり，行動への介入方法の開発が望まれる．

理学療法士などとの相違は，病棟の看護チームとして，複数の看護師が1人の患者に関わることである．一般に，病棟には，20名を超える看護師が勤務しているため，極論を言えば，この20名を超えるベテランから新人までの看護師が1人の患者に対して介入することとなる．同様のルールで行動問題に介入することが困難となる所以である．

これを解決するためには，行動変容のための看護ケアプログラムとして開発して効果を明示し，看護業務に定着させることが必要であろう．その場合であっても，複数の看護師が介入することを前提にプログラムを開発することが必要である．さらには，責任者として専門看護師や認定看護師がそのプログラムを運用することが望まれる．

生活上求められる行動への介入　病院や施設での生活において求められる行動と現実の行動とのギャップは，多くの場合不適切な問題行動として，医療を受ける成人・老人の日常生活において生じるものである．例えば，ナースコールを押し続ける患者，病棟での自律的な訓練を拒否する患者，大声で叫ぶ高齢者，他の入所者と交流しない高齢者，歩くことができるのに車椅子を好む高齢者，ベッド下にゴミを散乱させる患者などが思い当たる．

これらに対しては，行動の随伴性を確認して問題行動であるのかを確認する必要がある．つまり，問題であるとする行動について，先行事象と後続事象との関係（三項強化随伴性）を観察して分析する必要がある．具体的に，「大声で叫ぶ高齢者」「ベッド下にゴミを散乱させる患者」の2事例を例示する．

①大声で叫ぶ高齢者

動脈瘤破裂の後遺症として高次脳機能障害があり，失語症のためにコミュニケーションが取れず，歩行もできない高齢者が，突然叫び続けるために施

設の介護職員が困っていた。

観察の結果，大声で叫び始めるのは入浴時と食事前であった。ストレッチャーで浴室へ移動して，介護職員が声をかけることなく着衣を脱がそうとすると（先行事象），大声で叫び始め（行動），職員は急いで浴槽に入れて（後続事象）終了させていた。

また，他の入所者が食堂に移動し始めると（先行事象），大声で叫び始めた（行動）。介護職員は他の入所者に迷惑がかからないように，その高齢者を食事中そのまま隔離する（後続事象）ために，叫び続けていた。いずれも発語ができないために叫びで訴えていると考えられた。

先行事象を変化させ，入浴時には入浴するために服を脱ぐことを伝えることによって，昼食時には最初に食堂へ移送することによって，叫ぶ行動は激減した。

② ベッド下にゴミを散乱させる患者

患者の「ベッド下にゴミを散乱させる行動」に，看護助手は掃除をする立場に思いやりがないと怒っていた。

観察の結果，その患者は安静臥床を指示されていたため，ベッド上からはゴミ箱が見えなかった（先行事象）。鼻をかんだティッシュペーパーをゴミ箱の位置の検討をつけて落とした（行動）ため，ベッドの下にゴミが散乱する結果（後続事象）となっていた。

先行事象を変化させ，ベッド上にペーパーバッグを準備してゴミを入れるよう依頼することで解決した。

医療チームにおける行動原理の活用

患者の行動変容のみならず，チーム医療を推進するうえで，行動の原理を活用することが望まれる。これは，これまで述べてきたような，行動問題を確認して医療的介入を目指すものではなく，管理者のマネジメントや，新人に対する「指導方法」に関連する。

看護領域では，新人看護師の就職1年目の離職率が高いことが問題となっている。「新人看護職員の臨床実践能力の向上に関する検討会」報告書（2004年3月）によれば，医療現場の現状と課題として，「個々の看護職員に目を向けると，複数の患者を同時に受け持ちながら，限られた時間のなかで業務の優先度を考えつつ，多重の課題に対応しなければならない状況にある」，「看護職員は，患者に直接に療養上の世話及び診療の補助業務を行う最終実施者の役割を担うことが多い」と記され，業務の複雑さと社会的責任の増大が指摘されている。

報告書を受けて，看護師等の人材確保の促進に関する法律が改正され（2010年4月），病院での看護職員の卒後臨床研修の実施や研修を受ける機会の確保が努力義務化された。一方では，看護チームが患者を受け持つ看護方式から，個々の看護師が患者を受け持つ方式へと変更するなどの変遷があった。新人看護師の指導体制についても，チームで指導する体制，1人の新人看護師の担当看護師を固定して教育指導に当たる方法（プリセプターシップ方式）な

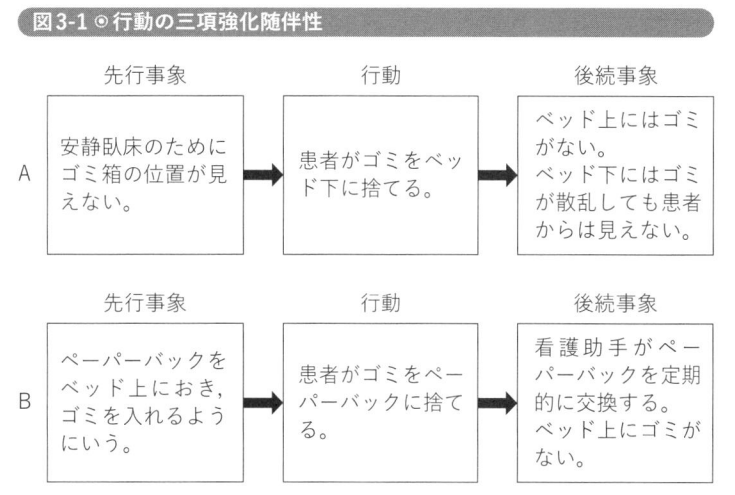

図3-1 ● 行動の三項強化随伴性

A
先行事象	行動	後続事象
安静臥床のためにゴミ箱の位置が見えない。	患者がゴミをベッド下に捨てる。	ベッド上にはゴミがない。ベッド下にはゴミが散乱しても患者からは見えない。

B
先行事象	行動	後続事象
ペーパーバックをベッド上におき，ゴミを入れるようにいう。	患者がゴミをペーパーバックに捨てる。	看護助手がペーパーバックを定期的に交換する。ベッド上にゴミがない。

先行事象として，ペーパーバックを準備して環境を変化させることで，問題行動が修正された。

どが提唱された。現在，ベテランと若手が2人ペアを組み，協働して看護を提供するパートナーシップ方式が提唱されるなど，まだまだ模索が続いている。

プリセプターシップ方式に対する批判として，新人看護師の立場から，どこまで頑張っても目標に到達することはなく，多く注意されるが，承認されることがほとんどないという不満が聞かれた。指導看護師からは，新人看護師が成長しないとき，責任は自分にあるととらえ，そのプレッシャーが大きすぎるという不満も聞かれた。

新人指導体制の問題としてとらえて，新方式が提唱されているが，むしろ，これらはいずれも行動の原理を理解して活用することで解決の糸口を見出すことができる。例えば，課題分析によって，新人が1年間に到達すべき目標を設定し，さらに2か月ごとに到達可能な目標をスモールステップとして設定し，到達すれば強化の原理に基づいて指導者が「それを承認」して，当該の行動を維持することである。技術教育に対しても，同様に実施することができる。

前述したように，看護師は限られた時間内に多重の課題に取り組み，実施者としての責任が増大する環境で機能している。医療事故は患者の生命に直結するため，院内研修の実施，リスク管理など，看護の質向上に努力している。そのためか，できなかったことに対する指摘は多くなされるが，できていることに対する承認や賞賛はあまりなされていないように思われる。医療チームは協働することによってより高い成果を患者に提供することができる。行動の原理を活用することが望まれる。

医療場面で活用される行動原理

行動問題を明らかにするために，行動のみならず，その先行事象と後続事象の関係として三項強化随伴性を分析することはすでに述べた。行動問題へ介入することは，行動を取り巻く環境を調整することに他ならない。すなわち，後続事象へ強化の原理や弱化の原理を活用して介入し環境を変化させること，さらには先行事象へ介入して環境を変化させることである。

強化・弱化の原理と分化強化　特定の先行事象のもとに生じた行動は，直後の結果（後続事象）によって増加したり，減少したりする。当該行動の頻度を増加させたとき「強化された」といい，その後続事象を「強化子」と呼ぶ（強化の原理）。また，同様に減少させたとき「弱化された」といい，その後続事象を「弱化子」と呼ぶ（弱化の原理）。意図的に強化子や弱化子を随伴させることによって介入する。医療者の注目や賞賛は強化子となりうる。

新しい行動を形成する方法として，シェイピングやチェイニングが挙げられるが，適切な行動のみを強化する分化強化が用いられる。

具体的には，シェイピングとして，舌切除術を受けた患者が発音練習をするとき，近い音を発音したときに医療者は強化し，そうでなければ強化しない分化強化を用いて行動形成する。

また，チェイニングとして，人工肛門造設術を受けた患者が，人工肛門のセルフケアを習得する場面が挙げられる。看護師は，装具の取り扱いに関する行動の連鎖について課題分析し，チェイニングによって必要な行動を獲得する。

刺激性制御の原理と先行子操作　特定の先行事象がその行動を生起させるとき，刺激性制御を受けているとされる（刺激性制御の原理）。そして，必要とされる行動が生起されやすくするために先行事象へ介入することを「先行子操作」という。その方法には，①求められる行動の弁別刺激や手がかりを提示する方法，②求められる行動の確立操作を設定する方法，③求められる行動の反応努力を減らす方法，逆に④望ましくない行動の弁別刺激や手がかりを提示する方法，⑤望ましくない行動の確立操作を除去する方法，⑥望ましくない行動の反応努力を大きくする方法がある（Miltenberger, 2006）。

また，確立操作とは，強化子の効力に影響する事象の存在であり，「遮断」は強化力を高め，「飽和」は強化力を弱めるように働く。さらに，反応努力とは，当該の行動を引き起こすのに要する努力の大きさを示している。

具体的には，先行子操作「①求められる行動の弁別刺激や手がかりを提示する方法」としてパンフレットの作成，掲示物の準備，医療者からの説明などを用いて，環境を変化させることが該当する。

「②求められる行動の確立操作を設定する方法」に示した確立操作とは，例えば食事開始時に生野菜を十分に咀嚼して満腹中枢を十分に刺激することによって（飽和），他の食物の一次強化子としての強化力が低下する。

「③求められる行動の反応努力を減らす方法」として，例えば体重を毎日測定する行動を維持する場合，病棟の処置室まで出向いて測定するよりも，病室に体重計を設置して測定するほうが，反応努力は小さい。

医療における行動問題解決法

ここでは，治療上求められる行動と患者の現実の行動のギャップとしての行動問題，言い換えれば，治療方針に基づき患者の行動変容の目標がすでに決定されている行動問題に対する解決法を述べていきたい。

介入プログラムの開発　医療は複数の専門職から構成されるチームによって提供され，それぞれが専門性に基づいて援助を提供する。医療チームの目標は「患者が健康を回復すること」であり，治療方針に基づき歩行訓練や手術前呼吸訓練などが実施される。標準医療としてクリニカルパスが文書によって患者に提示され，そこには提供される医療が明示されている。

医療においては，新しい方法を導入するときには，倫理的側面からも，提供する医療の安全性を確保する必要がある。そのため，研究成果として効果を明示する必要があり，基本的な介入プログラムを開発することが重要である。行動問題は個別に対応することが求められるが，治療方針に基づく行動問題については，行動変容の目標は同様であるため，基本的には共通する方法が適用される。

患者の行動問題に対し，その問題解決を指向する「看護ケアプログラム」あるいは「リハビリテーションプログラム」として開発し，エビデンスを明示することが必要である（鎌倉，2014）。そのプログラムに行動原理を導入し，分化強化，先行子操作を実施する。

標的行動の確定　医療場面においては，治療方針に応じない行動が標的行動となる。例えば，心臓リハビリテーションとして運動が指導されるが，医療者が伴う運動のほか，自発的には歩こうとしないとき，行動問題となりうる（図3-2 A）。したがって，「心臓手術後患者が，入院中に自律的に徐々に歩数を増加させて歩く行動」を標的行動とすることができる。

また，肺手術前に術後呼吸器合併症予防を目的に器具を用いた吸気訓練が実施されるが，医療者が1日1回確認するときのみ実施し，自発的に実施されないとき，行動問題となる（鎌倉・坂上，1996）（図3-2 B）。したがって，「肺葉切除術前患者が器具を用いて呼吸訓練を行う行動」を標的行動とすることができる。

二重線で示したボックスは強化子の機能を有し，同じ先行事象の条件下で行動の頻度が増加した。

ケアプログラムの構成　前述した心臓手術後患者の行動問題（廣島ほか，2014）について三項強化随伴性を確認すると（図3-2 A），医療者と行う運動においては，医療者からの症状の確認が強化子として機能していることが予測された。患者のみで歩行するとき，症状が悪化しても医療者がいないことへの不安感があった。

先行子操作として，パンフレットに弁別刺激として，歩行後の血圧，脈拍，症状，主観的つらさの程

図3-2 ● 現状の行動の随伴性と標的行動の確定

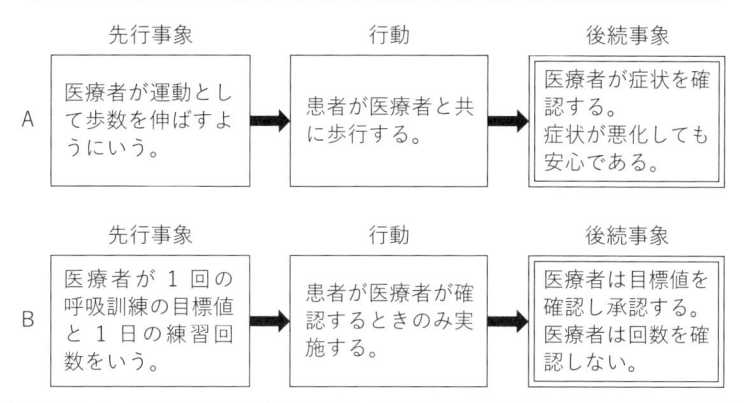

	先行事象	行動	後続事象
A	医療者が運動として歩数を伸ばすようにいう。	患者が医療者と共に歩行する。	医療者が症状を確認する。症状が悪化しても安心である。

	先行事象	行動	後続事象
B	医療者が1回の呼吸訓練の目標値と1日の練習回数をいう。	患者が医療者が確認するときのみ実施する。	医療者は目標値を確認し承認する。医療者は回数を確認しない。

二重線で示したボックスは強化子の機能を有し，同じ先行事象の条件下で行動の頻度が増加した。

度を示すBorg Scale，および症状の安全な範囲と歩数の増減，中止などの対処方法を提示した．具体的には，安全域であれば歩数を増加させ，外れた場合には減少させること，歩行途中で自覚症状が生じたり，Borg Scaleの値が14以上となればすぐに中止することであった．血圧，脈拍の安全域は個々の患者の安静時の値を基準として算定されるため，主治医の確認を得て設定された．

次に，強化子として，歩数の値，歩行後に手首式血圧計を用いて自己測定した血圧および脈拍の値，主観的つらさの程度としてBorg Scaleの値および自覚症状を記録して評価することとした．これによって，入院中に歩数と心臓への負荷の結果との関係が患者にフィードバックされ，安全に自律的に歩数が調整されて増加することが予測された．

介入プログラムの効果の確認　シングルケース研究法に基づき，効果を判定する．この場合，臨床研究として位置づけられるため，病院などの研究倫理審査委員会の承認を得て測定することが必要となる．

臨床研究としてよく用いられるデザインは，ABデザインおよび被験者間多層ベースラインデザインである．ABデザインでは，Aはベースライン条件として従属変数を測定し，Bは独立変数を導入した介入条件として従属変数を測定する．臨床成果としては介入条件を取り除いてもその行動が維持されることを目指すため，一定期間の後に従属変数を再度測定して確認する方法が用いられる．

また，独立変数の効果を確認するためには，ABAデザインとして介入条件を導入した後に，再度ベースライン条件に戻すデザインが用いられる．ただし，臨床場面では情報提供など除去できなかったり，倫理的に問題となるため，活用されることが少ない．

心臓手術後患者の行動問題については，被験者間多層ベースラインデザインが用いられた．これは，ベースライン条件を同時に開始して，異なる時期に介入条件を導入する方法である．介入条件が導入された被験者のセッションの従属変数の値は影響を受け，ベースライン条件のままの被験者の当該セッションの値は影響を受けていないことを確認して効果を判定する．

ただし，臨床研究として被験者間多層ベースラインデザインを用いるとき，患者は一定の入院期間で治療を受けて退院するため，ベースライン条件の開始時期を同一にすることは難しい．そのため，同じ環境にいる患者を対象とし，手術が終了して心臓リハビリテーションが開始された順にベースライン条件を導入するとともに，直前の患者に介入条件を導入し，次の患者ではベースライン条件を維持することは可能である．研究参加の同意が得られない患者が存在すると，その間はABデザインとなる危険性を孕んでいることを承知して対象者数を確保する必要がある．

● 行動への介入プログラム開発への期待

医療場面では，患者に対する治療方針が提示されて医療プログラムが提供される．そのため，同じ治療を受ける患者の場合，基本的には同様の行動変容の目標が規定される行動問題に対して医療者は取り組むことが特徴である．

新たな介入プログラムを導入しようとしたとき，治療の一環となるため，その安全性と効果を明示して，医療チームの承認を得ることが必要である．その場合，行動問題について三項強化随伴性に基づいて分析し，先行子操作，分化強化を導入した「看護ケアプログラム」あるいは「リハビリテーションプログラム」として，開発することが望まれる．開発には，シングルケース研究法のうち，ABデザイン，被験者間多層ベースラインデザインが多用される．

さらに，チームでプログラムを運用するとき，医療者が多いほど介入条件は変化して，プログラムの効果がなくなる可能性がある．その場合には，プログラムの運用を監視して修正する役割をプログラムに組み込むなどの対策が必要である．

一方，医療場面での問題行動に対する解決法としては，問題行動の先行事象と後続事象を観察して三項強化随伴性を分析して，解決法を検討することができる．また，医療チームにおいても，技術指導場面など行動原理を活用することが望まれる．

● 本書の概要：医療・介護場面の成人・高齢者への問題解決の要点

第18章「理学療法」，第19章「作業療法」および第20章「言語聴覚療法」では，1人の専門職が1人の患者を専従として担当したケースが，第21章「看護」，第22章「高齢者支援」では，看護師チームや介護チームとして行動に介入したケースが示されて

いる。

　理学療法では，運動療法を行おうとしない高齢者に対して，標的行動を明確にして，先行刺激と後続刺激を整備する介入がなされ，行動の頻度として歩行量や得点の増加，あるいは行動の成果である筋力の増加の推移が比較された。作業療法では，脳卒中による半側麻痺，失語，認知障害などを有する高齢者や成人に対し，先行刺激に身体的ガイドや補助器具が導入されて，自力で遂行できた動作項目数や箸によるブロック移動数が比較された。言語聴覚療法では，自閉症児の離席行動に対して，確実にできる行動を連続強化した後に，少し努力したらできる行動を誘導する介入がなされ，無誤学習のポイントが示された。さらに，注意欠陥・多動性障害児（ADHA児）に対する逆行行動連鎖化と無誤学習が紹介されている。

　次に，看護では，血液透析療法が導入された慢性腎不全患者に対し，行動問題を整理して標的行動を確定し，先行刺激に行動の結果をセルフモニタリングする環境の整備，家族が参加して強化を与える後続刺激の整備がなされ，行動の成果である体重の推移が比較された。さらに，望ましい行動の強化，行動契約書の活用，般化を目指した介入が紹介されている。高齢者支援では，認知症高齢者のBPSD（Behavioral and Psychological Symptoms of Dementia）に対し，チーム内で先行刺激と後続刺激を整備することで，BPSDの生起回数が減少し職員の支援行動が増加したことが示された。

　これらの医療・介護場面でのケースで示された標的行動，独立変数としての介入方法，従属変数としての行動の頻度や行動の成果，効果を判定するデザインなどを把握していただきたい。そして，これらの視点を参考に活用していただき，実践の学としての応用行動分析学がさらに発展することを期待したい。

● 文献

Berni R & Fordyce WE［大橋正洋，前田小三郎，内山勉 訳］（1982）ナースのための行動療法――問題行動への援助．医学書院．
廣島香代子，鎌倉やよい，深田順子，梶原智代美，松浦昭雄（2014）心臓手術後リハビリテーションにおける運動の自律的調整．看護研究 47-6；551-562．
鎌倉やよい（2014）看護ケアプログラムの開発．看護研究 47-6；496-505．
鎌倉やよい，坂上貴之（1996）手術前呼吸訓練プログラムの開発とその効果の検討．行動分析学研究 9-1；2-13．
LeBow MD［大久保幸郎 訳］（1975）患者行動の変容．医歯薬出版．
Miltenberger RG［園山茂樹，野呂文行，渡部匡隆，大石幸二 訳］（2006）行動変容法入門．二瓶社，pp.279-299．
Mowrer DE［伊藤元信 訳］（1984）言語治療の理論と実際．協同医書出版社，pp.62-309．
厚生労働省（2004）「新人看護職員の臨床実践能力の向上に関する検討会」報告書．（http://www.mhlw.go.jp/shingi/2004/03/s0310-6.html［2015年2月1日取得］）．

第Ⅱ部
各論

第1章―― 子育て・保護者支援①

ペアレントトレーニングによる問題解決

問題の設定

◉ ペアレントトレーニングは保護者の養育機能を高める

　保護者に対する支援の目的は，保護者の養育の機能を高めることと，保護者の心身の健康を保つことにある。特に発達の遅れや偏りのある子どもや，障害のある子どもの子育てには，より丁寧さや工夫が求められることが少なくないため，保護者の養育機能を高めるための支援が必要となる。そのための代表的な保護者支援の方法としてペアレントトレーニングがある。ペアレントトレーニングは，応用行動分析学に基づく支援プログラムのひとつであり，保護者が子どもへの関わり方に関する知識やスキルを系統的に習得できるようにプログラム化されているものが多い。また，同じような境遇の保護者がグループ（小集団）となって一緒に学んでいくことが特徴である。

◉ ペアレントトレーニングには子育てについての配慮が必要である

　どのような保護者のグループでトレーニングを進めていくかを考慮することがまずは重要である。例えば，子どもの年齢や特徴が類似している場合と，そうでない場合とでメリット・デメリットがあるためである。前者の場合には，保護者同士に親近感や安心感が生まれやすくなる一方で，互いの子どものことを比較してしまいやすくなり落ち込んでしまう保護者もいる。
　後者の場合には，例えば，幼い子どもの保護者にとっては年齢の高い子どもの保護者が支えになったり，年齢の高い子どもの保護者にとっては若い保護者の役に立てることに喜びを感じたりする一方で，それぞれが抱えている現在の悩みを互いに共有しにくいことがある。また，子どもの障害を診断されている保護者と，診断されていない保護者に対して行う場合とでは，進め方の配慮点や工夫点は異なるだろう。これらの点を十分に理解し考慮したうえで，どのような子どもであっても，「子育てをしていくなかで，子どもにどのように接したらよいかわからなかったり，うまく関われないと悩んだりしている」というトレーニングに参加する保護者の境遇の類似点を大切にしながら進めていくことが重要である。

◉ 保護者に対するペアレントトレーニングを実施する

　同一地域内の保育所，幼稚園に通う3〜6歳の子どもの保護者が6名参加した。地域広報誌のペアレントトレーニングの案内を見て自ら参加を決めた保護者と，医療機関，保健センター，保育所からペアレントトレーニングを紹介された保護者であった。子どもは，2名が自閉症スペクトラム障害，1名が知的障害，1名がADHD，2名は未診断であった。いずれの子どもも保健センターで発達の遅れや偏りを指摘されたことから，支援者（支援を行う専門職）による子どもと保護者への支援が開始されていた。トレーニングは，2名の心理士により，隔週1回90分〜2時間で6回，地域の公民館の一室で行うこととした。

◎付記
本章の事例は，実際の事例を参考に，仮想事例として新たにまとめたものである。

原口英之

◉ 子どもと保護者の双方のアセスメントが必要である

　ペアレントトレーニングを安全かつ最適に行うためには，子どもと保護者のアセスメントを行うことが必要不可欠である。子どものアセスメントは，発達面，行動面，生活面など包括的に行う。しかし，ペアレントトレーニングを開始する前に全ての子どもの心理検査（例えば，発達検査や知能検査）を実施することは，時間や費用などの面から難しい場合が多い。その場合には，比較的簡便に，保護者が記入する質問紙式の発達検査（KIDS乳幼児発達スケールなど），生活能力の検査（S-M社会生活能力検査など），問題行動に関する調査（SDQやCBCLなど）を行う。保護者による評定であるため結果の解釈には慎重を要するが，子どもの状態を大まかに把握することは十分可能である。事前アンケートとしてあらかじめ郵送し，開始前に回収できるとよい。その際，医療機関などで受けた心理検査の結果に関する情報も収集しておく。それらの結果と保護者評定の結果を比べることで，子どもの発達を保護者がどのように認識しているのかを把握できるだろう。保護者のアセスメントでは，メンタルヘルスに関するアセスメントが中心となる。国内外のペアレントトレーニングで使用されているものには，うつに関する尺度（CES-DやBDI-IIなど），養育ストレスに関する尺度（PSIやQRSなど），QOL（Quality of Life）に関する尺度（WHOQOL-BREFなど）などがあり，どれも保護者が記入するものである。また，ペアレントトレーニングへの参加のきっかけや理由を聞くことによって，保護者の動機や子育ての悩みや困っていることなどもアセスメントできるだろう。

◉ ペアレントトレーニングプログラムには個別的な配慮が必要である

　アセスメント情報によって，プログラムの構成内容，工夫点や配慮点などを検討することが必要である。本実践の参加者は，自ら参加を希望した保護者や他機関からの紹介をきっかけに積極的に参加を決めた保護者だけではなく，参加することに消極的な保護者もいた。したがって，参加している最中の様子をよく観察したり，休憩時間や終了後に声をかけたりしながら，その保護者が毎回参加しようと思えるための工夫を探っていくこととした。ストレスの高い保護者や抑うつ的な保護者に対しては，特に講義や演習の内容をどのくらい理解しているか確認しながら進めたり，課題（宿題）を出す場合には，実際に保護者ができそうかどうか確認して量や内容を調整したり，無理のない範囲で行えばよいことを伝えたりするなど，工夫することとした。また障害の診断を受けていない子どももいるため，子どもの行動の特徴をなるべく障害名や障害特性と結び付けて説明しないようにすることとした。そして，実際に保護者と接していくなかで保護者の特徴をアセスメントしながら，随時必要に応じてプログラムの進め方を調整していくこととした。

問題の分析

略語
SDQ：
　Strengths and Difficulties Questionnaire
CBCL：
　Child Behavior Checklist
CES-D：
　Center for Epidemiologic Studies Depression Scale
BDI-II：
　Beck Depression Inventory - Second Edition
PSI：
　Parenting Stress Index
QRS：
　Questionnaire on Resources and Stress
WHOQOL-BREF：
　WHO Quality of Life-BREF

問題の解決

応用行動分析の考え方，支援技法，目標設定，評価で構成する

　プログラムは，応用行動分析学の考え方，支援の技法，目標設定と記録・評価などを取り入れ構成した（表1-1）。毎回，アイスブレーク，実践（宿題）の報告（2回目以降），講義，演習，振り返り・質疑応答，宿題の提示，という流れで進めた。アイスブレークでは，保護者がペアレントトレーニングに安心して安全に参加できるような雰囲気作りを心掛け，自己紹介や簡単なアクティビティなどを毎回行った。そして，講義，演習（練習），実践（宿題）を通して，プログラムの内容を知識とスキルとして習得できるようにした。次の回の実践（宿題）の報告では，実践の振り返りを大切にし，保護者が2週間でどのようなことを実践したか，考えたか，どのように感じたかを語ってもらい，参加者で共有した。また，支援者から承認，賞賛を行い，次回に活かせるような具体的なアドバイスを行った。最後に振り返りと質疑応答の時間を設けた。

毎回目標を決めて実施する

　第1回は，「ほめ方の工夫」「子どもが喜ぶ関わり方」と題して強化に関する講義を行った。演習では，子どもの好きなものや喜ぶもののリストを作成した。宿題は，子どもをほめたり，子どもの好きなものや喜ぶものを使用したりすること，子どもの行動がどのように変化するか観察してくることとした。

　第2回は，指示の出し方や環境調整の工夫について講義した。演習では，多様な例題を示し，参加者全員で，子どもにどのような指示（言葉，またはそれ以外の方法で）を出すか，どのような環境にするとわかりやすいか意見を出し合った。宿題は，第1回の宿題と合わせて，第2回の内容を実践することとした。

　第3回は，子どもの支援目標の立て方について講義した。子どもに何ができるようになってほしいかという保護者の願いを大切にしながらも，実際に教えられそうかという支援の実行可能性や，子どもが実際にできそうかという子どもの発達レベルとの適合など，複数の観点から総合して考えることが重要であると説明した。スモールステップの方法として，行動をさらに細かくいくつかの行動に分ける工夫（課題分析）などについても説明した。宿題は，第1回〜第3回までの内容と関連させて，目標に向けて支援を行うこととした。

　第4回は，言葉掛け，視覚的な指示（写真や絵を見せるなど），身体の一部または全体に触れて援助する方法について講義した。さらに，これまでの内容を総合して支援計画を作成する（書面にする）方法を説明し，演習では実際に計画を作成した。宿題は，作成した計画に沿って支援を実践することとした。

　第5回は，支援を行うことができたか，支援を行ってみた結果，子どもの行動がどのように変化したかを評価し，支援計画を修正する仕方や，新たな支援計画を作成する仕方について講義した。宿題は第4回同様，作成した計画に沿って支援を実践することとした。

　第6回は，講義形式でこれまでの復習を行った後，実践の報告，現在の悩み，参加者同士での質問，支援者に相談したいことなどをそれぞれの参加者に自由に話してもらう時間とした。

個別対応を大切にしながら実施する

　参加した保護者はそれぞれの進度で支援を実践することができた。欠席する場合もあったが，途中で参加を止める保護者はいなかった。子どもの支援目標として，着替え，食事，入浴，荷物の準備，遊び道具の片づけ，他者に要求を伝えることなど，子どもと保護者双方にとって日常生活上必要性の高いスキルを設定する保護者が多く，目標を達成した子どもが大半だった。ただし，それは本ペアレントトレーニングで子どもが達成しやす

表1-1 ● ペアレントトレーニングプログラムの構成内容

講義	演習	実践（宿題）
①ほめ方の工夫	子どもの喜ぶものリストの作成	たくさんほめる
②指示の出し方 　環境調整の工夫	指示の出し方と環境調整を考えるワーク	たくさんほめる 環境を整える
③目標の立て方	目標を立てるワーク	目標に向けて支援をする
④援助の仕方 　支援計画の作成の仕方	支援計画の作成	支援計画を実践する
⑤支援の評価の仕方 　計画の修正の仕方	支援計画の作成	支援計画を実践する
⑥全体の復習	フリートーク	──

い目標を設定していったことと関連があると思われる。

　理解・表出言語，認知を高めようと支援計画を作成した保護者もいたが，子どもの達成が難しい場合が多く，支援者は，目標設定や支援計画を修正するアドバイスを行った。達成が難しい場合，保護者が子どもの支援目標を設定することや支援計画を作成すること自体を止めてしまう場合が多い。少なくとも，ペアレントトレーニングに参加し始め，子どもに意識的な支援を行い始めた頃には，保護者がうまく支援できた，子どもが達成できた，という成功体験が重要であり必要である。

　筆者は，ペアレントトレーニングでは，子どもと保護者が安定的に日常生活を送ることができるようにすること，そのために，日常生活上必要性の高いスキルを子どもの支援目標にすることを優先している。認知，言語，コミュニケーション領域の課題を設定することもあるが，その場合には，本プログラムに加えて具体的・専門的な支援技法などを保護者に教える必要がある。筆者はこれを，子育て支援的なペアレントトレーニングに加えて，教育的（療育的）な支援としてのペアレントトレーニングと考えている。さらに子どもが問題行動を示す場合には，特別な対応や早急な対応が求められる場合が少なくないため，保護者に対しては個別支援を行える一対一で支援が望ましいと考えている。

応用行動分析の流れにのって実施する

　ペアレントトレーニングの効果を高めるためには，プログラムの内容も重要であるが，それ以上に，ペアレントトレーニングそのものを，応用行動分析学に基づいた支援方法で実施することが重要である。つまり，ペアレントトレーニングを通して保護者の適切な支援行動を増やすためには，支援者は，保護者の支援行動のアセスメントを行い（行動アセスメント），わかりやすく講義や演習を行い（弁別刺激の提示），保護者の適切な支援行動を承認，賞賛（強化）していかなければならない。

保護者面接を通した問題解決

問題の設定

◉ 保護者面接で子育ての悩みや困りごとを一緒に考えてゆく

　子育ての悩みや困りごとを抱える保護者に対して最も広く行われている支援は，保護者面接であろう。保護者の悩みや困りごとは実に多様であり，子ども，保護者，家族，地域社会など，さまざまな要因が関連している。例えば，「子育てが難しい」という困りごとの要因としては，子どもの行動上の問題や保護者自身の健康上の問題などが挙げられる。子育てに関する家族間の考えが折り合わず家族同士で対立していることや，居住する地域の子育てに関するサービスの少なさ，地域住民との関わりの難しさなどもあるかもしれない。面接を行う支援者は，保護者の話を聴いていくなかで，何がどのように問題となっているのか保護者の主訴とニーズを具体化し，生じている問題の要因とプロセスを整理し，問題解決に向けて今後どのように行動していくとよいかを保護者と一緒に考えていくことが大切となる。

◉ 保護者面接では問題のアセスメントを行う

　保護者面接によって問題に関するアセスメントを行う際には，いくつか留意する点がある。まず，多くの保護者が相談することそのものに不安を抱えているということを支援者が理解しておくことである。「どんなことを聞かれるのだろう」「自分の育て方がよくないことを指摘されないだろうか」「子どもに何か問題があったらどうしよう」というような不安によって，支援者に対して自分の考えや想いを正直に話すことに抵抗感を抱いている保護者もいる。支援者は，保護者が安心して話せるように保護者の話を傾聴し，受容し，共感を示すことが重要である。次に，保護者から得られる情報が不正確であったり不足していたりする場合があるということである。保護者からできるだけ客観的で正確な情報を得るためには，保護者が自由に話すだけではなく，支援者がある程度面接の進め方を構造化し，具体的な質問を行いながら問題に関連する情報を幅広く集めていくことが重要である。

　そして，特に精神的に不安定な保護者の場合には，面接自体が難しくなることがある点にも注意が必要である。感情が強く表現されたり抑制されたりする，話が次々に逸れていき要領を得ない，支援者との会話が一問一答のようになり深まらないなどの場合には，当面は，保護者に対して情緒的なサポートを行うことを主とすることも必要となる。

◉ 保護者面接を通して問題解決を支援する

　地域の相談機関に来所した4歳男児（以下，A児）の保護者（母親）の事例である。2歳の弟と父親からなる4人家族であった。これまで保育所の先生に相談することはあったものの，それ以外での相談歴はなく初めての相談であった。保護者は，「A児が弟にいじわるをする」ことにひどく困っていた。A児に関して，弟が生まれた頃からいろいろと他にも気になることがあったようだが，これまで発達に関して何か指摘を受けたことはなかった。

● 問題解決に向けて機能的・発達的アセスメントを行う

　保護者面接を通した問題解決には，子どもの行動上の問題を機能アセスメントの枠組みで整理することが有効である。機能アセスメントでは，問題となる具体的な行動は何か，その行動がどのような状況やきっかけで生起するのか，行動上の問題に対して保護者は現在どのように対処しているか（これまで対処してきたか）について情報を集め，問題となる行動が生起する理由を明らかにしていく。

　また，子どもが示す問題は発達と関連していることが多いため，子どもの発達に関する情報を集めていくことも必須である。並行して，保護者の問題の捉え方や子どもの発達の理解の仕方，子どもへの関わり方のスキルなどについてもアセスメントすることが必要である。支援者はそれらを踏まえて，その保護者が受け入れられて，かつ実行できる具体的なアドバイスをしなければならない。また，保護者の健康面に関するアセスメントも重要である。子どもの問題解決のために保護者が行動を起こすには，ある程度精神的にも身体的にも健康が保たれていることが必要である。

● 生活全般の情報を収集する

　保護者は自分から積極的に話すほうではなく，ひどく疲れており，落ち込んでいる様子も窺え，A児の「いじわる」が保護者にとって深刻であると推察された。これまで精一杯なんとかやってきたという印象も受けた。支援者は，保護者が心掛けてきたことを丁寧に聴き取り，認め，保護者が現在できていること（例えば，幼い子ども2人に，ご飯を作って食べさせる，寝かしつけるなどの日常の子育て全般）を労いながら，A児の「いじわる」について具体的に聴き取っていった。

　また，子どもたちと保護者がどのように生活しているのか，生活全体について聴き取っていくことを通して，A児の発達に関する情報を集めた。A児の発達に遅れなどは感じられなかったが，いずれは詳細なアセスメントを行うことを検討するとし，まずは保護者の主訴であるA児の問題について，以下のように整理した。

　帰宅後，保護者が家事を進めている間，子どもたちは玩具で遊んでいることが多い。弟がブロックで遊んでいるとA児が弟からブロックを奪う。弟がブロックをすぐに手放さないと，A児は弟の手を噛む，顔を掴んで押す，叩くなどする。結果，弟は泣き，A児はブロックで遊び続ける（筆者はこのことから，A児の行動には要求の機能があると推定した）。弟の泣き声に気づいた保護者は子どもたちに近づき，A児を「叩いたらいけないでしょ！」と叱責する。保護者は感情的になって（自分を抑えられず）A児のことを叩いたり，一方で怒る気持ちにもならず放っておく日もある。

> 問題の分析

> 問題の解決

初期に予防的対応を行う
（支援開始から1カ月間の支援と経過）

　現在の保護者の子どもへの対応や保護者の精神的な健康状態から，虐待のリスク，面接の中断のリスクがあり，保護者に無理のない範囲での定期的な面接が必要であると判断し，2週に1回50分の面接を開始した。いまの保護者に，A児の問題行動が起きた場合の対処の仕方や，A児と弟にブロックを共有したり貸し借りを教える方法をアドバイスしても，保護者が一貫して実行することは難しいと思われ，まず問題行動が起きないで済むような工夫を提案した。具体的には，(1) ブロックは保護者が見ていられる時間帯に限定して遊ばせ，帰宅後の時間帯は取り合いなどが起こりにくいブロック以外の玩具で遊ばせる，(2) 家事の間にブロックで遊ばせる場合（子どもがブロックで遊ぶことを強く要求する場合）には，A児の分と弟の分の2セット（できるだけ同じ種類で）用意して，別々に遊ぶスペースを決める，とした。

　保護者は一貫して（1）と（2）を行うことができたようであった。1カ月ほどで，帰宅後の時間に生起していたA児の問題行動の頻度が低減した。なお，本事例に関しては，問題行動に関する厳密な回数の記録は求めず，保護者の実感の報告を重視した。

中期に教育的対応を行う
（支援開始1カ月後からの2カ月間の支援と経過）

　支援者は，保護者が予防的な対応を実行できたことを労い賞賛した。保護者の表情や声の様子，話す内容などから，保護者が少しずつ元気になっていく印象を受けた。次の段階では，子どもたちへの貸し借りや共有の教え方に関して，場面設定と声掛けの仕方などをアドバイスした。具体的には，①保護者が一緒に遊べるか，子どもたちの側にいることができるときに行う，②ブロック以外のもので遊んでいるときに行う，③どちらかが相手の玩具に手を出そうとする前に，「貸して，だよ」と指示し，相手には「貸してあげて」と指示する，④借りた側に「ありがとう」と言えるように促し，貸した側には保護者も「貸してくれてありがとう」と言う，⑤A児が弟を叩くなどしたときは，すぐに制止し，言葉でのみ注意するように伝えた。また，保護者には，貸し借りなどのスキルはどの子どもにも必要なことであり，個人差はあるが2〜4歳の子どもには数日や数週間で身につくようなものではないため，貸し借りが成立せず取り合いになってしまうときもあること，繰り返し教えていくことが必要であることも併せて伝えた。

　予防的な対応は継続できており，A児の問題行動の増加もないことを確認し，保護者の取り組みを労い承認した。新たな取り組みに関しては，①〜④を意識して取り組んだとのことだった。しかし③がなかなかうまくできず，取り合いになってしまうことも多く，また⑤が実行できず，A児をひどく叩いてしまった日もあるとのことだった。

中期・後期に事後的対応を行う
（支援開始後3カ月後からの2カ月間の支援の経過）

　③に関しては，保護者が具体的にどのような子どもの反応を手掛かりにして声をかければよいかがわからない，もしくは実際に実行できないことが考えられた。支援者は，保護者から具体的に聴き取った子ども同士がブロックを取り合う様子について見本を見せ，簡単なロールプレイを行いながら，保護者と声掛けの練習を行った。⑤に関しては，保護者は，A児の問題行動や弟の泣いている姿を見ると，「A児が許せない」「A児が憎くなる」というような気持ちになってしまうとのことであった。支援者は，保護者がそのような気持ちになってしまうことを否定せずに受け止め，また保護者が自身の行動をよくないことだと認識して

いることを理解している旨を伝えた。この背景のひとつには，子どもの発達に関する知識が保護者に乏しく，わが子の特徴の理解が難しいということが考えられた。支援者は，一般的な発達の道筋を伝えつつA児と弟の特徴を伝え，保護者に子どもの特徴の理解を促していった。例えば，A児の問題行動は，「弟にいじわるをしている」という意味ではなく自分が遊びたいという気持ちの表現であること，貸し借りや共有をいま覚えている段階であることなどを伝えた。また，保護者がA児を叩いたりせずに対処できるように，言葉での叱り方や，泣いている弟の慰め方などを，具体的に例示しながらアドバイスした。

その後，予防的な対応は継続できており，帰宅後のA児の問題行動はほとんどなくなったとのことであった。また，それ以外のときもA児の問題行動が低減したとのことであった。保護者は，③を実行できたりできなかったりだが，最近は取り合いにならないような玩具で遊ぶよう促しているとのことであった。そのためかA児も弟も別々に遊ぶことが増えたようであった。支援者は，保護者が自分なりに考えたり工夫したりしたことを賞賛した。また，感情的に叱責することは時々あっても子どもを叩くことはなくなった点を承認した。保護者は，自身の精神的・身体的な健康状態がよくないときに子どもを感情的に叱責してしまうことを自覚し，自身の健康状態を維持できるよう心掛けているとのことであった。また，子どもたちの成長を焦らず見ていこうと思うようにしているとのことであった。

保護者の具体的な行動に焦点を当て実行できる方法を選ぶ

本事例は，子どもの問題行動の機能アセスメントに基づいた支援を，保護者の状態に応じて予防的対応，教育的対応，事後的対応と段階的に取り入れた実践である。保護者が支援を実行できたことが子どもの問題行動の低減につながり，それらの取り組みを通して保護者自身の考え方や接し方も変わっていった。子どもの問題行動に困っている保護者への支援を考える場合，子どもの問題行動の機能アセスメントを行い，その結果に基づいた支援を助言するだけでは不十分である。保護者の子どもへの具体的な対応（行動）の仕方に焦点を当ててアセスメントを行うことも大切である。保護者の行動の背景に，保護者の養育スキルや健康面の課題が見えてくることは少なくない。それらも踏まえたうえで，総合的に見て子どもと保護者にとって最適な問題解決の方法を保護者と一緒に考えることが，保護者面接を行う支援者の重要な役割である。

第2章 ── 子育て・保護者支援②

スモールステップで「待つ」行動を指導した事例

問題の設定

◉ 家庭における問題行動に対応する

　自閉症スペクトラム障害の児童は，感覚的な特性や，コミュニケーション行動のレパートリーの少なさから，自傷行動，他害行動やその他の危険または不適切な行動を呈することがある。これらには問題行動としての介入を行い，行動を減少させる必要があるが，家庭における問題行動対応にはいくつかの課題がある。

◉ 問題行動か否かを判断する

　問題行動への対応は，大きな労力と時間を要する。幼少期の療育では，とにかく対象児の適切な行動レパートリーを増やし，それらの行動によって周囲から強化される随伴性の確立を重視するべきである。適切な行動レパートリーが少ない状態で，問題行動を減少させることのみに注力しても，また別の問題行動とのいたちごっこになりかねない。

　時間が限られた早期療育支援において，保護者から相談を受けた，または実際に目にした問題行動に対し，その行動を減らすことを重視した対応を積極的にすべきかどうかは，慎重な判断が必要である。

　対処すべきか否かの判断基準としては，①本人または周囲の著しい危険を伴うかどうか，②本人の学習機会を著しく阻害しているかどうかという2点がある。これらを踏まえ，どちらかに当てはまるようであれば，具体的な対処の決定に移ると良いだろう。

◉ 機能分析を行う

　問題行動対応の基本として挙げられるのが機能分析である。問題行動をコミュニケーションと捉え，行動の先行事象，後続事象として何が起こっているかを記録・分析し，行動の果たす機能を明らかにする手続きである。分析の結果，行動の機能は，①要求，②注目，③回避，④感覚に分かれるとされる。機能により，強化刺激が異なっているため，行動を減らすために後続事象を操作する際には大きなヒントとなる。例えば，物を投げた後に，大人からの注意や関わりが必ず存在するような場合，投げる行動には「注目」の機能がある。つまり，「来て」「見て」「かまって」といった言葉と同様の機能を持っていると考えられる。その場合は，強化刺激となっていた他者からの注意や声かけといった刺激の提示を止める「消去」（正確には，行動をする前と後で何も周囲の環境や物事が変化しないように対処する）という手続きを行う。子どもが物を投げても，対応せずに，一切注目を与えないのである。

◉ 後続事象の運用には難しさがある

　行動の機能に合わせ後続事象を操作し，例えば物を投げても他者の注目という強化刺激が一切得られなくなれば，理論上問題行動は減少していく。しかし，特に保護者が日常で対応をしていく場合，後続事象の操作のみによる支援には限界がある。

◎付記
本章の事例は，実際の事例を参考に，仮想事例として新たにまとめたものである。

熊 仁美｜竹内弓乃

問題の分析

◉ 支援者が根負けしてしまう

例えば，スーパーで泣き叫ぶ行動の機能分析の結果，先行事象（お菓子売場の前を通り過ぎる）→行動（泣き叫ぶ）→後続事象（立ち止まり，欲しがったお菓子をカゴに入れる）というパターンが繰り返されていたとする。その場合，泣き叫ぶ行動の主な機能は「要求」であると考えられる。理論上は，お菓子が手に入らないようにして後続事象を操作することで，問題行動の機能が果たされなくなり，泣き叫ぶ行動が減っていくはずである。しかし，日常生活のなかで保護者がその手続きを徹底できるかというと，難しいことが多い。周囲の目があるなかで，我が子が泣き叫んでいる状態を無視して買い物を続けることをつらく感じる保護者は多いだろう。そのため，基本的にはお菓子は与えないが，稀に根負けして買ってあげることもある，という対応になりがちである。

こうなると，最も行動が増加しやすい変動比率（variable ratio：VR）強化スケジュールでの強化提示となってしまい，逆に問題行動を増やしてしまうことになる。

また，たとえ1つの機能への対応を徹底できたとしても，問題行動の機能が重複していたり，時間の経過とともに機能が変化していったりする場合もある。例えば，お菓子を買い与えないことを徹底できたとしても，なだめるための声かけや，それに伴って立ち止まることをせざるを得ない場合，要求機能だった問題行動が，注目や回避の機能に変化してくるのである。このような理由から，日常のなかでは，後続事象の操作だけで問題行動に対応することには限界がある。また，重要なのは今ある問題行動を減らすことではない。子どものポジティブな行動レパートリーを1つでも増やし，適切に振る舞える時間を伸ばしていくことが療育の最大の目的である。

◉ 予防的対応が有効である

問題行動対応のなかで最も重要なのは，予防的な対応を徹底することである。つまり，問題行動が起こらない条件を探し，その状態を先回りして作り出し，強化する。スーパーでお菓子欲しさに泣き叫んでしまう先ほどの例ならば，「いつも欲しがるお菓子を用意しておき，先に渡してから入店する」「お菓子売り場は通らないように，買い物ルートを変える」「入店したらすぐにカートに乗せて一人で歩き回らないようにする」「アプリを使えるスマートフォンなどの注意を引ける物を手渡しておき，お菓子に注目が向かないようにする」といった工夫を行うことで，泣き叫ぶという行動自体を起こりにくくしていく。「スマートフォンでおとなしく遊びながら，スーパーでの買い物に同行する」「好きなお菓子を手に持った状態で，泣き叫ばずにお菓子売り場を通過する」といった子どもの適切な行動を引き出し，そこに強化刺激を提示していくことで，行動を増加させていくのである。

> 問題の解決

🔄 「待てない」子どもを支援する

問題行動には予防的な対応をすることが基本であるが，さらに根本的な解決を目指すには，代替行動の指導が不可欠である。本稿では，この「待つ」という行動をスモールステップで指導した事例を紹介する。

🔄 さまざまな「待てない」がある

「うちの子は待てなくて，すぐに怒ったり泣いたりします。どうすればいいでしょうか？」。保護者から，こんな相談を受けることは少なくない。

しかし，「待つ」という行動の意味は，相談を寄せた保護者によって大きく異なる場合があるため，困っている場面の詳細や，そこでどう振る舞ってほしいか，といったニーズを聞き取る必要がある。

実際に寄せられる相談の具体例としては，「出かけるとき，私がまだ靴を履いているのに，『待って』と言っても外に飛び出してしまう」「外でトイレに行きたいというので連れて行ったら，埋まっていてすぐに入れなかった。空くまで待ってね，と言い聞かせたが，癇癪を起こしておもらしをしてしまった」といった内容が挙げられる。このようなことが日常的に起こる場合，保護者が感じる困り感は非常に大きく，また子ども自身への不利益や，危険も伴うこととなる。

🔄 「待つ」という行動を定義する

一般的には，「待って」という指示に対して，歩き回っても，座っていても，本を読んでいてもよく，待ち方は当人に任されていることが多い。しかし，支援をする場合は標的行動を明確に決めたほうがよい。そうでないと，指導の機会が分散してしまい，子どもが行動を学習しにくい可能性がある。そのため本事例では，「待つ」という行動の定義を，「待って」という言語指示に対応して手を膝に置く行動と定めた。

🔄 「待つ」行動レパートリーを形成する

まず，「待って」に応じて手を膝に置くという行動レパートリーの形成を行った。「待って」と指示をした直後，指導者が手を軽く持って膝の上に置くよう手助けをし，置けたら大げさにほめ，強化する。徐々に大人の手助けを減らし，「待って」という指示に対して自発的に手を膝に置く行動ができるようになった時点で，次の段階に移行した。

🔄 「待つ」行動を継続する

多くの場合，この「行動を継続する」段階が最も難しい。実際の場面では，子ども自身にとって，いつまでその行動を続ければよいか見通しが立たないことが大きな要因である。そのため，カウントダウンを組み合わせて教えることで，見通しをもって行動を継続できるよう指導していく。その際，1から始まるカウントアップだと，終わりが5だったり10だったりとはっきりしない。待つことにつなげる場合は絶対にカウントダウンのほうがよく，その理由は終わりが常に同じ「ゼロ」であるため，見通しをもちやすいからである。

🔄 カウントダウンを使って指導する

カウントダウンを使った教え方の1例を紹介する。まずは，椅子に座った状態で，子どもの好きな物を透明な箱に入れ，見せる。子どもが箱に手を伸ばしたら，「待って」と指示し，手を膝に置けたらすぐに箱を開け，好きな物を渡して褒める。次の段階では，カウントダウンで3秒待つことを指導する。「待って」と指示し，手を膝に置けたら「3, 2, 1, 0！」と素早く数え，終わったと同時に蓋を開け，好きな物を渡してあげる。そこまでできるようになったら，少しずつ秒数を増やしていき，15秒〜20秒ほどのカウントダウンを待てるようにしていった。

魅力的な状態をつくって指導する

カウントダウンを使った指導で、ゼロが来るまで待つと良いことが起きるということを子どもが理解すると、少しずつ待てるようになってくる。しかし、指導場面でない日常場面は、目の前のドアを開ければ魅力的な外の世界が広がっていたり、すぐそこまで手を伸ばせばトイレに入れたりと、子どもにとって好ましい出来事が目の前にある状態であり、待つことはより難しい。次の段階では、目の前に魅力的な出来事がある状態でも待つことができるよう教えていった。

先ほどの例では、好きな物を、蓋のしまった透明な箱に入れた。大人が子どもの物へのアクセスをコントロールできる状態で待つ練習をしたわけである。次は、蓋を開け、子どもが好きな物をすぐ手に取れる状況で、2秒待つところから同様の指導を行った。直接子どもが物に触って取ろうとした場合は、すばやく物を取り除き、20秒ほどおいてから再度指導を開始した。

さまざまな場や物で練習する

先ほどのステップまでできるようになったら、次はさまざまな場面へのスキルの応用（般化）を促していく必要がある。例えば、実際には出かけないけれども、玄関でお出かけの練習の場面を作る。安全上、ドアの施錠はしっかりした状態で行う必要があるが、玄関で靴を履いた状態で立たせ、「待って」と指示をし、大人はカウントダウンで5〜10秒数えながら、靴を履く。外に飛び出さずに、手を膝に置いて（立った状態なので腿あたりに手を置く）待てたら、その場ですぐに小さなお菓子などを渡してあげ、手をつないで出かける。

トイレの事例では、家庭のトイレで家族と順番に並び、「待って」という指示で5〜10秒待てたら盛大に褒めて、大好きな玩具やちょっとしたお菓子を渡し、トイレにも入れてあげる。徐々に、家の外のトイレでも練習をしていくとよい。

いずれの場面も、秒数を増やしたり、10秒をゆっくり数えるなどをすることで、実際の待ち時間を伸ばすことができる。

このように、指導場面で獲得したスキルは、日常場面でも発揮できるように般化を促していくことが必須である。いずれのステップでも最初は強化を惜しまずに提示し、子どもの動機づけを高めながら指導することを忘れないことも重要である。

保護者主導の療育における刺激内プロンプト活用

問題の設定

● 応用行動分析に基づく自閉症スペクトラム障害児への指導法を用いる

　自閉症スペクトラム障害の子どもに対し，応用行動分析に基づいた手法で認知や言語，コミュニケーションの包括的な支援を実施することにより，知能を中心とした全般的な症状の改善がみられることが示されてきた（Lovaas, 1987; Sallows & Graupner, 2005; Smith et al., 2000）。
　応用行動分析に基づいた早期療育では，主に離散試行型指導法（Discrete Trial Teaching : DTT）という手法を用いる。DTTは，指示，反応，強化を1ユニットとし，短い試行を繰り返し行う点が特徴である。早期療育では，この手法を使って，共同注意や模倣など言語の基盤となるスキルや，言語，手先運動，視覚的な認知課題などを進めていく。

● 効果のある早期療育が十分用いられていないのがわが国の現状である

　さまざまなエビデンスが示されているにもかかわらず，我が国では，応用行動分析に基づいた早期集中療育が普及しておらず，報告されている研究成果の数も少ない（山本ほか，2005）。質の高い早期療育が提供されうるシステム整備には，人的，時間的コストが膨大にかかる点が大きな課題であり，海外のエビデンスをもとに，我が国の実態や制度，当事者のニーズに即した新たなプログラムの開発や提供を目指していくことが重要である。人的，経済的なリソースが乏しい我が国の厳しい現状において，鍵となるのは，保護者が家庭で療育を主導することを目指すペアレントトレーニングである。

● 保護者が療育を主導する

　保護者が家庭で療育を実施するためのペアレントトレーニングの重要性が明らかになってきた背景には，Lovaas et al. (1973) の先駆的研究がある。Lovaas et al. (1973) は，自閉症児に週8時間の応用行動分析に基づいた療育を実施した。その結果，適切な言語や遊びが増え，知能指数の上昇がみられたが，2～4年後のフォローアップでは，知能指数や言語などは介入前の状態とほぼ変わらない状態になったことがわかった。その後のLovaas (1987) の研究では，保護者にセラピストとしてのトレーニングを行い，日常的な関わりを応用行動分析的なアプローチで行ってもらった。その結果，前述のような平均IQの上昇と，その効果の維持が示された。
　近年では，保護者のストレスや信念が，療育の成果に影響を与える可能性も示唆されており（Osborne et al., 2008），保護者が療育に参加することが，効果を最大化するために重要なことは明白である。また，支援リソースが乏しい我が国に適した支援の形でもあると考えられる。本稿では，ペアレントトレーニングを通じた早期療育で成果を上げていくための課題や解決策を，事例を通して紹介する。

● ペアレントトレーニングで成果を上げる──正解と運用

応用行動分析に基づいた早期療育は、少なくとも週10時間、原則一対一で実施することが望ましい。しかし、ペアレントトレーニングを通じた療育で時間数以上に重要なのは、子どもの発達段階にマッチした標的行動の選定と、家庭で運用可能な指導手続きの設定である。

子どもの発達段階に合わせた課題の選定は、一定の専門知識と臨床経験を基盤としていれば、誰が行っても共通する部分が多い。幼少期でかつ言語が出るまでの段階であれば、正解はある程度決まっていると言える。しかし、その指導を保護者が家庭で運用することを目指す場合は、手続きの工夫が必要であり、その点を踏まえた指導者育成は療育現場の課題である。

筆者自身の過去の臨床例で、このような出来事があった。言語発達の基盤となる共同注意（他者の指さしへの反応）を未学習の子どもがいたため、筆者は共同注意を標的行動に選定した。そのとき、筆者が保護者に伝えた指導手続きは、①子の背後に別の大人がおり、手に対象児の好きなお菓子を持つ、②子の前に座ったセラピストは、子どもの注意を引いた後「あっ」と言いながら左右どちらかを指差す、③背後の大人は、その指先の位置にお菓子が出現するよう素早く提示する、というものであった。理論上は、手続き通り続けていくと、徐々に「指さし方向を見るとお菓子がもらえる」という随伴性を対象児が学習していく。最終的には、共同注意行動が安定して生起するようになるはずであり、実際に同様の手続きで学習が成立した子どもは数多くいた。

この指導法を、保護者と交代しながら実際に行い、記録用紙とともに家庭に持ち帰ってもらった。しかし、1週間後に提出された記録用紙を確認したところ、1回しか指導機会を設定できていないことがわかったのである。理由を聞くと、「夫の残業が多く、指導できる人が2人いる時間がほとんどなかった」「お菓子は好きだが、1個食べれば満足してしまった」という明確な理由があり、指導手続きを家庭状況に合わせられなかった筆者の力不足を露呈する結果となった。

その後、①強化刺激をお菓子から子どもが好きな電車シールに変更する、②大人1人でも指導できるよう、底の深いコップにシールを入れ、指さされたほうを覗き込むとシールがもらえる手続きに変更する、という2つの変更を行ったところ、翌週は記録が埋まり、共同注意行動の学習が進んでいる様子が確認できた。

このように、子どもへの直接支援ではなく、保護者を主軸にした間接支援で療育効果をあげていくためには、家庭や子どもの人的、物的、時間的状況を把握し、運用可能な指導手続きかどうかを精査したうえで提示することが非常に重要である。

> 問題の分析

問題の解決

刺激内プロンプトを活用する

それでは，家庭の状況に合わせた課題や指導手続きを設定するためには，どのような工夫が必要なのだろうか。本稿では，保護者の療育スキルに左右されずに効果を維持するため，刺激内プロンプトを活用した教材による指導の例を紹介する。

応用行動分析に基づいた指導における非常に重要なテクニックとして，プロンプトがある。療育においては，弁別刺激を提示した後，正反応を引き出すために行う手助けやヒントのことを指す。プロンプトにはさまざまな種類があるが，療育でよく用いられるのは，①身体プロンプト，②音声プロンプト，③位置プロンプト，④視覚プロンプト，⑤刺激内プロンプトなどである。

例えば，人の行動を模倣する課題を教える際には，直接身体を触って正答まで導く身体プロンプトが多く用いられる。指導者が「こうして」と頭を触って見せたあと，素早く子どもの手をとって頭を触らせ，「すごいね！」と褒めながら，子どもが好む玩具などを手渡して強化する。そのような試行を繰り返すなかで，少しずつ子どもの手を頭の上まであげる→肩のあたりまであげる→子どもの手を軽く上に押しあげる，といった形でプロンプトを薄めていき，最終的にはプロンプトなしで自発的に頭を触る行動を模倣できるように指導を行っていくのである。

このように，徐々にプロンプトを薄めて自発的な反応を学習させていく手続きを，プロンプトフェイディングという。

刺激内プロンプトは保護者主導の療育に適している

プロンプトフェイディングは，療育のなかで日常的に用いられているが，実はプロンプトの力加減や，フェイディングのタイミングや程度の見極め方は，子どもの特性に合わせて異なり，経験や専門的な知識が必要な難しい部分である。実際に家庭で保護者に課題を実施してもらう際には，専門家がプロンプトやフェイディングの仕方まで丁寧に伝える必要があるが，それでも専門家と同様に実施することは難しい。そのため，誰がやっても同様の成果が得られやすい指導として，刺激内プロンプトを活用することは有効である。

刺激内プロンプトを活用する

療育における刺激内プロンプト活用のポイントは，最終的に学習させたい刺激の形はそのまま残しながら，その他のプロンプトとなる手がかりを教材に内在させること，プロンプトのフェイディングステップごとに教材を用意することである。

図2-1は色の学習の際に用いた教材の例である。物の名前がある程度わかっている子どもに対し，名詞をプロンプトにして色の概念を教えるための教材であり，ステップごとにイラストの濃さが薄くなっている。色や文字，数字など，特徴が似通っている刺激の学習を進める場合，子どもがすでに知っている情報と関連づけて教えることで，効率よく学習できる。ただし，記号的な刺激を特に好む子どもに対しては，1つずつ丁寧に指導していけば学習できる場合もあるため，どのプロンプトを用いるかは子どもの様子を見て吟味する必要がある。

まず第1段階では，イラストがはっきりとしているカードを用いる。「赤，りんごちょうだい」「バナナ，黄色ちょうだい」といった指示で，カードを選べるようになったら，次に，イラストが薄くなったカード，イラストがない色のみのカードの順で，「赤，りんごちょうだい」という指示に対し赤のカードを選べるよう指導を行う。最終的には，音声指示も「赤，りん……ちょうだい」→「赤，り……ちょうだい」→「赤ちょうだい」という形でフェイディングをしていったところ，「赤ちょうだい」という指示に対して赤のカードを選ぶことができるようになった。

ひらがなを指導する際にも，同様の教材を用い

図2-1 ● 刺激内プロンプトを活用するための教材

ることができた。先ほどの色の例のように，子どもが知っている名詞とひらがながセットで印刷されており，フェイディングのステップに合わせ背景のイラストが徐々に薄くなっていく教材を用いた。

まず第1段階では，イラストがはっきりとしているカードを用いる。「あひるのあ，ちょうだい」「いすのい，ちょうだい」といった指示で，カードを選べるようになったら，次にイラストが薄くなったカード→イラストがない文字のみのカードの順で，「あひるのあ，ちょうだい」という指示に対し「あ」の文字カードを選べるよう指導を行う。最終的には，音声指示も「あひるの，あちょうだい」→「あひ……あ，ちょうだい」→「あ……あちょうだい」→「あ，ちょうだい」という形でフェイディングをしていったところ，「あ，ちょうだい」という指示に対して「あ」の文字カードを選ぶことができるようになった。ここまで学習ができたら，般化指導として，これまでの指導では用いていない色や文字のカードでも練習を行い，最終的には絵本や実際の物などでも正しく色や文字が選べるようにしていくとよい。

◎ プロンプト・フェイディングが内在している教材を用いることが重要である

教材にプロンプト・フェイディングのステップが内在されていると，保護者の細かい力加減やタイミングの違いに左右されることなく効率的に子どもの学習につなげられる。そのため特に保護者主導の療育では，刺激内プロンプトを可能な限り活用すべきである。応用行動分析に基づいた療育の成果を出すために，子どもへのプロンプトのタイミングや強化の素早さなど，テクニック的な部分が重視されることはある。しかし，それは本質的な目的とは別である。専門家の役割として重要なのは，①子どもの発達を見極め，今何を教えるべきかを決定すること，②保護者（または子どもを取り巻く支援者）が子どもにその課題を教えられる指導手続きや教材を応用行動分析の考え方に基づいて設定すること，という2点である。特に②の目的において，刺激内プロンプトの活用は非常に有効である。この2点がおさえられれば，指導のテクニックにはさほど習熟していない保護者でも十分に療育の成果があげられるのである。

◉ 文献

Lovaas OI (1987) Behavioral treatment and normal educational and intellectual functioning in young autistic children. Journal of Consulting and Clinical Psychology 55 ; 3-9.

Lovaas OI, Koegel RL, Simmons JQ & Long JS (1973) Some generalization and follow-up measures on autistic children in behavior therapy. Journal of Applied Behavior Analysis 6 ; 131-166.

Osborne AL, McHugh L, Saunders J & Reed P (2008) Parenting stress reduces the effectiveness of early teaching interventions for autistic spectrum disorders. Journal of Autism and Developmental Disorders 38 ; 1092-1103.

Sallows GO & Graupner TD (2005) Intensive behavioral treatment for children with autism : Four-year outcome and predictors. American Journal on Mental Retardation 6 ; 417-438.

Smith T, Groen AD & Wynn JW (2000) Randomized trial of intensive early intervention for children with pervasive developmental disorder. American Journal on Mental Retardation 105 ; 269-285.

山本崇博，中野良顯，宮崎麻衣子 (2005) 日本における自閉症児に対する早期高密度行動治療システム構築の試み──ある自閉症スペクトラム障害の男児の事例を中心に．上智大学心理学年報 29 ; 9-22.

第3章──保育

暴言に対するABC観察記録に基づく支援

問題の設定

● 発達の気になる子どもを保育園・幼稚園で支援する

　保育現場において，発達障害児を含む発達の気になる子どもへの支援は急務の課題である。行動分析学は，この点に対して大いに貢献することができる。特に，他の保育士に対して助言などを行う指導的立場の保育士（主任など）が，行動分析学に基づく問題解決の方法を身につけることは，園内への波及効果という点で重要である（田中ほか，2014）。本章では，指導的立場の保育士による行動分析学に基づく園内での事例検討の方法について紹介する（田中ほか，2011）。

● 標的行動を決定する

　対象児Hは，5歳児クラスの男児であった。担任保育士に事前に依頼した記録では，Hの「気になる行動，困った行動」として「1日中暴言を言っている」「保育士がクラスの園児に話しているときに，大きな声を出したり，席を離れて保育室をウロウロしたりする」「自由遊びのときに登ってはいけないロッカーに登る」「食事中食べるのに飽きてくると食べ物で遊ぶ」が挙げられた。これに対してHの「できている行動」としては，「個別の声かけをすると身のまわりのことができる」が挙げられた。主任保育士と担任保育士との相談のなかで，「暴言（バカ，ジジイ，ボケなど）を言う」を標的行動とすることが決まった。

　主任などの指導的立場の保育士は，担任保育士などからクラスの気になる園児に関する相談を受ける。これは，定期的なケース検討の機会であったり，個別の相談であったり，その形態はさまざまである。相談は，昼寝時や園児の帰宅後などの短い時間で行われるため，効率的に進める必要がある。気になる園児の行動問題は，本事例のように多岐にわたることが多い。また，クラスに気になる園児が複数いる場合もある。そのため気になる園児（たち）の行動問題の全てについて話そうとすると，現状の聞き取りだけで相談時間が終わってしまうことも少なくない。支援を検討する行動（標的行動）を1つに絞ることで，短時間の事例検討でも効果的な支援を検討することが可能となる。また，1つの行動に焦点化することで，支援も検討しやすくなる。

　標的行動を決めるため，事例の担当保育士（担任など）に，事前に園児の「気になる行動，困っている行動」と「できている行動」を具体的に書き出すことを依頼する。事前に書き出すことによって，気になる行動に関する聞き取りを効率的に進めることができる。また，できている行動についても依頼し，園児の困ったところだけでなく，望ましいところにも注目を向ける。できている行動に関する情報は行動問題の支援を考えるうえで役立つものとなる。事前の記録を基に話し合いを行い，標的行動を1つ決定する。可能であれば担当保育士に，事前の記録とあわせて標的行動の候補を1つ選ぶことも依頼する。話し合いによって標的行動を決定する際，担当保育士の意見を尊重しながら，行動の生起頻度，支援による改善の可能性，問題の緊急性などについても考慮する必要がある。

◎付記
本章の事例は，実際の事例を参考に，仮想事例として新たにまとめたものである。

田中善大

問題の分析

● ABC観察記録をつける

　標的行動を「暴言(バカ, ジジイ, ボケなど)を言う」に決定した後, 主任保育士と担任保育士は, Hの暴言に関するABC観察記録を行った。図3-1 (p.56) が, 主任保育士が行ったABC観察記録である。ABC観察記録のABCは, Antecedent (先行事象), Behavior (行動), Consequence (後続事象) の頭文字を取ったものである。この記録では, Bの欄に対象児の行動を書き, AとCの欄に行動の前後の状況を書く。Bの欄には対象児の行動のみを書くので, 保育士や他児の行動はAとCに書くこととなる。1つのABCで終わらない場合は, 図3-1のように矢印を使って, 下の段に次のABCを書いていく。ABC観察記録では, 事実のみを具体的に記録していく。ABC観察記録によって, 対象児の行動と環境(周囲の人の対応を含む)との相互作用のパターンが見えてくる。実際の支援では, 環境(記録のなかのAとC)を変えることによって, 行動問題を維持する相互作用のパターンを変えていく。

　Hに対する2週間のABC観察記録から, Hの暴言に対する担任保育士の対応のパターンが見えてきた。Hが暴言を言うと, 多くの場合, 担任保育士が側に来て, 暴言を注意し, その場で言うべき言葉を伝えていた。Hは, 注意されると暴言をやめることもあったが, 担任保育士から促された言葉を言うことはなかった。いろいろな場面で暴言が見られたが, 朝, 他児と遊ばず1人でいると, 調理室に行き, 調理師に対して暴言を言うこともわかった。

● 行動の理由(随伴性)を検討する

　ABC観察記録を行ったら, 次に記録を基に事例検討を行う。ここではまず, ABC観察記録のなかから, よくある場面の記録を1〜3つほど選ぶ。次に, 選んだ記録について行動の理由を考える。つまり, どうして対象児は, その場面で行動をしたのか(しなかったのか)について考える。ここでは, いろいろな可能性を考えることが重要である。HのABC観察記録(図3-1)を基にした話し合いでは, 暴言の直後に, 担任保育士の注意(「担任の反応がうれしい」)や, 調理士の反応(「調理士とのコミュニケーションになっている」)があり, これらが暴言を強化している可能性が指摘された。ほかにも「言うべき言葉がわからない」「暴言が癖になっている」「遊びが見つからない」「嫌いな給食があった」などの理由が挙がった。

> 問題の解決

支援を立案する

　ABC観察記録から行動の理由を考えたら，次に支援を検討する。ここでは，暴言などの不適切な行動を減らすことよりも，暴言に代わる適切な行動を考え，それを増やす支援を検討することが重要である。不適切な行動に代わる適切な行動は，行動の理由を基に考えていく。Hに関する話し合いでは，「暴言が調理士とのコミュニケーションになっている（暴言によって調理士の反応が得られる）」という理由に注目し，朝の場面での調理士とのコミュニケーションなら，暴言ではなく「『おはよう』と言う」行動が適切であるとし，これに関する支援を検討することとなった。

　支援を検討する際には，「時間を戻せるなら，記録のどの部分まで戻って，どのような支援を行うか」という形で，どのタイミングでどのような支援を行うのかを具体的に考える。ここでは，暴言などの不適切な行動が起こってからの事後的な対応ではなく，不適切な行動が起こる前の予防的な支援から検討する。不適切な行動（暴言など）が起こる前に，適切な行動（「おはよう」と言うなど）を引き出すためにどのような対応や工夫ができるのかについて，いろいろなアイディアを出す。

これに加えて，適切な行動が生起した場合の強化についてもあわせて考える。適切な行動に対する支援に関して多くのアイディアを出した後，不適切な行動の生起に対する対応についても検討する。対象児の好きなことや得意なことの情報も，支援を考えるうえで非常に役立つものである。そのため，事例検討の際には参加者全員でこの情報を共有する。さまざまな支援方法が提案された後，支援の効果や実施の可能性について検討し，実際に行う支援を決定する。

支援をより具体化する

　支援に関する話し合いの結果，Hに対する支援として，毎朝，主任保育士または担任保育士がHと一緒に調理室に行き，あいさつをするということになった。Hは電車が好きなので，なわとびを使って「あいさつ電車」を作って保育士と一緒に調理室に行くこととした。調理室についたら保育士がHに対して場面に合った言葉（「おはよう」）を伝える対応（言語プロンプト）を行うこととなった。また，Hがあいさつできた場合には，調理士があいさつを返し，側にいる保育士があいさつできたことをほめるという支援を行うことになった（好子出現の強化）。もしあいさつではなく，Hが

図3-1 ◉ 暴言のABC観察記録

行動の前（A）	行動（B）	行動の後（C）
〔調理室・朝・自由遊び〕 他児：園庭で遊んでいる。 担任：他児と遊んでいる。	特に何をして遊ぶでもなく，ウロウロしている。	担任：園庭で他児と遊んでいる。
〃	調理室をのぞきに行き，ドアを開けて「ボケー」と言う。	担任：本児の側に来て「『ボケ』じゃないよ!! 『おはよう』って言うんだよ」と言う。
〃	無言で走って逃げ，遠くから様子をうかがっている。	担任：園庭に行く。
〃	調理室に行き「ボケ，ジジイ」と言う。	調理士：「ボケですよー」と笑って言う。

「ボケ」などの暴言を言った場合は，保育士や調理士は反応しないこととした（消去）。「あいさつ電車」は，調理室だけでなく，園長や他のクラスの保育士のところにも行き，それぞれの場所で同様の支援を行うこととなった。

「おはよう」に関する言語プロンプトについては，図3-1からもわかるように，担任保育士が，Hに対して「『おはよう』って言うんだよ」という類似の関わりを行っていた。しかし，これは暴言が生じた後の対応であり，今回の支援では同様の対応を暴言が生じる前に行うことが大きな違いであった。同じように見える支援でも，実施のタイミングが違えば，異なる効果をもたらすことがある。特に行動の前に行うか，後に行うかは非常に重要な点である。ABC観察記録を基に支援を考えることによって，行動の前か後かなどの具体的な支援のタイミングが明確になる。これには，助言を受ける保育士の理解を促進するだけでなく，指導的立場の保育士が具体的な助言を行うことを助ける効果もある。

事例検討では，行動の理由および支援に関して，できるだけ多様なアイディアを出すことが重要である。そのため，主任などの指導的立場の保育士と担当保育士（担任など）だけでなく，多くの保育士の参加が望まれる。また，園内での事例検討は，限られた時間で行うことが多いため，行動の理由や支援の検討時間をあらかじめ設定し（例「行動の理由は10分間，支援方法は20分間」など），進行することも重要である。

支援を実施・評価する

Hに対する支援を1カ月間実施した結果，朝の場面での暴言はほとんど確認されなくなり，調理士や保育士に対するあいさつも言語プロンプトなしでできるようになってきた。調理士に対しては，あいさつだけでなく「今日のご飯は何？」という質問も言語プロンプトなしでできるようになってきている。支援を実施するなかで，言語プロンプト，適切な発言に対する強化，暴言に対する消去の有効性が確認されたため，朝の場面以外でも，担任保育士はこれらの支援を行うようになった。これによってあいさつだけでなく，言葉で先生を呼んだり，要求したりする行動（「先生，おしっこ」「おかわり」など）が，言語プロンプトなしで生起するようになってきた。支援前後の暴言の頻度に関する記録（標的行動の記録）から，支援前には毎日頻繁に見られた暴言が支援後1カ月で大幅に減少していることがわかった。現在では，1日を通して暴言がまったくない日も増え，暴言が見られる場合でも1日に1〜2回程度となった。

ABC観察記録は，支援開始後も継続して行う。記録によって，支援の実施や対象児の行動を確認し，支援が適切に機能しているかを検討するためである。支援を2週間から1カ月間実施したら，経過報告会を行う。その際，支援時のABC観察記録や支援前後の標的行動の頻度の記録（標的行動の記録）などを使って，支援の効果を評価する。対象児の行動に改善が見られない場合には，行動の理由や支援方法を再度検討する。行動の理由や支援のアイディアをたくさん出しておくと，1つの支援がうまくいかない場合でも，次の支援をすぐに検討することができる。対象児の行動に十分な改善が見られた場合には，新しい標的行動を決め，同様の手順で支援の検討を行う。経過報告会などの支援を評価する機会を設けることは，保育士の支援行動や記録行動を支える随伴性としても有効である。

● 文献

田中善大，馬場ちはる，鈴木ひみこ（2014）指導的立場の保育士を対象とした応用行動分析の研修プログラムの波及効果――適切行動に対する言語称賛スキルの向上．特殊教育学研究，52, 169-179.
田中善大，神戸市発達障害ネットワーク推進室（2011）発達支援のためのチャレンジブック．神戸市発達障害ネットワーク推進室．

活動への参加に対するABC観察記録に基づく支援

問題の設定

標的行動の増減を評価する

支援の対象となる園児の行動には、増やしたい行動（適切な行動）と減らしたい行動（不適切な行動）がある。「片付けをしない」「順番に並ぶことができない」といった問題は、「片付け」や「順番に並ぶ」という増やしたい行動が増えない状態を表している。一方、「友だちを叩く」「外に飛び出す」といった問題は、減らしたい行動が減らない状態を表している。そのため支援では、増やしたい行動を増やすための関わり・工夫や、減らしたい行動を減らすための関わり・工夫が検討される。支援の評価もこれに合わせて、行動の増減を確認する必要がある。次の事例では、ABC観察記録に加えて、行動の増減に関する記録である標的行動の記録についても取り上げる。

標的行動を決定する

対象児Gは、4歳児クラスの男児であった。このクラスには、2名の担任保育士（担任J、担任K）がいた。2名の担任保育士に事前に依頼した記録では、Gの「気になる行動、困った行動」として「全体の活動に参加しない」「全体指示で動けないことが多い」「順番が待てない」「気に入らないことがあると大声で泣く」「ハサミやお箸がうまく使えない」が挙げられた。これに対してGの「できている行動」としては、「衣服の着脱や靴・靴下などの着脱ができる」「食事の準備や片付けができる」が挙げられた。主任保育士と担任保育士の相談のなかで、「全体の活動に参加しない」ということが取り上げられた。特に、朝の場面で気になるということを担任Kが話したため、「朝の活動を行う」を標的行動とした。

この園では、朝の活動として、園庭を走った後、保育室で行われる活動があった。保育室では、乾布摩擦をし、その後、歌を歌うことが毎日の活動として行われていた。標的行動を決定した後、標的行動の記録を担任Kが実施した。朝の活動を課題分析（複雑な行動をその要素となっている行動に分けるプロセス）し、それぞれの項目について、「◎：個別指示なしでできた、○：個別の指示でできた、△：保育士が手伝ってできた、×：できなかった」の4段階で記録した（図3-2）。標的行動の記録から、Gの朝の活動への参加状況がわかってきた。

図3-2 ● 標的行動（朝の活動）の記録

	10/3	10/4	10/5	10/6	10/7	10/8
園庭に並ぶ	○	×	○	◎	○	×
園庭を走る	◎	×	◎	◎	◎	×
手洗い、うがいをする	◎	×	×	◎	○	×
教室に入る	◎	○	○	◎	○	○
シャツ、帽子を脱ぐ	△	×	○	◎	○	×
タオルを出す	○	×	○	◎	◎	×
グループの列に並ぶ	◎	×	○	◎	◎	×
乾布摩擦をする	○	×	×	×	×	×
タオルを片付ける	○	/	/	△	△	/
服を着る	○	△	△	/	/	/
椅子を運んで、座る	○	×	○	×	×	×
椅子の前に立つ	×	×	×	×	×	×
歌を歌う	×	×	×	×	×	×

◎：個別指示なしでできた ○：個別の指示でできた
△：保育士が手伝ってできた ×：できなかった ／：記録なし

問題の分析

◉ ABC観察記録をつける

朝の活動の場面のABC観察記録を主任保育士が実施した（図3-3：p.60）。2週間の観察記録から，Gが活動に参加しているときと，参加していないときの2名の担任保育士の対応のパターンが見えてきた。2名ともGが活動から離れたり，準備などが遅れていたりするとGの側に行き，声かけをしていた。これに対して，Gが活動に参加しているときは，Gに対する声かけなどの個別の関わりはあまりなく，別の園児に対応していることが多かった。

ABC観察記録によって，対象児の不適切な行動（活動からの逸脱など）に対して毎回同じような対応が行われていることに加えて，適切な行動（活動への参加など）に対して特に対応がない（強化されていない）ことが発見されることがある。適切な行動が強化されていない場合には，その行動への強化に関する支援（言語称賛など）を行うだけで，行動が改善することもある。

ABC観察記録から，不適切な行動や適切な行動が，起こりやすい状況や起こりにくい状況もわかってくる。これは，対象児の行動の予測につながる。対象児の行動の予測は，不適切な行動を予防するために役立つ。また，行動を予測することで，対象児の望ましい変化（予測に反して，不適切な行動が起こらなかった／適切な行動が起こった）が捉えやすくなるため，強化の対象となる行動やタイミングを新たに発見することも可能となる。

◉ 行動の理由（随伴性）を検討する

観察記録を実施した後，主任保育士，2名の担任保育士，他クラスの保育士で，ABC観察記録を基に事例検討を行った。図3-3の記録を使って，行動の逸脱（乾布摩擦の列から離れる）の理由を検討した。ここでは「保育士に声かけをしてほしかった（注目獲得）」「活動に参加していても声かけがない（消去）」「列で待つ時間が長かった」「乾布摩擦の感覚が嫌い（回避）」「他児が始めているのに，自分が遅れたことが嫌だった」などの理由が挙がった。

多くの行動の理由を考えることによって，観察の幅も広がり，これまでの観察では注目しなかった点に注目することが可能となる場合もある。いろいろな可能性（仮説）を考慮しながら，さらに記録を重ねることで，より妥当な仮説を導き出すことができるのである。

問題の解決

支援を立案する

行動の理由に基づき，活動への参加を増やすための支援（活動からの逸脱を事前に防ぐための支援）と，活動から逸脱した場合の支援が検討された。Gの好きなことは，お手伝い（職員室にものを取りに行く）であった。話し合いの結果，Gに対する支援として，朝の活動に参加しているとき（列に並んでいるなど）に，そこでの行動を定期的にほめることとなった。活動から逸脱したときには，これまで行っていた個別の声かけは止め，活動に参加している他の園児の行動（Gがすべき行動）を具体的にほめることとした。また，逸脱した状態から，全体の活動に戻ってきたときには，すぐにそのことをほめることも行うこととなった。行動の理由として挙がった「他児からの遅れ」を防ぐために，Gが朝の活動以外のことをしているときには，全体指示の少し前に個別に指示を出したり，Gの側で次の活動をつぶやく（「もうすぐ乾布摩擦が始まるわ」など）対応を実施した。これらに加えて，朝の活動全てに参加できた場合は，Gの好きなお手伝い（職員室にものを取りに行く）ができることとした。

支援を実施・評価する

支援開始後数日間は，朝の活動中にGに対して頻繁に声かけ（言語称賛を含む）を行い，朝の活動に参加することでお手伝いができることを体験させた。1カ月間支援を続けた結果，Gは逸脱することなく朝の活動に参加できるようになった。標的行動の記録でも，個別指示なしで参加できる活動が増えていることが確認された。支援開始当初，頻繁に行っていた個別の声かけは，朝の活動への参加が定着するにつれ，少しずつ減らしている。声かけを減らしても本児は安定して活動に参加できている。これらの支援が効果的であることがわかったので，次は給食後から昼寝までの活動を課題分析し，同様の支援を開始することにした。

支援を拡張する

標的行動が，1日のいろいろな場面で生じる（生じない）場合には，特定の場面に絞ることで支援方法が検討しやすくなる。また，支援の実施も，場面を絞ることでより容易になる。特定の場面で支援を実施し，有効性が確認できたら，それを別の場面に拡張していく。これによって，1日中生

図3-3 ● 朝の活動のABC観察記録

行動の前（A）	行動（B）	行動の後（C）
〔教室・午前中・乾布摩擦〕 他児：園庭を走った後，入口のところで列になって座る。	他児と一緒に列になって座る。	担任K：列に並んでいない園児に声かけを行う。
担任J：「ゾウ組さんは部屋に入ったら，乾布摩擦の用意をします。どうぞ」と全体に指示を出す。	部屋に入り，服を脱ぎ，タオルを持って乾布摩擦の列の場所に行く。	担任K：列に並んでいない園児に声かけを行う。
担任J：「（乾布摩擦の）用意はいいですか」と全体に指示を出す。 他児：「いいですよ」と言い乾布摩擦を始める。	列の位置でタオルで飛行機を折っていたが，少ししてから立ち上がり，教室の後ろに行き，寝転んで再びタオルを折る。	担任K：本児の側に来て，声かけを行う。

起していた（生起していなかった）標的行動を少しずつ改善していくことができるのである。

Gへの支援を開始すると他児の行動にも変化が見られた。2名の担任保育士は，これまで活動から逸脱する園児に対してGと同様に個別の声かけを行い，活動に参加している園児に対しては個別の声かけを行っていなかった。支援を開始すると，この関わりが反転し，クラスのなかで活動に参加している園児はどんどんほめられる一方で，活動から逸脱する園児に対して注目が向けられることはなくなった。これによって，これまでGにつられて活動から逸脱していた園児も，逸脱することがなくなった。今回の支援では，対象児の適切な行動を増やすと同時に，対象クラス全体の適切な行動を増やすことができたのである。

特定の園児に対する支援として，いつもはほめることのなかった行動をほめたり，シールを貼るなどの強化に関する支援を実施すると，クラス内の他児が「ずるい」などの発言をすることがある。このような場合には，「ずるい」などの発言をする園児にも同様の基準で，言語称賛などの強化に関する支援を実施することが有効な対応となることが多い。強化に関する支援だけでなく，他の支援（スケジュールを視覚的に提示する，全体の活動内容を変更するなど）でも，対象児だけでなく，他の園児にも有効な場合がある。特定の園児への支援を検討することは，当該の園児への支援だけでなくクラスの他の園児への支援にも繋がる可能性を持っているのである。

支援を検討する場合は，特定の園児の特定の行動に焦点を当てて，有効な支援を見つけることが基本となる。支援の対象となる行動や場面は，最初は小さなものかもしれない。しかし，効果的な支援を発見し，その後，別の場面や別の行動，また，他の園児へ拡張することによって，大きな効果をもたらすことができる。園児の行動をスモールステップで支援していくのと同様に，支援者の支援行動もスモールステップで向上させていくのである。もちろん支援を単に拡張するだけではうまくいかないこともある。その場合には，再度ABC観察記録を実施し，支援を修正したり，場合によっては新しい支援を検討したりして，支援の範囲を拡張していくこととなる。

標的行動を記録する

支援の効果を検討するためには，支援の実施前後の標的行動の生起状況の記録を取る必要がある。ただし，行動の生起頻度を測定する方法は，日々の保育実践のなかで継続して実施することが困難な場合もある。その場合には，より簡易な方法で記録を行う。1日をいくつかの場面に分け（登園〜昼食前，昼食〜昼寝，昼寝〜降園の3つの場面など）それぞれの場面での生起状況を確認する，場面を絞ってその場面での生起状況を確認する，特定の場面を課題分析しそれぞれの項目を確認するなどの方法がある。行動の生起状況についても，行動の生起・非生起のみ（2件法）を記録するものから，行動の生起頻度や支援の状況などを含んで3〜4件法（図3-2）で記録する方法などがある。記録が詳細になるほど，園児の行動の変化を捉えやすくなるが，その一方で実施の負担は大きくなる。各園の状況に合わせて，継続して実施可能な記録方法を考える必要がある。

標的行動の記録は，支援の効果を評価することに加えて，支援の内容を検討することにも役立つ。標的行動の記録によって，行動の生起状況をより客観的に捉えることで，焦点を当てるべき行動や場面が明らかになることも多い。また，当初思っていたよりも不適切な行動が生起していないことが明らかになり，標的行動を変更する場合もある。

標的行動の記録は，園児の困った状態（不適切な行動の生起，適切な行動の非生起）だけでなく，望ましい状態の記録でもある。適切な行動が増えるなどの園児の行動の改善は，保育士の支援行動や記録行動を強化する好子である。標的行動の記録は，この好子が効果的に機能することを促進する働きも担っているのである。

第4章 ── 教育：通常学級①

機能アセスメントと行動コンサルテーション

問題の設定

◉ 通常学級介入には段階がある

　学校教育場面においても，行動分析学を用いた問題解決は多く行われている。道城ほか（2008）は，学校場面において発達障害児童を対象に行動分析学を用いて介入した研究のレビューを行った。その結果，国内外ともに個別介入を行った研究が最も多かったが，2000年代に入り減少し，グループ，学級を対象とした研究が増え始めたことが明らかとなった。つまり，学校現場における行動分析学を用いた介入は，特別な教育的ニーズがある児童を対象とした個別介入から対象を広げていった。通常学級を対象とした介入は，学級規模介入（classwide intervention）やクラスルームマネジメント（classroom management）として多く実施されている。道城・松見（2007）は小学2年生の着席行動を対象に，目標設定とセルフモニタリングを用いた学級規模介入を行い，学級全体の児童の行動が向上したことを示した。他にも，筆者らが実施した国内外の行動コンサルテーション研究に関するレビューにおいて，小学校の通常学級を対象とした研究が最も多いが，海外と日本では標的行動に違いがあることなどが明らかとなった。

　学級全体への支援の必要性は，海外のモデルでも示されている。ポジティブ行動支援（PBS）[1] では，学校全体での取り組みや問題行動の機能を明らかにするために機能アセスメントを実施すること，問題行動を予防し適切なスキルを教えることが強調されている。PBSには「学校における支援では，児童生徒の問題行動のレベルによって介入の段階」を分ける特徴がある。具体的には，問題行動を起こす児童生徒には個別介入を，リスクのある児童生徒には集団介入を，問題行動のない8割の児童生徒に対してはユニバーサルな介入を提案している。

◉ 学習へのユニバーサルデザインを用いる

　最近では，通常学級におけるユニバーサルデザイン（学習のユニバーサルデザイン化）も注目を集めている。自閉症スペクトラム障害の児童に視覚的支援が有効であることが知られているが，視覚的支援は自閉症スペクトラム障害の特性がない児童でも授業内容の理解を助ける。通常学級におけるユニバーサルデザインは，多くの子どもたちにわかりやすい授業づくりをコンセプトとし，学校現場を中心に進められている。通常学級には，発達障害だけでなく学び方が異なる子ども達がいる。多くの子ども達の学習の手助けになるよう，多くの子ども達にわかりやすいものを教師が教えるべきであり，指導スキルを身につけるべきである。一方，限局性学習障害を判定するモデルである介入への反応性（RTI）[2] においても，重視されているのは「通常学級での質の高い指導」である。RTIでは子どもの伸びを継続的にモニターし，仮に伸びがめざましくなければ補足的な指導をする。それでも予測される伸びがなければ，特別支援教育の可能性を考える体系的なモデルである（e.g., Fuchs & Fuchs, 1998）。通常学級への支援の必要性は高まっていると考えられる。

[1] PBS
positive behavior support

[2] RTI
response to intervention

◉付記
本章の事例は，実際の事例を参考に，仮想事例として新たにまとめたものである。

道城裕貴

◉ 支援員のかかわりが原因で問題行動が増える場合がある

本事例は，学級全体ではなく対象となる児童に介入が必要な場合である。つまり，学級全体は落ち着いているが，特別な教育的ニーズがある児童が問題行動を呈しているという状況である。

図4-1は，小学1年生のAくんの教室からの飛び出し行動について，機能アセスメントのフォームで示したものである。Aくんは，チャイムが鳴り，5時間目が始まったときに，水筒を探していた。支援員に話しかけられると，廊下に飛び出し，支援員のほうをチラチラ見ながら走っていく。そして支援員は「教室に戻ろう」と言って追いかける。場面は何度変わっても，支援員をチラチラ見ながら走っていき，それを支援員が追いかけるという構図に変わりはない。これらの観察から，Aくんの飛び出し行動の機能は「社会的強化子の入手」であることが推測できる。つまり，飛び出し行動は「追いかける」といった社会的強化子によって強化されていると考えられる。さらに言い換えると，Aくんは支援員に追いかけてきてほしいがために飛び出しているのである。

実際，支援員の追いかける行動が遅れると，Aくんは廊下で立ち止まって待っていた。支援員が不在の際には1人で校外に出たり，行方不明になるといったことも見られなかった。

機能アセスメントにおいて忘れてはならないことは，学級全体の様子を観察することである。例えば，Aくんとの追いかけっこは支援員とだけのやりとりであったが，それに周囲の児童が便乗していないだろうか。支援員の行動をモデリングして同じようにAくんを追いかけてしまう児童がいると，支援員が不在の際に周囲の児童が飛び出し行動を強化する可能性がある。また，周囲の児童のなかにAくんの飛び出し行動をモデリングして，フラッと立ち上がったり，離席している児童はいないだろうか。Aくんを起点に学級全体が荒れていくというようなケースは，行動コンサルテーションにおいてよく見られることでもある。たとえ主訴が児童1名であっても，学級随伴性を同時に観察することが重要である。この事例では，周囲の児童においてAくんの飛び出し行動を強化したり，モデリングするといった行動は見られなかった。

> 問題の分析

図4-1 ◉ 児童Aの機能アセスメント

先行状況（A）	行動（B）	結果（C）
チャイムが鳴り，5時間目が始まる。	水筒を探している。 ↓ 支援員のほうを見て，教室から飛び出す。	支援員：「どうしたの？」と話しかける。 支援員：追いかけて階段のところで捕まえる，「教室に戻ろう」と手を握り教室に一緒に戻る。

問題の解決

機能アセスメントによって問題行動の原因を明らかにする

本事例のように通常学級において行動コンサルテーションを行う場合に多く見られる事例から通常学級における行動随伴性を考えたい。学級全体の行動随伴性を「学級随伴性（classroom contingency）」と呼び，本節冒頭で示したように，個別の機能アセスメントに加えて学級随伴性の機能アセスメントを行うことを提案したい。なぜなら，通常学級における介入では主訴を明確にし，優先順位を決めて標的行動を選択する必要があるためである。機能アセスメントは個別に行われることが多いが，場合に応じて個別あるいは学級全体と柔軟に適用することで最も優先すべき問題が明らかになる。

行動コンサルテーションには，問題の同定，問題の分析，介入の実施，介入の評価といった4段階があり，いずれにおいても最初に通常学級での行動観察や学級担任へのインタビューにもとづき，問題を同定および分析する。その際，学級担任の主訴と学級の行動随伴性は異なっている場合があるため，注意が必要である。そして，行動観察や学級担任のインタビューで得られた情報は，機能アセスメントを用いて分析する。PBSにおいて重視されている機能アセスメントでは，行動の前に起こったこと（先行状況A），行動（B），行動の結果（C）の観察から，行動の生起や維持に関わる条件を明らかにするABC分析が主となっている（Watson & Steege, 2003）。つまり，先行状況（A），問題行動（B），結果（C）を記述的に記録することで，問題行動の機能を同定する。問題行動の機能とは，物的強化子の入手，社会的強化子の入手，回避および逃避，身体的な刺激を得るなどが挙げられる。行動（B）と結果（C）との随伴性から，問題行動をすることでどのようなことを得ているかといった問題行動の機能を推測する。機能アセスメントを行うことで，問題行動の機能を明らかになり，支援方法の考案が容易となる。

飛び出し行動には安易に反応しない

では，この事例に対する解決案を考えてみよう。筆者は，行動コンサルテーションにおいて，この事例と似たような状況に遭遇することがよくある。つまり，Aくんのように特別な教育的ニーズがある児童がおり，大きな問題行動を示している状況である。しかし，次の事例とは異なり（p.66参照），学級担任や周囲の児童は対象児の行動を強化しておらず，整然と授業が進んでいる場合もある。対象児の問題行動が多少見られたとしても，すぐに減少していく。このように，特別な教育的ニーズがある児童が大きな問題行動を示していたとしても，学級全体の問題に発展していない場合もある。

機能アセスメントから，飛び出し行動の機能は社会的強化子の入手であることが推測できた。Aくんの飛び出し行動を主に強化しているのは支援員である。周囲の児童は社会的強化子を与えておらず，支援員との間にのみ生じていることが明ら

図4-2 ● 児童Aに対する介入案

先行状況（A）	行動（B）	結果（C）
チャイムが鳴り，5時間目が始まる。	水筒を探している。 ↓ 支援員のほうを見て，教室から飛び出す。	支援員：「どうしたの？」と話しかける。 支援員：「気づかない」フリをして指導を続ける（追いかけない）。 時間をおいて，様子を見に行く。

かになった。このような問題行動の場合は，対象となる児童1名に対してのみ，介入案を考えればよい。

　支援員はどのような対応をすればよいのか。答えは簡単である。支援員がAくんを追いかけなければよいのだ。Aくんは1人で校外に出たり，行方不明になるといったことはなかった。そのため，多少教室を出て行ったとしても安全性に不安はないと考えることができる。支援員や学級担任には，「Aくんが教室を出て行ったとしても，追いかけないでください」「追いかけることで飛び出す行動が増えてしまっています」と率直に伝えよう。図4-2は，Aくんへの介入案を示している。「追いかけない」という対応であるが，具体的には「気づかず，教室での指導を続ける」といった対応が自然で望ましいだろう。注意を引こうとするさまざまな行動に対しても「気づかない」フリをする。そして，追いかけなくなると，Aくんはしばらくして戻ってくるだろう。その際，なかなか戻ってこず，どうしても安全面が心配である場合には，「追いかけられている」ということを本人に気づかれないようにそっと様子を見に行くべきだ。つまり，逆方向から行く，職員室にいる教師と連絡を取り合って様子を見てもらうなどである。飛び出し行動の時間を測るなどして定期的に様子を見に行くのもよいだろう。

教室にいる行動を強化する

　そして，Aくんが教室に戻ってきた後は，教室にいることを強化すれば，教室にいることが徐々に増えていくことが予想される。例えば，「がんばりカード」などを作成し，教室にいることができたことに対して，シールやはんこなど，物的報酬（強化子）を与える。あるいは，簡単なプリント課題を与え，できたことを賞賛するなど，教室から飛び出す行動の代替行動をスモールステップで形成していく。課題に集中しているときに同時に教室を飛び出すことは不可能であるため，できる行動を増やすことで不適切な行動を減らす。その際，難しい課題や長時間教室にいることを目標とするのではなく，関心が高く，ある程度できる課題や短時間で終わる課題から始めると，行動形成は容易となる。

　発達的に幼い，あるいは多動・衝動性が高い児童や，安全面に不安が残る場合には，できるだけ教室内で飛び出しを防ぐことが望ましい。教室の外に出てしまうと，追いかけるのは容易ではないためである。学校現場での問題行動は，安全面の不安がある場合や，本人や他児を傷つける可能性がある場合など，行動に応じて優先的に介入を考える必要がある。

学校全体で共通の対応を取る

　通常学級での介入の難しい点は，実際に提案どおりに介入が行われるかどうかという点である。支援員がAくんを追いかけなくなっても，偶然に通りかかった校長先生が追いかけてしまっては元も子もない。提案された介入案を正確に実施する程度のことを，行動コンサルテーションでは介入の厳密性という。当たり前のことであるが，行動コンサルテーションでは介入の厳密性が高いほうがよいとされており，質問紙や直接観察により示すことが多い。つまり，たとえ対象児1名への個別介入であったとしても，その介入手続きに関しては関係者の情報共有を行い，一貫した対応をすべきなのである。

● 文献

道城裕貴，松見淳子 (2007) 通常学級において「めあて&フィードバックカード」による目標設定とフィードバックが着席行動に及ぼす効果．行動分析学研究20-2；118-128.
道城裕貴，野田航，山王丸誠 (2008) 学校場面における発達障害児に対する応用行動分析を用いた介入研究のレビュー1990-2005．行動分析学研究 22-1；4-16.
Fuchs LS & Fuchs D (1998) Treatment validity as unifying construct for identifying learning disabilities. Learning Disabilities Research and Practice, 13；204-219.
Watson T & Steege MW (2003) Conducting School-based Functional Behavioral Assessments : A Practitioner's Guide. New York : Guilford.

学級全体へのアセスメントと介入

問題の設定

◉ 学級の問題を整理する

　伝統的な学級経営のなかには，行動分析学の技法を用いたものも多く存在する。例えば，「グループ対抗」と題した適切な行動を多く示したグループにポイントを与え，不適切な行動を示したグループのポイントは取り上げるといった取り組みは，行動分析学におけるレスポンスコストに当たる。通常学級にはさまざまなリソースが存在する。リソースとは，教師の専門性，周囲の児童などの人的リソース，教室環境，教材・教具などの物的リソースなどのことである。通常学級において行動分析学を用いた介入を行う際には，まずそれらのリソースについてはアセスメントをする必要がある。つまり，アセスメントで得られた情報からどのリソースがリユース（再利用）できるかを考える。すでにあるリソースを用いることには，コストがかからないといった利点があることに加え，学級担任の受け入れ（受容性）も高いことが予想される。外部専門家が行動分析学に基づいた効果的な介入パッケージを紹介したとしても，それを実施するのは学校現場の教員であるため，既存のものに少し工夫したり，加えたりすればできるといった介入案の方が受け入れられやすい。

　通常学級の介入ならではの問題として，①主訴が見えにくく標的行動の選択が難しいこと，②優先順位を決めなければならないこと，③対人的要因を配慮すべきであることなどが挙げられる。①の主訴が見えにくいことというのは，学級全体の問題が生じているのに，学級担任が特別な教育的ニーズがある児童1名の問題だと捉えている場合などを指す。その場合，主訴の捉えなおしから始める必要があるため，学級担任への情報の呈示などの対処が考えられる。②にもあるように，通常学級を対象とした介入では学級全体の問題から優先して対処する必要があることがほとんどであり，主訴が明確にならなければ介入は難しい。学級全体を優先する理由は，学級も物理的環境のひとつであり，周囲がザワザワしていると学習行動に支障が生じ，先に整える必要があるためである。もちろん危険があったり，周囲の児童や本人を傷つける可能性があるときには，個別介入が優先される。主訴が見えにくいこともあり，標的行動の選択が難しいが，通常学級にさまざまな標的行動となりうる行動が存在することもその要因である。つまり，学業スキルか，社会的行動か，問題行動か，課題従事行動か，どれを優先すべきかを判断しなければならないのである。最後に，③対人的要因については，学校現場はさまざまな「人」がいるため，特に対人関係に配慮して介入を進める必要がある。介入案を提案したとしても，1人の教員だけが介入を行っても効果はない場合があるためである。1つ目のAくんの事例でもあったように，Aくんの飛び出し行動を誰が強化しているのか，それが般化されていないか，さらにモデリングが生じていないかといったことを観察する必要がある。対象児のキーパーソンがいる可能性もあり，通常学級における介入を効果的に実施するためには学級全体のアセスメントが重要である。

◉ 学級全体に介入する

　この事例は，個別介入以前に学級全体の介入が必要である場合である。つまり，主訴は数名の児童にあっても，問題は学級全体で生じており，先に学級全体を落ち着かせる必要がある場合である。図4-3（p.68）は，小学2年生のBくんの授業妨害行動の機能アセスメント結果である。Bくんは，算数の授業中にぱっと立ち上がり，教師の板書や丸付けといった授業進行を妨害する。その結果，教師は授業を止め，「席に戻りなさい」「どうしたの？」などの対応をする。さらに，周囲の児童のところに行って，消しゴムを頭上から落とすなど，いわゆるちょっかいをかける。児童1は「やめてよ」とBくんに対応しているが，消しゴムを頭上から落とされたもう一人の児童2は別の児童に消しゴムを落としている。Bくんの行動をモデリングしているのである。さらに，次の場面では学級担任が丸付けをしているときに後ろから抱きつくが，思うような反応がなかったので赤ペンを取るという行動に出ている。このように，さまざまな方法で学級担任の注意（注目）を引いているのである。結果としてBくんの周囲は常にザワザワとしており，Bくんを起点に学級全体が落ち着かない状況になっていた。これも1つ目の事例と同様に，授業妨害行動の機能は社会的強化子の入手であると考えられる。教師や周囲の児童らには注目を与え，強化をしている自覚はないかもしれないが，嫌がったり，怒ったり，諌めたりする反応も注意を与えていることになり，すべて強化子になる場合がある。

　実は，そもそも学級担任からの主訴は「児童Bの行動への対応を教えてほしい」というものであった。Bくんは注意欠陥・多動性障害（ADHD）と診断されているという情報もあり，学級担任は対応に悩んでいた。しかし，発達障害の診断を受けているすべての児童がこのような問題行動を示すわけではない。

　一方，学級担任に対するインタビューからは，Bくんの話ばかりで周囲の児童の話は一度も出てこなかった。介入の詳細は「問題の解決」で述べるが，結論から言うと，問題行動の機能が社会的強化子の入手である場合には，周囲の児童への介入を優先的に行うべきである。そうしなければ，いつまでたってもBくんの行動が強化されるためだ。このように学級全体の乱れが主訴に現れていない場合であっても，学級全体をアセスメントする必要性があることがおわかりだろうか。

> 問題の分析

問題の解決

◎ 学級全体で問題行動に反応しない

では，Bくんにはどのように対応すべきなのだろうか。まず，学級担任はBくんの「離席し，黒板に書かれた式を手で隠す」という問題行動に対して何も反応を返すべきではない。反応をしない，無視をするということは，何も起こっていないかのように振る舞うことである。この事例では，無言で手をどかす，あるいは手を触ることも強化子になりうるのであれば，黒板の空いているスペースに式を書くなどの対応が望ましい。無視するということは，視線すら与えないことであり，学校現場では意外に難しいことでもあるが，あわせて学級全体に対して「Bくんがどのような行動を示したとしても反応を返さない」というルールを徹底して指導する。その際，低学年の場合は「無視をする」という行動のモデリングが必要であるかもしれない。「やめてよ」という否定の言葉も反応を返してしまっているため適切でなく，視線すら与えないことが望ましいということを，行動の見本を見せながら教える。

行動分析学では，このように以前強化されていた反応に対し，強化の随伴性を止めることを消去とよぶ。消去を実施することで，問題行動の頻度は減少する。しかし，消去の際には，問題行動の頻度と強度が一時的に強まる消去抵抗という現象が起こる。この事例の2つ目の場面において，Bくんは丸付けをしている学級担任に後ろから抱きつくが，社会的な反応が返ってこなかったため，赤ペンを取るという行動に出ていた。これは消去抵抗であると考えられる。つまり，消去という手続きをとった場合，問題行動は一時的に悪化するように見える。しかし，そこで強化してしまう，すなわち「もう！ どうしたの？」などの対応を返してしまうと，問題行動は減少しない。それどころか，問題行動はさらに悪化することが考えられる。なぜなら，問題行動の頻度と強度が一時的に強まった状態で，再度注目という社会的強化子が与えられるためである。次からは，さらに社会的強化子を得るために頻度と強度が強められた問題行動が生じるかもしれない。そのため，消去を行う際には消去抵抗が起こることを理解した上で実施することをお勧めする。

◎ 問題行動の代わりとなる行動を教える

たとえ消去が成功し，「後ろから抱きつく」「赤ペンを取る」といった問題行動が減少したとしても，問題行動の代わりとなる代替行動を身につけ

図4-3 ◎ 児童Bの機能アセスメント

先行状況（A）	行動（B）	結果（C）
算数の授業中 学級担任：黒板で筆算について説明する。	離席し，黒板に書かれた式を手で隠す。	学級担任：授業を止め「席に戻りなさい」など指導する。
	↓	
	ふらっと周囲の児童のところに行き，消しゴムを手に取り，頭上から落とす。	児童1：「やめてよ」と言う。 児童2：笑って他の児童のところに行き，消しゴムを頭上から落とす。
学級担任：教卓で丸付け。子ども達はプリントを持っていく。	後ろから丸付けをしている学級担任に抱きつく。	学級担任：丸付けを続けている。
	↓	
	学級担任の赤ペンを取る。	学級担任：丸付けを止めて振り返り「もう！ どうしたの？」と言う。

図4-4 ● 代替行動の強化の例

先行状況（A）	行動（B）	結果（C）
学級担任：教卓で丸付け。子ども達はプリントを持っていく。	後ろから丸付けをしている学級担任に抱きつく。	学級担任：抱きつかれたまま丸付けを続ける。
	↓	↓
	しばらく抱きついたままだったが，途中で席に戻り，プリントを始める。	学級担任：席に近づき，「えらいね！」と賞賛する。あるいは支援員が横に付く。

ないと他の問題行動が再び生じてしまう。そのため，消去と同時に代替行動を教えることや，適切な行動が生じた際に強化することが望ましい。学校現場では，例えば次のような流れとなる。図4-4は図4-3の続きであり，図4-3と同様にBくんが学級担任に後ろから抱きつき，さらに赤ペンを取るという問題行動を示している。学級担任は問題行動に社会的強化を与えず，消去を実施する。具体的には，抱きつかれたまま丸付けを続けるなどの対応である。その結果，しばらくたってからBくんは諦めたかのように，座席に戻りプリントを始める。そのときに学級担任はさっと近づき，Bくんを「えらいね！」と賞賛し，社会的強化子を与える。さらに，支援員がいる場合には席についたタイミングで横に付いてもらい，プリント課題を手伝うことで社会的強化子を与える。そうするとBくんの授業妨害行動は減少し，適切な課題従事行動が増えるだろう。つまり，特別な教育的ニーズがある児童が大きな問題行動を示していたとしても，学級全体の問題に発展していない場合というのは，学級担任が消去を実施しており，消去のルールが学級全体に浸透していること，さらに適切な行動には強化を与え，不適切な行動には強化をしないという分化強化ができていることが考えられる。

学級全体への介入を優先させる

ここまでBくんに対する直接的な対応よりも学級全体への介入を優先していることにお気づきだろうか。学級担任および周囲の児童に消去を指導することを，Bくんに対する個別介入より優先して実施すべきだと判断したためである。学級全体で消去を行わないと，通常学級には多くの「人」がいるわけであるから，社会的強化子を与える人に事欠かないという状況になってしまう。つまり今Bくんにとっては，ある人に無視されても別の人のところに行けばいいということになってしまうのである。学級全体への介入が成功すると，Bくんへの個別介入の効果が高まることも考えられる。このように，個別介入と学級全体への対応のいずれを先に実施すべきであるかというのは，学級全体のアセスメントがもとになっているのである。

ここまで，機能アセスメントを状況に応じて個別あるいは学級全体に適用して，行動の機能を推定し，介入案を提案した。つまりすでに起こっている問題に対しての対応であった。しかし，大きな問題が生じないよう，学級全体でさまざまなクラスルームマネジメントを予防的に行う場合も多い。これは，1つ目の事例の「問題の設定」で述べた，PBSのユニバーサルな介入や通常学級におけるユニバーサルデザインに当たる。クラスルームマネジメントは，具体的には行動分析学における行動的技法がふんだんに盛り込まれた介入パッケージのようなもので，学級全体で取り組めることが特徴的である。海外においては，課題従事行動を増加させること，あるいはルールを守らない行動を減少させることを目的としたクラスルームマネジメントが教師向けにマニュアル化されている（e.g., Cipani, 2004）。詳細やその他の取り組みに関しては，実際のマニュアルをご参照されたい。

● 文献

Cipani E（2004）Classroom Management for All Teachers : 12 Plans for Evidence-based Practice. London : Pearson.

第5章 ── 教育：通常学級②

未支援長期不登校生徒の支援依頼行動の形成

問題の設定

◉ 登校行動形成によって不登校問題を解決する

不登校とは，「基本的に家庭－学校－家庭という往復パターンが家庭で停滞し，断続してしまった状態」（小林ほか，1989）を指している。

不登校支援の領域においては，行動論の立場から，その多様な発現メカニズムに対応可能な行動アセスメントと対応技法が提案され，再登校，再登校以降の継続登校支援に大きな成果を挙げてきた。

例えば，小林（1980）は，不安・恐怖による不登校に対する単独技法適用事例，長期の不登校に対する単独通所，学習，体力訓練などを含めた総合的アプローチを提唱している。また，小野（2014）は，包括的アプローチを市単位の中学校不登校減少対策に適用し，新規不登校発現率半減の効果を挙げている。

不登校は，それぞれの事例によって発現メカニズムが異なるため，以前のアプローチがそのまま適用できる場合と，そうでない場合がある。新しい要因による不登校の場合は，それまでのアセスメントを参考にしながら，慎重にアセスメントを実施して技法選択，介入を実施する。そして，その事例の再登校，再登校以降の追跡調査によってアセスメントや介入方法の検討を実施する。このプロセスを踏みながら，行動アセスメントの範囲，留意点，技法選択の基準などを明らかにし，妥当性，汎用性の高い不登校支援プログラムを構築していく。現在までの研究蓄積から，行動アセスメントを実施する際の範囲，登校行動形成のための必須支援領域（学力，体力，対人関係の問題改善），事例によって支援が必要な領域（不安，生活習慣を含む登校行動形成）および技法選択基準が明らかになっている。

◉ 未支援状態の不登校児童生徒が多い

ところが，このように行動論の立場から達成率の高い再登校支援の方法が開発されていても，その支援を受けられない未支援状態の不登校児童生徒が大変多いことが指摘されている（羽間ほか，2011）。平成25（2013）年度の児童生徒の問題行動等生徒指導上の諸問題に関する調査（文部科学省，2014）によると，全国の不登校児童のうち指導を受けていない未支援状態の児童は，7,952人（全不登校児童の32.9％）であり，全国の中学校における不登校生徒のうち指導を受けていない未支援状態の生徒は，28,468人（全不登校生徒の29.8％）であった。すなわち，全国の不登校児童生徒のうち約30％，36,420人が未支援状態なのである。

筆者が知る範囲では，未支援状態の不登校児童生徒に対する学校現場における対応は，学級担任が対象児童生徒に会えない場合でも家庭訪問を実施し，その際に宿題，授業で使ったプリントを届けるといった対応を継続することが多い。

◉付記
本章の事例は，実際の事例を参考に，仮想事例として新たにまとめたものである。

小野昌彦

● 行動アセスメントによって不登校状態維持の要因を明らかにする

不登校の行動アセスメントとは，「不登校状態を形成し，それを維持している条件を明らかにし，再登校行動のシェイピングにあたって必要とされる情報を収集すること」（小林，1988）であると同時に，「再登校後も登校を強化事態として維持できる条件，すなわち，長期的な適応を考えれば，職業につながる行動群の形成のための情報が必要である」（小野・小林，1993）といえる。そして，行動アセスメントの領域は「対象児の治療開始前のヒストリーおよび家庭→学校という水平的側面と学齢期以降という時間軸における垂直的方向，さらには，家庭とそれを取り巻く環境をアセスメント領域とすべきである」（小野・小林，1993）といえる。

● 未支援状態の不登校児童生徒に行動アセスメントを行う

未支援状態の不登校児童生徒に対する支援方法は，行動アセスメントによって決定することになる。家庭に閉じ籠もって未支援状態が継続している不登校児童生徒は，その家庭滞在行動に対して何らかのメリット，維持条件があると考えざるをえない。

多くの学級担任が未支援状態の不登校児童生徒に対して実施している，対象児童生徒本人に面会しないで授業プリントなどを届ける家庭訪問を継続して，対象児童生徒の家庭滞在行動が継続しているとするならば，この学級担任の家庭訪問対処は，対象児童生徒の家庭滞在行動に対する正の強化刺激として機能していると考えられる。

その際，この学級担任の家庭訪問手続きを導入した前後における対象児童生徒の変化をチェックすることも必要である。例えば，この学級担任の家庭訪問（週3回）実施前，対象児童生徒は週2回外出していたが，家庭訪問実施後，対象児童生徒の外出行動が週1回もなくなったということであれば，この家庭訪問は，対象児童生徒の家庭滞在維持条件と考えられる。

未支援状態の不登校児童生徒の家庭滞在行動を減少させるためには，この家庭滞在行動の維持条件をなくすことが必要である。そのためには，対象児童生徒の家庭滞在行動に対する正の強化刺激を減らすこと，または，この家庭内滞在行動を継続することによる負の予測を生じさせることが必要である。そして，その対象児童生徒の家庭滞在行動の維持条件がなくなったときに，支援依頼行動をシェイピング（shaping）[1] することが必要である。

具体的には，未支援状態の不登校児童生徒が家庭内にいて事足りないようにする，家庭内にいることに対するメリットを減ずる，このまま家庭に滞在すると卒業が困難になる，たとえ卒業できたとしても社会的自立に支障がある，出席することによって卒業を認定するといったことを校長が伝える方法がある。

そして，未支援状態の不登校児童生徒の家庭滞在維持条件の減少具合を見ながら，外出行動，支援依頼行動を形成する。

問題の分析

[1] シェイピング（shaping）
シェイピングとは，基本的には，単一的な簡単な反応の習得を基盤にして，より複雑な行動の形成をするための技法である。一般的には，次のような手続きが取られる。

①観察・測定の可能な目標行動の明確化。
②オペラント水準の測定。
③段階的な達成基準の測定。
④基本到達時の即時強化。
⑤プロンプティング（promping），フェイディング（fading）の実施。

このプロンプティングは，正しい反応を起こさせるための手がかりを与えることである。また，正しい反応が確実に生じた後，このプロンプトを除去していくことをフェイディングという。

第Ⅱ部 各論　Chapter 5

> 問題の解決

家庭滞在維持条件を減らし行動レパートリーを拡張することで，長期未支援不登校児童生徒の支援依頼行動を増やす

　筆者は，前述の行動アセスメントによって多くの未支援状態の不登校児童生徒事例における支援関係の設定を達成してきた。ここでは，仮想事例で，その問題解決の実際を紹介する。

本事例は2年以上不登校であった

　A（男子，来談時中学2年生）。2年以上の長期不登校であったが，A本人は悩んでおらず，保護者が12カ所の相談機関を訪問していた。

不登校発現前の行動に特徴があった

　小学校時，友人は1人であった。小学校時の学業成績は，授業に参加しているときは全般的に優秀であった。性格行動面では，無口で依存的，反抗的な面があった。

不登校は徐々に発現した

本人　小学校5年時に，病気のため学校を長期欠席した。小学校6年時は4月に3日間登校したが，その後は授業に参加せず別室登校となった。小学校卒業まで，断続的な欠席と別室登校が継続した。
家庭　父親，母親，A本人，姉（高1），弟（小4）の5名の家族構成であった。母親は，Aの欠席理由が不明確であっても学校を欠席させるという対応をしており，父親もその対応を容認していた。Aの不登校に関しては，両親ともに「待つ」対応であった。Aが中学2年生の秋，母親が筆者の不登校講演に参加した際に面会し，12月中旬に母親面接を実施した。
学校　中学進学後，中1学年主任が3日間，Aを強制的に登校させたが，登校は維持されず，継続不登校状態となった。学校の対応は，学校教育法施行令に定められた校長の義務等を果たす対応，例えば，累積欠席7日目での校長面接による欠席理由の正当，不当の判断提示などは実施されていなかった。Aは，同級生と家庭訪問時に会うことができたが，担任とは面会できなかった。学習は，ほとんどしていない状態であった。Aの所属校では，長期欠席生徒に対しては，最終学年の2月に保護者，本人と校長が面接を実施し，卒業に関する話し合いをしていた。前年度まで，長期欠席生徒は全て卒業できていた。

不登校発現後に環境が変化した

本人　Aの起床時間は9時頃，就寝時間は深夜1時頃であった。Aは，主に家庭内で過ごし，昼間に時々自転車でコンビニに行き本を読んでいた。
家庭　母親は，Aの家庭内での生活，食事などをサポートし登校は勧めなかった。週2～3回，近所の母親の友だち数人が，Aにおやつを持ってきていた。
学校　生徒指導主事が，週3回，A宅を家庭訪問していた。生徒指導主事は，Aに缶コーヒーを奢り，その際，宿題や授業プリントも届けていた。

行動アセスメントによって機能分析を進めた

　Aの小学校時の不登校行動は，病気が不登校発現前条件，不快場面を回避させる学校および家庭の対処が不登校発現条件，Aの家庭滞在のための母親の世話焼きが断続不登校維持条件と考えられた。これらの行動随伴性に対して，小学校卒業認定が正の強化刺激として機能し，Aの断続不登校行動が形成されたといえる。
　中学校入学後のAの不登校行動は，学習場面の回避が不登校発現前条件，欠席時の学校側の静観が不登校発現条件，Aが家庭に滞留する行動に対する母親の世話焼き，コンビニに通わせるといった対処が正の強化刺激として機能し，不登校維持条件となっていた。また，Aが，このまま登校しなくても卒業はできるといった正の予測も維持要因であったと考えられた。

生徒の支援依頼行動を形成した

Aに支援依頼行動，家庭の外に出て登校するための準備をする行動を形成するためには，Aの家庭滞在条件と家庭滞在継続でも卒業可能であるという正の予測を消失させること，Aの外出行動レパートリーを活用することが必要であると考えた。そこで，母親の世話焼きという家庭内維持条件をなくし，Aの外出行動を形成した後，卒業要件を提示して正の予測の消去を試み，Aの支援依頼行動を形成するという方針を取った。また，基本的にAの家庭滞在条件が弱まると予想された冬季休業中にこれらを実施した。

方法 ①筆者が母親面接を実施し，母親にAの支援依頼行動形成方針を説明し，日中家庭に滞在しないようにするため，アルバイト（惣菜屋）をするように助言する。また，Aの昼食は自炊させるように助言する。②母親の友人の家庭訪問に関しては，支援中は控えてもらうよう要請する。③学校側の対応：Aがコンビニに行くとき，生徒指導主事が待ち合わせをして缶コーヒーを奢る（1日1回3日間実施），生徒指導主事とAはコンビニで待ち合わせて，冬休みで誰もいない学校の相談室に行って一緒に缶コーヒーを飲む（1日1回3日間実施），4日目の相談室登校時に校長室で校長からAに卒業要件に関する話をする。校長面会直後，教室見学を実施し，筆者に面会して目標を設定する。

支援経過 12月20日，母親面接を実施した。母親は，面接後，アルバイトを毎日11時から16時までさせることを実施した。母親の友人の家庭訪問もなくなった。12月22日から24日にかけて，Aは16時生徒指導主事とコンビニで待ち合わせ，面会した。1月5日から7日には，生徒指導主事とコンビニで待ち合わせ相談室に行くことができた。8日夕方，Aは校長と面会し卒業要件を聞いた。Aは，話の直後に教室に入り，そこで筆者に支援依頼をした。

まとめ

行動アセスメントによる支援により，未支援不登校生徒の支援依頼行動は，短期間で形成可能となった。対象生徒の家庭滞在行動維持条件の消去，Aの行動レパートリーの活用による支援依頼行動のシェイピングが効果的であった事例といえるだろう。

文献

羽間京子，保坂亨，小木曽宏（2011）接触困難な長期欠席児童生徒（および保護者）に学校教職員は，どのようなアプローチが可能か──法的規定をめぐる整理．千葉大学教育学部研究紀要 59；13-19.
小林重雄（1980）登校拒否症について．行動療法研究 5-1・2；44-49.
小林重雄（1988）登校拒否の行動論的アプローチ──再登校行動のシェーピング法．日本心理学会第52回大会発表論文集シンポジウム 6-4；39.
小林重雄，加藤哲文，小野昌彦ほか（1989）登校拒否治療への積極的アプローチ──行動アセスメントとその臨床例への適用．安田生命社会事業団研究助成論文集 24-2；61-68.
文部科学省（2014）平成26年度児童生徒の問題行動等生徒指導上の諸問題に関する調査．
小野昌彦（2014）学校教育法施行令を遵守した不登校認定導入による市単位の中学生不登校発現予防の効果──新規不登校発現率半減を達成した東大和市の例．スクール・コンプライアンス研究 2；71-80.
小野昌彦，小林重雄（1993）中学生不登校の治療──総合的行動アセスメントと対応的処遇．上里一郎 編：行動療法ケース研究 9・登校拒否Ⅱ．岩崎学術出版社，pp.70-90.

ポジティブ行動支援による対教師暴力行動の変容

問題の設定

◉ 積極的生徒指導が必要である

　日本における生徒指導は，児童生徒のより良い生き方を求める「自己指導能力」の育成を目指し，問題行動の未然防止を目的とする「積極的生徒指導」と，問題発現後の対症療法的な指導を中心とする「消極的生徒指導」に大別され，問題の低年齢化，複雑化，多様化が進むなか，「積極的生徒指導」の推進がより一層求められている（文部科学省，2010）。

　この「積極的生徒指導」を実施する際の問題は，従来主流であった個々の教師の経験則に基づく生徒指導実践を，いかに科学的なエビデンスに基づく（evidence-based）教育実践としていくかであると考える。すなわち，「積極的生徒指導」実施のために，科学的なエビデンスに基づく問題予防の方法論を開発していくことは，教育現場にとって急務といえる。

　日本の小学校児童の問題行動に対する「積極的生徒指導」に関連する支援において，応用行動分析の立場に立脚する積極的行動支援（Positive Behavior Support：以下，PBS）に基づいた介入，機能分析を用いた介入の有効性が実証されてきている（例えば，平澤，2010）。

　しかしながら，小学校現場の現状は，全国的な視点からみるとPBSの浸透は十分ではなく，筆者が支援依頼を受けた全国の問題多発地区においては，アセスメントに基づいた個別支援計画はなく，保護者，子どもに教師が信頼されていれば問題は解決するという立場が主流であった。この信頼関係に基づく教師対応とは，筆者が見る限り，保護者の要望通りに教師が動く，教師の対応を気になる行動を持つ児童生徒および保護者に評価させ，当事者によって高く評価された対応が継続的に実施されるという不可思議な状態が多い。これではかえって問題の維持条件が強められる結果となり，問題解決できない例が非常に多かった。

◉ 通常学級において対教師暴力が増えている

　近年，小学校においては，学校内の暴力行為の発生件数が増加している。平成25（2013）年度問題行動調査結果（文部科学省，2014）によると，全国の小学校内における暴力行為発生件数は，平成23（2011）年度6,646件，平成24（2012）年度7,542件，平成25（2013）年度10,078件と増加傾向にあった。平成17（2005）年度の暴力行為発生件数が2,018件であったことから，9年間で発生件数が約5倍になっており，重篤な事態といえる。

　特に児童による対教師暴力発生件数は，平成25（2013）年度1,953件であり，平成22（2010）年度1,141件であったことから顕著な増加傾向にある（文部科学省，2012）。

　この小学校現場における小学生による対教師暴力問題の解決として，対象児童と教師との関わりを機能分析し，教師自らの行動を変化させて随伴性をコントロールするPBSは効果的と思われるが，現在までPBSに基づいた立場からの取り組みはほとんどなされていない。

◉ 対教師暴力行動を機能分析する

通常学級で生じている児童の対教師暴力を機能分析の視点で考えてみる。

機能分析において，行動の機能は4つあると考えている。それは，①「もの・活動の要求」の機能，②「注目の要求」の機能，③「逃避・回避」の機能，④「自己刺激（感覚）」の機能である。

①「もの・活動の要求」の機能とは，ある行動が，ある行動とその前後の行動の関係から，遂行する人間の物質や活動の要求を満たす機能，目的を持っていることをいう。例えば，児童が「教師を叩く」行動を取った結果，その児童の欲しいものが得られる状態が継続しているとき，「教師を叩く」行動は，「もの・活動の要求」の機能を持っていると仮定される。

②「注目の要求」の機能とは，ある行動が，ある行動とその前後の行動の関係から，遂行する人間が他者からの注目を得るという機能，目的を持っていることをいう。例えば，児童が「教師を叩く」行動を取った結果，その児童が教師，同級生からの注目を得られる状態が継続しているとき，「教師を叩く」行動は，「注目の要求」の機能を持っていると仮定される。

③「逃避・回避」の機能とは，ある行動が，ある行動とその前後の行動の関係から，遂行する人間が，ある事柄，あるものから逃避・回避するという機能，目的を持っていることをいう。例えば，ある児童が「教師を叩く」行動を取った結果，その児童が，宿題などから回避できる状態が継続しているとき，「教師を叩く」行動は，「回避」の機能を持っていると仮定される。

④「自己刺激（感覚）」の機能とは，ある行動が，ある行動とその前後の行動の関係から，遂行する人間が自分自身に刺激を与えるという機能，目的を持っていることをいう。例えば，ある児童が「教師を叩く」行動を取った結果，その児童が，自分自身に刺激を与えることだけをしている状態が継続しているとき，「教師を叩く」行動は，「自己刺激」の機能，目的を持っていると仮定される。

◉ 代替行動を選ぶ

PBSによって「教師を叩く」行動を減少するためには，対象児童の「教師を叩く」行動の機能を減少させ，同じ機能があって社会的に適切な代替行動を身につけさせることが必要である。

対象となる問題行動の機能を減少させる代替行動を選択する際には，機能をさらに明確にする必要がある。例えば，「もの・活動の要求」であれば，誰からどのようなものを要求しているのかを明確にする必要がある。

そして，小学校場面における社会的妥当性，対象児童の行動レパートリーの活用，問題行動と同時に実施することができない行動であるかなどを考慮して代替行動を選択することが必要である。

> 問題の分析

問題の解決

機能分析に基づいて小学生の対教師暴力行動を減らす

小学生の対教師暴力行動改善のために機能分析を適用した事例（仮想事例）を紹介する。

問題状況を把握する

B（女子，支援時小学3年生）。30名（男子15名，女子15名）が在籍する通常学級の児童であった。対象児童に診断名などはついていなかった。Bは，学級内において，同級生との関わりがほとんどなかったことから，学級担任は，同級生との関わり形成を目的としていた。Bは，休み時間に廊下，教室内において学級担任を手で叩く行動が頻繁にあった。また，Bには学級担任と同級生との関わりを中断させるタイミングで叩く行動がみられた。

学級担任は，Bの叩く行動に対して，止めるように口頭で注意していたが，状況が改善しないことから筆者に相談依頼があった。

支援体制を構築する

コンサルタントは，筆者であった。コンサルタントの役割は，コンサルティに対する児童への支援方法作成支援，助言，行動観察および記録の点検であった。

コンサルティは，対象児童在籍学級の学級担任であった。Bの学級担任は，教職歴3年の男性であった。コンサルティの役割は，コンサルタントの助言を受けながら，問題行動の機能アセスメント，介入方法考案，実施，実施結果の記録を行うことであった。

支援期間を設定する

20XX年10月の16日間であった。ベースライン期は5日間，介入期は11日間であった。

機能分析を行う

学級担任は，Bの叩く行動に関連する先行条件，結果条件を明らかにするために，叩く行動についてBが学級担任を「手で叩く」と操作的に定義して，Bが学校滞在時間内に学級担任を叩く状況・回数を行動記録表に記録した。1日目，学級担任は，Bの叩く行動に対して，「止めなさい」と声をかける対応をしていた。2日目以降，学級担任がBの同級生の側にいるとき，Bの学級担任を叩く行動が生じ，それらの行動に対し学級担任は関わらない対応をしていた。Bは，学級担任の関わらない対応に対して，叩くのではなく，学級担任に対しておんぶをせがむという行動を取った。

行動記録から，筆者は，学級担任を叩くBの行動に対して，学級担任が初回時は関心を示し，注目要求機能をもたせたにもかかわらず，その後は関わらない対応をした結果，Bは，学級担任を叩く行動以外の行動形態，すなわち，おんぶをせがむ行動で関心を引いていると考えた。

そこで，筆者は，学級担任を叩く行動についてMASチェックリスト（Motivation Assessment Scale）[2]を用いて機能分析を実施した。その結果，それぞれの機能の平均点は，自己刺激機能1点，もの・活動要求機能2.25点，逃避・回避機能1.5点，注目要求機能5.75点と注目要求機能が最も高かったことから，学級担任を叩く行動の機能は，注目要求機能と仮定した。そして，学級担任が他の同級生と話しているときにも叩く行動は生じることから，同級生に対する注目要求機能もあると考えた。

[2] **MASチェックリスト**
MASチェックリストは，対象行動の機能を明らかにするためのチェックリストである。16の質問項目で構成され，回答結果を集計し，対象の行動が自己刺激，逃避・回避，注目要求，もの活動要求の4つの機能のいずれであるかを仮定する。

この機能分析の結果を基に，筆者はBの学級担任を叩く行動に対する対処法を学級担任と検討し

た．学級担任を叩く行動の注目要求機能をなくすため，学級担任は，学級担任を叩く行動を無視することとした．そして，Bの学級担任を叩く行動の代替行動として，指タッチ（Bと学級担任がお互いの人差し指との指先をあわせる）行動を形成することとした．この代替行動選択の理由は，2つあった．1つは，学級担任がBを学校内で観察した際，同級生と指タッチを実施しているところを見たことがあり，指タッチはBの行動レパートリーにあって他者に対して注目要求機能を持つと予測されたからである．2つめは，指タッチ行動は学級担任を叩く行動を一部修正すれば可能な行動であり，この2つの行動は同時に実施できない行動であることから，容易に注目要求機能を持つ代替行動になると考えたからである．

そこで，筆者は，介入の準備として，Bと学級担任が「学校内で会うたびに，お互い指タッチをしよう」と行動契約をすることを提案して学級担任は承諾した．

支援の効果が得られる

ベースライン期には，Bの学級担任を叩く行動は，1日6〜14回出現していた．介入期は，学校滞在時間内でBが学級担任を叩く回数を学級担任が記録した．介入後，Bの学級担任を叩く行動は6回，2回と出現頻度が減少し，介入開始後4日目からは出現しなかった．

介入期のBの指タッチ行動の出現頻度は，学校滞在時間内で学級担任が記録した．Bの指タッチ行動は，6日目の介入開始直後は5回，9日目は4回，12日目には4回出現した．

以上のように，介入後は，Bの学級担任を叩く行動の出現頻度が減少し，指タッチが出現した．また，Bは，この指タッチを同級生3人と実施していた．

介入後6カ月経過した時点で，筆者は，追跡研究を実施した．学級担任の行動記録から，Bの学級担任を叩く行動は出現せず，指タッチ行動は継続し，同級生とも実施していることがわかった．その指タッチがきっかけとなり，Bは同級生数人と友達と親しくなっていた．

まとめ

PBSによる小学生の対教師暴力行動の変容に関する本支援は，短期間の支援にもかかわらず，Bの対教師暴力行動の減少，さらには学級場面におけるBの友人関係の拡大にも有効であった．機能分析に基づいて，Bの行動レパートリーから，叩く行動と拮抗し，他者に対する注目要求機能をもつと考えられた行動を選択して代替行動として活用したことが効果的であった．

● 文献

平澤紀子（2010）通常学級の授業場面における逸脱行動を示す児童への支援——教師による支援目標向上の観点から．岐阜大学教育学部研究報告人文科学 58-2；123-129．
文部科学省（2010）生徒指導提要．
文部科学省（2012）平成22年度「児童生徒の問題行動等生徒指導上の諸問題に関する調査」について．
文部科学省（2014）平成25年度「児童生徒の問題行動等生徒指導上の諸問題に関する調査」について．

第6章──教育：特別支援学校①

望ましい教室環境の構築による問題行動の解決支援

問題の設定

● 問題行動を起こさないようにする支援だけでは十分ではない

　特別支援教育は，障害のある児童生徒の自立や社会参加に向けた主体的な取り組みを支援するという視点に立ち，児童生徒一人ひとりの教育的ニーズを把握し，その持てる力を高め，生活や学習上の困難を改善または克服するため適切な指導および必要な支援を行うものである。

　教師は，このような教育的意図をもちながら，さまざまな活動を計画し，障害のある児童生徒に関わる。しかしながら，それは，ともすれば後ろ向きな支援になってしまうことがある。

　障害のある児童生徒は，さまざまな困難さをもつ。コミュニケーションが乏しい場合には，教師は児童生徒の意思や願いを読みとりながら関わる。とりわけ，行動や情緒の不安定さを示す場合には，児童生徒に合わせて活動を配慮する。例えば，教師が活動を促し，児童生徒がパニックを起こす。すると，教師は不安やストレスがあるかもしれないと考える。そして，情緒の安定を目指して，無理な活動は促さないようにする。それも，その行動が激しく，危険であればあるほど，パニックが起きる活動や関わりは避けて，教師が個別に対応するようになるだろう。

　一見，児童生徒に合わせた支援であるように見える。そして，目先の問題行動は起こらなくなる。もちろん，不安定さがある児童生徒に対して，周囲の環境を配慮し，安全を確保する対応は不可欠である。また，教師が個別に支援することで，児童生徒は安定して過ごせるようになるかもしれない。しかしながら，これは教師の配慮に大きく依存しており，そのままでは児童生徒の力を育むことにはならない。その結果，困難な状況において，その児童生徒にできることは，パニックしかない。このままでは，ますます学習や対人関係が阻害され，児童生徒が本来学ぶはずの，主体的な取り組みや他者へ適切に関わるという力は育たない。

● 児童生徒の力を育む支援が必要である

　問題行動を避けようとする教師の配慮だけでは，児童生徒の学びが後回しにされてしまう。当該の児童生徒にとっては，望ましい行動を学習できないまま，学校生活が過ぎることになる。

　学校教育を終了した知的障害のある人の生活実態調査からは，約半数の人になんらかの問題行動が示され，それが学校教育終了以降にとくに問題となっていることが報告されている（小野ほか，2001）。

　問題を先送りしないためには，学校教育において，児童生徒の力を育む教育や支援を行う必要がある。児童生徒がコミュニケーションや活動参加に困難さをもつからこそ，教師はその困難さに配慮しながらも，同時に児童生徒自身がそうした状況で，どのように行動すればよいかを学べるようにすることが重要なのである。

◎付記
本章の事例は，実際の事例を参考に，仮想事例として新たにまとめたものである。

平澤紀子

問題の分析

◉ 問題行動には機能がある

そもそも児童生徒が問題行動を行うのは、ある条件下でその行動が強化されているからである。この強化には、その行動が刺激の出現によって維持されている場合（正の強化）と刺激の除去によって維持されている場合（負の強化）がある。「強化」とは、特定の行動を増やす、あるいは維持する働きをもつものをいう。

例えば、教師の関わりが少ない状況で、児童生徒が大声でわめくと、教師が側に来て、その児童生徒に関わる。こうした経験が繰り返されるなかで、その児童生徒は教師の関わりの少ない状況で、大声でわめくようになる。

とりわけ、コミュニケーションや活動参加に困難さをもつ児童生徒の場合、問題行動が周囲の関わりや欲しい物、したい活動を獲得したり、嫌な関わりや物、活動から逃れたりする効果的な手段となりやすい。すなわち、問題があるような行動も、児童生徒にとっては、必要で意味のある行動である。ただし、それによって、学習や対人関係は阻害され、生活の質は低下する。

◉ ポジティブ行動支援が有効である

行動分析学では、環境との関わりのなかで児童生徒の問題行動を分析し、それに基づいて生活の質を高める支援を考える。その代表的なアプローチがポジティブ行動支援である（Carr et al., 2002）。これは、対象者の豊かな生活を実現するために、望ましい行動を拡大し、それが強化される環境を構築することによって問題行動を不必要にする。

そのためには、まず「なぜ、そのように行動するのか？」を理解する機能アセスメントを行う。これは、インタビューや行動観察を基に、問題行動を引き起こし、強化している要因を分析する方法である（O'Neill et al., 1997）。それによって、問題行動に周りの環境や教師の関わりが関係し、そのなかでどのような働きをしているかがわかる。

この機能アセスメントの結果から、問題行動に関係している周りの環境や教師の関わりを改善し、正の強化の原理を適用して、望ましい行動を教えるという方針が得られる。

例えば、機能アセスメントの結果、授業場面の児童生徒の大声が、教師の関わりによって強化されていることがわかれば、まずは、児童生徒の望ましい行動が教師の関わりで強化されるような環境へと教師が授業場面を改善することができる。そして、当該の児童生徒には、現在できるやり方で課題の取り組みを促し、また、自ら教師の関わりを獲得する適切なコミュニケーションを教えることができる。それによって、児童生徒の望ましい行動が課題の達成や教師の関わりを得る効果的な手段になれば、もはや大声でわめく必要がなくなる。

このように、環境との関わりのなかで問題行動を分析すると、望ましい行動を育成し、問題行動を不必要にする方針が得られる。それは、児童生徒がもつ困難さに配慮し、生きる力を育む、望ましい教室環境の構築である。

> 問題の解決

教室から飛び出す児童に対応する

対象児は，小学校特別支援学級4年生の自閉症を有する男子であった。言葉は話せず，意思表示も乏しい。しかし担任が細やかに本人の意思を読みとり，対応するなかで，学習に取り組むことができた。

新学期に新入生が加わると，教室での活動中に，頻繁に教室から飛び出すようになった。担任は新学期の慌ただしいなかで，教室から飛び出す児童に振り回された。支援員が配置され，その児童につきそうが，ふとした隙に教室から飛び出してしまう。このままでは，その児童への支援はもちろん，学級の教育活動にも支障が出る。そこで，児童の飛び出し行動がなぜ起こるのか調べることにした。

機能アセスメントを実施する

支援員が，どんな状況（A）で，どんな行動が起き（B），どんな結果が生じているか（C）を記録するABCカードを用いて観察した（図6-1）。

3つの状況があることがわかった。①校庭に好きな車が駐車している時に飛び出し，その車に触れた。②担任が学級の友達に関わっている時に飛び出し，支援員が追いかけた。③課題を促される時に飛び出し，その課題をしなくて済んだ。すなわち，児童の飛び出し行動は，教室での活動中に，好きな車に触る，支援員の関わりを得る，嫌な活動から逃れる手段となっているようであった。

一方，児童が教室から飛び出さない状況も観察した。すると，①スケジュールの明確な活動，②担任が側について行う活動，③車の絵を描く活動では，課題に取り組めていた。

図6-1 ● ABCカードを用いた観察結果

〈教室から飛び出す状況〉

A	B	C
校庭にある好きな車を見る	→ 教室から飛び出す	→ 好きな車に触れる
担任が友達にかかわっている	→ 教室から飛び出す	→ 支援員が追いかける
課題を促される	→ 教室から飛び出す	→ 課題をしなくて済む

〈教室から飛び出さない状況〉

A	B	C
スケジュールの明確な活動	→ 課題に取り組む	→ 課題ができる
担任が側についてする活動	→ 課題に取り組む	→ 課題ができる
車の絵を描く活動	→ 課題に取り組む	→ 課題ができる

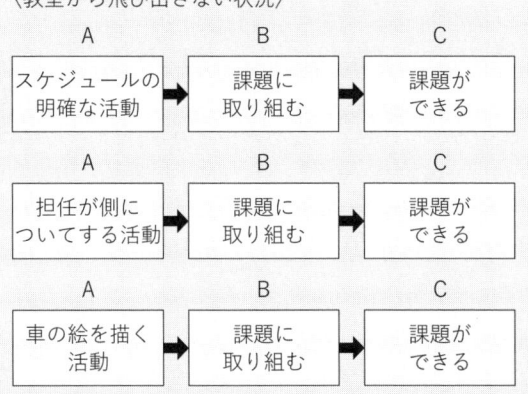

機能アセスメントに基づく支援を実施する

機能アセスメントの結果から，児童のもつ困難さに配慮し，望ましい行動を育成する方針を考えた。

①先行条件（A）を改善する 問題行動の先行条件を変えたり，望ましい行動の先行条件を取り入れたりすることを考えた。校庭の駐車や担任が友達に関わる状況はコントロールが難しい。一方，児童は，スケジュールの明確な活動には取り組むことができ，車の絵を喜んで描いた。そこで，児童ができている行動や好きな活動を基に，見通しのもてる日課にし，飛び出し行動をしなくて済む

ようにした。

②望ましい行動（B）を支援する 児童が現在できる行動からスモールステップで望ましい行動を支援することを考えた。現在，児童は10分間ほど，自分だけで課題に取り組めた。そこで，最初は10分間，課題に取り組んだら，担任が児童と関わることにし，次第に課題に取り組む時間を伸ばした。

③結果条件（C）を改善する 望ましい行動は強化され，問題行動は強化されないようにすることを考えた。児童の飛び出し行動は好きな車を触る，支援員が追いかける，嫌な活動をしなくて済むことで強化されていた。そこで，こうした強化が課題従事に生じるように，好きな課題を提示し，課題ができたら，担任が関わることにした。そして，予定の課題が全て済んだら，好きな車を支援員と一緒に見に行くことにした。

教師による配慮から児童の力の実現に向かう

　教師の配慮によって課題に取り組めるようになってから，児童の力を高める支援に進んだ。飛び出し行動を強化している「好きな車に触る」「支援員と関わる」「嫌な活動から逃れる（手伝ってもらう）」を要求するカードを用いた。児童が担任や支援員にカードを渡したら，即時に要求に応じた。すると，児童の課題従事行動は安定し，飛び出す行動は起こらなくなった。

　児童への支援は，当初は担任が環境や関わりを改善して，課題従事を確立した。それによって，児童は，課題従事によって強化が得られ，教室から飛び出す行動が起きにくくなったものと考えられる。次に，児童自身がその状況において，自分の要求を担任に示し，それを叶えることができた。

　こうした支援のなかで児童が学んだことは，教室から飛び出さなくても好きな課題ができ，必要な時に，自分から担任に関わりを求められ，また難しい課題では援助も求められるという力である。まさに，児童の課題従事や要求が強化される教室環境が構築され，それによって，問題行動が不必要になったといえよう。

　一方，児童の飛び出し行動が，その子のもつ特性と考えていたら，新学期で不安定なのだから，無理をさせない対応がとられたであろう。そして，このような児童の力を高める支援にはならなかったであろう。

　学校教育の目的は，問題行動をなくすことではない。問題行動の背景にある，児童のもつ困難さを見いだし，そこへの支援を明らかにし，望ましい行動を育成することである。

　行動分析学は，環境との関わりのなかで，問題行動を分析する。それを拠り所として，児童の望ましい行動が強化され，問題行動を不必要にする望ましい教室環境の構築へと導いてくれる。

● 文献

Carr EG, Dunlap G, Horner RH et al.（2002）Positive behavior support : Evolution of an applied science. Journal of Positive Behavior Interventions, 4, 4-16, 20.

O'Neill RE, Horner RH, Albin RW et al.（1997）Functional Assessment and Program Development for Problem Behavior : A Practical Handbook (2nd ed.). Pacific Grove, CA : Brooks/Cole Publishing Co.

小野宏，渡部匡隆，望月昭ほか（2001）学校教育を終了した知的障害のある人の生活実態に関する調査報告書――行動障害の実態とその解決のための要望を中心に．平成13年度文部省科学研究費調査研究報告書．

スクールワイドで進める問題行動の解決支援

問題の設定

◉ 特別支援学校には3つの課題がある

　特別支援学校は，障害のある児童生徒の主体的に生きる力を育むための教育を組織的に行う場である。

　こうした教育を阻む要因のひとつに，児童生徒が示す問題行動がある。例えば，東京都の知的障害特別支援学校教師への質問紙調査からは，児童生徒の5割以上に大声や自傷，他傷行動等がみられた（小笠原・守屋，2005）。また，自閉症を対象とした岐阜県知的障害特別支援学校における調査では，7割に同様の行動がみられた（平澤・藤原，2012）。

　問題行動を示す児童生徒への支援においては3つの課題がある。①児童生徒が示す問題行動は本人のもつ特性として捉えられ，教師が自らの支援を見直し，それを改善することにつながりにくいことである。例えば，児童生徒がパニックを起こす場合，情緒の不安定さをもつ児童生徒として，無理な活動は促さないという配慮が行われる。それによって，本人の状態に依存した教育になってしまう。

　②問題行動が激しく，危険であればあるほど，その行動を避ける対応が優先され，児童生徒の学びは後回しにされてしまうことである。例えば，友達への他害行動を示す場合，友達と行う活動は避けて，教師と行う活動に切り替える。それによって，友達への適切な関わりを学ぶ機会が少なくなってしまう。

　③特別支援学校においては，一人ひとりのニーズに応じた教育や支援を行うために，個別の支援計画の作成が義務づけられているが，実態把握や支援計画の立案は，個々の教師の知識や経験に依存しており，必ずしも有効な支援が行えないことである。それによって，試行錯誤のなかで問題行動を悪化させてしまうことも少なくない。

　このような課題があいまって，問題行動を示す児童生徒には，その場を治める対応はとられても，生きる力を育む教育や支援にはつながりにくい。

◉ 支援行動を支える学校環境をつくる

　問題行動を示す児童生徒に，望ましい行動を育成する支援が必要なことはいうまでもない。しかしながら，特別支援学校においては，教師の指導経験もさまざまで，また複数教師による指導体制が多い。そのなかで，個々の教師が有効な支援を行っても，それが共有され，継続されにくい。

　そこで，教師が児童生徒の問題行動を前にして，望ましい行動を育成するためには，それを支える環境が必要である。そのために求められることは，教師の教育実践を確かなものにする科学的な支援方法である。そして，それを学校組織として活用する仕組みである。それによって，個々の教師の取り組みにとどまらず，有効な支援を共有し，学年や学部を超えて継続していくことができ，それが児童生徒の生きる力の育成につながる。

◉ 叱責や制止では問題行動は解決しない

前節で述べたように，児童生徒の問題行動は環境との関わりのなかで生じるべくして生じている。そこで，児童生徒の問題行動を変えるためには，教師が周りの環境や自らの関わりを変えればよい。

しかしながら，教師が現在の対応を変えるのは容易ではない。なぜならば，問題行動が起きた時に，教師が強く叱責したり，制止したりすることによって，その場は治まるからである。また，問題行動が起きる活動や関わりを避けることによって，問題行動が起きなくなる。すなわち，こうした教師の対応は，問題行動がなくなる，避けられるという負の強化の随伴性によって維持されている。

一方，児童生徒の望ましい行動を育成するには知識や技能が必要であり，またその成果はすぐには見えない。したがって教師が児童生徒の問題行動を前にして望ましい行動を育成する支援を行うためには，そのための手がかり，方法，結果という随伴性を構築する必要がある。

◉ スクールワイドな支援によって問題を解決する

行動分析学では，教師の支援行動を含めた環境そのものを改善，再構築しようとする。それは単に問題行動を示す生徒への個別的介入にとどまらない。全ての児童生徒の学業や社会性，安全の向上を目標として，児童生徒が見通しをもって，望ましい行動ができ，その行動が一貫して強化される学校環境の形成を目指す（Horner et al., 2005）。

すなわち，全ての児童生徒を視野に入れた望ましい行動の教授を土台として，問題行動を示す児童生徒への個別的支援を構築する予防的，教育的な支援である。このようなスクールワイドな支援によって，個々の教師の取り組みから，学校組織としての取り組みに転換する。

その要となるのが，児童生徒の行動をモニターしながら，支援を計画，実行，更新する仕組みである。教師は機能アセスメントを手がかりとして，望ましい行動を育成し，問題行動を不必要にする支援を見いだすことができる。そして，その実行が，児童生徒の行動変化によって確かめられ，また学校体制において強化されれば，継続される。そのプロセスが教育の質を向上させる。

こうした観点から，特別支援学校における課題に対して，3つの解決策がみつかる。まず，①問題行動を示す児童生徒に対して，個別の支援計画に機能アセスメントを導入する。それによって，教師は児童生徒の問題行動に，周りの環境や自らの関わりが関係していることがわかる。次に，②機能アセスメントの結果に基づいて，児童生徒のもつ困難さへの配慮と望ましい行動を育成する支援の方針を得る。さらに，③学校体制において，児童生徒の行動をモニターしながら，支援を計画，実行，更新する仕組みをつくる。それによって，教師の支援行動が強化され，学校全体で支援を共有しながら継続することができる。

> 問題の分析

> 問題の解決

スクールワイドな仕組みをつくる

児童生徒の行動をモニターしながら支援を進めるために，管理職と相談して，支援部が各担任から児童生徒の支援情報を集約し，月1回の全校職員会で，効果的な支援情報を提供する取り組みを行った（平澤ほか，2014）。

まず，個別の支援計画を作成する5月に，問題行動を示す全校の児童生徒の一覧表を提示した。次に，それらの児童生徒に対して，支援部と担任が機能アセスメントに基づいた支援を計画し，担任が実行した。そして，支援部は，全校職員会で，担任が行っている支援とその成功的な取り組みを報告した。

機能アセスメントに基づく支援を行う

他生徒への他害行動を示した高等部1年生の事例を取り上げる。教師が機能アセスメントに基づく支援を実行するために，問題行動に関する情報収集と支援の計画立案，評価を行う行動理解支援シートを用いた。

①**情報収集と分析** 時間割の行動観察表に，担任が他害行動の生起を記録した（図6-2）。そして，他害行動が生起した状況と生起しなかった適応状況の先行条件（A）－行動（B）－結果条件（C）を分析した（図6-3）。すると，休み時間（給食後）に，特定の友達がいて，することがない状況で，対象生徒はその友達のところに行き，叩いた。すると，相手や周囲が騒いだということがわかった。

一方，授業中のように，することがあれば，その友達がいても叩かなかった。すなわち，他害行動は，することがない状況で，友達の関わりを得る手段となっていた。根本的な問題は，することがない時の過ごし方や友達に適切に関わる手段をもたないことであった。

図6-2 ◉ 時間割の行動観察表

日課	月	火	水	木	金
登校		○			
朝の準備					
朝の会					
1限					
2限					
休み時間		○	○		
3限					
4限					
給食	◎	◎	◎	◎	○
休み時間	○	○		○	
清掃					
5限					
6限					
下校準備					
下校					

◎複数生起　○1回生起　△未遂

図6-3 ◉ ABC分析

〈他害行動が生起した状況〉

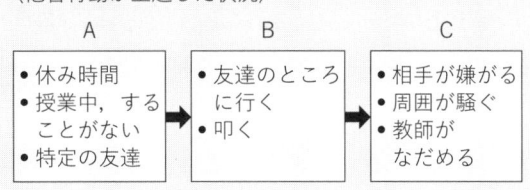

A	B	C
・休み時間 ・授業中，することがない ・特定の友達	・友達のところに行く ・叩く	・相手が嫌がる ・周囲が騒ぐ ・教師がなだめる

〈他害行動が生起しなかった状況〉

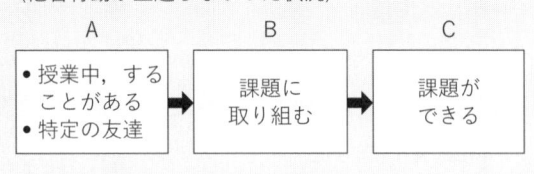

A	B	C
・授業中，することがある ・特定の友達	課題に取り組む	課題ができる

②**支援の計画立案** 上記から，望ましい行動を育成し，他害行動を不必要にする3つの方針から支援を計画した。

①問題回避：他害行動が生起する先行条件（A）を変えて，他害行動を避ける。

休み時間に，教師がついて，特定の友達に接触しないようにする。

②適応支援：他害行動が生起する先行条件（A）に，適応状況（A）を取り入れて，望ましい行動を生起しやすくする。

休み時間に，対象生徒がすぐにできる教材準備の係活動を設定する。

③代替行動の支援：他害行動の結果条件（C）を代わりの行動に与えて，他害行動を不必要にする。

給食後に，対象生徒がすぐにできる食管運びを友達と行う機会を設定する。

③支援の実行評価 カレンダーの行動観察表に，他害行動の生起を記録した。それに基づいて，支援を更新した（図6-4）。

当初から①問題回避は行っていたが，機能アセスメントの結果に基づいて休み時間を中心に対応すると，6月2週目には他害行動が1回か未遂になった。そこで3週目から，②適応支援に進むと他害行動は生起しなくなった。さらに7月には，③代替行動の支援に進み，他生徒への適切な関わりが増加した。

学校力が向上する

こうした支援を進めるなかで，児童生徒の問題行動は減少した。同時に，教師の支援行動も変化した。当初，他害行動を示す生徒に対して，教師は側について防ぐしか術がなかった。それが，機能アセスメントを行うことによって，問題回避にとどまらず，望ましい行動を育成する支援を見いだすことができた。そして，カレンダーの記録を見ながら，支援を実行した。また，全校職員会で，その成功的な取り組みが報告されるなかで，支援が継続された。

すなわち，全校職員会における支援の共有という仕組みのなかで，生徒の行動変化が把握され，教師の支援行動が強化される随伴性がつくられたといえよう。

まさに，行動分析学の知見を個別の支援計画や職員会という学校にある仕組みの中に取り入れることによって，学校環境を再構築したものである。それは，児童生徒の望ましい行動を育成し，問題行動を不必要にする，学校力の向上に向けた作業にほかならない。

図6-4 ◎ カレンダーの行動観察表

6月	月	火	水	木	金
	◎1	◎2	○3	○4	○5
	△8	○9	10	△11	12
	△15	16	17	○18	19
	22	23	24	25	26
	29	30			

◎複数生起　○1回生起　△未遂

文献

平澤紀子，藤原義博（2012）知的障害特別支援学校における自閉症生徒のコミュニケーション手段と問題行動に関する調査研究．発達障害研究 34；417-426．

平澤紀子，原純一郎，坂本裕ほか（2014）知的障害特別支援学校における校内LANを活用したスクールワイドな支援情報の提供に関する研究（2）．日本発達障害学会第49回大会発表論文集；61．

Horner RH, Sugai G, Todd AW et al. (2005) Schoolwide positive behavior support. In : LM Bambara & L Kern (Eds.) Individualized Supports for Students with Problem Behaviors : Designing Positive Behavior Plans. New York: Guilford Press, pp.359-390.

小笠原恵，守屋光輝（2005）知的障害児の問題行動に関する調査研究——知的障害養護学校教師への質問紙調査を通して．発達障害研究，27，137-146．

第7章 ── 教育：特別支援学校②

校内支援体制における課題の解決

問題の設定

◉ 指導の一貫性が保たれない

指導の実施場所は，小学部から高等部までの学部が設置されている特別支援学校。学部としての独自性を追究するあまり，学部間の連携が乏しく，引き継ぎが十分になされずに，指導の一貫性が保たれていない。保護者からは「学部によって先生たちの指導が変わる」という声が寄せられていた。授業や行事は「例年通り」に行われ，新しい取り組みや指導方法に対する抵抗が強い。

教員が互いの授業に対して評価し合ったり，相談し合ったりすることはほとんど見られない。仮に，授業研究などにおいて授業における課題が指摘されても，授業が改善されることはない。

◉ 教育活動や問題解決について課題を共有できない

保護者とのトラブルといった課題が生じても，学部もしくは全校で共有することがない。教員が新たな取り組みや指導に関する提案をしたとしても，皆での取り組みとして発展することはほとんどないため，提案する行動自体が自発しにくい。

一方，教員が実施している望ましい指導や教材といった内容についての共有もほとんど見られない。児童生徒の望ましい変化についても，クラスの担任らで喜ぶことはあっても，他クラスや学年の教員に対して成果を報告することもなく，ましてやその機会もない。

このような状況から，教員は個で問題を解決しようとすることが多くなり，孤立しやすくなる。初任者は誰に相談すれば良いかがわからないと困惑している。課題が生じてもクラスの担任らで抱え込むことが多くなり，時に問題解決に至らないこともある。児童生徒の行動問題が増加し保護者の不満が高まり，担任と保護者の関係が悪化することで，学校として取り組まざるを得ない状況になってはじめて支援チームが起ち上がる。しかしながら，事後的な対応であるため，問題解決に至るまでに多くのコストと労力を要することになる。

◉ 特別支援教育コーディネーターが機能できる環境が少ない

このような学校の現状に課題を感じていた特別支援教育コーディネーター（以下，Co.）は校内支援の重要性を痛感していた。そのため，Co.は校内の教員に日頃から折に触れて声をかけるようにしていた。授業観察をした後には，気づいた点などを教員らに逐次フィードバックしていた。しかしながら，教員らがそれらの助言を受けて授業を改善することはなかった。時に，Co.は学級担任から「なぜ担任でもないあなたに，そこまで言われなければいけないんだ」と責め寄られることもあった。放課後に授業の振り返りのための時間設定をお願いしても，忙しさを理由に断られることが多かった。教員から相談を受けることはほとんどなく，若い教員から時々相談を受けるだけであった。管理職に対して，教員らの指導を行うよう要望していたものの，校内支援の難しさを憂い，どこから何をどう進めていけば良いかを悩んでいた。

◎付記
本章の事例は，実際の事例を参考に，仮想事例として新たにまとめたものである。

岡村章司

問題の分析

◉ 共通の目標設定を行うことに対する強化刺激が少ない

　教員の指導に関連する行動が高まらない理由として，学校全体，学部，学年，学級それぞれのレベルにおいて，具体的な共通の目標を共有できていないことが挙げられる。そのため，教員同士で相談しても事態が変わらないことが考えられる。話し合いではさまざまな意見が出されるものの，実施すべき指導内容や方法（強化刺激）が具体的に決定しないため，話し合いは形式的になり，事務的な内容が多くなってしまう。そのため，新たな取り組みや指導方法について，教員間で役割分担を図りながら検討することに展開しにくい。むしろ提案した教員は新たな仕事（嫌悪刺激）を与えられることになり，「なぜ自分ばかり」といったネガティブな感情を引き起こしやすくなる。結果的に，決められたことを「例年通り」に実行する行動が強化されやすい学校環境が文化として根付いていく。

◉ 達成目標と方法が曖昧である

　指導の成果を共有する行動が自発しにくいことにも理由がある。児童生徒の評価内容・基準の曖昧さや共通理解の不足により，各教員によって成果の内容が変わってくる。例えば，児童生徒の行動変容に関する報告に対して，ある教員から「そんな一時的な変化で……もっと子どもの内面を考えるべきだ」といった嫌悪刺激が与えられる場合がある。また，教員間で相談し合うことが少なく，そもそも指導の結果に対する振り返りの機会が乏しい。児童生徒の望ましい変化を喜び合うことはあっても，個々に対してそれらの成果は何によってもたらされたのか，つまりどの方法がどう有効であったかを整理しない傾向が強い。「こういうタイプの子どもには○○といった指導がうまくいく」といったこれまでの教員としての経験則が重視されるため，課題に対してどうすれば良いかを検討する場合にも，計画（P）－実行（D）－評価（C）－改善（A）のPDCA支援サイクルで自分たちの実践を振り返ることが少なく，特に評価する機会が不足している。

　大きな問題になってから支援チームが起ち上がるのは，例えば保護者に学校として取り組んでいることを示すためであり，自発的な問題解決に向けた行動とは言い難い。

◉ 各学校独自の文脈を視野に入れていない

　Co.は，知識や技術，負担感や抵抗感といった各教員の実態を踏まえずに正しいことをそのまま伝えることに終始している。助言を受けても，時に実行性が低かったり，自らの価値観に合っていなかったりすることで，教員らにとってはCo.の言動が嫌悪刺激として機能している。教員は嫌悪刺激を与えられることでネガティブな感情が起こりやすくなり，Co.を回避する行動が高まっているといえる。Co.は子どもにとって良かれと思い助言しているため，授業改善をしない教員らに問題があると捉えている。

問題の解決

校内支援体制として強化システムを配置する

①キーパーソンを見出し協働する このような環境で、いきなり支援会議といった指導に関する生産的な会議を行うことには無理がある。まずは、Co.は各学部にいるキーパーソンを同定し、それらの教員の相談行動を引き出すことを目標としたい。教員の問題意識やニーズに即して教員の評価に適うよう、児童生徒の指導に関する対話を積み上げたい。キーパーソンには、まずは自分から積極的に相談し、その教員の適切な指導を随時強化する。キーパーソンからの相談行動が自発し始めると、次に実行する教員が少数で環境調整が容易な場面から、具体的な問題解決を図る。例えば、共通理解を図りやすい学年やクラスを対象に、教員の指導ニーズが高い行動問題を示す児童生徒への指導の検討を行っていく。具体的な行動レベルの目標、評価基準を設定したうえで、決定した指導方法や進め方については関係教員に理解を求め、受け容れが可能かどうかを慎重に図っていく。このようにコストが低く実行可能性が高い目標や学校課題を見いだし、まずは一場面から成果を実現することが重要となる。

②行動問題解決過程を言語化し共有する 話し合いで決まった指導内容や方法を実行し始めたら、Co.は授業観察しながら成果を確認していく。適切な指導方法についてはその場で即時に言語賞賛する。加えて、教員らにそれらの指導内容や方法に関する評価を行うよう促す。管理職に対して定期的に報告し、適切な指導について担任らを強化するよう要請する。効果的な指導方法については、全教職員に紹介する機会を短時間でも良いので設定する。担任らが受け持つ児童生徒の保護者に対しても成果を適宜報告する。このように指導の実行自体が強化される機会を多く設定することが重要となる。

併せて、校内の困難ケースについては校内委員会で取り上げ、管理職や学部主任らと情報を共有する。それらのケースについて、Co.らがどのように関わっていくかを検討していく。必要に応じて、専門家チームを活用するなど、関係機関との連携を図りながら、組織規模や構成メンバーを考え、課題に応じたチームづくりを行うことが求められる。

③予防的支援を学校全体で行う体制を整備する
成果を共有することによってチームとして機能できるようになると、教員集団は新たな指導や課題に対する取り組みに挑戦するようになる。具体的な共通目標を設定し、それらの進捗状況を振り返る機会を定期的に設定する。問題が起こりそうなケースについては、問題が生じる前に子どもの指導内容や方法について話し合う機会を設け、予防的に対応する。学部や学校全体で取り組む内容については、管理職と連携し、適宜職員の役割分担を図るように促すことが大切になる。

クラスが変わると学年が変わり、学年が変わると学年間の連携が生まれ、結果的に学部が変容する。教員の自発的な望ましい取り組みを一つひとつ取り上げ、強化することが、教員が主体的に自らの仕事を改善する取り組みとして発展するだろう。そのために、教員間のコミュニケーションが強化されるための環境整備を積み重ねることが、児童生徒の指導の充実につながり、校内支援体制を創りあげることにつながると言えるだろう。

特別支援教育コーディネーターを機能させる

①各教員の教育行動を理解し協働する Co.は、子どもの課題（先行刺激）に対して、助言を行ったとしても（行動）、教員から嫌な表情をされたり、「よく知っているね」といった嫌味を言われたりすることがある（後続刺激）。特別支援学校のCo.には、そもそも校内支援を実施する行動が自発しにくいと言える。

そのために、各教員のアセスメントを行うこと

が求められる．教育観，授業観や授業スタイル，知識や技能，ニーズ，実行に関するストレスといった内容を把握することが重要になる．例えば，簡潔に指示するために黙って指さすといった対応に抵抗を感じる教員に対しては，別の方法を検討する必要がある．教員によって，適切な指導方法に対する「対応がうまいですね」といったフィードバックが強化刺激にもなり，嫌悪刺激（「馬鹿にしているのか！」）にもなりうる．その指導方法に関する配慮やコツを質問することが強化刺激になりうるかもしれず，そのためにもアセスメント情報は欠かせない．

アセスメントに基づいて，Co.は各教員や学年にアプローチしていく．最初に，教員に取り組むべき課題を課題として捉えてもらう必要がある．次に，負担感やコストを踏まえたうえで，教員が実行可能なアイデアを提案する．一方的な助言というより，自らの案を相談し各教員の意見を聞くようにする．教員が自らの実践の適切な点を述べるなど，結果に基づいて指導を振り返ることができるように，相手が話した内容について，なぜそう考えるかを尋ねたり，内容を要約して伝えることで確認してみる．そして，問題解決に向かう意見に対しては強化する．こうした意見を促進するための外的な介助刺激（プロンプト）を与えながら，教員が皆で検討することを促すと，よりよいアイデアを生み出すことになり，Co.が当初考えていた案よりもよりよい実行可能な案になる．チームとしての問題解決力を高めるだけでなく，Co.の学びにもつながる．

②**保護者・教員同士を「強化」によってつなぐ**　Co.は保護者の窓口にもなり，多様な保護者と面談することが多くある．担任との調整役として，保護者に担任への要望の伝え方や感謝の仕方といった教員へのコミュニケーション方法に関するレクチャーを行うなど，担任との連携を促すための作業を行う．時に，担任と保護者の両者を交えて，互いの肯定的なコミュニケーションを促すことを目的とした面談を設ける必要も生じてくる．

以上の取り組みを行ううえで，Co.は自らの言動をモニタリングすることが求められる．具体的には，自らの行動が各教員にとって「正の強化」として機能しているかを確認していかねばならない．併せて，教員一人ひとりが異なる教育観を持っているという前提で，教員の問題解決力を促進するための言語行動を選択していくことが重要であり，Co.にはこうしたコミュニケーション力が必要とされている．

● 文献

平澤紀子，藤原義博，山本淳一ほか（2003）教育・福祉現場における積極的行動支援の確実な成果の実現に関する検討．行動分析学研究 18；108-119.
武藤崇（2007）「ホワイとしての行動分析学」と「行動分析家の社会性」――3つのコメント論文に対するリプライ．行動分析学研究 21；41-47.
岡村章司（2014）特別支援教育スーパーバイザー（仮称）育成プログラムの効果の検討――研修での学びを学校・地域でどう活かせたか．特別支援教育コーディネーター研究 10；11-13.

行動問題を示す自閉症児の指導

問題の設定

級友・教員に他傷行動を行っていた

指導を行う環境は，児童数が7名で，担任が4名の小学部3年生のクラス。担任は，15～25年の障害児教育の経験を有する教員が3名（A, B, C），初任者（D）で構成されていた。児童のなかに，自閉症スペクトラムのあるEさんが在籍していた。無発語であったが，日常の簡単な指示は理解していた。児童の担当は週ごとにローテーションをしていたため，Eさんの指導には全ての担任が関わっていた。

Eさんは不特定多数の教員・級友に対して頭突き，叩く，蹴るといった他傷を示していた。例えば，Eさんは朝の着替えの途中に，大好きな絵本を読むことがあった。絵本を取り上げられそうになったり，「着替えだよ」と声をかけられたりするたびに教員を叩いていた。体育の授業で級友が活動している間の待ち時間に，側にいる教員を突然叩くこともあった。

対応は教員によってまちまちであった

このようなEさんに対して，担任らは他傷を減少させたいと考え，さまざまな関わりをしながら試行錯誤を繰り返していた。A先生は「悪いものは悪いと叱るべき」という信念のもと，Eさんが叩くたびに注意していた。B先生は叩かれても黙々と指導を続けていたが，叩かれることが続くときには大声で叱責していた。D先生は叩かれて顔が傷だらけになっても，どうして良いかわからず，対応がそのつど違っていた。結果的に，担任らはEさんを叱ることが多くなり，ほめることはほとんどなかった。

Eさんに関する話し合いでは，他傷を減らしたいという思いは共通であるものの，さまざまな意見が出され，指導の方向性や内容が決まることはなかった。また，自分たちの指導に対する評価はなく，「こだわりが強すぎるから」といったようにEさんの特性に行動問題の原因を求める傾向が強かった。「しつけが甘い」などと保護者の問題を指摘することも多かった。

日々の記録については，指導の内容や気づきを書く記録用紙を作成し，担任らが記録していた。しかしながら，各自が独自の基準や観点で評価しており，記録が指導に活かされることはなかった。

保護者は学校に不満をもつようになった

保護者は，学校での他傷が多いことに対して，学校に不満を持っていた。家庭では他傷が見られないため，問題は担任らの指導力であると考え，管理職に訴えていた。管理職は保護者面談の後に，担任らを指導していた。しかしながら，担任らはEさんに対する具体的な指導内容や方法に関する助言を得ることはなかった。その後も一向に他傷は減少せず，保護者の不満も高まり，教員らは指導に困り疲れ果てていた。

大学で応用行動分析学を学んだC先生は，Eさんの実態，学級の現状の実態を整理することから始めることにした。

● 他傷行動が起こりやすい条件を明らかにする

行動は計測可能であるように「平手で叩く」と定義し、まずはその行動に特化し記録をする。C先生は日課表を印刷し、どの場面で他傷が生起しやすいかをチェックする。その行動が生じる状況や場面としての先行刺激を記録し、いつどこで誰にどのような状況で起こりやすいかを把握する。さらに行動が生じた直後にどのような対応が行われ、環境の変化が起こったかといった後続刺激を記録する。

その結果、嫌な状況から逃れることで、その行動は維持されていると考えられた。例えば、教員を叩くことにより、Eさんは、一時的であるにせよ、着替えをせずに絵本を読み続けることができていた。さらに、担任がいろいろな関わりをすることで、周囲からの注目を得ることができていると推測された。体育の待ち時間に教員を叩くことで、Eさんは時に教員から叱られたり、声をかけてもらったり、最終的に遊んでもらったりしていた。

また、Eさんはその場で求められる適切な行動がわからない、例えば遊んでほしいときに伝える方法を獲得していないことで他傷を維持していると考えられた。適切に注目を得ることができる方法をEさんに教えたり、活動をスムーズに行えるための支援ツールを用意したりするなど、適切に活動できる環境づくりを進める必要があった。

このように、担任は他傷が起こる原因を明らかにせず、それらの原因に基づく指導を行っていないため、それぞれ個別の対応を行っていると考えられる。行動問題の原因に基づいた一貫した対応を担任全員が行う必要がある。また、担任らは他傷をなくすことばかりを考え、Eさんの適切な行動に着目することができていなかった。Eさんは見通しが持てる場合には他傷をせずに課題をしていた。このような状況を増やし、積極的に適切な行動をほめることが求められる。

● 指導方法を共有するために記録を取る

行動分析学では、行動問題が起きる原因は子どもと環境との相互作用のなかにあると考える。指導に関する話し合いをしても、児童や家庭の問題に関する内容が多いために問題解決につながりにくい。自らの指導内容や方法、具体的には指導がEさんにとってどのような効果があるのか、改善すべき内容は何かをEさんの実態に基づいて検討することがないため、話し合いで具体的な指導内容や方法（強化刺激）が決まらない。記録を取るものの、共通した指標で評価ができていないため、指導に関する適切なフィードバック（強化刺激）がほとんどない状況と言える。

このように、話し合いや記録を取る行動が強化されず、その結果、話し合う機会はどんどん少なくなり、記録行動は毎日安定して自発しなくなる。保護者の要望があったときに慌てて集まるのではなく、担任らが主体的に話し合えるよう、話し合いが強化される環境整備が必要である。

> 問題の分析

> 問題の解決

話し合いを促進するための方略を立てる

①効果の上がった対応方法を伝える C先生は他傷の記録をもとに行動の原因を同定していく。併せて，C先生はEさんの適切な行動に対して大いにほめたり，原因に応じた関わりをしたりすることで，担任らの質問があればそれらの対応の意味を伝えるようにする。担任らの質問や相談が徐々に増えることで，他傷がどういうメカニズムで生じているかについて担任らにレクチャーを行う機会ができる可能性が高まる。その際，教員の適切な指導内容や方法を具体的に取り上げ，どのような方法にどう効果があるかを具体的に解説していく。

②指導方法の実施練習を行う 次に，記録に基づいた話し合い（行動）の機会を増やしていきたい。教員の教育論ではなく，児童の具体的な行動を基にしたレジュメを提示し，共通理解できうる具体的な目標を設定し（先行刺激），具体的な指導，問題解決に向かう前向きな発言を互いに強化する（後続刺激）。「○○先生が良い，悪い」ではなく，教員がどういう行動を取るべきかを具体的に話す。皆が発言できる（後続刺激）よう，全教員の参加を促していく。話し合い後には，明日から「できる」具体的な指導内容や方法をひとつでも良いの

で明確にする（後続刺激）。時にはその場で指導方法についてロールプレイをしながら教員の理解を促す。皆で一貫して行う手続きについては，担任らが実行可能で過度な負担がないものを皆で選択することが重要である。会議後には，板書したホワイトボードをデジタルカメラで記録したものを配布するなど，皆で話し合いの結果を共有する（後続刺激）。このように話し合いが強化されるための先行刺激や後続刺激の内容を整理する。

③各教員が行うことを決める 一方，C先生は各教員に対する目標を個別に設定すると良い。初任者のD先生には「Eさんを強化する方法を獲得する」といった対児童に関する目標，A先生には「担任への相談行動を高める」といった対教員に関する個別の目標を設定する。目標を明確にすることで，C先生にはそれらの目標達成に向けた各教員への関わりが求められる。D先生にはEさんのほめ方のモデルを積極的に示し，質問を促すような関わりが有効かもしれない。

チームによる指導を実行する

①適切な行動を引き出す環境をつくる 話し合いの結果，Eさんの具体的な指導計画を決める。着替え場面では，「一人で着替えることができる」と

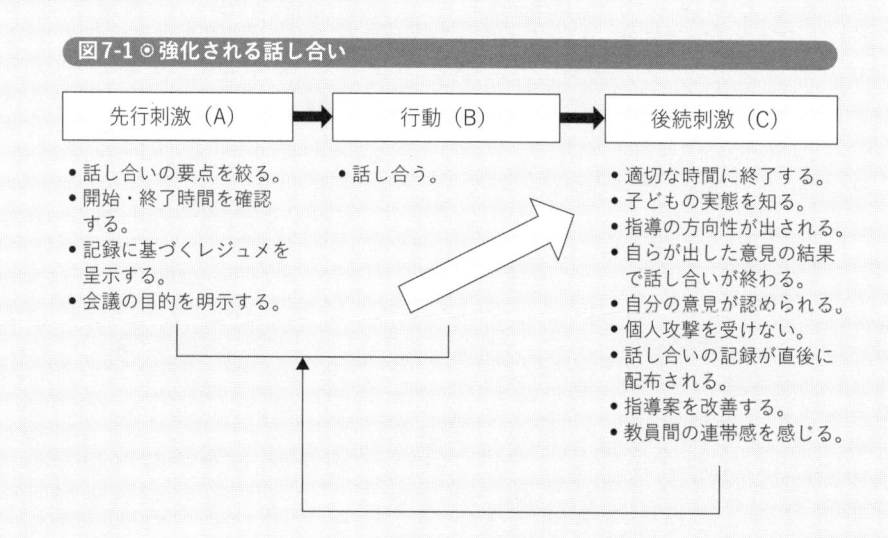

図7-1 強化される話し合い

先行刺激（A） → 行動（B） → 後続刺激（C）

- 話し合いの要点を絞る。
- 開始・終了時間を確認する。
- 記録に基づくレジュメを呈示する。
- 会議の目的を明示する。

- 話し合う。

- 適切な時間に終了する。
- 子どもの実態を知る。
- 指導の方向性が出される。
- 自らが出した意見の結果で話し合いが終わる。
- 自分の意見が認められる。
- 個人攻撃を受けない。
- 話し合いの記録が直後に配布される。
- 指導案を改善する。
- 教員間の連帯感を感じる。

いう目標を確認し，そのための手続きを検討する。着替え時には絵本などが目につきにくいよう，壁に向かって机を配置する。手順を一定にすることで見通しが持ちやすくなり，併せて教員の余計な指示を減らすことになると考え，写真カードによる手順表を壁に掲示する。着替えの活動を促すための指さしや身体介助といった外的な介助刺激（プロンプト）の方法について統一する。上着を着ると前から抱きかかえてジャンプするといったようにほめ方やほめる機会についても共通理解をはかる。このように一つひとつの指導方法を話し合いで具体化していく。

明日から「できる」具体的な指導内容や方法は担任団のチームとしての目標となる。「叩かずに活動を行った場合，身体を抱えてジャンプしてほめる」といった決まった案が実行された場合，日々の授業のなかで適宜「良いですね。子どもが笑顔になっていました」などとフィードバックしていく。皆で決めたことを確実に実施できたことを皆で強化し合うことが，授業におけるチームでの連帯感を高めることになる。手順表やスケジュールについては，担任でEさんの特性を確認しながら，教材づくりがうまいB先生の指導を受けながら，皆で楽しんで作成できる。

②**話し合いの機会を継続的に設定する**　実行した後にも話し合いを持つ。記録をもとにC先生は「平手で叩く」行動の頻度をグラフ化して皆に配布する。グラフを皆で眺めながら，どのような効果があったか，何を改善すべきかを話し合っていく。大事なことは些細であっても確実な成果を共有することである。改善すべき点については，問題解決に向けた意見を強化しながら，C先生が徐々に自らの提案行動を減らしていく。同時に，「なぜこの場面で他傷が増えたのでしょう」といった質問などのプロンプトを与え，担任らが自らの指導方法と結果の関連を分析するよう促していく。成果を共有し始めると，教員の主体性が高まるため，評価の観点を明確にするためにも共通の指標を用いて各担任が記録をとることを促す。記録をとること自体が自らの指導を振り返る機会となる。それらの記録をもとに，指導の方向性や各担任が実行可能な手続きを明確にする。さらに，Eさんだけでなく，話し合うべき対象の児童が拡大することも予想される。チームとして一貫した指導を行うことで児童の行動変容が図られていることを，担任間で適宜称えあう。

③**保護者を含め学校全体で取り組む**　保護者には定期的な面談を行う。他傷が生起する原因，その原因に基づく指導内容や方法についてレジュメを作成し，学校の様子を伝えながら丁寧に説明する。保護者からの質問に対しては適宜応えるようにし，担任らへの相談行動を高める。Eさんを含めた児童の指導以外に関する保護者の要望については，管理職や学年主任に面談してもらい，担任らがEさんの指導に集中できる環境整備を学校に要望する。指導が進むにつれ，結果をグラフ化して保護者にも配布して，指導の結果を共有し，Eさんの変化を保護者と共に喜び合う。保護者が家庭での困りごとを担任に相談するようになってきたら，学校での成果を家庭に積極的に導入していく。

● **文献**

山本淳一，池田聡子（2005）応用行動分析で特別支援教育が変わる．図書文化．
岡村章司（2011）チームで行うアセスメントの工夫．In：全日本特別支援教育研究連盟　編：自閉症支援のすべて．日本文化科学社，pp.174-175．

第8章 ── 大学教育

大学の授業における私語の低減

問題の設定

● 大学の授業では私語が多い

近年，大学では授業中の私語が大きな問題となっている。学生の興味を引くことができるように工夫しながら授業を作り，学生による授業評価アンケートでも低い評価を受けていないにもかかわらず，学生の私語によって授業の進行がままならないことがある。私語を減らすために注意をする，叱るなどさまざまな対策を講じてもなかなか状況を改善することができずに悩む大学教員も少なくはない。

● 学生は私語をしてはいけないことを認識している

授業中の私語を問題視しているのは教員だけではない。学生が講義中の私語をどのように認識しているのかを調査した藤川・西山（1997）によると，「私語は他の学生に迷惑をかけていると思う」を肯定した学生の比率が89.1％，「講義中の私語は先生に対して悪いと思う」が87.8％，「私語は，その講義を本気で聴いている学生にとって迷惑だ」が86.5％であったことが報告されている。また，北折（2006）は，授業中に生じる私語を，周囲が話しているために私語をする「周囲への同調」，周囲に迷惑だと思ったものの話をする「自己中心的」，自分や友人の眠気を覚ます「眠気覚まし」の3つに分類し，大学生がそれぞれをどの程度悪質と感じるか調査を行った。その結果，「自己中心的」な私語が最も悪質であると評価されていたことを明らかにしている。

授業中の私語は「受け入れられない」「してはいけない」と学生自身に評価されるにもかかわらず，実際には学生が私語をしてしまうという現象が多くの大学で起きている。この点に関して，出口・吉田（2005）は，対人関係の構築を重要視する人は，私語を「してはいけないことだ」と考える規範意識が高かったとしても授業に無関係の私語をすることを明らかにしている。つまり，学生は授業中の私語が好ましくないと考えていても，友人関係を優先して私語をしているということになる。

以上のように，学生は授業中に私語をしてはならないことを十分に認識している。しかしそのような認識を持ちながらも私語をやめることができないという状況が続いている。したがって，教員がどんなに「授業中は私語をしてはいけません」と注意し，学生の私語に対する認識に働きかけても効果が出るとは考えにくい。では，どのように私語を低減することができるのであろうか。平均して100人程度の学生が出席している「行動分析学」という架空の授業において，私語を低減する具体的方法を考えてみよう。

◎付記
本章の事例は，実際の事例を参考に，仮想事例として新たにまとめたものである。

佐藤美幸

問題の分析

◉ 私語が増加する条件を分析する

　まず，私語が生じやすくなる状況やきっかけ（先行事象）にはどんなものがあるだろうか（図8-1：p.96）。「行動分析学」の授業は専門用語が多くてわかりにくい。「好子出現阻止による弱化」のような聞いたことがない言葉が何度も出てくる。授業が理解できなかったり，授業がつまらなかったりすると，学生は時間を持て余してほかにできることはないかと探し始める。学生によっては寝る，携帯を見る，内職をするという行動を選択するかもしれない。しかし，たまたま隣に親しい友人が座っていれば友人との私語が生じる可能性が高くなる。しかも，「行動分析学」の授業は100人くらい学生が出席しており，私語をしても先生には誰だかわからないだろうと考えるかもしれない。

　次に，私語が生じた後の状況（後続事象）を考えてみよう。私語は楽しい。授業が面白くなければなおさらである。この場合，私語という行動の後に楽しいという状況が生じており，その結果私語がますます増えるようになる。このように行動の後に好ましい状況（楽しい）が生じて行動（私語）がますます増える正の強化が生じていると考えられる。

◉ 私語が継続してしまう理由を明らかにする

　先述の通り，授業中に私語をしてはならないと認識している学生は多い。しかし隣に座っている友人が話しかけてきた場合に，授業中に話してはならないと考えていたとしても，その友人の話に応じないという対応ができずに私語を続けてしまう人もいるだろう。これは，話に応じないという行動をすると友人に嫌われるかもしれないと，嫌悪的な後続事象が生じることを予想しているためである。このように嫌悪的な状況（嫌われる）を避けるために行動（私語）が増える負の強化が生じていると考えられる。

◉ 嫌悪刺激による行動の低減は持続しない

　私語が大きくなってきたときに，多くの教員は注意をする，叱るなどの対応をすることが多い。しかし，注意をしたり叱ったりした直後は静かになるものの，時間が経つと少しずつ私語が増え始め，次の週になるとすっかり叱った効果がなくなり私語が元に戻ってしまうという経験をした教員は少なくないだろう。

　嫌悪的な刺激（厳しい注意や叱責）を提示することで行動（私語）が低減することを正の弱化という。正の弱化による行動の低減効果は一時的であることが知られており（日本行動分析学会，2014），厳しい注意や叱責は，長期的に私語を低減させたい場合には効果が期待できないということになる。

問題の解決

◎ ターゲットを絞る

以上のように，行動分析の観点から見ると私語という1つの現象もさまざまな先行事象や後続事象と関係していることがわかる。しかしこれらの事象のなかには変えることが難しいものも含まれている。たとえば，「行動分析学」の授業の出席者数は100名程度であったが，全員の顔と名前を覚えるのは非常に難しい。かといって教員の一存で受講者数を減らすことはできない。また，私語の楽しさを変えるのも，友人に嫌われてもいいじゃないかと言うのも現実的ではない。そこで，私語を増やしている状況のうち変えやすいものや変えることができるものにターゲットを絞っていくと問題解決の方法を見つけやすい。

◎ 先行事象へ介入する

私語の前に生じているきっかけを減らしながら，私語が生じにくい状況を作ることを考えてみよう（図8-2）。私語を減らす大前提となるのは，授業をわかりやすく，面白くすることである。「行動分析学」の授業に限らず，一般には知られていない専門用語が多く登場する学問分野は，授業をわかりやすくするための教員の努力が必要となる。また，テレビやインターネットが普及し高度なエンターテイメントに慣れた学生を相手に，興味深く面白い授業を提供するのは容易ではない。しかし，少なくとも学生の理解度に合わせた説明や教員自身が面白いと思う点を学生に伝える努力が求められるだろう。

隣に親しい友人がいると私語をしてしまう場合には，座席指定をして隣に友人が座らないようにするという方法も考えられる。座席指定をすれば，受講者数が多くても人物を特定される可能性が高くなるため私語は生じにくくなるだろう。

ほかにも，私語をしている学生の近くに教員が行くと，注意をしたり叱ったりしなくても私語が減ることがある。これは近くに教員がいるという状況が，学生にとっては話をしにくい状況となっていることが考えられる。

◎ 後続事象へ介入する

私語の楽しさを変えるのは非常に難しい。そこで発想を転換し，私語をしないと何か好ましいことが起き，私語をするとその好ましいことが生じなくなる（好子出現阻止）状況を作り，私語を減らす（弱化）という方法も考えられる。

たとえば，私語をせず静かに授業を受けていると成績が加点され，私語でうるさくしている場合には加点がなくなるという方法が考えられる。また私語をせず静かに授業を受けていると授業資料を入手することができるが，私語でうるさくしている場合には入手できなくなるという方法もあるだろう。これらの例では，私語をしている特定の

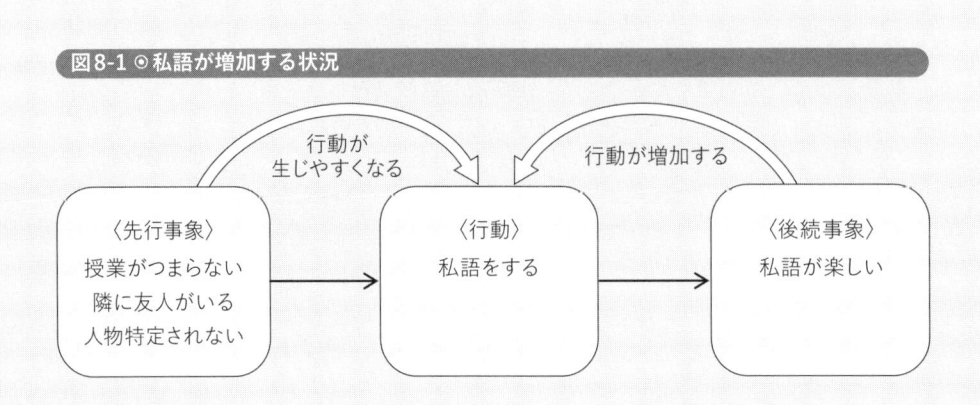

図8-1 ◉ 私語が増加する状況

〈先行事象〉
授業がつまらない
隣に友人がいる
人物特定されない

→ 行動が生じやすくなる →

〈行動〉
私語をする

→ 行動が増加する →

〈後続事象〉
私語が楽しい

図8-2 ◉ 私語を低減させる介入

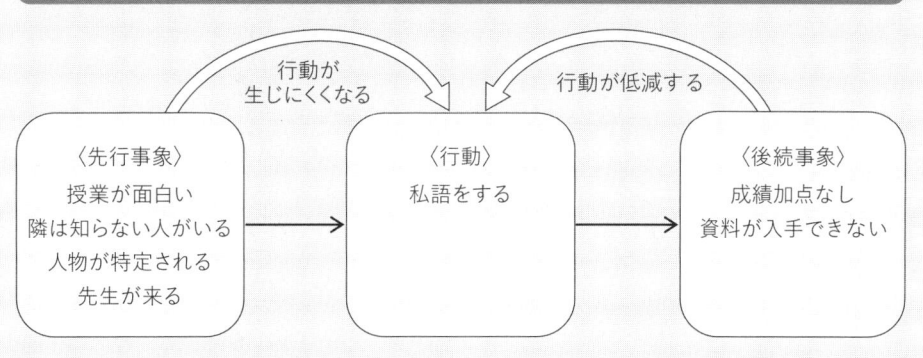

```
           行動が                    行動が低減する
        生じにくくなる
      ┌─────────┐      ┌─────────┐      ┌─────────┐
      │〈先行事象〉│      │〈行動〉  │      │〈後続事象〉│
      │授業が面白い│ ──→ │私語をする│ ──→ │成績加点なし│
      │隣は知らない人がいる│      │         │      │資料が入手できない│
      │人物が特定される│      │         │      │         │
      │先生が来る│      │         │      │         │
      └─────────┘      └─────────┘      └─────────┘
```

学生ではなく，授業を受けている学生全員が介入の対象になる。行動分析は個人を対象としてその個人の行動を変化させるというイメージが強いが，ここで述べているような集団を対象にして行動を変容する集団随伴性という方法もある。

◎ 大学の授業における私語に対する介入の効果を検討する

行動分析の方法を用いて大学の授業における私語を低減する試みを実際に行い，その効果を検討した研究もある。たとえば，佐藤・佐藤（2014）は大教室において好子出現阻止の弱化を用いて私語を低減する試みを行っている。同一内容の授業を行っているクラスAとクラスBのうち，クラスAには毎回授業を開始するときに授業中の私語は禁止するというルールを学生に伝え，私語が著しい場合にはクラス全体に向けて「静かにしてください」と口頭で注意を与えた。クラスBにはクラスAで実施されたルール伝達と注意に加えて，成績評価の15％は受講態度を反映した「授業協力点」とすることを伝えた。「授業協力点」は，各回の授業で教員が一度も私語の注意を行わなければ＋2点，注意が1回であれば＋1点が受講生全員に与えられた。毎回の授業終了時にその回に獲得された授業協力点が何点であったかフィードバックを行った。以上のような介入を行った結果，クラスAは私語が増加し，クラスBは私語が低減していた。この結果は，授業中の私語は禁止であることを伝えたり，授業中に注意をしたりする対応は効果がなく，「授業協力点」がもらえなくなること（好子出現阻止）のほうが私語の低減（弱化）に寄与していたことを示している。

佐藤・佐藤（2014）の研究が報告しているように，行動分析の方法を用いた介入によって大学の授業における私語を実際に低減することができる。問題が大きくなりつつある大学の授業での私語に対して，行動分析が有効な問題解決方法となるだろう。

◉ 文献

出口拓彦，吉田俊和（2005）大学の授業における私語の頻度と規範意識・個人特性との関連――大学生活への適応という観点からの検討．社会心理学研究 21；160-169．

藤川美枝子，西山啓（1997）大学教育の改善に関する考察（1）――学生の私語を中心として．日本教育心理学会総会発表論文集 39；508．

北折充隆（2006）授業中の私語に関する研究――悪質性評価の観点から．金城学院大学論集人文科学編 3；1-8．

日本行動分析学会（2014）体罰に反対する声明．(http://www.j-aba.jp/data/seimei.pdf［2015年3月5日取得］)．

佐藤美幸，佐藤寛（2014）大教室の講義における大学生の私語マネジメント――好子出現阻止による弱化を用いた介入の有効性．行動分析学研究 28；72-81．

大学の授業における発言の増加

問題の設定

◉ 大学教育では問題解決力が求められる

大学教育の現場では，話しすぎることが問題になることもあれば，話しすぎないことが問題となることもある。

近年，大学は提供する教育の質を大きく転換することを求められている。中央教育審議会（2012）は「新たな未来を築くための大学教育の質的転換に向けて──生涯学び続け，主体的に考える力を育成する大学へ（答申）」をまとめた。答申はグローバル化，少子高齢化など大きな変化が急速に進んでいる時代においては，想定外の事態に遭遇したときの問題解決能力が必要となることを指摘している。そして，この問題解決能力を身につけた人材は受動的な教育の場では育成することができず，教員と学生が意思疎通を図りつつ，学生が主体的に問題を発見し解を見いだしていく能動的学修（アクティブ・ラーニング）への転換が必要であるとしている。

◉ アクティブ・ラーニングを活用する

アクティブ・ラーニングとは，「教員による一方向的な講義形式の教育とは異なり，学修者の能動的な学修への参加を取り入れた教授・学習法の総称」と定義されている（中央教育審議会，2012）。具体的には，ディスカッションやディベートといった双方向の講義，演習，実験，実習や実技などを中心とした授業を通して，個々の学生の能力を養っていく。

先述のように，アクティブ・ラーニングへの転換が求められてきたことにより，多くの大学においてアクティブ・ラーニングの導入が進んでいる。2010〜2012年度に全国の大学を対象として授業でのアクティブ・ラーニングの実施状況を調査した河合塾（2013）は，アクティブ・ラーニングの要素を含む授業実践の導入がある程度進んできていることも明らかにしている。

授業で能動的な学修を進める場合，学生は能動的に授業に参加することが求められる。しかし，能動的に授業に参加することに慣れていなければ，突然能動的になるようにと言われても学生は戸惑ってしまうだろう。実際には授業中に教員が積極的な発言を求めてもなかなか発言をする学生が現れないなど，アクティブ・ラーニングを導入する以前に学生の発言を促す段階で困難を抱えてしまうこともある。

そこで，「行動分析学演習」という架空の大学の授業において発言をどのように増やすことができるのか，具体的な方法を考えてみよう。

◉「行動分析学演習」の授業を進める

「行動分析学演習」は演習形式の授業であり，平均して15名程度の学生が出席している。授業では，架空のケースが提示されてそのケースの問題解決方法を考えるという課題が出される。たとえば，小学校の先生からクラスの子どもが離席をして困っているという相談が寄せられたときに，どのような情報を収集し，先生にどのようなアドバイスをするべきかを考え，発表をする。こういった課題が出されたときに，学生が1人で自分の考えを配布プリントに書き込んだり，グループワークで学生同士が意見を交換したりする場合はさまざまな考えや意見が出てくる。しかし，教員がクラス全体に問いかけるなど，教員と学生のやりとりが必要となる場面ではなかなか発言が出てこないという状況であった。

◉ 先行事象によって発言が生じない

まず，発言が生じにくい状況（先行事象）を考えてみよう（図8-3：p.100）。「行動分析学演習」には15名程度の学生が出席している。もし授業の受講者数が少なく学生が4, 5名であれば，ほかに協力する人が少ないので発言をしようという学生が出てくるのだが，15名ほど学生がいると誰かが発言してくれるだろうという予測をするようになり，発言をしようとする学生が出てこなくなる。もし，教員が学生の名前を覚えておらず人物が特定されにくい状況であれば，協力するメリットが少ないため発言も生じにくい。

教員と学生が対面する形式で学生が着席している場合，発言が出にくくなることがある。学生は子どもの頃から先生と対面して着席し授業を受けてきている。それらの授業の多くで発言を求められなければ，対面形式で着席している場合は発言しなくていいという感覚が身についている可能性がある。

◉ 後続事象によって発言が生じない

次に発言が生じた後の状況（後続事象）を考えてみよう。大学の授業になると，絶対的に正しいたったひとつの答えが出るような課題は少なくなってくる。その分，学生は自分の意見や考えが正しいのかどうか判断がつきにくくなる。間違えた答えを発言することで教員に否定的評価をされるくらいなら，発言しないほうがいいと考える学生もいるだろう。

たとえ自分の考えに自信があったとしても，周りの学生があまり発言をしていない状況で自分だけ発言をしてしまうと異質な人間と評価されてしまうかもしれない。これらはいずれも，教員や周囲の学生から否定的に評価されることを避けるために発言を控えてしまった結果と考えられる。

> 問題の分析

問題の解決

先行事象への介入を進める

　以上のように，授業中の発言についても行動分析の観点から見ると，さまざまな状況が行動の増減に影響を与えていることがわかる。私語の例と同様に受講者数を変えることは難しいが，発言が増えない状況のうち比較的変えやすいものや変えることができるものを探してみよう。

　発言の前に生じている状況を変えながら，発言が生じやすい環境を作る方法にはどんなものがあるだろうか（図8-4）。15名程度の受講者数であれば，学生の名前を覚えることができるかもしれない。名前を覚えるのに自信がない場合は座席を指定したり，出席を取る際にどこに誰が座っているのか確認しながらメモをしたりすれば顔と名前を一致させることができる。学生は毎週同じ場所に座ることが多いので，確認作業は比較的容易である。学生が毎週違う場所に座る場合は，名前が覚えやすいようになるべく先週と同じ場所に座ってほしいと事前に学生に頼むのもいいだろう。

　座席の配置を変えるのも効果的かもしれない。先述の通り，対面式では授業で発言する環境と学生に認識されない可能性があるので，コの字型などのかたちにして話し合いをするような環境や雰囲気を作ることができる。

後続事象への介入を進める

　発言をすることで教員からも周りの学生からも否定的に評価されず，むしろ肯定的に評価されるようにして発言を増やすにはどうしたらいいだろうか。ここでは，好ましい状況が提示されることによって行動が増加する「正の強化」を適用した方法を考えてみよう。自発的な発言であれ，指名されたうえでの発言であれ，学生が発言するたびに教員は誰が発言をしたか記録をとる。学生は教員が記録をしている姿を見ると，どうやら授業中の発言は評価対象になっているらしいと推測し発言を試みるようになる。事前に授業で発言をすると成績が加点されることを学生に伝えておくと，授業中の発言が肯定的に評価されることをより明確にすることができるだろう。

　学生が何らかの発言をしたら，教員は発言したことに対して肯定的に評価していることを示すために，まず笑顔を向け，うなずきながら学生の発言を聞く。そのうえで発言内容が良ければさらにほめるようにする。最初は成績を加点してもらうために，もしくは教員にほめられるために発言をする学生が多いかもしれない。しかし，学生同士でさまざまな意見や体験を共有することでよりよいアイディアが浮かぶという経験を繰り返すと，発言をすることによって得られるのは成績や賞賛だけではないことに気づいていく。最終的に，「行

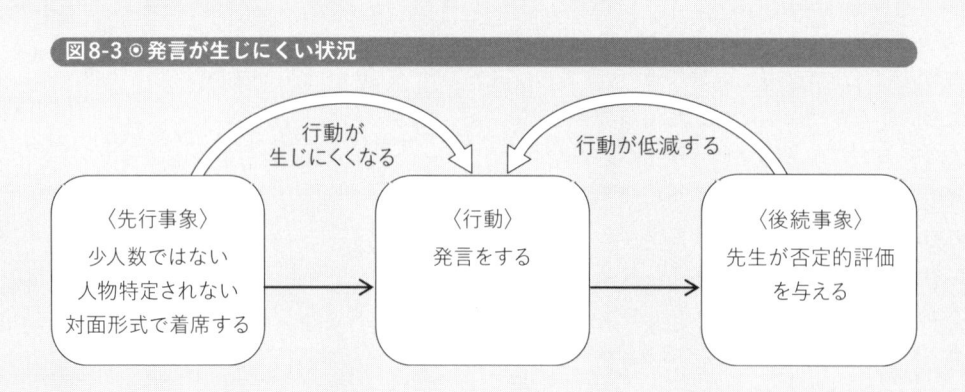

図8-3 ◉ 発言が生じにくい状況

〈先行事象〉
少人数ではない
人物特定されない
対面形式で着席する
　→　〈行動〉発言をする　→　〈後続事象〉先生が否定的評価を与える

行動が生じにくくなる／行動が低減する

図8-4 ● 発言を増加させる介入

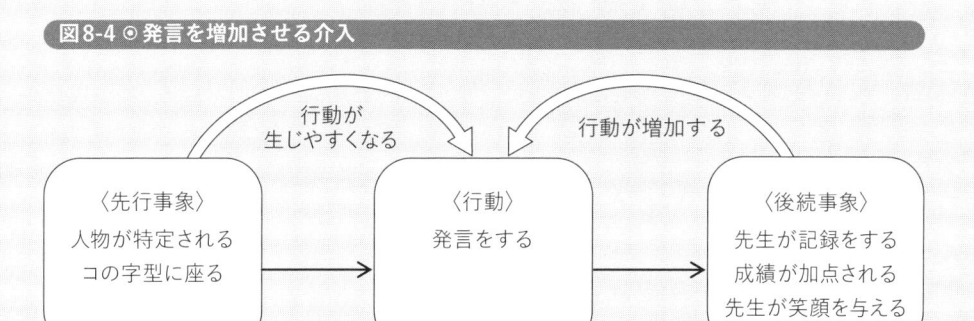

```
          行動が                    行動が増加する
         生じやすくなる
    ┌──────────┐      ┌──────────┐      ┌──────────┐
    │〈先行事象〉│      │ 〈行動〉 │      │〈後続事象〉│
    │人物が特定される│─→│ 発言をする │─→│先生が記録をする│
    │コの字型に座る │      │          │      │成績が加点される│
    │          │      │          │      │先生が笑顔を与える│
    └──────────┘      └──────────┘      └──────────┘
```

動分析学演習」の授業のなかでケースの検討に積極的に参加することを通して問題解決のスキルを身につけることができる状態になれば，さらに発言が増加するだろう．

また，授業のなかで発言する学生が多くなれば発言することが異質ではなくなるため，発言をすることで周囲の学生から否定的な評価を受けることもなくなっていく．

授業における発言を増加させる

大学の授業における発言を増加させる試みを実際に行い，その効果を検討した研究もある．たとえば長谷川（2002）は，学生が発言や質問をするごとにポイントを加算する「発言ポイントシステム」を導入し，発言ポイントが高いほど出席率も高くなることを示した．発言数についてはポイントシステムを導入していない状態でのデータがないため，ポイントシステムによって発言が増加したかどうか客観的に検討することはできないが，著者は教師と学生とのやりとりが増えたと述べている．

また，佐藤・佐藤（2014）は演習科目を履修している学生29名を対象に介入を行った．全15回の講義のうち，第3週から第6週までの4回の授業をベースライン期とし，第9週から第13週までの5回の授業を介入期とした．ベースライン期では授業開始時に「積極的に発言してください」など発言を促す教示のみを行った．介入期では発言を促す教示に加えて，発言数を成績に反映させることを学生に伝えた．その結果，ベースライン期は発言者数も発言数も変化が見られなかったが，介入期になると両方とも増加していることが明らかとなった．このように，教員が発言を促すだけでは発言を増やすことができず，授業中の発言に成績を反映させることで発言の増加が可能であることが示された．

大学教育の現場においても，行動分析の理論を応用してさまざまな行動を変容することができる．しかし，小学校や中学校に比べると高等教育機関における応用例はまだ少ないのが現状であり，行動分析を適用して解決することができる問題は多く残されている．

● 文献

中央教育審議会（2012）新たな未来を築くための大学教育の質的転換に向けて――生涯学び続け，主体的に考える力を育成する大学へ（答申）．
長谷川功（2010）「発言ポイント制」の導入による双方向性授業システム．大学教育研究年報 16 ; 30-33.
河合塾（2013）2012年度大学のアクティブラーニング調査報告書（要約版）．（http://www.kawaijuku.jp/research/file/2012_houkokusyo.pdf ［2015年3月5日取得］）．
佐藤栞，佐藤寛（2014）演習科目における大学生の発言行動のマネジメント．日本心理学会第78回大会発表論文集．

第9章 ── 発達障害：幼児

包括的な支援戦略

問題の設定

◉ 自閉症児の日常生活を整理する

　Aは3歳の男子で、両親と一緒に暮らしている。3歳児検診で言葉の遅れを指摘され、その後専門病院を受診し、自閉症と診断された。現在、有意味な話し言葉はなく、大人の簡単な指示（「座って」や「こっちにおいで」など）に対して適切な行動をすることが困難である。おもちゃを回転させたり、並べたりする遊びが中心で、おもちゃをなめたり噛んだりすることも多い。トイレットトレーニングが完了していないため、昼夜間共に紙おむつをつけている。偏食が強く、特定の食べ物（ハンバーグや唐揚げ）しか食べようとしない。

　手づかみで食べようとすることが多いため、母親が食事をとらせている。両親は、適切な遊びを教えようとおもちゃの使い方や遊び方を教えようと試みるがうまくいかない。トイレで排尿することを促したり、スプーンを使って食べることを教えようとするが、無理強いすると泣き叫んだり、頭を床に打ち付けたり、時には母親を噛んだりすることがある。

　母親はAが自己刺激的な遊びをはじめると、「やめさせなければいけない」と考えて、適切な遊び方を教えようと試みるが、Aの自傷行動や他傷行動が出現するのを見て、働きかけを中断している。トイレットトレーニングや食事指導でも、同様に自傷行動や他傷行動が出現するので、紙おむつを常時使用し、食事を食べさせることが続いている。一方で、「早くトイレットトレーニングをしなければいけない」「スプーンを使えるようにしないといけない」という焦りと、うまく指導できない自分自身に対するいら立ちを感じている。最近では、母親は気分の落ち込みや不眠を訴えている。

　Aは現在、保育園に通園しているが、保育園でも家庭と同様の行動が続いている。保育園の担任とAの遊びや生活習慣の問題について話をするが、担任からは「どのように対応したら良いか」と尋ねられることが多く、家庭での対応のアドバイスは得られていない。母親は、同じ保育園に通う他の母親たちや近隣の母親たちと交流することもほとんどない。

　両親は子どもが診断を受けた後、本やインターネットからさまざまな自閉症に関する情報を集めている。両親ともに、「どうしたら子どもの障がいが治るのか」「言葉が話せないのではないか」と将来のことが心配になっている。また、母親は「自閉症になった原因は、何か私に問題があったためではないか」と考えている。近隣に住んでいるAの祖母が毎日家事を手伝いに来ている。母親は時には、祖母にAを預けて買い物に出ることもあるが、Aが祖母を困らせているのではないかと心配になり、買い物中も不安になっている。

　父親は本やインターネットで自閉症に関する情報を集め、母親に知らせている。休日には父親がAを公園に連れて行くが、ブランコや砂遊びを反復的に続けている姿を見て困惑している。父親は母親が多くのストレスにさらされていることを憂慮している。母親のストレスを低減するために協力をしたいと考えているがAの行動への対応方法がわからない。

◎付記
本章の事例は、実際の事例を参考に、仮想事例として新たにまとめたものである。

谷 晋二

◎ 子どもの行動の課題を整理する

Aは適切なコミュニケーション行動や生活習慣スキルをまだ学習していないままである。両親の働きかけを自傷行動や他害行動で拒否している。これらの行動が持続している点は、Aと両親との相互関係の問題として整理することができる。両親は、Aが不適切な遊びをしているときや手で食べているときに、その行動を修正しようと働きかけを行うが、Aの自傷行動や他害行動が出現するので、働きかけを中断している。

◎ 保護者の行動の課題を整理する

母親はAの将来について不安や自責の念を持っている。Aへの働きかけがうまくいかないことで、焦りやいら立ちを感じている。このようないら立ち、自責の念は、母親の気分の落ち込み、不眠、持続的な緊張に結びついていると考えられる（図9-1）。母親は、Aへの働きかけがうまくいかないためトイレットトレーニングや食事指導を中断するが、「早くトイレットトレーニングをしなければいけない」「スプーンを使えるようにしないといけない」という考えが出てくると、トイレットトレーニングや食事指導を再開するが、うまくいかない。この循環を繰り返している。父親は情報収集や休日の外出を通して、Aの子育てに参加しようとしているが、母親と同様にAにうまく対応することができていない。

自閉症の子どもにさまざまな適応的行動を教えるスキルが両親には不足していると考えられる。また、不安やいら立ちなどのメンタルヘルス上の課題を母親は多く抱えていると考えられ、このことがうまくいかないAへの対応を持続させることにつながっていると考えられる。

◎ ソーシャルリソースによって家族を支える

Aは保育園に通っているので、保育園の保育士がAとAの家族を支えるソーシャルリソースとして利用可能である。しかしながら、保育士がAの母親に適切な情報や他のソーシャルリソースを十分に提供できていない。保育園の他の保護者との交流も乏しい。Aの祖母が毎日家事を手伝いに来ていることは、母親の大きな支えとなっている。Aは保育園で多くの時間を過ごしているので、保育士がAへ適切な行動を教えることが期待される。また、保育士が母親の利用可能なさまざまなソーシャルリソースの情報を提供する窓口となることも期待される。

問題の分析

図9-1 ◎ 母親と子どもとの相互作用

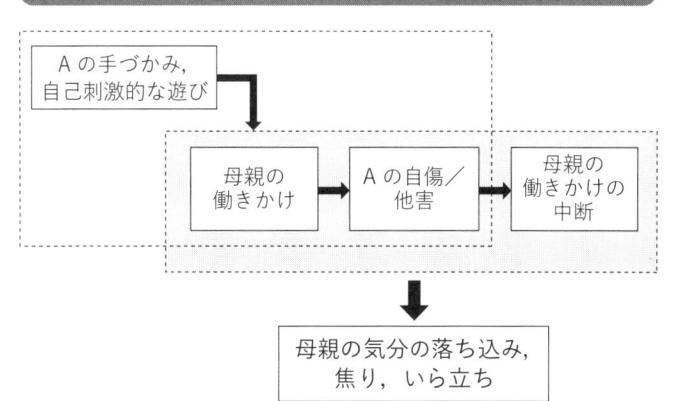

Aの手づかみ、自己刺激的な遊び → 母親の働きかけ → Aの自傷／他害 → 母親の働きかけの中断

↓

母親の気分の落ち込み、焦り、いら立ち

問題の解決

全体的な方針（指導の戦略）を検討する

　幼児対象の支援を実施する際には，不適切な行動を減少させることよりも適切な行動を増大させることを優先することが原則である。同時に，家族の今現在のwell-beingを向上することを目的として支援システムを整備することが重要である。障がいのある子どもの指導や援助は持続的，継続的に必要とされるので，家族のwell-beingを向上することが，家族が子どもへの適切な対応を維持，継続する要因となる。家族が適切な対応を続けることで，子どもの適切な行動が維持され，日常的な場面へ般化することが促進される。

　谷（2012a）は，子どもと家族への指導戦略を検討する際に家族と子どもに関する情報の整理を勧めている。家族の情報では，家族が利用可能な社会的リソースや主な養育者のABAの知識，技術，メンタルヘルスの状態に関する情報を収集する。子どもの情報では，子どもの獲得しているスキル，課題となる問題行動，強化子，医療的配慮などの情報を収集する（表9-1）。それらの情報に基づいて，家族と子どもに対する支援の内容について表9-2に示すような意思決定を行っていく。

　Aの保護者は，Aに適切な行動を教えることが困難で，教えようとすると自傷や他傷行動が出現するため，適切な行動を教えることを回避するようになっている。適切な行動を子どもに教えるために必要な知識と技術を保護者に教えることが重要である。保護者に行動分析の知識と技術を教えるために，行動的ペアレントトレーニング（Behavioral Parent Training：BPT）が用いられてきた。BPTでは，適切な行動を教えるために用いる行動分析の知識や技術（正の強化，課題分析，プロンプトの使い方，シェイピングなど）や，不適切な行動を減少させるために用いる知識や技術（機能分析や分化強化の技法）を保護者に指導する。BPTは，保護者が子どもに対応する際の行動を変化させ，子どもの行動を改善させる。

　しかしながら，不安やイライラなどのメンタルヘルス上の課題を抱える保護者の場合には，BPTの成果が上がらないことがあると報告されている

表9-1 ◉ 支援計画の立案に求められる情報（谷，2012a）

家族の状況
- リソース
  - 家庭での協力者（兄弟，親戚，祖父母など）
  - 福祉サービスの利用（デイサービス，ガイドヘルプ，ショートステイなど）
  - 学校，幼稚園，保育園の状況
  - 経済的状況
- 主な療育者
  - ABAの知識
  - ABAの技術
  - メンタルヘルスの状況

子どもの状況
- スキル
  - すでに獲得しているスキル
  - まだ獲得していないスキル
- 挑戦的行動
  - 自己刺激行動
  - 限局された興味・関心
  - 攻撃的な行動
  - パニック
- 強化子
- その他
  - 薬物の服用状況
  - けいれん発作の既往
  - その他の医療的配慮

表9-2 ◉ 意思決定リスト（谷，2012a）

家族
- 福祉サービスの利用の促進
- 学校や幼稚園，保育園へのアプローチの必要性
- ABAの知識と技術の指導プログラム導入の必要性
- 保護者へのメンタルヘルス支援プログラムの必要性

子ども
- どの領域から支援を始めるのか
- どのスキルの獲得から始めるのか
- 優先するスキルはあるのか
- 利用可能な強化子の種類
- DTTとフリーオペラント，PRTの比率
- 主な療育場面

(Hastings & Beck, 2008 ; Osborne et al., 2008)。そのため，BPTに先立ってメンタルヘルスのサポートを保護者に提供することが推奨されている(Hastings & Beck, 2008；谷，2012b)。Aの保護者の場合も，将来に対する不安やうまくいかない働きかけから生じるイライラが，一貫性のない対応を持続させている。(コイン・マレル，2014)は，ACTを用いた子育ての方法を提案している。彼女たちはACTとBPTを統合した子育ての支援を報告している。この支援では，子育てのなかで生じるさまざまな不安や悩みを回避する行動を中断し，子育ての価値を明確にし，子育ての価値に向かって行動することが進められる。

Aの保護者には，子育ての知識と技術を学ぶ集中的なレッスンを提供する。そこでは次のような目標で子育ての知識と技術を学ぶ。

1. 子育ての不安や悩みを回避する行動が一貫性のない子どもへの対応となっていることに気づく。
2. 不安や悩みを回避する行動を中断し，不安や悩みをあるがままに受け入れる（マインドフルネス[1]エクササイズ）。
3. 保護者の子育ての価値を明確化する。
4. 子育ての価値に基づいた行動を実行するための知識と技術（BPT）を学ぶ。

[1] **マインドフルネス**
マインドフルネスのスキルは，自身の考えや感情，身体感覚を評価や判断をしないで，あるがままに気づき，観察し，記述する行動である。

子育ての価値を明確化し，価値に基づいた行動として子育ての知識と技術を学び，他の保護者との交流や親の会への参加を動機づけていく。

子どもに適切な行動を教えるために必要な，課題分析やプロンプトの用い方，強化の方法，不適切な行動が出現したときの対応（分化強化）を保護者が学ぶためには，現実場面での指導やモデリングが重要である。そのため，定期的に（週に1回）トレーニングを受けたセラピストによる指導を実施する。その際，保護者はセラピストの対応を観察し，Aへの対応方法の指導を受ける。

Aに適切な行動を教えていくことが第一義的な目標であるので，どのような目標をどの順番で，どのような方法で教えていくのか（子どもへの指導の戦略）を明確にする。(ロヴァス，2011)のME BookやMauriceプログラム（Maurice et al., 1996），ABLLS（Partington & Sundberg, 1998）などが子どもの指導戦略を検討する際の参考となる。Koegelたち（ケーゲル・ケーゲル，2009）は，その後の発達に大きな影響を与える基軸的な（pivotal）領域として，複合的な手掛かりに反応できるようになること，動機づけを高めること，自己管理ができるようになること，子どもが始発することの4つを挙げている。

Lovaas, MauriceやPartington & SundbergらのDTT（Discrete Trial Training）を中心とした指導を行う場合には，般化や維持の問題を検討し，機能的な行動を教えるためのプログラム（機会利用型の指導）を導入する（谷，2012a）。

Aは一日の多くの時間を保育園で過ごしているので，保育士と保育園への協力の要請が重要である。保育園で実行可能な目標（たとえば食事の指導や衣服の着脱など）を設定し，保育士の対応方法を教授する機会を設定する。

文献

リサ・W・コイン，アミー・R・マレル［谷 晋二 監訳］(2014) やさしいみんなのペアレント・トレーニング入門．金剛出版．
Hastings RP & Beck A (2008) Practitioner review : Stress intervention for parents of children with intellectual disabilities. Journal of Child Psychology and Psychiatry 45-8 ; 1338-1349.
ロバート・L・ケーゲル，リン・カーン・ケーゲル［氏森 英，小笠原恵 訳］(2009) 機軸行動発達支援法．二瓶社．
イヴァ・ロヴァス［中野良顕 訳］(2011) 自閉症児の教育マニュアル——決定版ロヴァス法による行動分析治療．ダイヤモンド社．
Maurice CE, Green GE & Luce SC (1996) Behavioral Intervention for Young Children with Autism : A Manual for Parents and Professionals. Pro-ed.
Osborne LA, McHugh L, Saunders J et al. (2008) Parenting stress reduces the effectiveness of early teaching interventions for autistic spectrum disorders. Journal of Autism and Developmental Disorders 38-6 ; 1092-1103.
Partington JW & Sundberg ML (1998) The Assessment of Basic Language and Learning Skills (the ABLLS) : Scoring Instructions and IEP Development Guide : the ABLLS Guide : Behavior Analysts.
谷 晋二 (2012a) はじめはみんな話せない．金剛出版．
谷 晋二 (2012b) 発達障がい児の保護者支援——保護者のレジリエンスを高めるACTの子育て（特集 発達障害支援）．臨床心理学 12-5 ; 647-651.

ソーシャルスキル訓練の展開

問題の設定

● 自閉症児の行動レパートリーを整理する

Bは5歳の男子で、幼稚園に通っている。父親と母親、7歳になる兄の4人暮らしである。生活習慣スキル(食事、排せつ、衣服の着替え)は自立している。2～3語文で要求を伝えたり、出来事の報告をしたりすることができる。大人からの簡単な質問、たとえば「これは何ですか?」「これは何色ですか?」などには適切に言葉を使って応答することができる。しかし、「雨が降ったらどうしますか」などの質問やクイズ(「足に履くものは何ですか?」には応答することができない。また、母親の「今日幼稚園で何をしたの?」という問いかけにも応えることができない。

幼稚園の絵本の読み聞かせの時間では、ストーリーを理解することが困難な様子で、一人遊びを始めてしまう。ルールのある遊び(鬼ごっこやカードゲーム)や役割交代のある遊びをすることは困難で、他児が遊んでいると邪魔をしたり、ルールを守らないことを注意されると激しく怒りだしたりすることがある。他児との会話は一方通行で、Bは自身の興味のある話(恐竜や電車)を繰り返している。

● 自閉症児の日常生活を整理する

母親は自閉症児の親の会に所属し、親の会が主催する勉強会や研修会に参加し、家庭での療育の方法を学んでいる。親の会が主催するイベント(音楽会やクリスマスパーティーなど)にも家族全員で参加している。

家庭では母親が1日約30分の家庭療育を実施している。文字の読み書きや算数の計算を、Bの好きな恐竜のシールを強化子に使いながら教えている。この療育時間をBは楽しみにしており、自発的に課題に取り組んでいる。

そのほか、父親や兄と一緒に、ソーシャルスキルを学ぶためのカードゲームやボードゲームをしている。これらのゲーム場面では、順番を守ったり、いくつかの適切なソーシャルスキル(「ゲームに入れて」と言ったり、相手の話題に合わせて返事をするなど)を使ったりすることができるようになっているが、幼稚園や日常の生活場面では自発されていない。

> 問題の分析

◉ 子どもの行動の課題を整理する

　Bは初歩的なコミュニケーションスキル（命名や要求）を学習しているが，質問応答や会話などのより高度なコミュニケーションスキルをまだ学習していない。そのため，他児との社会的な交流の場面で適切な行動ができていないと考えられる。遊びのルールを理解し，ルールに従った行動をすることも，Bの課題のひとつとして挙げられる。家庭での父親や兄との遊びのなかで学習した行動が，他の場面では般化，あるいは維持されていない。

◉ 保護者の行動の課題を整理する

　保護者はABAの知識や技術を親の会が開催する学習会や研修会から学んでいる。そこで学んだ知識と技術を家庭療育場面で使用し，うまくBの指導を続けている。しかし，Bに質問応答や会話を教える方法について必要な助言が得られていない。

　保護者は基礎的なABAの知識と技術を持っていると考えられるので，保護者に質問応答や他のソーシャルスキルを家庭で指導する方法や般化，維持を促進するための方法について助言することが必要である。

◉ その他の課題を整理する

　幼稚園は，Bがさまざまな社会的行動を学習する場面である。幼稚園での指導の目標と方法について助言し，集団のなかで社会的な行動を学習する機会を設定する。

　Bが幼稚園場面で適切に行動できていない原因のひとつとして，コミュニケーションスキルや社会的な行動のスキルの不足が挙げられる。これらの行動を学習していくには，ある程度の時間が必要である。Bがそれらのスキルを学習している間，Bの幼稚園での他児との関わりを，現時点で変容する方法を検討することが必要である。つまり，今すぐに実施可能な他児との関わりへの支援方法（今すぐできる支援）と，Bの不足しているスキルの支援（将来へ向けた支援）を検討する。

> 問題の解決

イントラバーバル訓練とお話並べ課題を行う

質問応答のスキルを指導する方法として谷（2012a）は，絵カードを用いたイントラバーバル訓練の手続きを紹介している。この手続きは，質問に対して絵カードを選択することを形成した後，それをイントラバーバル[2]反応へ変換していく手続きである。たとえば，「今日は何を食べましたか？」という質問に対して，正しい絵カードを選択する訓練を実施する。この課題が終了した後に，絵カードを裏返しにして，同様の質問に対して口頭で答える訓練（イントラバーバル）を実施する。正しいイントラバーバルが出現しない場合には，絵カードを表に返してプロンプトする手続きである。

[2] **イントラバーバル**
イントラバーバルは，言語刺激に対して言語対応で応答する言語オペラントで，聞き手の社会的な対応によって強化される。例えば，「ニニンガ」という言語刺激に対して「シ」と答える言語反応はイントラバーバルである。

この課題に関連して，出来事をストーリーとして理解することを促進するために，お話並べ課題（谷，2012a）を実施する。お話並べ課題は，一連の絵カードをストーリーに沿って並べ替える課題である。たとえば，手を洗う，「いただきます」を言う，ご飯を食べる，ごちそうさまを言う，という4枚のカードを順番に並べさせる。この課題が達成されたら，絵カードを裏返して「ご飯を食べるときのお話をして」などの質問に対して，一連のお話をするイントラバーバル訓練を実施する。

これらの課題ができるようになったら，今日の一日の流れを示した絵カードや遠足の出来事の写真などを使って，より日常的な会話へつなげていく。

日常場面での指導を行う

保護者は基礎的なABAの知識と技術を持っていると考えられるので，質問応答課題やお話並べ課題を家庭療育のなかで実施する。机上での学習ができるようになったら，日常的な場面で実施し，般化を促進する。たとえば，お風呂のなかで「今日の晩御飯は何を食べましたか？」と尋ねたり，父親の帰宅時に「今日あったことのお話をして？」などをBに尋ねるようにする。

ソーシャルスキルの指導を実施する場合には，対象児の課題がスキルの不足によるものか，あるいはスキルを持っているがうまく使えないという問題であるのかを，区別して指導を行うことが必要である（Bellini et al., 2009）。

家庭では恐竜シールを強化子として利用し，すごろくや順番を守るなどの行動の形成に効果的であることが示されている。Bのソーシャルスキル上の課題のいくつかは，スキルを持っているがうまく使えない問題であると考えられるので，幼稚園でも恐竜シールを強化子として用いて，ルールのある遊びや順番を守るなどの行動を拡大していくことを計画する。加えて，Bがまだ学習していないソーシャルスキルの課題を，幼稚園での観察から明確化していくことが重要である。未学習のスキルの学習では，ビデオを使ったモデリング（ビデオモデリング）の有効性が報告されてきている（Bellini et al., 2009；LeBlanc et al., 2003；McCoy & Hermansen, 2007）。

今すぐにできる支援を行う

Bがまだ学習していないスキルに関しては，「今すぐにできる支援」を検討していく必要がある。「今すぐにできる支援」とは，特定のスキルが未学習であっても，機能的な行動が成立するような環境設定を検討することである（望月，2007）。絵本の読み聞かせやルールの理解が困難な場面では，教材や指導の方法を幼稚園の教師が工夫していくことや，他児がBを補助するなどの方法を検討していく。そのためには，専門家を交えた支援会議を実施し，「どのような環境設定を作れば，Bが読み聞かせやルールのある遊びを理解し，楽しめるか」という視点で工夫を検討していくことが重要

である。

　幼稚園での支援の具体例として，絵本の読み聞かせのときには絵本を紙芝居のように具体的な視覚手がかりの多いものに作り変えることや，作り替えた本をBに持たせておくことなどができるだろう。また，ルールのある遊びでは，他児がBの手助けをしやすい遊びを設定し，二人一組で行動できるような活動を導入することができる。

ビデオモデリングやバディーを用いて効果を定着させる

　ソーシャルスキルの指導では，ビデオモデリングやバディーを用いた方法の有効性が示されてきた。しかし，日本でこれらの方法を用いた実践は限られている。ひとつには，ビデオモデリングのリソースが限られていることが挙げられる。欧米では多くのビデオモデリングのための教材がYouTube等に登録され，自由に利用できるようになっている。日本でも，ソーシャルスキルのための教材が自由に利用できるようにリソースの作成を急ぐことが望まれる。

　バディーを用いた研究では，同級生がソーシャルスキルの援助を行うことができるように同級生を指導している。そして，同級生が実際の場面に応じて障害のある子どもたちに必要なソーシャルスキルを指導し，成果を上げている。バディーを用いた指導は，ソーシャルスキルを実際の場面で学習することができるという利点と，同じクラスに在籍している子どもの行動も同時に変容し，学習したソーシャルスキルの維持と発展が期待できるという点で，効果的であると考えられている。日本でも，バディーを用いた実践が行われることが期待されている。

◉ 文献

Bellini S, Benner L & Peters-Myszak J (2009) A systematic approach to teaching social skills to children with autism spectrum disorders: A guide for practitioners. Beyond Behavior 19-1 ; 26-39.
LeBlanc LA, Coates AM, Daneshvar S et al. (2003) Using video modeling and and reinforcement to teach perspective-taking skills to children with autism. Journal of Applied Behavior Analysis 36-2 ; 253-257.
McCoy K & Hermansen E (2007) Video modeling for individuals with autism : A review of model types and effects. Education and Treatment of Children 30-4 ; 183-213.
谷晋二（2012a）はじめはみんな話せない．金剛出版．
谷晋二（2012b）発達障がい児の保護者支援――保護者のレジリエンスを高めるACTの子育て（特集　発達障害支援）．臨床心理学 12-5 ; 647-651.
望月昭（2007）対人援助の心理学とは．In：望月昭 編：対人援助の心理学．朝倉書店，pp.1-18.

第10章 ── 発達障害：児童

授業中の逸脱行動を示すADHD児に対する支援

問題の設定

◉ 逸脱行動へはネガティブな対応がなされることが多い

　発達に障害のある子どもたちは，授業をはじめとした構造化された場面において，逸脱した行為を示すことがある。たとえば，立ち歩きや退室，友達にちょっかいを出す，大声を出す，といったような逸脱行動は，本人やその環境にいる他児の学習権を脅かす可能性が高い。

　平澤（2010）は，逸脱行動も含めた集団での教育活動において生起する行動問題に対しては，対象児の授業参加よりも，他児の学習を阻害しない消極的な授業参加が選定されてしまう可能性を指摘している。また，高橋・無藤（2006）は，逸脱行動を示す児童に対して，教師が行ったフィードバックの8割以上が否定的なものであった事例を報告している。このような，その場での注意や叱責，あるいは放置といった方法は，その場限りの対応であるために根本的な解決には至らない。そればかりか，本来避けることのできた学習の困難や自尊心の低下といったような二次的障害につながる可能性もある。

◉ 自己管理は逸脱行動の低減に有効である

　一方で，授業における逸脱行動に対して，対象児の適応行動を増やしたり，逸脱行動が起こっている環境を改善するといった支援がとられた場合の効果が示されている。なかでも，自己管理手続きは，継続的な他者からの援助や指示を必要とせずに自律的な個人の能力の発達を促すことを目指しているために，通常学級における実践で用いられることが多い。しかし，そもそも何について自己管理するのか，といった目標設定に関する検討は少ない。

　沖中・島崎（2010）は，ソフトテニスのファーストサービスの正確性に関して，自己記録と自己目標設定の効果を検討した。その結果，対象者の半数にその有効性が示された。障害のある子どもを対象とした目標設定の研究に，Todd & Butler-Kisber（2010）がある。この研究では，重度知的障害児に対して，自己監視，自己目標設定，自己強化を用いた30分間のサイクルを課した。16週間のプログラム中に課題が継続したことから，これらの手続きの有効性が示唆された。特に，自己目標設定においては，自己効力感の向上がみられたと報告している。これらのことから，自ら目標を設定することは，子どもの行動の向上に効果があることが推測されるが，どのようにどういった目標を設定させることが適切であるのかを検討することが必要である。

　そこで，本稿では，逸脱行動がみられる児童2名に対して，目標の設定方法が与える逸脱行動への影響について検討する。

◉付記
本事例は，実際の事例を参考に，仮想事例として新たにまとめたものである。

小笠原 恵

◉ 注意欠陥・多動性障害児が授業中に問題行動を示していた

対象児は，小学2年生A児と4年生B児，いずれもADHDの診断を受けている男児であった。両名とも，就学相談時に受けた検査結果からは，知的な遅れはみられず，服薬はしていなかった。

A児は，授業のほとんどの時間を，うろうろ歩き回ったのちに，教室の後ろにある掃除道具ロッカーに入り込んで過ごしていた。教室で行わない体育や音楽，図工といった授業では，比較的よく取り組めたが，1時間を通して課題に取り組むことは難しかった。ただし，教室を飛び出すことはなかった。担任は30代後半の女性で，クラスは33名であった。

B児は，授業中，他児とのおしゃべりが絶えず，他児や先生からの注意によって立ち上がり，歩き回り，他児にちょっかいを出したり，教室にある物や掲示物を触ったりした。1時間着席して授業を受けることもあった。担任は40代半ばの女性で，クラスは35名であった。

◉ がんばり表を支援に活用する

筆者は，学期に2回，A児およびB児の在籍校への巡回相談を行っていた。両名はこれまで相談対象として挙げられたことはなかった。3学期の1回目の訪問時に，全教員を対象とした研修会において，支援手続きを紹介してほしいという特別支援教育コーディネーターからの要請に従い，「がんばり表」と称した自己記録とトークン・エコノミー法を活用した方法など，いくつかの手続きを紹介した。

筆者の研修会終了後，A児の担任がが

んばり表を用いた手続きをA児に対して開始した。放課後，他児のいない場所でA児を呼び，「最近，勉強はわかる？」と質問した。A児が「わからない」と答えたので，担任は「わかるようになりたい？」と聞いたところ，A児から「うん」という返事が返ってきた。そこで担任は，どうしたら勉強がわかるようになると思うか聞いたところ，「座って授業を受けること」とA児は答えた。ここで，あらかじめ作成しておいたがんばり表をA児に見せ，ルールを説明した。がんばり表は，1時間目から5時間目までの時間割が1週間分1枚に記されており，最後に空欄のマスが加えられていた。担任から，決めた時間，座っていることができたら，その時間のところに自分でチェックを入れることと，放課後，担任と2人で1日3個のチェックができているかどうか確認し，チェックが3個以上であれば，シールを空欄のマスに貼ることを説明した。そのうえで，A児に対して1時間の授業で着席して授業を受けられる時間を聞いたところ，A児からは「5分」という回答があった。そこで，最初の目標を5分と決め，がんばり表の最初に「5分座っている」という目標を記入した。さらに，1週間に3つ以上のシールがたまったら，2人で相談して着席時間を増やしていくことを約束した。

A児に対しては，3学期の終業式まで，この手続きが継続された。B児に対しては，後述の理由から3週間あまりでこの手続きは中断された。

問題の分析

> 問題の解決

A児への支援は効果があった

　A児に対しては，3学期の終業式まで，手続きが継続された。

　A児のがんばり表から，A児がチェックした数を1週間ごとに合計し，授業日で割り，1日当たりの平均値を算出した。その結果は，図10-1に示す通りであった。着席目標時間を5分および10分と設定した際には，1週間で1日3個のチェックという目標数を大きく上回り，目標を達成した。着席目標時間が長くなっていくと，その達成までに2～3週間かかり，1日の平均チェック数も目標の3個をわずかに上回るだけとなった。しかし，着席目標時間が40分になると，1週目にその目標数3個に達し，1時間の授業をすべて着席して受ける姿もみられるようになった。

B児への支援は十分な効果が得られなかった

　A児の支援開始から約3週間後，B児の担任はA児の変化を見聞きし，同様の手続きをB児に開始することを決めた。B児の担任も，他児のいない放課後，B児を呼び，A児と同様の時間割が書かれたがんばり表を呈示した。担任は，B児が授業中に立ち歩いてしまうことを何とかしたいので，がんばり表のチェックをやってみようと思うと話した。目標は，担任が「授業中に立ち歩かない」と決め，がんばり表の一番上に記入した。そして，立ち歩いてしまった授業にB児がチェックをし，1日にチェックが3個以下だったら放課後シールを貼るというルールを話した。B児も実行を了承した。

　B児については，支援を開始して3週間目に入ったところで，担任は，B児から「なんで僕だけこんなことをしなければいけないのか」と抗議を受けた。そのあとは，担任が促しても一切チェック

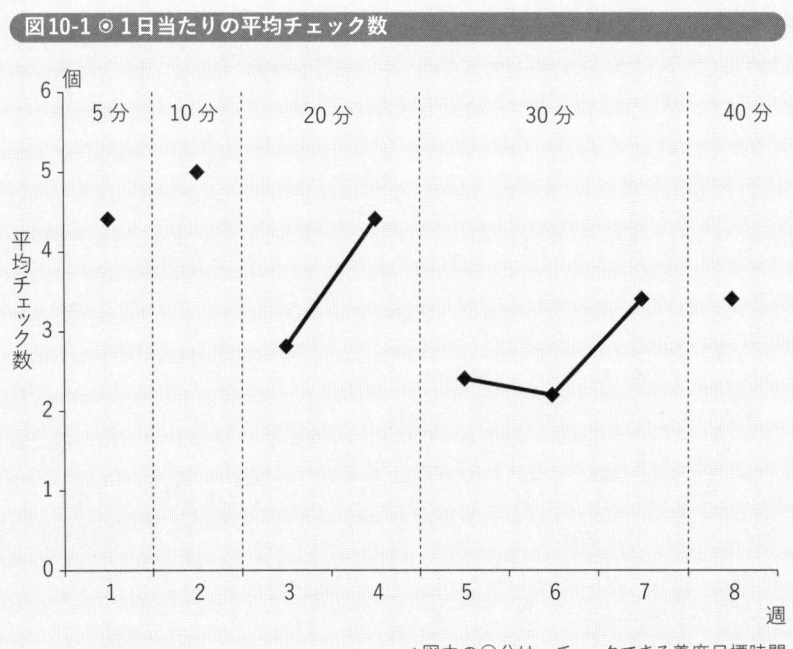

図10-1 ● 1日当たりの平均チェック数

*図中の○分は，チェックできる着席目標時間

をすることはなくなったため，支援を継続することができなかった。

2人の担任に対して，直接，筆者が手続きの相談を受けることはなかった。上記の手続きは，研修会にて筆者が紹介した手続きを踏まえて，それぞれの担任が自ら行ったものを，3学期の2回目の巡回相談の際に，筆者が聞き取ったものである。

自分で目標設定した場合に効果が得られた

本稿は，継続的なコンサルテーションを行った実践でも，系統的な計画を立てて実行したものでもない。2名の対象児に対して，自己記録とトークン・エコノミー法を用いたものの，偶然，目標設定の方法は異なるものになった。2名の対象児に対する目標設定方法の違いは2点ある。1つ目は，誰が目標を設定したのか，という点であり，2つ目は，どんな目標を設定したのか，という点であった。A児の場合，担任との会話のなかで，自らどうすればいいか考え，達成できる範囲の着席時間を目標とした。一方で，B児の場合は，担任がどうしてほしいと思っているかを伝え，担任が決めた目標を設定した。A児が目標とした行動をチェックし続け，さらに徐々にその目標値もステップアップできるほどに，着席時間が長くなった理由のひとつが，この自己目標設定にあるといえるだろう。ただし，すべてを自分で設定したのではなく，担任が問題提起をしたり目標を本人から引き出すといった枠のなかで，自ら目標を設定した。さらに，2点目について，A児に対する目標は「○分座っている」というものであったが，B児に対しては「立ち歩かない」というものであった。小笠原（2009）は，目標設定に際して，行動型にすることをポイントとして挙げている。行動型の反対は，死んでもできるような死人型の目標である。たとえば，「友達を叩かない」「教室から出ていかない」というのは，死人でもできる。こうした，してはいけない死人型の目標を立てると，どうしたらいいのか，といった適切な行動を子どもに示すことはできない。加えて，B児の場合は，自己記録によって，してはいけないとされている行動を記録するよう要求された。これは，子どもにとって大きな負荷がかかり，そのことが支援開始後わずかな期間で，手続きを中断せざるをえないことにつながったのだろう。

以上のことから，支援者がある程度の枠を設けたうえで，自ら行動型の目標を設定することは，子どもの逸脱行動の変容に効果があるといえるだろう。今後は，たとえば個別の指導計画立案時に本人が参加しながら，目標設定を行うなどの実践への活用を検討することが課題である。

● 文献

平澤紀子（2010）通常学級の授業場面における逸脱行動を示す児童への支援――教師による支援目標向上の観点から．岐阜大学教育学部研究報告人文科学 58-2；123-129．
小笠原恵（2009）目標の設定の仕方．In：全国特別支援学校知的障害教育校長会 編著：特別支援教育Q＆A――支援の視点と実際．ジアース教育新社，pp.108-110．
沖中武，島崎恒夫（2010）自己記録と自己目標設定がソフトテニスのファーストサービスの性格性に及ぼす効果．行動分析学研究 24-2；43-47．
高橋智子，無藤隆（2006）小学1年生の児童の逸脱行動に対する教師の個人及び学級集団へのフィードバック．お茶の水女子大学こども発達教育研究センター紀要 3：55-63．
Todd T, Reid G & Butler-Kisber L (2010) Cycling for students with ASD: Self-regulation promotes sustained physical activity. Adapted Physical Activity Quarterly 27；226-241.

自己記録介入パッケージによる「キレ」る行動への支援

問題の設定

自己管理技法はポジティブな行動支援として有効である

近年，発達に障害のある子どもの示す行動問題に対して，その行動を直接抑制するのではなく，その行動の機能に注目し，行動問題の起こりやすい環境を起こりにくい環境に再構築することを目的としたPositive Behavioral Support（以下，PBS；Koegel et al., 1996）が効果をあげている。PBSでは，行動問題と等価な機能をもつ代替行動や，行動問題と同時に遂行することが難しい競合行動を促すことによって，行動問題の改善を図る。そのため，これらの適応行動の出現を促す方法について検討することが重要である。

発達に障害のある子どもたちが示す行動問題は，限定された場面や時間ではなく，日常生活において広範囲に及ぶことは少なくない。この場合，常に他者が子どものそばにいて支援を継続することは不可能である。子どもたちが自律的に適応行動を維持し，行動問題を抑制できるような支援が必要となる。こうした自律を重視した支援技法のひとつに自己管理がある。そのなかの自己記録は，「標的行動の生起の有無やその質および量などに関して自ら記録する」ことを指す。これまでに，その汎用性の高さから，発達障害児のさまざまな行動を対象として，その実践上の効果が認められてきた（Reese et al., 1984）。しかし，行動の抑制に対して自己記録が適用された例は少ない。抑制を図ろうとする望ましくない行動は，本人がやってはいけないとわかっていてもやめられないために，記録すること自体に負担感があり，自己記録行動が自発生起しなかったり，正確性に欠けることが推測される。

適応行動に対して自己管理を進める

竹内・園山（2007）は，望ましくない標的行動を減らすために，適応行動に対する自己管理を計画することができると述べている。抑制しようとする行動だけではなく適応行動についても自己記録を行うことで，記録することの負担感は軽減できるのではないだろうか。さらに，それぞれに見合った結果操作を行うことで，両方の記録行動が維持される可能性もある。

本稿では，日常生活において他者に対する暴言・暴力や物壊し行動を示す広汎性発達障害児1名に対し，自己記録を中心とした介入パッケージを導入し，その効果を検討する。介入パッケージには，①暴力・暴言・物壊し行動の生起を自身で記録すること，②適応行動の生起に他者が強化を行い，その回数を自身で記録すること，③記録内容から得点を算出し，バックアップ強化子と交換するトークン・エコノミー法およびレスポンスコスト[1]を実施すること，という3つの手続きを含めた。

---

[1] レスポンスコスト
行動の出現に随伴して，呈示されていた強化子を一定量撤去することで不適当な行動を減少する弱化のための手続。いわゆる罰金制度である。たとえば，ランドセルを片付けずに玄関に置きっぱなしにするごとに，1カ月500円のお小遣いから10円ずつ引いていくなど。

◎付記
本稿は，小笠原恵，末永統（2013）広汎性発達障害児が示す暴力・暴言・物壊しの低減を目指した自己記録を中心とした介入パッケージ（特殊教育学研究 51-2；147-156）を基に加筆・修正した。

● 広汎性発達障害児が生活全般に問題行動を示していた

対象児は，広汎性発達障害と診断された男児であった。本実践開始時，公立小学校1年に在籍し，週2回の通級指導を受けていた。WISC-IIIの結果，VIQ：94，PIQ：108，FIQ：101であった。言語による感情表現や因果関係の説明が苦手で，本人からは「聞くことが苦手」との訴えがあった。服薬はしていなかった。

実践開始前に，母親から本児の行動特徴や興味・関心，行動問題の生起するきっかけとその対応について，聞き取りを行った。5歳時より，日常生活のあらゆる場面において，他者に対して叩く・蹴るなどの暴力や暴言，物を投げたり破るなどの「キレ」る行動が頻発していた。これらの行動は，自分の行動が自分の達成基準に満たなかったことをきっかけにして起こる場合と，他人の行動が自分の意図と異なった場合，状況に適合しない無理な要求をして，それを拒否されたときなどに起こる場合とがあるということであった。家族は，本児がそうした行動をとった場合に，本児に状況を説明して説得したり，理由を聞いたりすることが多く，それでも収まらないときには押さえ込んで制止したり，本児の要求をのむといった対応をとっていた。行動は，2，3分から1時間以上に及ぶものまで幅があった。また，これらの行動が頻繁に生起するため，賞賛されたり感謝されたりすることが極端に少ないことが報告された。

小学1年生の2学期から，登校後一度は教室に入るが，「キレ」る行動の生起によって，保健室に行くことを教員に促されることが多かった。学校からの要請により，母親は登校時から下校まで本児に付き添っていた。

● 支援計画を立てる

「キレ」る行動を低減すること，嫌悪事態を自ら逃避し，賞賛される行動と他者から感謝される行動の2つを適応行動として増やすことを支援方針とした。

「キレ」る行動に対しては，本児や周囲の者がけがをするなどの危険が及ぶ場合を除いて，離れて見守ることを保護者に依頼した。本児は，これらの行動を起こした場合には自分で記録することとした。嫌悪事態に陥ったときに自ら「保健室に行く」や「家に帰ったらゲームをする」といった言葉（自己解決発言とした）を主に母親に言うこととした。これらの言葉は，本児が「キレ」そうになった際に，これまで母親が本児に言っていたことであり，本児にとっては楽しみなことであった。これらの発言をし，「キレ」なかったことに対して，周囲が「さすがだね」「がんばった」「よくやった」という言葉をかけ，本児の要求を充足することとした。また，適切な時間に，主として母親が手伝いを促し，本児の実行に伴って「ありがとう」「助かった」「うれしい」という言葉をかけることとした。この6種類の言葉を他者から言われた場合，本児はそれを記録することとした。

> 問題の分析

問題の解決

トークンを導入した

記録はムシキング成長日記と称した記録用紙に記入することとした。本児が好むキャラクターである通称ムシキングは，（株）セガによるトレーディングカードアーケードゲームである。100種類以上の虫や技のカードがあり，その強さや珍しさによって100～200までのレベルが割り振られ，その数値はカードに書かれていた。筆者は本児といっしょに，1週間に1回，記録数をポイントに換算した。賞賛と感謝の6種類の言葉の記録は1回につき1ポイントを獲得することとし，「キレ」る行動は3回の記録につき1ポイント消失することとした。そして1週間の合計ポイントに応じたレベルのカードと交換することとした。また，保護者に対して，実践中にカードを購入しないように依頼した。以上の手続きを本児と保護者に説明し，手続きを開始することに了解を得た。

「キレ」る行動は減少した

「キレ」る行動と嫌悪事態を逃避するための自己解決発言について，母親が記録を行った。1週間ごとに整理をしたものを図10-2に示す。ベースライン期における「キレ」る行動の生起数は，平均して1週間当たり5.4回であった。この間，5分以内で収まっているものは15回，15分以内のものが2回，それ以上のものが10回あった。介入期は，「キレ」る行動の生起数は週によって増減が激しいものの，ベースライン期の平均生起数を超える週はほとんどなかった。21週目より，増減を繰り返しながら徐々に減少した。新年度を迎えて，本児が2年生に進級した24週目以降，25週目を除き，「キレ」る行動の生起数は1週当たり1回であった。新年度，本児が保健室に行くことはなくなり，ゴールデンウィーク明けから，母親の付き添いが終了したため，記録はここで終了した。夏休みのために，母親が1日を通した記録が可能であった41週目と42週目において，「キレ」る行動は1回のみの生起であった。本児の記録およびバックアップ強化子との交換はそのあと6カ月継続したが，終了にあたり，本児は筆者に「あのころはキレざるをえなかった」さらに「もうキレないことにしたんだ」と話した。一方，自己解決発言の生起回数は，ベースライン期と介入期でそれほど大きな差はなく，全体的に少なかった。23週目，「キレ」る行動を起こした後，本児は「自分はどうしたら怒

図10-2 ◉ 母親の記録による評定行動と自己解決行動の生起数

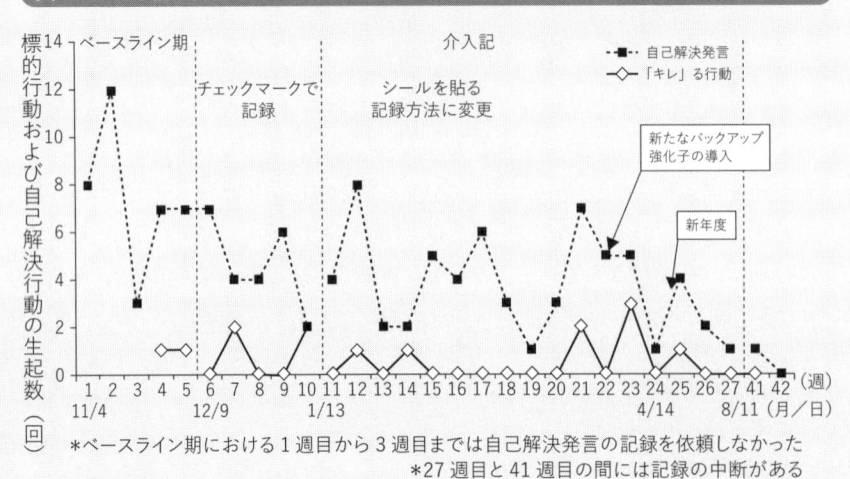

*ベースライン期における1週目から3週目までは自己解決発言の記録を依頼しなかった
*27週目と41週目の間には記録の中断がある

図10-3 ● 本児の記録数

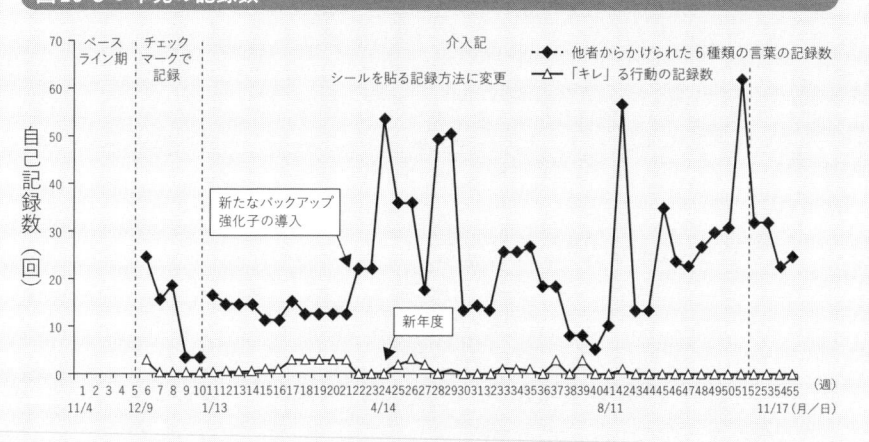

（グラフ：ベースライン期、チェックマークで記録、介入期、シールを貼る記録方法に変更、新たなバックアップ強化子の導入、新年度などの注釈付き。縦軸：自己記録数（回）0〜70、横軸：週1〜55、日付 11/4、12/9、1/13、4/14、8/11、11/17。凡例：他者からかけられた6種類の言葉の記録数、「キレ」る行動の記録数）

らなくなるのだろう」「どうして小さなことで怒ってしまうのだろう」と母親に対して言語化した。

本児が記録をした「キレ」る行動の回数と他者から掛けられた6種類の言葉の記録数を1週間ごとに整理したものを図10-3に示した。言葉の記録数は介入開始後9週目と10週目で減少した。その後、記録方法を変更した11週目から21週目までは、11〜15回の間で安定した。22週目より、新たなカードを追加したため、22週目以降、急激に言葉の記録数は増加した。最も記録数が多かったのは「よくやった」という言葉であった。「キレ」る行動の生起は、全体を通してほとんど記録されなかった。最も多かったのは、暴言を吐くという行動であった。18週目から27週目までで、母親の記録した行動の生起数よりも本児の記録数が上回った週が5回あった。レスポンスコストの適用により実際にポイントを失ったのは17週目以降の8回であった。いずれも失ったポイントは1点であった。

● 他者からポジティブな言葉をかけられるようになった

本実践では、嫌悪事態から逃避する自己解決発言を「キレ」る行動の代替行動として促進することと、手伝いの機会を設定することによって「キレ」る行動が起こらなければ受けていた強化を保障する手続きを中心に支援を展開した。「キレ」る行動の自己記録数の少なさから、レスポンスコストはほとんど適用されず、また適用された次の週に「キレ」る行動が顕著に減少することもなかった。一方、他者からの言葉の記録数は実際に本児の適応行動の生起数と同一ではない可能性はあるものの、介入期間を通じて、一定の数で維持された。実践開始前に他者から褒められたり感謝されることが少なくなっていた本児が、他者からこうした強化を受けたとして記録を行ったことは、大きな変化といえる。一方、記録者であった母親は、介入を続けていくなかで、本児の良かったことも自発的に記録を始めた。このことから、強化したい行動に母親も気づいたといえるだろう。こうしたことが、「キレ」る行動の生起状況に影響を与えた可能性が推測される。

● 文献

Koegel LK, Koegel RL & Dunlap G（Eds.）（1996）Positive Behavioral Support: Including People with Difficult Behavior in the Community. Paul H. Brookes.

Reese RM, Sherman JA & Sheldon J（1984）Reducing agitated-disruptive behavior of mentally retarded residents of community group homes: The role of self-recording and peer-prompted self-recording. Analysis and Interventions in Developmental Disabilities 4；91-107.

竹内康二，園山茂樹（2007）発達障害児における自己管理スキル支援システムの構築に関する理論的検討．行動分析学研究 20；88-100.

第11章 — 発達障害：青年

ASDのある成人における自傷行動への指導

問題の設定

● 行動障害をABC分析する

　知的障害，自閉症等の発達障害のある青年・成人における解決すべき課題のひとつに，行動障害（Behavior Disorder）がある。行動障害とは，一般的な意味としては「状況にそぐわない不適切な行動であり，しばしば他者もしくは本人にとって有害である行動」と定義される。

　これまで，行動障害の原因は，障害特性に求められてしまうことが多かった。しかし，障害に原因を求めてしまうことにより，支援の糸口を見いだすことがおろそかになってしまった側面がある。

　応用行動分析学では，行動を「個人と環境との相互作用」と捉え，それは問題となる行動も同様である。行動と環境との関係は，いわゆるABC（Antecedents – Behavior – Consequents）分析という枠組みから捉える。AとBとの関係は刺激性制御，BとCとの関係は強化随伴性と呼び，ABCへのアプローチにより行動の支援を目指していく。

　問題となる行動のアセスメントとして，機能アセスメント（Functional Assessment）があり，「AとB（問題行動）とCの関係」を推定していく。

　Aでは「状況・場面」や「直前のきっかけ・手がかり」という視点，Cでは「どのような対応があったか」「どのような環境的変化が生じたか」「どのような結果が得られたか」という視点から，整理していく。

　主な手順としては，①ABCの枠組みに基づいた行動記録の実施，②MAS[1]の実施，③関係者へのインタビュー，④可能であれば，実験的な機能分析（Functional Analysis）の実施，などが挙げられる。

　Aの分析では，問題となる行動の生起に関わる確立操作，弁別刺激を含む環境の分析を行う。指導・支援では，場面などの環境の変更，問題となる行動の弁別刺激の撤去，望ましい行動の弁別刺激の提示などを実施していく。

　Cの分析では，問題となる行動の機能を推定する。主な機能として，①注目，②もの・活動の要求，③逃避・回避，④感覚・自己刺激が挙げられ，その機能に応じた対応が求められる。

● 生態学的調査を行う

　生態学的調査（ecological inventory）とは，現在の生活環境（ライフスタイル）を見据えた指導・支援を考えるための情報収集である。具体的には指導を行う前に，①どのような環境のなかで生活しているか，②目標行動が成立してほしい（もしくは減ってほしい）環境についての随伴性（行動のの成立状況）に関する情報収集について調べる。

　生活に根ざした指導・支援では，生態学的調査を重視する必要性が高まる。また，青年・成人期になると，良くも悪くも生活環境の変動性は低くなり，比較的固定的になってくる。その環境における随伴性を活かした指導・支援が必須となる。しかし，生態学的調査をすることは，現在の生活環境を全く変更しないことを意味せず，必要があれば，生活環境における随伴性の変更も見込んでおかなければならない。

[1] MAS
Motivation Assessment Scale ; Durand & Crimmins, 1988

◎付記
本章の事例は，実際の事例を参考に，仮想事例として新たにまとめたものである。

井澤信三

問題の分析

● 2つの場面で行動記録を実施する

対象者はASDのある重度知的障害の成人であり,「大声を出しながら,自分の頭を手で叩く」といった自傷行動があった。その自傷行動の機能アセスメントを試みた。まず,家庭と作業場面における10日間ほどの行動記録を依頼し,実行された。作業場面における行動記録の一部を表11-1(p.120)に示した。

● 家庭場面での自傷行動をアセスメントする

家庭場面における自傷行動に関するABC分析の枠組みに基づいた具体的な様子についての聞き取りを行った。

家庭では,本人は,2階の自分の部屋で布団に腹ばいで寝転がりながら,腕に自分の頭を打ち付けていることが多かった。大声を出しながら頭を叩く時には強度が高まり,母親が1階から「どうしたの?」「止めなさい」といった声かけをしていた。それでいったん止むこともあったが,継続することもあった。継続する時には,母親は2階に上がっていき,声かけしながら自傷を手で止めていた。一方,本人は「あっ!」と発声し,物品等がある方向を手差しすることにより要求していた。たとえば,「お気に入りの毛布(をとって)」「クーラー(をつけて)」「ラジカセ(曲の変更をして)」「テレビ(をつけて)」等の物品がある場所の方を手差していた。それに対して,母親は要求に対応する物を渡すといった対応となっていた。

次に,MASを母親に実施してもらった。その結果は「注目(5.0)」「もの・活動の要求(4.5)」「逃避・回避(2.0)」「自己刺激(2.0)」であった。家庭場面では特に「注目」と「もの・活動の要求」の機能が推定された。

● 仕事場面での自傷行動をアセスメントする

本人はいわゆる作業所に勤務していた。仕事場での主な日課は,午前中が作業,午後からは作業の時もあるが,公園への散歩等の余暇活動が多かった。

まず,自傷行動に関するABC分析の枠組みに基づき,具体的な様子についてスタッフへの聞き取りを行った。自傷行動は午前中の作業中に起きることが多かった。一人で長く作業を続けていると,大きな声を出しながら自分の頭を叩き始めるとのことであった。その場合,スタッフが近づき「どうしました?」と声かけすると自傷は止み,その後,スタッフの腕をギュッと強めに数回つかむことが多かった。それには,「やめましょう」と対応していた。それでも止まない時は,いったん作業を中断し,違う部屋や屋外に誘導し,散歩等の休憩をとるといった対応がなされることもあった。

● アセスメントをまとめる

これまでの情報を総合すると,家庭場面での自傷行動の機能は注目と,もの・活動の機能が推定された。作業場面での自傷行動の機能は,注目と逃避の機能が推定された。そこで,作業場面と家庭場面の2つの場面ごとに分けて,機能ごとの対応を考えていくこととした。

問題の解決

◎ ストラテジーシートを活用する

「大きな声を出す＋自分の頭を手で叩く行動」の現状と今後の対応を，ストラテジーシート（井上・井澤，2007）にまとめた（図11-1）。上段がアセスメントにおける，よくあるABCの枠組みに基づいたパターンとなっている。下段に今後の対応の工夫が，「Aにおける対応の工夫」「望ましい目標行動」「Cの工夫」「問題となる行動が起こってしまった時の対応」ごとにまとめられている。

◎ 環境の変更を優先する

青年・成人期に特有なことではないが，今後の対応方法を決定していく優先順位として，支援する側の負担を低くするといった「支援する側の支援の実行可能性」が重要となる。

まずは，物理的な環境の変更を優先した。特に逃避機能においては，逃避につながる嫌悪性を低める工夫が必須となる。本事例においても，作業課題に対する逃避については，作業課題の変更を中心に取り組んだ。そこでは，1回分の作業量の明確化を行った。作業場では，2時間分の大量の作業が提供されていた。いわゆる終わりが見えない作業が続く状況であった。そこで，1回分の量を明確にし（未作業箱を設定し，たとえば，20個とした），完成した製品は，未作業箱から作業終了箱に移すように教えた。20個が終了したら，スタッフに作業終了箱を持っていき，報告するようにした。

◎ 分化強化を適用する

次に，望ましい行動は強化し，問題となる行動は強化しないといった分化強化（Differential Reinforcement）の適用を実行した。本事例では，2つのタイプの分化強化を適用した。

① 要求機能への対応として，自傷行動による要求は満たすことをせず，代替行動である両手を合わせる要求サインは強化するといったDRA（Differential Reinforcement of Alternative Behavior：代替行動分化強化）を適用した。
② 注目機能への対応としては，一定時間（今回は約10分ごとに）自傷行動をしていない

表11-1 ◉ 行動記録表

行動記録表		作業場面		名前（〇〇〇〇）		記録者（●●●●）	
			A（先行条件）		B（行動）	C（結果）	
月日	時間	場所	状況	きっかけ（直前）	行動（何をしたか）	周囲の対応（直後）	その結果どうなったか	備考
5月17日	午前中	作業室A	これまでも継続して取り組んできた作業を実施している。スタッフは全体を見ているが，対象者へのはたらきかけはなかった。	明確な刺激は特定されず	大声を上げながら，自分の頭を手で叩く。	スタッフが「どうしました？」と言いながら近づき，手を押さえる。	しばらく，声かけが続き，少し身体的な遊びが行われ，収まっていった。	注目が推測される
5月18日	午前中	作業室A	他の利用者にスタッフが関わっている。	明確な刺激は特定されず	大声を上げながら，自分の頭を叩く。さらに，作業の物品を机柄払い落とす。	スタッフが「どうしました？　ダメですよ」と言いながら近づき，頭叩きを止められる。	止めても頭を打とうとするので，いったん作業を中断し，別室に移動し休憩となる。	注目，逃避が推測される
5月22日	昼休憩中	休憩室	給食後の昼休憩。ソファーに座り，好きな音楽を聴いている。	明確な刺激は特定されず	大声を上げながら，自分の頭を叩く。	スタッフから「△△さん！」と声をかけられた。	自傷行動はすぐに止んだ。	注目が推測される

図11-1 ◉「大きな声を出す＋自分の頭を手で叩く」の現状分析と今後の対応（ストラテジーシート）

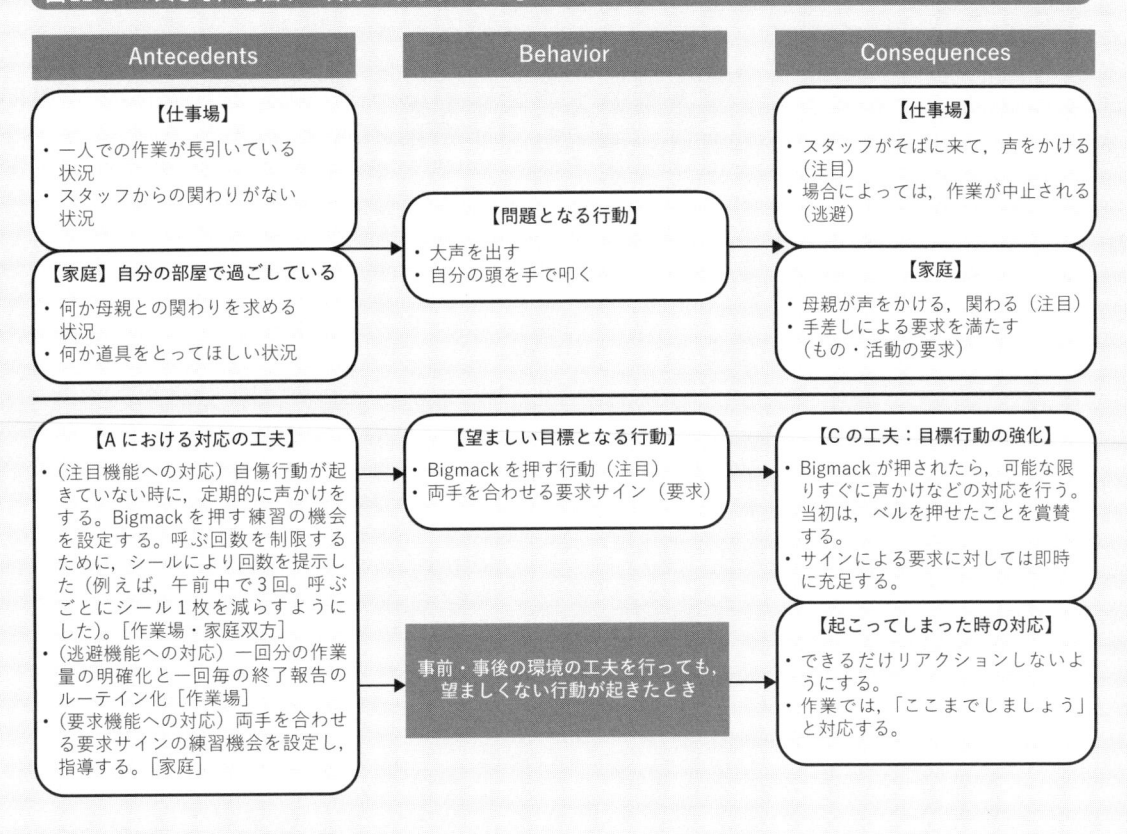

Antecedents

【仕事場】
- 一人での作業が長引いている状況
- スタッフからの関わりがない状況

【家庭】自分の部屋で過ごしている
- 何か母親との関わりを求める状況
- 何か道具をとってほしい状況

Behavior

【問題となる行動】
- 大声を出す
- 自分の頭を手で叩く

Consequences

【仕事場】
- スタッフがそばに来て，声をかける（注目）
- 場合によっては，作業が中止される（逃避）

【家庭】
- 母親が声をかける，関わる（注目）
- 手差しによる要求を満たす（もの・活動の要求）

【Aにおける対応の工夫】
- （注目機能への対応）自傷行動が起きていない時に，定期的に声かけをする。Bigmackを押す練習の機会を設定する。呼ぶ回数を制限するために，シールにより回数を提示した（例えば，午前中で3回。呼ぶごとにシール1枚を減らすようにした）。[作業場・家庭双方]
- （逃避機能への対応）一回分の作業量の明確化と一回毎の終了報告のルーテイン化［作業場］
- （要求機能への対応）両手を合わせる要求サインの練習機会を設定し，指導する。[家庭]

【望ましい目標となる行動】
- Bigmackを押す行動（注目）
- 両手を合わせる要求サイン（要求）

事前・事後の環境の工夫を行っても，望ましくない行動が起きたとき

【Cの工夫：目標行動の強化】
- Bigmackが押されたら，可能な限りすぐに声かけなどの対応を行う。当初は，ベルを押せたことを賞賛する。
- サインによる要求に対しては即時に充足する。

【起こってしまった時の対応】
- できるだけリアクションしないようにする。
- 作業では，「ここまでしましょう」と対応する。

時に，その時の行動に注目を与えていくようにした（例「がんばって作業していますね」）。これは，DRO（Differential Reinforcement of Other behavior：他行動分化強化）の適用となる。

● 代替行動を選定し指導する

代替行動となる標的行動の選定がポイントとなる。注目を得るための望ましい行動形態としては，たとえば，「相手の肩を叩いて呼ぶ」「カードを相手に手渡す」「VOCAを使用する」など，いくつかの候補が考えられる。実際には，Bigmack（VOCA：Voice Output Communication Aid）を選択した。Bigmackは，簡単なフレーズが録音でき，大きなスイッチを押すことで，その音声が再生されるコミュニケーション機器である。

また，もの・活動の要求を伝えるための望ましい行動形態としても，「サイン」「絵カード」「具体物選択」など，いくつかの候補が考えられる。

標的行動の選定としては，特に，青年・成人期であることを考えると，獲得に長期間が必要とされる行動よりも，現有しているスキルを活用できること，もしくは若干のトレーニングにより獲得が容易であるといった見込みを重視すべきであろう。

さらに，行動障害が生起している場面（環境）ごとに，その生起メカニズムを評価し，その場面（環境）ごとの対応方法を検討することが必須である。

◉ 文献

井上雅彦，井澤信三（2007）自閉症支援——はじめて担任する先生と保護者の特別支援教育．明治図書．
井澤信三，竹澤律子（2007）視覚障害のある自閉症者における自傷行動低減のための家庭生活への支援——訓練場面における効果を家庭場面へ移行するための方略の検討．兵庫教育大学研究紀要 30；31-37.
Durand VM & Crimmins DB (1988) Identifying the variables maintaining self-injurious behavior. Journal of Autism and Developmental Disorders 18；99-117.

発達障害青年における地域生活スキル支援

問題の設定

● 発達障害者にとって地域参加は重要な意味をもっている

発達障害のある青年・成人における課題のひとつに,「豊かな生活」へのサポートが挙げられ,本人の地域参加もそのひとつの実現型である。

ノーマリゼーションの思潮のもとで,発達障害のある人の地域活動への参加促進が推し進められている。そのような動向において,地域資源を活用するための指導研究が多く見受けられるようになってきた。たとえば,スーパーなどでの買い物,公共交通機関の利用,ボウリング場の利用等が挙げられる。これらの研究は,地域参加スキルの指導・支援といった文脈で捉えることができる。

思想的または方法論的には地域参加を実現する動向にあるものの,障害のある個人の状況によっては,地域参加ができない,またはその機会がない(はじめから難しいとあきらめていたりする)こともあるのが現状だろう。実際に障害の程度が重度である場合,もしくはそれに付加されるような障害のある場合(重複障害),行動障害がある場合等,地域参加には大きな困難が伴うことが想定される。また,現実環境から求められるスキルと個人の獲得しているスキルに大きな乖離が存在することもある。そのためには,本人なりの地域参加が可能となるようなスキル獲得および環境の変更が必要となる。また,障壁があってもすぐに改変できない現実もあるが,その場合でも,どのような援助が必要であるかをデータに基づき検討し,必要な援助を特定しておければ環境の変更にもつながりやすい。地域へ参加する上での阻害要因を障害種やその程度に帰因させないためにも,詳細な分析・支援が求められる。

●「行動成立」という考え方を取る

行動成立という考え方は,個人と環境の相互関係,特に現有の行動を機能化するために随伴性の有り様を吟味し,行動が成立するよう支援を行うものである。

そもそも「できる」という状態は,個人の能力だけで決定されるものではなく,「個人のスキルがある」と「そのスキルを遂行できる環境がある」という双方が整った状態のことである。個人のスキルがあっても,遂行できる環境がなければ「できない」になり,環境だけ整っていても,個人のスキルがなければ「できない」になってしまう。

行動成立を実現するための指導・支援は,その行動目標が成立するように,現在,本人が既有する行動を活かすことを最優先する。次に,行動目標が成立するように環境障壁を変更・調整すること,必要があれば最小限の指導を追加することにより,行動の成立を目指す。

そのためには,既有の行動レパートリーを把握し,その行動が成立するために機能する弁別刺激,維持するために機能する強化を分析していくことが求められる。その分析から,地域参加を成立させるために,機能している弁別刺激と強化を地域環境のなかに,積極的に援助として組み込んでいくことになる。このような行動成立は,地域参加に根ざした支援には欠かせない中心的な考え方となる。

◉ トップダウン的アプローチを進める

地域参加を目指す場合，トップダウン的なアプローチが重視される。トップダウン的なアプローチでは，現在と将来的なライフスタイルに直結するような行動目標を選定する。そして，それを実現するための指導・支援として，その行動目標が成立するように，現在，本人が既有する行動（成立している行動）を活かすことを最優先する。もしくは，行動目標が成立するように環境の変更・調整すること（機能している弁別刺激や強化の配置，阻害する環境の障壁を除外する），必要があれば最小限の指導を追加することにより，行動の成立を目指していくものであり，「行動成立」という考え方をベースにしているといえる。

◉「行動成立」という視点からアセスメントする

「行動成立」という視点からのアセスメントについて，買い物スキル遂行の状況とつまずきへの対処を例に考えてみる。表11-2（p.124）にスーパーマーケットでの買い物の課題分析とつまずきの例を掲載した。なお，課題分析（task analysis）とは，本人がすべき複数かつ複雑な行動を構成しているより小さな行動に細分化すること，逆に言うと「何」を教えるかを具体化する作業を意味する。

大石ほか（1999）では，地域参加のための「行動の成立」を阻害する要因，すなわち「環境障壁」を「単独遂行・達成」「自然支援付き遂行・達成」「無反応・誤反応（行動不成立）」に分析し，「行動不成立」については「個人に対する特別な教授手続きの適用」および「環境設定の改変ないし修正」によって「行動成立」を目指している。そのようなつまずきの分析から，支援・指導の方針を決定していく。

本事例の場合，行動項目③⑤⑦⑨⑩につまずき（行動不成立）が生じている。それに対する対応として，たとえば，「⑨お金の払い方」の箇所は千円札を支払うといった既有スキルの活用，「⑦レジに並ぶ」の箇所は，将来的な汎用性のある課題であることからシミュレーション場面を用いた最小限の追加の指導，「③⑤商品のところへ移動する」の箇所は，「人に尋ねる」といった将来的な汎用性を重視した新たな目標・課題の指導，「⑩お釣りをもらう」の箇所は，忘れていても店員さんが必ず「お客様，お釣りです」といった声かけが援助となるので，家庭等で買い物の練習を継続していけば，自然な形での獲得（自然な学習）が見込めることを想定している。

問題の分析

問題の解決

🔄 地域参加スキルを具体化した

本事例は，特別支援学校高等部2年生のASDのある軽度知的障害青年であった。本人の外出先，余暇活動（放課後や土日の過ごし方）について，母親から聞き取った。

本人は，土日によく一人で出かけることがあり，外出することが余暇的な活動となっていた。具体的には，電車に乗って出かけることを非常に好んでいた。また，家族でよくショッピングセンターに出かけており，その店内にある「本屋」「おもちゃショップ」「音楽ショップ」などを自分から適宜見て回っていた。そこでは，電車の本やプラモデルを見たりしていた。

しかし，保護者は安全面やトラブルについて少々心配もあった。たとえば，電車に乗ることが好きなので，遠くの駅まで勝手に行ってしまう可能性があること，ショッピングセンターでどのように過ごしているか不明なところであった。

そこで，本人，保護者とも相談の上，以下のような日曜日の過ごし方を取り決めた。まず，自宅の最寄り駅から電車に乗り，ショッピングセンターに行き，そこで時間を過ごす。過ごし方としては，お店を自由に回ることとし，お昼にフードコートで食事をすることを含めた。時間になったら，また電車で帰ってくるという設定にした。

それらを確実にするため，自分でスケジュール（おおよその時間と活動）を前日に作り，母親と確認することを導入した（外出計画表）。本人の特性により，本人が決めた時間と活動はある程度の柔軟性を保ちつつ，確実に従事することができた。加えて，「その外出計画表には，使用できる金額（上限）」と「携帯への母親からの電話には出ること（これはスキルとしては獲得していた）」といった2つのルールが提示され，帰宅後に評価を行い，トークンエコノミー法を適用した。

🔄 外出に関する課題分析とアセスメントを行った

ここでは「電車に乗る」，「フードコートで食事

表11-2 ● 買い物（スーパーマーケット）の課題分析と事前評価におけるつまずきとそれへの対応方針

「買い物」行動項目	事前評価	事前評価時の遂行状況とつまずきへの対応方針
①お店に入る	◎	
②カゴをとる	◎	
③商品A（母親からの依頼）のところへ移動する	▲	所定の商品見つけられないことがある。「店員に商品の場所を尋ねる」を目標にする。指導する機会を意図的に作り出し，「○○はどこですか」を教える。
④商品Aをとり，カゴに入れる	◎	
⑤商品B（自分の好きなもの）のところへ移動する	▲	所定の商品見つけられないことがある。「店員に商品の場所を尋ねる」を目標にする。指導する機会を意図的に作り出し，「○○はどこですか」を教える。
⑥商品Bをとり，カゴに入れる	◎	
⑦レジに並ぶ	▲	レジに並ばないことが多い。その際，並ぶように促すと人を追い越してしまったりする。汎用性のある課題であるため，シミュレーション場面を設けて指導する。
⑧カゴを出す	◎	
⑨お金を出す	▲	現在は，購入金額に応じた支払いではなく，「千円札を出す」方法で対応している。
⑩お釣りをもらう	○	当初は，お釣りをもらわないことがあったが，店員による声かけ（ナチュラルサポート）により定着する見込みが高い。
⑪袋に商品を入れる	◎	
⑫お店を出る	◎	

※事前評価は，◎単独遂行，○援助付き遂行，▲無反応・誤反応

をする」（表11-3）という2つの課題分析と事前評価におけるつまずきとそれへの対応を示す。

まず、本人にも事前に説明し、一人で外出しているところを後方から見守っていくという方式で事前評価を行った。課題分析表に一つひとつの行動項目ごとに、「①単独でできる」「②周囲の人からの自然な援助があればできる」「③単独での遂行は難しいので、課題設定の見直しや支援ツールなどでの対処が必要である」という3つのレベルから評価した。

その事前評価の結果、「電車の利用」における行動項目「改札を通る」では、本人はカードによる乗車を希望していたが、乗車・利用の制限が本人には難しいことが推測されたため、カード利用にはしなかった。切符を通せる改札の弁別を、写真を通して具体的に指導した。また、こちらが当初予想していた「アナウンス」といったものを手がかりにすることはなく、本人なりに手がかりを得て行動していたため、それについては特段の修正の必要はないと判断した。

「フードコートの利用」において、行動項目⑨「空いている席に座る」では、強引に空いている席に座ることがあったため、前述した外出計画表に3つ目のルールとして追加した。トークンエコノミー法では、3つのルールが守られた場合、シールが1枚与えられ、5枚たまると、遠方の駅までの電車乗車（父親と一緒）が可能とした。

本事例の指導・支援では、最小限の指導、外出計画表といったツール、加えて、3つのルール（標的行動）に対するトークンエコノミー法により外出が成立した。今回の事例では、「電車・ショッピング等」を組み合わせた活動を設定したが、その現状にとどめておく必要はなく、たとえば、「お小遣い管理スキル」を加えることで、1カ月のお小遣いから買い物計画へと発展させることも考えられる。

表11-3 ◉「フードコートで食事する」の課題分析と事前評価におけるつまずきとそれへの対応

「食事する」行動項目	事前評価	事前評価時の遂行状況	つまずきへの対応
①並んでいるお店から、食べたいものを決める	○	お店を決めることができないため、「この店にしたら」といった声かけが必要であった。	自分が作成する外出計画表に、家を出る前に、母親と相談の上、事前に店名（例「ハンバーグ店」）と決めて書き込んでおくようにした。
②列の一番後ろに並ぶ	◎		
③順番を守って並ぶ	◎		
④店員さんに注文する	○	メニューから決めることができず、援助者からの「○と○のどっちにする？」といったことばかけにより選んだ。	行動項目①と同様に、外出計画表に、事前（家を出る前）に決定したお店に対応するメニューを決めて、書き込んでおくようにした。
⑤値段表示を見る	▲	値段表示ではなく、店員からの「○円になります」ということばを手がかりに金額ちょうどを支払おうとするので、時間がかかりすぎることがあった。	繁忙な時間帯であるため、千円札で支払う方法を採用した。一方で、他のお店等での支払いでは、金額に応じて支払うこととした。
⑥お金を支払う	○		
⑦おつりとレシートを受け取る	◎		
⑧食べ物を受け取る	◎		
⑨空いている席に座る	◎	やや強引な感じもあったが、空席を見つけて座ることができていた。	外出する前に約束として提示することとした。
⑩食べる	◎		
⑪ゴミを片づける	◎		

※事前評価は、◎単独遂行，○援助付き遂行，▲無反応・誤反応

◉ 文献

井澤信三（2012）自立スキル獲得プロジェクト〜トップダウンでいこう！．実践障害児教育 2012年度（11回連載）．
井澤信三，川上英輔（2003）視覚障害のある自閉症者における地域活動支援のためのアセスメント．兵庫教育大学研究紀要 23；113-123．
大石幸二，唐谷正典，高橋奈々ほか（1999）知的発達障害をもつ人の「行動成立」における環境障壁の分析．人間関係学研究 6；1-11．

第12章 ── 心理臨床①

精神障害者への複数の技法を含む指導プログラム

問題の設定

◉ パッケージ・プログラムとして複数の技法を採用する

　適切な行動を訓練・指導する場合，行動分析学に基づいて開発された手続きや技法を単一で用いるのではなく，いくつかの技法をパッケージとして用いることがある。たとえば，教示，モデリング（モデル提示），行動リハーサル（ロールプレイ），フィードバックの4つの技法は一緒に用いられることが多い。代表的なものにSocial Skills Training（以下，SST）がある。SSTにおいては，基本的には対人関係を円滑に進めるスキルに焦点が当てられるが，それ以外にも身だしなみを整えたり，金銭管理を行ったりと，社会生活で必要なスキルを含めて行っている例もある。精神科領域ではSSTを生活技能訓練と呼び，精神障害者の社会復帰に向けたリハビリテーション・プログラムとして実施している。多くの場合，同じスキルを習得する必要のある対象者をグループにして，集団形式で行われる。

　集団で行うSSTには，個別に行うよりも効率的であることや，同じグループの対象者がリハーサルしたり，それに対するフィードバックを受けたりするのを観察することで，それ以外のメンバーの学習が促進されるといった利点がある（Miltenberger, 2001）。反対に，それぞれのメンバーに訓練者の注意が行き届かず，結果としてスキルの向上が認められなかったり，対象者が訓練者の注目を求めて標的行動以外の行動を生じさせたりする可能性がある。

◉ 生活に必要な技能に焦点を絞る

　精神障害者の社会復帰や長期入院からの退院をめざす際には，症状の改善以外に，対人的なコミュニケーション行動や生活に必要な基本的な技能の不足が問題となる場合が少なくない。たとえば，職場での挨拶やサポートに対する感謝・お礼，また毎日の身だしなみや衛生管理は，職場での人間関係を良好に保ったり，自らの健康状態を管理・維持し，地域での生活を安定的に送ったりするためのひとつの重要な要素になる。

　このような基本的な生活に必要なスキルのひとつの例として，歯磨き行動をとりあげる。一般に，う蝕（虫歯）や歯周病への対策を考えた際，プラークコントロールと呼ばれる歯垢の除去が不可欠であることには，研究者間で異論がない。プラークコントロールには歯磨きが有効であるが，それを徹底させる指導法の開発は充分ではない。さらに精神障害者の場合，う蝕や歯周病に罹患しても，歯科治療を嫌がったり，拒否したりする場合がある。被害妄想やひきこもりが，そういった否定的行動に影響を及ぼしている可能性があるが，う蝕や歯周病が進行しても治療を受けないと，抜歯にまで至ることも充分考えられる。したがって，日常生活のなかで歯垢の除去を自ら行うこと，すなわち適切なブラッシングと継続的な歯磨き習慣を形成していくことが重要になる。

◉付記
本章の事例は，実際の事例を参考に，仮想事例として新たにまとめたものである。

石川健介 | 松本 圭

◉ 適切なブラッシング行動を形成する

　精神症状があるかどうかにかかわらず，適切なブラッシング行動を習得するのは簡単ではない。これは適切なブラッシング方法を行った場合と，そうでないブラッシング方法を行った場合との違いが，一見してわかりにくいためである。また歯垢がうまく除去できなかったとしても，すぐにう蝕や歯周病に罹患するわけではなく，実際に歯が抜けるなどして，食事や生活に支障をきたすまでに，ある程度の期間がある。つまり歯磨き行為をしないことが，即時的に重大な結末（痛みや抜歯など）に結びつきにくく，歯磨きの習慣化と適切なブラッシング行動への動機が高まりにくい面もある。長期入院の精神障害者の場合，さらに症状が影響して，新しい行動を行うことへの意欲がわきにくいこともある。

　したがって，適切なブラッシング行動を形成するためには，歯垢除去の重要性を強調し，プラークコントロールへの動機を高めると同時に，どのようなブラッシングが適切であるのかを明示し，それを習得することで適切なブラッシングの効果を「実感」してもらうことが必要になる。つまり，指導法には，教示によりブラッシングに対する動機を高め（確立操作），適切なモデルを提示して模倣を促し（モデリング），適切なブラッシングを形成し（プロンプト，フィードバックなど），歯垢が除去されていることを示して歯磨き行動への強化子（好子）を提供するという要素を含まなければならない。

◉ 歯磨き行動を習慣化させる

　一般に成人では，健康におよぼす歯磨きの重要性が理解されていたり，歯磨きをすることで口臭を防いだりすることで，歯磨き行動が習慣化されていると考えられる。しかし精神障害者の場合，歯磨き習慣の重要性が理解されていないこともあるし，口臭を防ぐことへの意識が薄れている場合もある。したがって，こういった面を説明するだけなく，歯磨き行動を習慣化するための特別な手続きが必要となる。

　このような場合に有効だと思われる手続きが，トークン・エコノミー法である。トークン・エコノミー法では，対象者に望ましい行動が生起したら，トークンと呼ばれる条件性強化子を提示する。得られたトークンを集めると，対象者は好きな物や活動など（バックアップ強化子）と交換できる。たとえば病棟で用いる場合，対象者が適切な行動を行ったら，あらかじめ決めておいたトークン（シール，スタンプなど）を提供する。トークンが一定程度集まったら，余暇時間に好きな活動をスタッフと一緒に行うといった方法である。

　行動が習慣化され，行動の生起頻度が高まるにつれて，トークンとバックアップ強化子との交換比率を調整していき，最後には歯磨き行動そのものによって得られる効果（強化子）で，歯磨き習慣が維持されるように計画していくことが重要である。

問題の分析

> 問題の解決

◎ 長期入院の精神障害者に対して歯磨き指導プログラムを導入した

　指導プログラムには，精神科病棟に長期入院中の患者6名（30～40代）が参加した。参加者は，プログラムに先立ち，歯の状態が調査され，保持されている歯の本数や歯磨き習慣の状態から，主治医が必要であると判断し，かつプログラムへの参加に同意した患者であった。プログラム開始時，参加者は自発的に歯磨きすることが観察されることはなく，通常は看護スタッフなどに促されたり，手伝いを受けたりしながら歯磨きを行っていた。

　指導プログラムは，病棟内の一室で週に一度，1時間程度行われた。スタッフは3名であった。指導プログラムは，2期に分かれていた。第1期では参加者とのラポールの形成，適切なブラッシング方法や歯垢除去の重要性の説明，歯垢染色剤の説明と予備訓練，および歯磨きを行った際の「確認シート」の使用法についての説明をした。説明には，図やイラスト，写真を多用し，歯の健康状態を視覚的に提示するようにした。また歯垢染色剤は歯茎よりも濃いピンク色をしているため，血液との違いを何度も説明した。これは血液に関する妄想を抑え，訓練に対する否定的な感情が惹起するのを回避し，不安を抑制するのが目的であった。

　第2期では，歯型模型を用いて歯ブラシの具体的な動かし方について説明した。説明後，実際に各参加者に歯ブラシを歯に当てて動かしてもらい，バス法・スクラビング法（ブラッシング方法には，いくつかのバリエーションがある。バス法・スクラビング法はそれぞれ代表的なブラッシング方法のひとつである）が理解されているかどうか確認した。この際，歯ブラシを歯の適切な面や箇所にうまく当てられない場合は，「歯の位置当て」ゲームをして，スタッフの指示する箇所に歯ブラシを当てられるよう指導した。また健康な歯茎の状態を示す資料を用いて，自分の歯茎の健康状態を確認する見方を指導した。さらにトークンを用いて自発的に歯磨き行動を行うよう促した。自主的に歯磨きを行った場合，参加者は病棟スタッフから「確認シート」によるチェックを受けた。「確認シート」のチェック欄が一定数を超えると，いくつかの選択肢のなかから，参加者は好きな余暇活動を行うことができた。

　1セッションは，おおよそ導入，指導，まとめの時間帯に分かれていた。導入の時間帯では，簡単なゲームを行い，参加者の不安・緊張感を低減するようにした。指導の時間帯では，歯を保持することの重要性，歯ブラシの持ち方，歯ブラシの歯への当て方，ブラッシングの仕方（バス法・スクラビング法など）を各指導期に応じて指導した。また，実際に歯を磨いて，歯垢が除去できるかどうかを確かめた。ブラッシング中に不適切な磨き方をしていた場合や，汚れの落ちにくい部位を磨けていない場合は介助を行った。ブラッシングが終了したら，歯垢染色剤で歯垢を染め出し，汚れの部位・範囲を視覚的に明確にした。まとめの時間帯では，各指導期に応じて，そのセッションの重要点をもう一度提示したり，ブラッシングのポイントを振り返ったりした。

◎ 指導プログラムは効果的であった

　指導プログラムの効果は，プロンプトの減少，プラーク評定，日常の歯磨き行動の回数の観点から検討した。

　適切なブラッシングを行うために，スタッフがプロンプトを提示した。プロンプトは，「身体プロンプト（身体ガイダンス）」「一部身体ガイダンス」「モデル提示＋声かけ」「声かけ」「プロンプトなし」の5段階を設けた。適切なブラッシングができない段階では，身体ガイダンスで介助してブラッシングを行わせた。ブラッシングが独力でできる段階に応じて，「一部身体ガイダンス」から「声かけ」へとプロンプトを減らし，最終的はプロンプトなしでも適切なブラッシングが可能となった（プロンプト・フェイディング）。

プラーク評定では，歯磨き後の歯垢の染色面積に応じて指導スタッフが評定した。評定は，「ほとんど歯垢が落ちていない（染色部分がそのまま残っている）」から「染色部分がほとんどない」までの4段階であった。指導プログラムの進行にともなって，各参加者の歯磨き後のプラーク評定値が改善し，独力で歯垢を除去するブラッシングが可能となった。

日常の歯磨き回数では，「確認シート」により歯磨き行動が生起した日時をチェックし，回数を確認した。プログラムの結果，歯磨き回数は，ベースライン時の毎日0回から徐々に増加し，プログラム終盤には参加者により変動はあるが，0.9〜3回／日に増加した。

指導のポイントを明確にできた

適切なブラッシングと歯磨き習慣を形成して，歯垢が確実に除去されるように，いくつかの工夫をした。まず歯型模型を用いて歯垢がつきやすい部位を明示し，歯ブラシと歯の適切な面・箇所との確実なコンタクトが得られるように歯ブラシの角度と動かし方を示した。特に歯の裏側は，角度を調整しないとうまく汚れを掻き出すことができないので，歯ブラシの持ち方を繰り返し指導した。次に歯垢を染色する染色剤（ジェル）を用いて，歯垢が付着している面・部位を視覚的にわかりやすくしたことである。さらに適切なブラッシングで染色された歯垢がなくなることで，ブラッシングの効果も実感できるものになる。最後に，トークン・エコノミー法を採用したことである。自主的に歯磨きを行った場合，参加者は病棟スタッフからトークンで強化を受け，歯磨き行動の維持につながった。歯磨き行動が定着してくるにつれて，歯茎の腫れや出血がなくなり，引き締まった健康的な歯茎に変化してきた。これによって，トークンによる強化から自然に維持される随伴性への移行が可能となった。

文献

石川健介（1998）精神科入院患者に対する歯磨き行動の形成：Social Skills Trainingの手続きを利用して．日本行動分析学会年次プログラム・発表論文集：16, 114-115.

Miltenberger RG（2001）Behavior Modification : Principles and Prodedures. 2nd Edition. Wadsworth/Thomson Learning.（園田繁樹，野呂文行，渡部匡隆ほか訳（2006）行動変容法入門．二瓶社．）

社交不安に悩むクライエントに対するACT

問題の設定

[1] SAD
SADとは、人とやりとりする場面（会話する，電話で話すなど）や人前でパフォーマンスする場面（スピーチする，人前で字を書くなど）において批判される，恥をかくことを恐れ，日常生活に支障が生じる疾患である。

● Aさんは上司の批判を恐れた

ある大手電機メーカーに勤める男性Aさん（28歳）は，春の人事異動で商品開発に携わる部署に異動となった。新しい上司は部下を厳しく叱責することが多く，Aさんはそういう場面をよく目にしていた。しばらくしてAさんは「上司から仕事ぶりを批判され，見下されるのではないか」と考え，上司に対して仕事の連絡，報告，相談を全くしなくなってしまった。また上司から話しかけられないように細心の注意を払っていた。廊下の向こうから上司が歩いてきているのに気づいた時には，緊張で体がこわばり，「上司と上手く受け答えできない」という考えが浮かび，目を合わせないようにうつむいてしまう。そして最後にはすっと横の通路にそれて上司とすれ違うことを避けていた。Aさんに任されていた仕事もあったが，行き詰まっても誰にも相談できないまま停滞し，それが上司に露見して強く叱責されるという事態を招いてしまった。Aさんは心療内科を受診，社交不安症（Social Anxiety Disorder：以下，SAD[1]）と診断され，主治医からカウンセリングに紹介された。

● 社交不安症に対して 従来のCBTを適用する

従来の認知行動療法（Cognitive Behavioral Therapy：以下，CBT）では，SADの症状を図12-1のような情報処理モデルで理解する（Clark & Wells, 1995）。「上司と廊下で出会う」という状況に遭遇すると，「上司から批判される」という推論が活性化され，「危険な事態である」と知覚される。すると，他者から自分がどう見えているかということに注意が集中し，身体反応（体がこわばる），認知的反応（「上手く受け答えできない」と考える），行動的反応（うつむく）が生じる。それらの反応は相互に強め合う悪循環を作る。最終的に「横の通路にそれる」安全確保行動（safety behavior）によって状況を回避することになり，社会的状況への恐怖が維持される。

CBTでは，上記のモデルに沿って，「上司から批判される」「上手く受け答えできない」という思考の偏りを検討する（認知再構成），自己への過度の注意を外部の刺激に向ける（注意訓練），回避行動を阻止して社会的状況に留まる（エクスポージャー）などの方法を採用し，社会的状況に対する不安や恐怖を軽減，コントロールすることを目指す。

図12-1 ● 社交不安症の認知行動モデル（Clark & Wells, 1995）

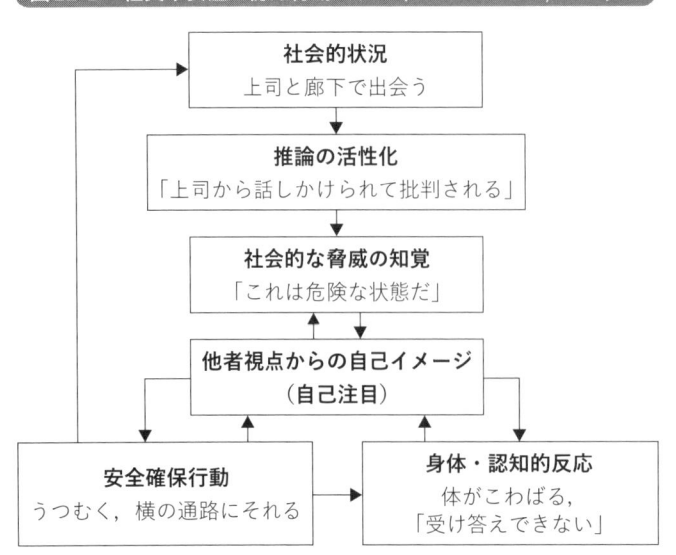

```
          社会的状況
         上司と廊下で出会う
              ↓
          推論の活性化
   「上司から話しかけられて批判される」
              ↓
         社会的な脅威の知覚
         「これは危険な状態だ」
              ↓
      他者視点からの自己イメージ
           （自己注目）
           ↙        ↘
    安全確保行動      身体・認知的反応
 うつむく，横の通路にそれる   体がこわばる，
                      「受け答えできない」
```

社交不安に対する問題をACTによって分析する

先に紹介した従事のCBTの技法はいずれも有効性が実証されているが，近年注目されているAcceptance Commitment Therapy（以下，ACT）を取り入れることで，これらの技法をより効果的に用いることができる。

ACTは行動分析学に基づく心理療法で，第3世代の行動療法のひとつである。ACTによる問題行動の理解においてキーとなる概念が，認知的フュージョン（cognitive fusion）と体験の回避（experiential avoidance）である（Hayes et al., 2012）。CBTにおいては思考（もしくは認知）を症状の原因のひとつと考え，その「内容」の変容に重点が置かれる。しかし，ACTでは思考を言語行動のひとつと捉え，その「機能」の変容に重点が置かれる。人が心理的苦悩にさいなまれるのは，単なる言語であるはずの思考が，あたかも現実そのもののように機能してしまっている，つまり認知的フュージョンを起こしているためであると考える。そして，その苦悩から逃れようとすることを体験の回避と呼び，それが苦悩をさらに大きくしていると考える。

Aさんの例では，図12-2（p.133）上段に示すような行動随伴性によって問題を説明することができる。「上司から批判される」「上手く受け答えできない」という思考が認知的フュージョンを生じており，その思考が確立操作となって上司とのコミュニケーションが嫌子として働くことになる。「上司と出会う」という先行刺激に対して，横の通路にそれる回避行動が生起し，嫌子である上司とのコミュニケーションの出現が阻止される。このような嫌子出現の阻止による強化によって回避行動が強化される。回避行動によって長期的には仕事の停滞を招くが，長期的な結果は行動を制御しにくく，体験の回避が維持されることになる。

ACTの活用で問題解決を目指す

CBTでは心理的苦悩のコントロールが目標となるが，ACTでは心理的苦悩をコントロールする試みが体験の回避に繋がると考える。そのため不安や恐怖の軽減を主たる目標とはせず，大きくは次に挙げるような3つのプロセスを通して「心理的柔軟性」を獲得することを目指す（Hayes et al., 2012）。第1のプロセスは，過剰に現実と結びついている思考を脱フュージョン（defusion）することで確立操作としての働きを弱め，心理的苦悩をそのまま受け入れる態度（アクセプタンス）を身につけることである。第2のプロセスは，クライエントが本来ならどのように生きようとするのか（価値）を明らかにし，その価値に基づいて回避の代替となる行動を選択する（コミットメント）ことである。第3のプロセスは，アクセプタンスとコミットメントの両方を促進するために，「今，ここ」で生じている体験や出来事に偏りなく注意を向ける方法を身につけることである。次の「問題の解決」において，Aさんの例に沿って説明する。

問題の分析

問題の解決

価値を構築してカウンセリング目標を設定した

面接初期では，Aさんの問題行動を維持する随伴性を検討しながら，Aさんの「価値」を明らかにすることに時間を割いた。Aさんは，現在は「上司から批判される」という目前の不安の回避に躍起となっているが，もし何の制約もなければ，本来はどのように生きたいと思うかを探索していった。すると「商品開発の部署への異動は嬉しかった」「人に役立つ，新しい商品を開発する，そういう創造的な仕事に携わっていきたいと思っている」ことが明らかになった。つまりAさんは，「創造的な仕事に携わっていく」ことに価値を置いているが，今は体験の回避が優勢となり，価値に沿った行動が選択されなくなっていたといえる。

「創造的な仕事に携わることが自分にとって大切である」とAさんが表明することは，回避以外の代替行動を選択しやすくする確立操作として働く。同じ場面で価値に沿った行動を選択するとすればどういう行動が考えられるかAさんと話し合い，図12-2下段のような行動を選択してゆくことをカウンセリングの目標に設定した。

脱フュージョン，アクセプタンスを促すためのエクササイズを実施した

次に，回避行動の確立操作となっている「上司から批判される」「上手く受け答えできない」という思考の機能を変える，脱フュージョンを進めた。具体的には，自分の思考に対して「私は，○○という思考を持った」とラベリングするエクササイズを導入した。そうすることで，自分の作り出す思考が単なる「コトバ」に過ぎないことを体験してもらい，思考と現実とを区別して認識することを目指した。

また「今，ここ」に注意を向けることを容易にするため，梅干しを使ったエクササイズを導入した。これは普段何気なく口にしているものを，じっくりと観察し，触り，味わうというものであった。このエクササイズを通して，普段，またAさんが不安を感じている状況において，「今，ここ」以外のものにどれだけ注意が占められているかを認識してもらい，「今，ここ」で生じている体験や出来事に注意を向けることを目指した。

ここに挙げたACTのエクササイズはほんの一例である。実際には，クライエントに適合するエクササイズを選択する，もしくはクライエントに合わせてテーラーメイドする必要がある。

代替行動分化強化を狙いとしてエクスポージャーを用いた

面接中盤からは，実際に価値に沿った行動を選択してゆくことを促していった。図12-2下段に示した「上司と廊下で出会う」状況で「会釈をする」行動から始め，「上司に口頭で進捗報告する」「会議で意見を述べる」と，Aさんにとってより不安に感じる場面で価値に沿った行動を選択することを試みていった。これはCBTの段階的エクスポージャーと類似する手続きである。ただしCBTとACTではエクスポージャーを用いる文脈が異なっている。

CBTの場合は，「上司」に条件づけられた不安反応を消去する，もしくは「上司から批判される」という思考の妥当性を行動実験するという文脈でエクスポージャーが使用される。一方ACTでは，上司と出会った場面で「横の通路にそれる」という回避行動に代えて，「会釈する」という価値に沿った行動を強化する代替行動分化強化を狙いとしている。上司に会釈をした結果，上司から好ましい反応が得られる場合もあれば，そうでない場合もあるだろう。後者の場合，CBTの文脈ではエクスポージャーの失敗となる可能性がある。しかしACTの文脈では，「会釈をする」という行動が価値に沿った行動であれば，上司の反応にかかわらず，その行動の遂行自体が達成感や充実感を生じさせる行動内在的強化によって，その行動が強化されうる。Aさんは，ACTの文脈のなかでエクスポージャーを重ね，上司から注意を受ける場面

図12-2 ● Aさんの問題行動に対するACT的理解

来談時のAさんの行動

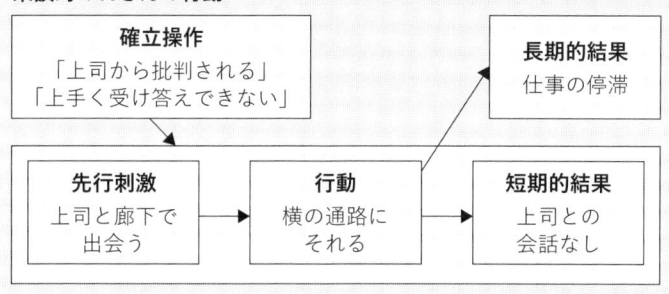

```
確立操作
「上司から批判される」
「上手く受け答えできない」
        │
        ▼
先行刺激 → 行動      → 短期的結果
上司と廊下で 横の通路に   上司との
出会う     それる      会話なし
             │
             ▼
          長期的結果
          仕事の停滞
```

ACTで目指すAさんの行動

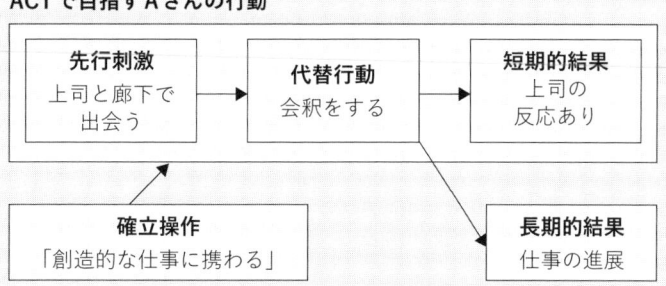

```
先行刺激 → 代替行動   → 短期的結果
上司と廊下で 会釈をする   上司の
出会う                反応あり
   ▲            │
   │            ▼
確立操作       長期的結果
「創造的な仕事に携わる」 仕事の進展
```

を経験しながらも，仕事を進めていけるようになり，カウンセリングは終結となった。

カウンセリングにおいて行動変容のための工夫をした

社交不安が問題となるクライエントの場合，カウンセラーとのやりとりのなかにクライエントの問題行動が再現されることがある。例えば，カウンセラーと目を合わせない，面接に遅刻した場合，非難されることを恐れて来談しないなどである。そのような行動を治療の対象として積極的に取り上げることで，現実場面で見られる問題行動を面接場面でも直接扱うことが可能となる。先の例であれば，カウンセラーと目を合わせる，遅刻しても来談するなどの代替行動を強化し，それらの行動が現実場面へ般化するのを促すことができる（クライエントとカウンセラーの関係を行動分析的な方法で治療に積極的に利用する，機能分析心理療法（Functional Analytic Psychotherapy）という治療技法もある（Kohlenberg et al., 1991））。

ただし，全ての問題行動を面接場面で再現できるわけではない。面接で擬似的な社交場面は用意できても，現実場面でのエクスポージャーはホームワークとして実行してもらうことになる。言い換えれば，クライエントに「このホームワークを実行することが問題の解決に繋がる」というルールに従った行動を生起してもらう必要がある。ACTでは面接のなかで種々のエクササイズを導入することが多く，クライエントに体験の変容を実感する機会を提供することになる。このような機会を持つことが，カウンセラーの提案するルールへの信頼向上にも繋がると考えられる。

● 文献

Clark DM & Wells A (1995) A cognitive model of social phobia. In : RG Heimberg, M Liebowitz, DA Hope et al. (Eds.) : Social Phobia: Diagnosis, Assessment and Treatment. Guilford Press.

Hayes SC, Strosahl KD & Wilson KG (2012) Acceptance and Commitment Therapy 2nd Ed.: The Process and Practice of Mindful Change. Guilford Press.（武藤崇，三田村仰，大月友監訳（2014）アクセプタンス＆コミットメント・セラピー（ACT）第2版――マインドフルな変化のためのプロセスと実践．星和書店．）

Kohlenberg RJ & Tsai M (1991) Functional Analytic Psychotherapy : Creating Intense and Curative Therapeutic Relationships. Springer.（大河内浩人監訳（2007）機能分析心理療法．金剛出版．）

第13章 ── 心理臨床②

不安症へのACT ── アクセプタンス編

問題の設定

◉ 不安症は一般的な主訴である

不安症やうつ病は，成人を対象とした外来でのカウンセリングや心理療法においてごく一般的な主訴である。一方，行動分析学にとってこれらは，行動活性化やアクセプタンス＆コミットメント・セラピー（以下，ACT）といった臨床行動分析の発展によって開拓された比較的新しい領域だといえる。この章では，不安症とうつ病をそれぞれ抱えたクライエントに対し，臨床行動分析もしくはACTを実践した架空の事例をひとつずつ紹介する。ACTにはさまざまな介入技法が存在するが，大きくは「アクセプタンス」系と「コミットメント」系の両輪で成り立っており，これらを柔軟に組み合わせることで効果的な介入が行われる。しかしながら，この章では，読者にとってのわかりやすさを優先し，最初の事例では，「アクセプタンス」に焦点を当て，2つ目の事例では「コミットメント」に焦点を当てて事例を紹介することとする。

◉ 不安症にはエクスポージャーが有効である

不安症には，パニック症，限局性恐怖症，全般性不安症，社交不安症などがある。また，DSM-5からは「不安症」とは独立したカテゴリーに分類されることとなった強迫症や心的外傷後ストレス症も含め，これらはいずれも「予期不安」という中核的な要素を共有した同じグループの精神疾患だと考えられている（Barlow, 2002）。予期不安とは，まだ起こってもいないことを想像し不安になることであり，予期不安を含めた「不安」という体験を避けようと回避することで，不安症は自然治癒するよりも維持されることの方が多いと考えられている。不安症のなかでも，社交不安症は最も一般的に認められる疾患であり，生涯有病率は13.3％に上る（Hofmann & Barlow, 2002）。社交不安は，他者からの注意を集める可能性のある社交場面や，他者から評価されうる何らかの行為を行うことに関して，強い不安を持続的に感じるという特徴をもつ。人前で恥をかくことや馬鹿にされるようなことを非常に恐れ，社会的な行動が制限されることによって，生活に支障をきたすのである。社交不安を含め，不安症全般には，不安をあえて避けずに体験するというエクスポージャー（曝露法）が有効であることがよく知られている（Eifert & Forsyth, 2005）。

◉ 不安症の架空事例を分析する

クライエントは10代後半の男子大学生で，主訴は「普通に授業を受けたいのに，教室が怖い」とのことであった。中学・高校時代から，自分が周りから変に思われているのではないかと気にする傾向があった。大学に入学後，ゼミや外国語の授業での他の学生との交流や演習，発表などが苦痛で，授業を欠席するようになり問題が表面化した。精神科や心療内科への通院歴はなく，薬は飲まずにカウンセリングで治したいとのことで，大学所属の当学生相談室に来所した。

◎付記
本章の事例は，実際の事例を参考に，仮想事例として新たにまとめたものである。

三田村 仰

問題の分析

◉ アセスメントを行う

面接でのやりとり　セラピストと目が合うこともなく，緊張しうわずった話し方からは，社交不安の傾向がうかがわれた。また，「授業に出れば恥をかく」といった内容の発言を繰り返し，思考に囚われる傾向が強いようであった。

質問紙による測定　社交不安の程度を調べるため，日本語版 Liebowitz Social Anxiety Scale（以下，LSAS [1]）に回答を求めた。インテイク時のLSASは，全体66点（ちなみにカットオフポイントは44点），恐怖45点，回避21点で強い社交不安の状態にあった。また，ACTのプロセスの進展を評価するため，Acceptance and Action Questionnaire-II 日本語版（木下・山本・嶋田，2008；以下，AAQ-II [2]）の7項目版に回答を求めた。高得点であるほどうつや不安などの心理的な問題によって生活が影響される傾向（体験の回避）が強く，低得点になるほどACTのプロセス（苦痛を受け入れ，価値に沿った活動にコミットメントする傾向）が進んでいることを示す。インテイク時のAAQ-IIは45点であった。LSASおよびAAQ-IIについては毎週のセッションのなかで回答を求め，継時的にモニターすることとした。

行動習慣の測定　授業の単位登録をしているもののうち，出席した授業数の1週間あたりの割合をクライエントからの情報を基に計算した。その結果，インテイク時の授業への出席率は65％であった。これについても毎回のセッションで各週の出席率を確認した。

◉ ケースフォーミュレーションを行う

問題についての仮説　クライエントは，授業への出席を含む社交場面に参加する際に，不快な身体感覚や否定的な思考を体験している。そこで，授業や社交場面を避ける行動をとっている。その結果，一時的に不快な身体感覚や否定的な思考が減少するという「負の強化」によって，こうした回避行動（体験の回避）が維持されていると考えられた（図13-1：p.136）。さらに，「発表のある授業に出たら恥をかく（だから授業に出てはいけない）」といった思考（言語的なルール）やイメージに従って行動することによって，この回避のパターンが硬直したように繰り返されていると考えられた。また，そうした思考は"言葉を真に受ける"という文脈において，クライエントの行動に影響していると考えられた。

介入についての仮説　不快な私的出来事を回避するのではなく，あえて積極的に体験し，不安にかかわらず，授業に参加することで自然な強化子を得られるように促すことが有用と考えられた。その際，「授業に出たら恥をかく」といった思考やイメージに従って回避するのではなく，そうした思考やイメージの機能を緩める脱フュージョンの技法（"言葉を真に受ける"という文脈を変える技法）が有用と考えられた。

---

[1] **LSAS**
LSAS（朝倉 ほか，2002）は，24項目（恐怖について12項目，回避について12項目），4件法から成る尺度である（取り得る値は合計点が0〜144点，恐怖得点と回避得点は0〜72点）。

[2] **AAQ-II**
AAQ-IIはもともと10項目であったが海外の最新の研究から3項目を削除した7項目版が妥当であることが示されている（Bond, Hayes, Baer, Carpenter, Guenole, Orcutt, Waltz & Zettle, 2011）。AAQ-IIの7項目版は7件法からなる尺度であり，取りうる値は7〜49点である。「自分の感情に恐れを感じる」などの項目からなり，特定の診断等に関連した尺度ではないためカットオフ・ポイントは存在しない。

問題の解決

介入を実施した

クライエントとの信頼関係を十分形成し，ACTについてのインフォームド・コンセントを行ったうえで週1回50分の介入を開始した。脱フュージョンのエクササイズにはさまざまなものがあるが，それらのいくつかを面接室のなかで試しながら，最もクライエントに合った方法を探していった（図13-2）。最終的に，このクライエントに最も役立ったのは「オペラのように歌い上げる」という方法だった。このエクササイズでは，クライエントを囚えてしまいやすいさまざまな思考を，オペラ歌手のように滑らかに，お腹から声を出して歌い上げる。たとえば，イタリア民謡の「O sole mio（オ・ソレ・ミーオ）」のCDを大音量でかけながら，「授，業〜に，出たくない♪」などとセラピストとクライエントで気持ちよく荘厳に歌い上げた。当初，クライエントはかなり戸惑った様子であったが，熱心に大声で歌うセラピストに合わせて，小さな声でこれを口ずさんだ。突飛な状況

図13-1 ● 認知的フュージョンと負の強化による回避行動（体験の回避）の維持

先行刺激（A） → 行動（B） → 後続刺激（C）

発表がある授業 　　その場を避ける　　
- 授業での発表（罰子）がなくなる

〈私的出来事〉
- 思考やイメージ：「授業にでれば恥をかく」
- 身体感覚：不安・緊張

〈私的出来事〉
- 思考やイメージ：
  「恥をかかないですんだ」（強化子）が出現
  「恥をかいている」（罰子）がなくなる
- 身体感覚：不安・緊張（罰子）がなくなる

"言葉を真に受ける"文脈

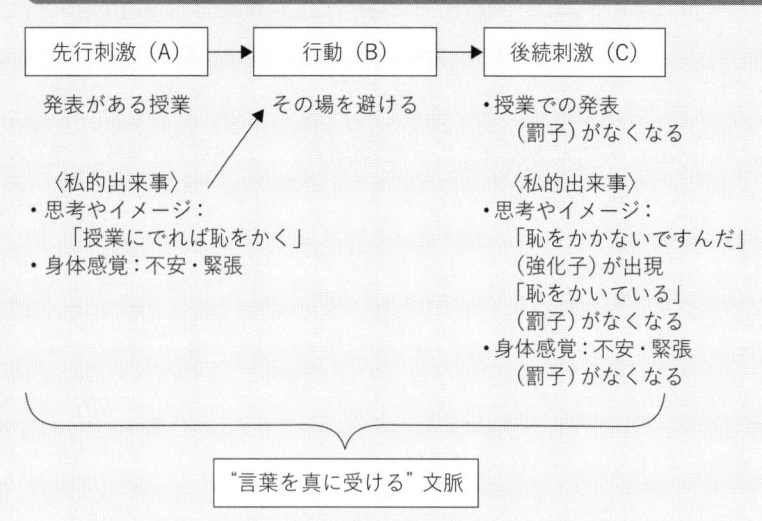

図13-2 ● 脱フュージョンによるエクスポージャーの促進と自然な強化子による行動の持続

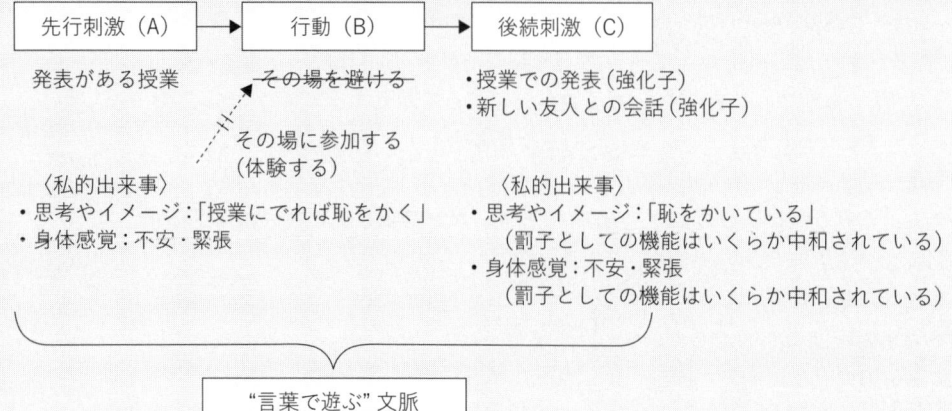

先行刺激（A） → 行動（B） → 後続刺激（C）

発表がある授業　　~~その場を避ける~~
　　　　　　　　　その場に参加する（体験する）

- 授業での発表（強化子）
- 新しい友人との会話（強化子）

〈私的出来事〉
- 思考やイメージ：「授業にでれば恥をかく」
- 身体感覚：不安・緊張

〈私的出来事〉
- 思考やイメージ：「恥をかいている」
  （罰子としての機能はいくらか中和されている）
- 身体感覚：不安・緊張
  （罰子としての機能はいくらか中和されている）

"言葉で遊ぶ"文脈

図13-3 LSAS得点，AAQ-II得点および授業への出席率（％）の推移

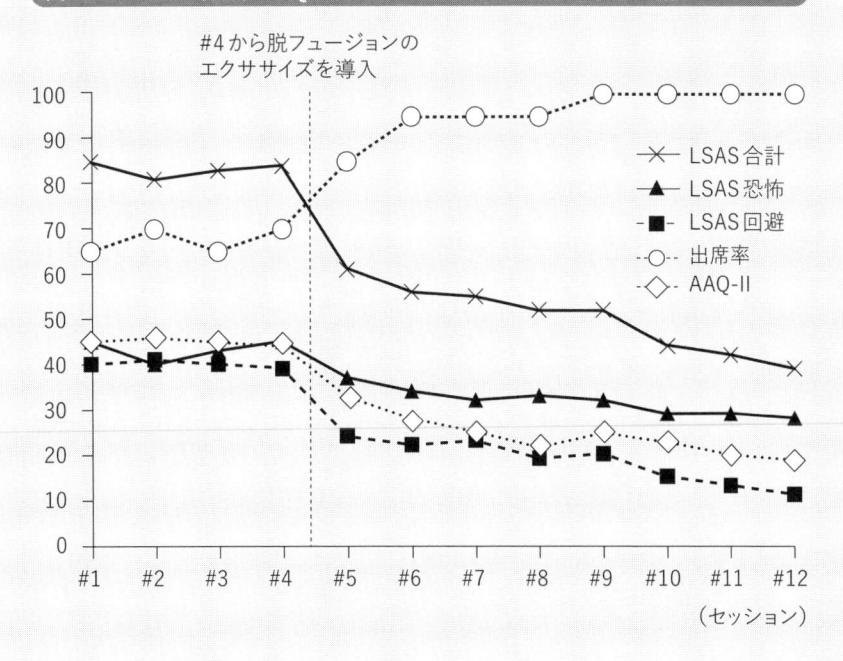

#4から脱フュージョンの
エクササイズを導入

凡例：
- ✕ LSAS合計
- ▲ LSAS恐怖
- ■ LSAS回避
- ○-- 出席率
- ◇- AAQ-II

横軸：#1〜#12（セッション）
縦軸：0〜100

ではあったが，面接室に，このように"言葉（思考）を真に受ける"のではなく，"言葉（思考）で遊ぶ"文脈が作り上げられることで，クライエントは，言葉は必ずしも従うべきルールではないということを身体で学習できた。また，面接室で歌うこと自体が，社交不安を喚起するエクスポージャーの役割も果たした。結果的に小さな声であれセラピストと歌うことに馴れたクライエントは，不安を避けずに体験するという新たな学習をすることもできた。これと同様の体験を，教室に入室する際や教室のなかでイメージしてやってみるようセラピストが勧めると，クライエントはこれを実践しながら教室への入室に毎日挑戦した。

介入が効果的であった

図13-3は，LSASとAAQ-IIの推移である。図13-3を見ると，AAQ-IIは脱フュージョンのエクササイズを行っていくなかでゆるやかに低下し始めたことがわかる。LSASについては，「O sole mio」エクササイズ導入後に，まず回避が減少し，その後しばらくしてからLSASの不安が低下している。1週間あたりの授業への出席率は，インテイク時の65％から，最終的に100％を維持するに至った。

その後，クライエントは，人前で緊張することは相変わらずであったが，何とか外国語の授業での演習もこなせるようになった。現在は，クライエントが愛してやまないタカラジェンヌ（宝塚歌劇団の団員）の真似をして頭のなかで歌うという，クライエント自身が開発した「ジェンヌ・エクササイズ」が一番のお気に入りだそうである。また，実際に宝塚歌劇団ファンの友人もでき，不安がありながらも有意義な生活を送っている。

● 文献

朝倉聡，井上誠士朗，佐々木史ほか（2002）Liebowitz Social Anxiety Scale（LSAS）日本語版の信頼性および妥当性の検討．精神医学 44-10；1077-1084．

Barlow DH (2002) Anxiety and Its Disorder : The Nature and Treatment of Anxiety and Panic (2 Ed.). NY : Guilford Press.

Eifert GH & Forsyth JP (2005) Acceptance & Commitment Therapy for Anxiety Disorders. New Harbinger Publications.（三田村仰，武藤崇 監訳（2012）不安障害のためのACT——実践家のための構造化マニュアル．星和書店．）

Hofmann SG & Barlow DH (2002) Social phobia. In DH Barlow (Ed.) Anxiety and Its Disorder : The Nature and Treatment of Anxiety and Panic (2 Ed.). NY : Guilford Press, pp.454-476.

木下奈緒子，山本哲也，嶋田洋徳（2008）日本語版Acceptance and Action Questionnaire-II作成の試み．日本健康心理学会第21回大会発表論文集；46．

うつ病へのACT──コミットメント編

問題の設定

⦿ うつ病は一般的な精神疾患である

うつ病とは，抑うつ気分もしくは興味・喜びの喪失を主症状とする精神疾患であり，さらに，食欲・体重の増減，睡眠の問題，精神運動性の焦燥や制止，易疲労感や気力の減退，無価値感や罪責感，思考力・集中力の減退や決断困難，死についての反復思考や自殺念慮もしくは自殺企図，といった症状によって定義される。生涯有病率は女性で10-25％，男性で5-12％であり（APA, 1994），外来のカウンセリングでは一般的に認められる精神疾患である。

治療には，薬物療法や心理療法（認知行動療法，対人関係療法，行動活性化，ACT）などの効果が認められている。うつ病に対する心理療法については，1960年代に認知療法が成果をあげた。その後，「行動活性化」という行動的な介入だけでも十分な効果があることが実証されている（Jacobson et al., 1996）。行動活性化においては患者自身にとって有意義な活動を患者が積極的に行うことの重要性が強調されており，Lejuez et al. (2001) の行動活性化では，ACTにおける「価値の作業」（Hayes et al., 2012）も一部組み込まれている。「価値」とは，その人にとって有意義な活動の方向性であり，価値を明確に定めることで，人はその瞬間の活動に意義を感じながら活動に取り組むことができるようになる（Hayes et al., 2012）。

⦿ うつ病の架空事例を分析する

患者は，30代の男性であった。5年前よりうつ病を患い，これまでに2，3カ月の休職を何度か繰り返しながら，来所時，3カ月前にわたり休職していた。妻と7歳になる子どもと生活していた。当心療内科に通院するようになり，休職と服薬により抑うつ症状は緩和していたが，この患者が「自信をもって復職できる」までには至っていなかった。主治医からカウンセリングを勧められ，心療内科所属の心理士が面接を担当することとなった。カウンセリングの開始時，ほとんどの時間を家のベッドか居間で過ごしているとのことであったが，最近，妻がパートタイムの仕事を始めたため，植物の水やりやテーブルを拭くといった，わずかな家事はこなしているとのことであった。ただし，その作業の実施も，気分の比較的いい日に限られていた。

● アセスメントを行う

面接でのやりとり　この患者は，日常生活において活動の幅が狭まり，活動量も低下していた。たとえば，以前なら当然のように行っていた外出はほとんどなくなっていた。家族に対しても，ほとんど会話することもなく，むしろ長時間ベッドで過ごすことで，家族の顔を見ないようにして過ごしていた。

行動習慣の測定　患者の報告を基に活動の累積記録（武藤, 2012）を作成することとした。現状として行動のレパートリーは少なかった。作成した累積記録については「問題の解決」の節で解説する。

質問紙による測定　抑うつ症状を測定する尺度であるBDI-II (Beck et al., 1996) にその場で回答を求めると，23点であり，中等度のうつ状態であった。

● ケースフォーミュレーションを行う

問題についての仮説　この患者は，強化子を得る機会が極端に制限されていると考えられた。また，抑うつを増大させるかもしれない刺激に触れることを極力避けようとする「抑うつ的な回避行動」による悪循環（「負の強化」で維持される状態）が生じていると考えられた（Ferster, 1973）（図13-4）。

介入についての仮説　行動活性化によって，この患者にとっての強化的な活動を促すことが有用と考えられた。さらに，「価値の作業」を行うことで，より効果的で意義のある活動の活性化が可能になると考えられた（図13-5）。

> 問題の分析

図13-4 ● 負の強化による「抑うつ的な回避行動」の増加・維持

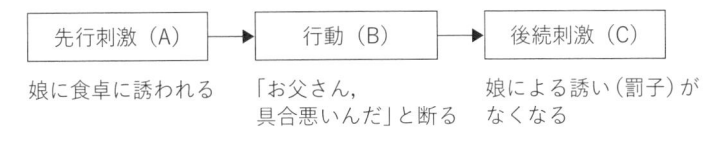

先行刺激（A）　→　行動（B）　→　後続刺激（C）

娘に食卓に誘われる　　「お父さん，具合悪いんだ」と断る　　娘による誘い（罰子）がなくなる

〈私的出来事〉

・身体感覚：強い緊張感，不安感（罰子）

〈私的出来事〉

・身体感覚：緊張感，不安感（罰子）の緩和

図13-5 ● 介入への仮説のイメージ：価値を意識することによる活動の活性化

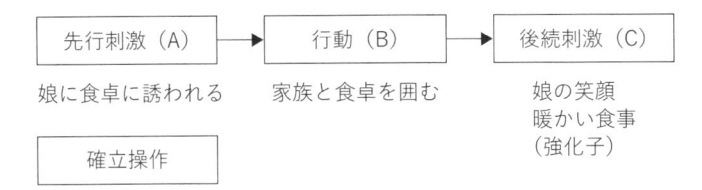

先行刺激（A）　→　行動（B）　→　後続刺激（C）

娘に食卓に誘われる　　家族と食卓を囲む　　娘の笑顔 暖かい食事（強化子）

確立操作

〈私的出来事〉

・思考：「家族との暖かい時間を大切にすることがわたしにとっての価値だ」

問題の解決

🔄 介入を実施した

心療内科来所時に医師による診察後，30分程度のカウンセリングを週1回のペースで開始した。介入の初期では，うつ病や行動活性化，ACTについての心理教育を行い，信頼関係を築いていった。第3セッションで，ACTの「価値の作業」を行った。患者には自らの葬儀をイメージしてもらい，葬儀に参列した家族や友人から，彼がどんな人物であったと語ってもらいたいかをイメージしてもらった（ACTの技法）。その結果，彼は，妻と子どもから「家族との暖かい時間を何よりも大切にする人だった」と言ってもらいたいと語った。同時に，彼は，今の現状を振り返り，家族の顔を見て自分が余計に落ち込むことを恐れるがために，家族とろくに会話もせず，家族との関わりを避けてしまっていることを語った。家族との関わりを避けること（抑うつ的な回避行動）は，その時は気分がましになる効果があるが，長期的には彼の生活をより抑うつ的なものにしてしまっていた。カウンセリングでこのことを整理していくなかで，彼は回避行動のもつ問題を強く認識するようになった。

🔄 介入が効果的であった

「家族との暖かい時間を大切にする」という価値の方向性に向かって歩み進めることは"今から"でも可能である。セラピストはそのことをこの患者に伝えると，その場で彼に今日からの価値に沿った目標を立てるよう促した。彼は，まずは「妻や娘に自分から話しかけること」を目標としてあげ，それからは，毎日の目標および実行した行動を日々

図13-6 ⦿ 患者における拡大した活動（種類）の累積数

				「価値の作業」と「活動の活性化」									
16 産業医と会う													1
15 家族で外食する												1	0	1
14 上司にメールする												1	3	0
13 両親の家に行く											1	0	0	0
12 家族で買い物に出かける										1	1	0	2	1	1
11 妻とゆっくり話す									2	3	*	*	*	*	*
10 娘とゆっくり話す								1	6	*	*	*	*	*	*
9 家族で食事								1	4	4	4	4	4	4	4
8 娘に話しかける（雑談）							2	4	*	*	*	*	*	*	*
7 妻に話しかける（雑談）							1	7	*	*	*	*	*	*	*
6 早朝の散歩						1	3	4	4	4	4	3	4	4	4
5 家族に簡単な挨拶	*	*	*	*	*	*	*	*	*	*	*	*	*
4 ネットサーフィン	*	*	*	*	*	*	*	*	*	*	*	*	*
3 食事	21	21	21	21	21	21	21	21	21	21	21	21	21
2 入浴	14	14	14	14	14	14	14	14	14	14	14	14	14
1 洗顔と歯磨き	14	14	14	14	14	14	14	14	14	14	14	14	14
セッション	1	2	3	4	5	6	7	8	9	10	11	12	13

黒色および灰色の箇所の数字は，1週間当たりの各活動の生起回数。
＊は生起頻度が非常に多く測定不明な状態を意味する。武藤（2012）を基に作成。

記録することとなった。実際，翌週にはこれらの行動を実行に移すことができた。セラピストは，それらを実行してみた結果何が起こったのか，特に家族の表情や反応がどうだったかを尋ねた。彼は，初めは家族と話す気分にもならず，むしろ不安だったが，話し始めると娘も普段通りに話をしてくれ，妻も少しほっとしたような表情をしてくれて，彼自身も「やってみてよかった」と語った。

その後も，彼は，価値に沿った活動を徐々に広げていった。また生活の幅も広がり，抑うつ症状の方も徐々にではあるがこれまで以上に緩和される傾向を示した（第16セッションのBDI-IIは16点であった）。図13-6は武藤（2012）を基に作成した，患者における拡大した活動（種類）の累積数である。この図では，この患者が新たな活動に挑戦するごとに黒の正方形が縦に積み上げられていくが，彼が家族との関わりを再開し，またそれぞれ継続していっていることが読み取れる。現在，彼は，服薬とカウンセリングを続けながら，再就職に向けハローワークに通う日々を過ごしており，「自信はまだない」ながらも価値に沿った毎日を歩んでいる。

● 文献

American Psychiatric Association（1994）Diagnostic and Statistical Manual of Mental Disorders（4th Ed）. Washington, DC : American Psychiatric Association.（高橋三郎，大野 裕，染谷俊幸 訳（1995）DSM-IV-TR精神疾患の診断・統計マニュアル．医学書院．）

Beck AT, Steer R & Brown G（1996）Beck Depression Inventory-Second Edition. Harcourt Assessment, Inc.（小嶋雅代，古川壽亮 訳（2003）BDI-II──日本語版ベック抑うつ質問票．日本文化科学社．）

Ferster CB（1973）A Functional Analysis of Depression. American Psychologist, 28, 857-869.

Hayes SC, Strosahl KD & Willson KG（2012）Acceptance and Commitment Therapy : The Process and Practice of Mindful Change. New York : Guilford Press.（武藤 崇，三田村仰，大月 友 監訳（2014）アクセプタンス＆コミットメント・セラピー──マインドフルな変容のためのプロセスと実践 第2版．星和書店．）

Jacobson NS, Dobson KS, Truax PA et al.（1996）A component analysis of cognitive-behavioral treatment for depression. Journal of Consulting and Clinical Psychology 64-2 ; 295-304.

Lejuez CW, Hopko DR & Hopko SD（2001）A brief behavioral activation treatment for depression : Treatment manual. Behavior Modification 25-2 ; 255-286.

武藤 崇（2012）アクセプタンス＆コミットメント・セラピー（ACT）のトリートメント評価の実際──サイコセラピーがさらに「社会を動かす」ために何が必要か．心身医学 52 ; 810-818.

第14章 ── 心身医学

2型糖尿病患者へのACT

問題の設定

糖尿病は心身医学的問題を含む

糖尿病は、肥満と並び生活習慣病の中核的な位置を占める、日本人にとって非常に身近な疾患のひとつである。厚生労働省によると、世界的にも患者数の増加は著しく、本邦でも成人男女のおよそ5人に1人が糖尿病かその予備群であるとされている。

糖尿病は、発症初期にはほとんど自覚的な症状はないが、血液中で血糖値の高い状態が続くことにより全身の臓器に影響を及ぼす疾患である。肥満症、睡眠障害、腎機能障害、視覚障害、不安や抑うつの問題などの合併症を伴うことで病態が複雑化・難治化することも知られており、できるだけ早い時期から、血糖値を含む代謝異常を厳格に管理する治療が求められる。そしてその管理の方法は、セルフケア行動が中心となるため、糖尿病はその治療において、さまざまな身体疾患のなかでは例外的なほどに患者個人の果たす役割が大きい。

患者に求められるセルフケア行動には、食事管理、運動、服薬やインスリン注射などがあり、それらを生活のなかで毎日続ける必要がある。しかし、多くの人にとって、そうした望ましい行動を獲得し、生活習慣として確立・維持することは、たとえ病気という差し迫った課題を目前にしたとしても容易ではない。

そのため、かねてより臨床心理学的な介入や教育的介入についても、さまざまな検討が重ねられてきた（Ismail et al., 2004 ; Norris et al., 2002）。

模擬事例を分析する

総合病院の内科に通うAさんは、建築関係の会社に勤める50代の男性である。元来身体は丈夫で、若い頃は運動部に所属し、体力には自信があった。数年前より健康診断で血糖値が高いことを指摘されていたが、「病気ではない」と考えていた。心配した家族からはたびたび受診を勧められたが聞き流していた。同僚にも「糖尿病の気がある」と言う人はいたが、仕事後はよく皆で連れ立って飲みに行っていた。

約1年前、仕事中の事故による骨折で入院した際に医師から血糖値の高さを指摘され、検査の結果2型糖尿病と診断された。退院後も2〜3カ月に1回病院には通っているが不定期で、HbA1c値[1]は少しずつ悪化していた。

間食と飲酒を減らすこと、油の多い食事を控え野菜中心の食事を摂ること、1日30分程度速歩きの散歩を行うことなどが診察において医師から提案されていた。それらの食事指導、運動指導をAさんはよく聞いているつもりだったし、散歩くらいならやったほうがいいかなと思うこともあったが、結局実際の生活で試みることはなかった。なおその間も仕事にはこれまで通りに取り組んでおり、仲間との交流も多く、Aさんに抑うつや意欲低下などの精神症状は認められなかった。

夜中トイレのために起きる回数が多くなったこと、また家族の説得もあり、糖尿病治療のための教育入院をすることになり、心理士による面接が行われた。

[1] HbA1c
HbA1cは過去2カ月程度の平均的血糖値を反映する値。

◎付記
本章の事例は、実際の事例を参考に、仮想事例として新たにまとめたものである。

大内佑子｜熊野宏昭

● カウンセリングの文脈の理解を促す

Aさんはカウンセリングには非常に消極的であった。ひとつには，糖尿病という身体疾患の治療で入院したのになぜ心の問題を疑われるのか，という情報不足による不信感があった。加えて，「医療スタッフと話すと糖尿病であることを思い知らされて，自分には到底実行できない生活のあれこれを指示される。会話は早めに切り上げるのがよい」というルール支配行動があった。

● 私的出来事を聴取する

周囲から「治療にまったく無関心」と思われていたAさんであったが，話を聞くとこれまでの経過のなかでも，食事や運動の工夫をしようと考えたことは何度もあったことがわかった。ただ，それを考えるといつも同時に不快なイメージや考えが浮かんできてとても嫌な気持ちになるので止めてしまう。嫌な気持ちを打ち消すために無茶と思うこともかえってやってしまうということが語られた。

またAさんの祖母も糖尿病で非常に厳しい食事制限をしていたにもかかわらず，晩年には入退院を繰り返して亡くなっていた。「糖尿病」という言葉を聞くだけでそれらが思い出され，なんとなく嫌な感じがしてくるときもあるとのことであった。

● 環境側が情報を与える

主治医はここ数カ月，Aさんを説得する目的で，合併症の危険性を非常に丁寧に説明していた。それを一緒に聞いた家族が不安になり熱心にAさんを説得したため，今回の入院が実現した。その他，即効性は高いがやや難しい課題から実行しやすい易しい課題に目標を変える，生活に即した具体的な目標を提案する，体重変化をグラフにして示すなど，医療スタッフによるさまざまな工夫が行われていた。

● 問題行動を機能分析する

周囲から見たAさんの問題 糖尿病のコントロールが悪い。

標的とする問題行動 糖尿病であることをなるべく感じないよう，自分が糖尿病であることを思い出させる刺激を遠ざける（体験の回避・行動レパートリーの抑制）（例 病院の予約票を捨てる，薬をしまいこむ，食事制限なしに食べる，タクシーやエスカレーターを使う，好きなだけ飲む）。

確立操作 糖尿病のことを考えると浮かんでくる不快なイメージや考え（例 祖母の晩年，将来の不安，合併症への恐怖，自責感，自己否定感）。

弁別刺激 糖尿病のセルフケア行動を促すきっかけとなる刺激（例 診察，食事メニューの注文，駅の階段，ウォーキングシューズ，冷蔵庫の缶ビール）。

短期的結果 一時的には糖尿病のことを忘れていられる。嫌な気持ちを感じないで済む。

長期的結果 糖尿病に関連する刺激で嫌な気持ちをより強く感じるようになる。糖尿病が進行し合併症のリスクが高まる。健康寿命が短くなる。

> 問題の分析

問題の解決

面接の文脈を転換する

　糖尿病治療のため入院したAさんが，カウンセリングを受けることに戸惑いや不信を感じ，場合によっては拒否的態度を示すことは自然な反応であると考えられた。そこで，決して積極的にカウンセリングを希望したわけではないAさんにとって，心理士自身や面接がどのような機能を持つのか，関わりながら観察して情報収集を行うことが重要であると考えて面接に臨んだ。

　自己紹介とスモールトークの後で，カウンセリングの目的と心理士の役割について説明を行った。具体的には，糖尿病により生じる苦痛や不快感，セルフケア行動遂行の困難について，それらの問題には心理学が役立つ側面があると考えられ，その検討がなされていること，心理士との面接でもしAさんに役に立ちそうなことがあったらお伝えするが，まずは話を伺いたいことを伝え，同意を得た。

　入院当初から，医療スタッフとのコミュニケーション全般において，情報を聞き落とす，忘れている，話の途中でも次の話題に進もうとするなどの消極的・回避的な行動が観察されていた。そのため面接の導入で「カウンセリングは批判や生活指導を行うためのものではないこと」を明確化・言語化して共有した。「専門家との会話は嫌な気分になるし役に立たない。早目に切り上げるに限る」というルールを弱めることを狙ってこのような介入をまず行った。

ACTによって介入する

　病歴や日常生活，糖尿病に対する考えや気持ちを尋ねるなかで，行動変容の意志はあるのにそれがうまくいかないことの問題として，①体験の回避と行動レパートリーの抑制（糖尿病のことを考えないようにする，糖尿病のことを思い出すような刺激を避けて生活する）と②認知的フュージョン（糖尿病で楽しみがすべて奪われたように感じる，合併症のことを考えて怖くなる）の問題があることが推定された。そこで，ACT（Acceptance and Commitment Therapy）の理論と技法を用いたアプローチを行うこととした。

介入1——アクセプタンスと脱フュージョンを促進する

　糖尿病に関することを考えるといつも浮かんでくる不快なイメージや考え，嫌な気持ち，といった確立操作への介入として，まず，糖尿病は確かに大変な病気であり，その存在を意識して不快な気持ちや複雑な気持ちを抱くのは「当然のこと・ごく当たり前の反応であること」の承認を示した（バリデーション）。これは，思考のもつ機能の変容，アクセプタンスの涵養を意図して行った。

　Aさんは体験の回避が強く，糖尿病に対する今現在の考えや感情を話題にすること自体が難しかったため，まずは診断を受けたときにどのような気持ちになったかを思い出して言語化し，そこで生じていた考えや感情に対して承認を示すことを行った。次に，現在の生活のなかで糖尿病という単語や，情報に出会ったときにどのような行動を取っているかを聞き取り，体験の回避が起きていることを行動の連鎖として確認したうえで，白熊のエクササイズ（白熊のことを3分間考えないように教示する）を通して回避による悪循環の体験を共有した。

　同じく思考の機能を変えるための介入（脱フュージョン）として，ワードリピーティング（何度も速く大きな声で「とうにょう，とうにょう……」と繰り返し言う）も行った。

介入2——価値の明確化とコミットメントを進める

　即時強化に振り回されず長期的に望ましい結果に結びつく行動の動機づけを高めるために，「価値の明確化」は非常に重要である。身体疾患の治療において，症状の改善を目的とすることは一般的

には自明のこととされるため，患者も治療者も，患者個々人の目標を明確化せず，症状消失を目的として治療をスタートすることが多い。しかし，糖尿病は完治することがない病態であり，生きていく限り毎日ずっと付き合い続けなくてはならない慢性疾患である。そこで治療やそのためのセルフケア行動は，糖尿病でありながらも「よりよく生きる」ための手段のひとつである，という位置づけを明確にすることが，行動の随伴性を変えるためのポイントとなる。

面接では，これまでの生活で最も充実感を味わったのはどんな活動や暮らしの結果であったか，今わくわくするのはどのような活動の後かを尋ね，Aさんにとっての「価値」をAさんと共に探った。はじめは患者として治療者から求められそうなものを「価値」として挙げたり，話をはぐらかそうとする様子が見られた。心理士に必ずしもすぐ伝えなくてもよいことを保証した。まず心あたりを自身の手帳に記してもらい，後で価値に沿って行動した結果を確認して，報告することを依頼した。その結果の報告を受けるなかで，「仕事で活躍し会社・同僚や部下から一目置かれる」という手帳のメモを見せてもらうことができた。

なお価値にコミットした行動について話し合う際にも，心理士から具体的な食事や運動の指導は行っていない。これまでに診察などで丁寧な情報提供を受けてきた結果，Aさん自身にさまざまなプランやアイデアがあったためである。Aさんから提案された「駅から家までバスやタクシーを使わずに歩く」「親しい同僚に糖尿病の治療中であることを打ち明ける」といった行動がそのまま増加を目指す行動となった。

まとめ

本稿では類型化した2型糖尿病患者の模擬事例をもとに，ACTによるアプローチを紹介した。ACTは「患者の多くは自分が糖尿病であることに対する気持ちのために，本当はどうすべきかわかっているときでも治療に取り組めなくなることを何度も経験している」という前提に立ち，糖尿病でありながら健康な生活を送るため，①自分の頭のなかで何が起こっているかを知り，それが糖尿病治療への取り組みを邪魔するものかどうか判断できるようになること，②自分にとっての「価値」を見直して，自分の生活がどうあってほしいと思っているかを思い起こすこと，③例えば気分が乗らないから運動はできないと頭で思ったとしても足は動くということを思い出して，価値にコミットした行動を増加させること，という3点を目的として行われる（グレッグほか，2013）。

本邦における糖尿病治療では，教育的介入はすでに十分に行われ，患者自身が豊富な知識を有しているケースも多い。終わりのない糖尿病治療のなかで，いかにセルフケア行動を生起し維持させるのかという問題に対し，ACTが果たすことのできる役割について今後さらに検討を重ねていきたい。

文献

Ismail K, Winkley K & Rabe-Hesketh S (2004) Systematic review and meta-analysis of randomised controlled trials of psychological interventions to improve glycaemic control in patients with type 2 diabetes. Lancet 363 ; 1589-1597.

ジェニファー・A・グレッグ，グレン・M・キャラハン，スティーブン・C・ヘイズ [熊野宏昭，野田光彦 監訳] (2013) 糖尿病をすばらしく生きる――マインドフルネス・ガイドブック．星和書店．

Norris SL, Lau J, Smith SJ, Schmid CH & Engelgau MM (2002) Self-management education for adults with type 2 diabetes : A meta-analysis of the effect on glycemic control. Diabetes Care 25-7 ; 1159-1171.

過敏性腸症候群へのACT

問題の設定

◉ 消化器症状が不安感と生活への支障をもたらす

過敏性腸症候群（Irritable Bowel Syndrome：IBS）とは，通常の検査では器質的異常が認められないにもかかわらず，腹部症状と便通異常，その他の消化器症状が慢性再発性に出現する疾患である。Rome III 診断基準では「腹痛あるいは腹部不快感が1カ月につき3日以上あるものが3カ月以上続き，その腹痛あるいは腹部不快感が①排便によって軽快する，②排便頻度の変化で始まる，③便性状の変化で始まる，の3つの便通異常のうち2つ以上の症状を伴うもの」と定義される（加えて症状の発端が6カ月以上前にあり現在症状が存在するもの）。生物学的指標に乏しく診断される機会が少ないという指摘もあるが，本邦の有病率は人口の約14％と高頻度の疾患である。

IBSは，その症状により日常生活全般に大きな支障と，それに伴う著しい生活関連QOLの低下をもたらす。消化器の働きは元来心理的なストレスをはじめとするさまざまな刺激に影響を受けるが，IBS患者は少しの刺激で便通異常や腹痛などを起こしやすい。IBSの併存症として気分障害や不安障害などが多く存在することも指摘されている。

そのため，IBSの治療には認知行動療法など一部心理療法の有効性が認められている。認知行動療法では行動レベルでのアセスメントに基づき諸技法が選択的に用いられる。しかし，IBS症状についてはリラクセーション法，特に自律訓練法の効果が広く支持されており，第一選択となることが多い。

◉ 模擬事例を分析する

Bさんは22歳の女子大学生で，腹痛と便意による生活への支障を主訴に心療内科を受診した。契機は3カ月前，就職説明会に向かう朝の電車内で突然激しい便意に襲われ，失禁するのではという強い恐怖を感じながら次の駅まで我慢してトイレに駆け込み，自分でも驚く程の下痢便を経験した。その日はなんとか説明会に参加したが，以後朝の電車内で頻繁に腹痛や便意を感じるようになった。

はじめは乗換駅まで待って対処していたが，次第に途中下車してトイレに行くようになった。車内ではすぐ降りられるようドア付近に立っていた。また駅間の長い急行電車を避け，各駅停車を利用するようになった。

学童期から緊張で時折お腹をこわすことがあり，この半年は腹痛や下痢・便秘を頻繁に経験していた。自分なりに食事などに気をつけた生活を送っていたが，上記の出来事から1カ月経っても腹痛と下痢が続いたため内科を受診したところ整腸剤を処方された。薬で下痢便の頻度はかなり減ったが，腹痛と腹部膨満感は残り，漠然とした不安感が続いた。2カ月経っても改善しなかったため，今後，就職試験が満足に受けられなくなることを心配して再度相談すると，内視鏡検査を実施し異常のないことを踏まえ心療内科への受診を勧められた。IBSと診断され薬物療法の調整を行った後，医師からカウンセリングを勧められ，希望して心理士との面接開始となった。

◉ 主訴のアセスメントを行う

BさんはIBS症状のために今後の就職活動がうまくいかなくなることを心配しており、服薬のアドヒアランスも良好でカウンセリングへの動機づけも高かった。経過を聞く限り服薬により下痢の頻度は減っているようだったが、Bさん自身は痛みや違和感などの身体感覚を含めた消化器症状をひとまとめに考えており、各症状の頻度を分けて報告することが難しかった。そこでまず症状アセスメントのため腹痛と下痢の回数を別々に記録することをホームワークとして導入した。

◉ 対処行動レパートリーを聴取する

セルフモニタリングと並行して、Bさんが10代の頃からこれまでに行ってきた消化器症状へのさまざまな対処行動について聴取した。朝食を食べずに家を出る、お腹を温める、異変を感じたらなるべく刺激を与えないようゆっくり動くなど、①「消化器症状が生起または悪化しないために行っている行動」と、トイレに寄っても遅刻しないよう家を早く出る、電車や教室で「定位置」を決める、出先でトイレの場所をあらかじめ確認するなど、②「すぐにトイレに行けるようにするための行動」があった。さらに、電車内ではゲームかSNSをずっと行っている（充電が切れかけるとかなり不安）、深呼吸をするなど、③「すぐトイレにいけない状況で腹部感覚以外に注意を向けるための行動」もあることが確認された。そして、それらの報告からBさんには④「腹部に注意を向け変化を監視し敏感に知覚するという行動」があり、総じてIBS症状のコントロールにかなりのエネルギーを費やしていることがわかった。

◉ 問題行動を機能分析する

主訴 消化器症状（腹痛・おなら・下痢）をなくしたい。

標的とする問題行動 腹部感覚を監視することで、強い腹痛を体験することを事前に避け、また腹痛が生じる可能性のある場面を回避する（体験の回避、認知的フュージョンと行動レパートリーの抑制）（例 電車のドア付近に立つ、電車を降りる、トイレの場所を確認する、トイレに行く、車内でゲームやSNSに集中する、朝食を抜く、朝早く家を出る、刺激を少なくゆっくり歩く）。

確立操作 自由にトイレにいけない状況（例 急行電車内、試験や説明会、人と一緒の移動、時間制限のある移動）。

弁別刺激 腹部感覚の変化の知覚（例 腹痛、腹部膨満感）。

短期的結果 最悪の状態になるかもしれないという強い不安を感じないで済む。最悪な状態を避けられたことで安心する。

長期的結果 常に腹部感覚に注意が削がれ目の前のことに集中できない。行動が制限されてやりたいことができない。いつか最悪の状態になるかもしれないという不安が続く。運動・睡眠不足や食事リズムの乱れからくる消化器症状の維持。

> 問題の分析

問題の解決

主訴の状態を把握する

セルフ・モニタリングを2週間行った結果，腹痛は強弱あわせるとほぼ毎日記録されていたが，腹痛を伴った軟便は2回で，急な下痢（水様便）は1回も記録されなかった。このことを本人にフィードバックすると，この2カ月の頻度はおおむね同程度であるとの振り返りが得られた。

「私は電車に乗るといつも下痢をして怖い思いをする」というルールをもつクライエントにこのようなセルフ・モニタリングの結果をフィードバックすることで，そのルールを減弱することができた。「私は下痢になりやすい（が，ならないときもある）」「心配していることはそれほど高い確率で起きているわけではない（かもしれない）」と柔軟性が生じ，その後の介入で"現実に触れる"ことの例として使用することができた。また，たとえここで下痢の頻度が思ったほど低くなかったとしても，次にその現実に応じてどのような生活を期待しセラピーの目標を設定するかという点を話し合う点は同じであったと考えられる。モニタリングにより，言語報告だけに頼らない，心理士も現実を把握したうえでの面接が開始できたと考える。

ACTによる介入を行う

対処行動レパートリーを聴取するなかで，これまでBさんはIBS症状のコントロールのためにかなりの労力を費やしていることがわかった。しかもそれらの対処行動は，消化器症状に対して一般的には全て有効と考えられるものであった。したがってBさんのセラピーでは，①「コントロールしようとする一見適応的な目標，対処行動こそが問題を維持・悪化させている，という理解を共有し，Bさんの取り組みをこれまでとは異なる新たな方向へと転換する」ことが課題となった。

加えて，BさんのIBS症状は薬物療法およびこれまでの対処行動の一部の結果によりかなり改善しており，カウンセリング開始時点では消化器症状そのものよりも，それに関する不安（広場恐怖）の問題が日常の行動の制限に強く影響していた。このことから②「不安を感じながらでも活動範囲を広げていくための取り組み」が有効であることが予想された。

そこで，面接の長期目標と短期目標を定めたうえで，①の課題に対しては，適切なタイミングを見計らい「これまでのやり方ではうまくいかない」ことを話し合い，慣れ親しんだこれまでのやり方を手放してもらう（創造的絶望）ための介入を行った。

次に②の課題に対しては，「腹部感覚とそれ以外の現実に同時に偏りなく接触することによって，アクセプタンスと脱フュージョンを促進すること」を意図したエクスポージャー（フィール・エクササイズ）を導入することとした。ここでは，恐怖と回避の対象を同定したうえでレスポンデント消去とオペラント消去を意図して行う従来のエクスポージャーよりも，前述した点にターゲットを置いたほうが，時間的節約になる可能性があると判断した。根拠として，それまでの面接でBさんが「そこまでして何を避けたいのか」「どうなることが最も怖いのか」という趣旨の質問に，「下痢したくないのは当然」と応じるのみで，不安の中核を詳細に内省し言語化することができなかったことが挙げられる。不安の中核を明らかにすることに時間を費やすよりも，保留にしたままでもエクスポージャーを進められるフィール・エクササイズがより有用と考えた。

介入1──創造的絶望を経験する

対処行動レパートリーを聴取するなかで，Bさんがこれまで真摯に自身の問題に取り組み，現実生活と折り合いをつけるための方法を探り，なんとか症状をコントロールしながら生活されてきた様子が窺えた。そこでまずはその努力を労い，それらの方法がその場その場では役に立つ面があったことも整理し理解を共有した。そのうえで，「いま現在」に視点を向けると，「かつて役に立ってい

た方法」が，Bさんの現在の目標である「就職活動に取り組む」ことには役に立たず，むしろ適応的な行動を阻害していることについて話し合った（例えば慣れない場所での面接官との就職説明会において，「トイレの場所がわからない，すぐに中座できない」ということが気になり，話しかけられても会話がうまくできず，次第に就職説明会を避けるようになる，など）。

Bさんは，役に立たない対処となっていることには理解を示したが，「ではどうすればいいんですか」と，別の対処行動獲得を目指すような発言もみられ，「コントロールを手放す」という点の理解はすぐに共有できなかった。そこで，エクスポージャーを行いながら体験的な理解を促進し，必要に応じて再度この介入1に立ち戻りながらカウンセリングを進めていくことにした。

介入2――エクスポージャーを実施する

エクスポージャーを行うにあたり，主たる目的は「そこで何が起こっているのかを腹部感覚への持続的な注意の保持も含めて，回避もせず妄想もしないで気づき続けること（アクセプタンスと脱フュージョン）」とした。それを，価値に沿った行動であり同時に不安も喚起する行動のなかで行ってもらうことにして，まずカウンセリング内で体験的に導入を行った。

導入として，腹部感覚にも注意を向けながら，面接室での屈伸運動をゆっくり3分行った。これは，「腹部に圧がかかることで不安が喚起されたが，近くのトイレには申し出ればいつでも行ける，ただしゲームや読書など注意を逸らす対象が少なく，またできるだけ腹部に注意を向け続けるよう心理士から言語的なプロンプトが入る」という課題であった。これを，まずはBさんが取り組みやすいやり方で，次に心理士による指示（1分間に15回）の下で行った。その後2つのやり方で行った結果を比較して感想を話し合った。自分なりのやり方では，刺激が少なくなるようゆっくり慎重に動くが，それだと腹部への注意が向きやすくまた不安も感じやすいこと，一方で，一定のペースに沿って行ったときには，身体の他の部分にも注意が向けられて，腹部の変化を感じても飲み込まれず，距離を取っていられたことなどの感想が得られた。そこで次のステップとして作成した不安階層表をもとに，日常生活でもエクスポージャーを行うように取り決めた。

まとめ

本稿では類型化したIBS患者の模擬事例をもとに，ACTにおける創造的絶望とフィール・エクササイズの介入を示した。エクスポージャーの作用機序にはさまざまな道筋があるが，アクセプタンスと脱フュージョンを中心とした介入の場合，必ずしも恐怖と回避の対象を明らかにしなくても，体験の回避を減じ価値に沿った行動の増大を狙うことができる。またこれまで一般的に行われているリラクセーションによる介入も，教示方法によっては同じ機能を持つ可能性がある。しかしながらどのような条件下でアクセプタンスと脱フュージョンを目的としたエクスポージャーの有効性がより高まるのかという点については未だ十分な検討はなされておらず，さらなる知見が求められる。

第15章 ── 非行

非行や反社会的行動への理解と支援

問題の設定

非行や反社会的行動に対する介入や予防の重要性は，社会に及ぼす影響を考慮するといくら強調してもしすぎることはない。これらの行動に対して，行動分析学は古くから取り組んできており，環境との相互作用から分析し，非行や反社会的行動であってもそれは学習されたものであると捉えて対応してきた。非行に対する行動分析学に基づく取り組みはいくつかあるが，そのうちのひとつにAchievement Placeがある。

Achievement Placeとは，16歳以下の非行少年を対象とした居住型の治療プログラムであり（Phillips, 1968），トークンエコノミーを用いている。非行少年は，社会復帰に必要だと考えられる社会的行動・自助スキル・学業行動に従事することでポイントを獲得できる。ポイントは，外出する，テレビを見るなどの権利と交換したり，お菓子と交換することができる。アチーブメント・プレイス（Achievement Place）での治療効果については多くの研究発表があり，非行少年に対しても徹底的な随伴性マネジメントが効果的であることが示されている（e.g., Fixsen et al., 1973）。

また，オレゴン社会学習センター（Oregon Social Learning Center）の研究者たちは，反社会的行動，特に攻撃的行動の発達について行動随伴性を中心として捉えた研究を行っており，Reid et al. (2002) にその成果がまとめられている。オレゴン社会学習センターのPattersonらは，自身の実証的な研究成果から強圧理論（coercion theory）を提唱している。強圧理論では，特に家庭内での子どもと保護者の相互作用を重視している。図15-1はその相互作用を図式化したものである。上段では，子どもは反抗することによって指示を聞かなくてもよくなるということを経験している。下段では，保護者は強圧的に対応することで子どもの問題行動という嫌悪刺激を取り除くことができることを経験している。また，下段のような経験を繰り返していると，子どもは保護者の強圧的な対応に対してより強圧的に反抗してくるようになり，それによって保護者が引き下がるということが起こってくる。結局，強圧的な対応が相手の不適切な行動（嫌悪刺激）を取り除くという負の強化の強圧的なサイクルができあがってしまい，攻撃的行動が学習されていくことになる。強圧理論では，このような負の強化のメカニズムを中核としながら，強圧的な行動をすることに影響する様々な変数（社会経済的不利，保護者の精神病理，夫婦関係，近所づきあい，職場環境など）も考慮した発達モデルを提唱している（Reid et al., 2002）。

図15-1 ● 攻撃的な子どもと保護者の相互作用の例

行動の前	行動	行動の後
【保護者】指示を出す	【子ども】大声で暴れて反抗する	【保護者】指示を引き下げる
【子ども】いじめる叩く	【保護者】怒鳴る叩く	【子ども】おとなしくなる

◎付記
本章の事例は，実際の事例を参考に，仮想事例として新たにまとめたものである。

野田 航

子どもが学齢期に入ると，負の強化の強圧的なサイクルの影響は少しずつ弱まっていく。学齢期以降になると，子どもは保護者との相互作用の時間よりも友人との相互作用の時間が多くなる。つまり，行動形成に多大な影響を与える随伴性の多くは，友人との関わりの中にあるということである。保護者との相互作用と友人との相互作用には相違点があり，それは保護者との相互作用は不可避（obligatory）で非常に密接なものであるが，友人との関係は開放的（open）で選択的（elective）なものということである。強圧的な負の強化のサイクルは保護者との不可避で密接な相互作用ではとても強力に作用するが，より選択的な友人関係においては，相手の言動が嫌悪的であればその関係を避けてしまえばよい（今後の相互作用をする必要がない）ため，負の強化の影響力は減少すると考えらえる。そのため，嫌悪的な社会的相互作用をしてしまう友人よりも，より高い割合でポジティブな相互作用を得ることができる友人と関わる時間が増えてくる。

選択的な友人関係の中では，友人との相互作用において正の強化を受けることで行動パターンが形成されていくと考えられる。しかし，反社会的行動が多い子どもは，保護者，教師，友人からは避けられる可能性が高い。その結果，自分と同じような反社会的行動をしがちな友人を選択して関わるようになっていく。その友人との相互作用の中では，反社会的行動や反社会的行動に対する言及（例「昨日コンビニでパンを万引きしてやった」）が正の強化を受ける可能性が高く，反社会的行動が持続し，よりエスカレートしていくと考えられる。このように，発達初期においては，反社会的行動は保護者との相互作用における負の強化のサイクルの影響が大きいが，友人との相互作用が増加してくると，反社会的な行動を示す友人との相互作用における正の強化が大きく影響するように移行していくとReid et al.（2002）のモデルでは考えられている。

オレゴン社会学習センターの研究者たちは，この理論に基づいたいくつかのプログラムを開発して効果を実証してきている（Reid et al., 2002）。彼らのプログラムでは，保護者の育児スキル向上のためのペアレントトレーニングや子どもの向社会的行動を向上させるための学校におけるソーシャルスキルトレーニング，休憩時間に実施するGood Behavior Game（Barrish et al., 1969）などが含まれている。

Achievement Placeや強圧理論に基づく介入プログラムの成果からわかるように，非行や反社会的行動は，行動随伴性の枠組みから理解し，その随伴性を改善していくことで変容していくことができる。また，単にソーシャルスキルを身につけさせるようなスキル訓練を行うだけではなく，非行や反社会的行動の随伴性に関連している人（保護者，友人など）を含み込んだ包括的な介入を実施することが重要となる。

以下では，粗暴な行動と不良行為を示す中学生Aに対して，行動分析学に基づく支援を行った事例（実際の事例を参考にした仮想事例）を紹介する。

> 問題の分析

問題の解決

非行行動は学習される

Aは公立中学校に在籍する2年生の男子生徒であり，父親・母親・本生徒の3人暮らしであった。Aは，幼稚園の頃から落ち着きがなく衝動性が高いと幼稚園教諭から報告されており，他児の持っているおもちゃや絵本を強引に奪い取ったり，反抗してきた場合には叩いてしまうなどの粗暴な行動が見られた。幼稚園でトラブルがあった際には，母親が迎えに行き口頭で注意をするが，Aに反省した様子が見られることはほとんどなかった。そのため，帰宅後に父親が厳しく叱責したり，1時間程度部屋に閉じ込めるなどの対応をしていた。

小学校入学後もAの粗暴な行動にはあまり変化はみられず，両親も同様の対応を続けていた。しかし，小学3年生頃から父親が厳しい口調で注意しても「うっさいわ！　ぼけ！」などの暴言や物を投げつけるなどの行動が目立つようになり，父親も注意しても聞いてくれないことを感じてあまり口出ししなくなっていった。母親は注意はもちろん指示的なこと（例「そろそろ寝なさい」）をほとんど言わなくなっていた。Aの対人関係のパターンは友人に対しても同様であり，小学校中学年頃から徐々に友達が少なくなり，クラスで孤立することが増えていた。

中学校入学後は，喫煙や飲酒などで補導経験のある同級生や先輩との交流が増え，帰宅時間が遅くなることも多くなっていた。学校内では，級友と関わることはほとんどなく，距離を置かれている状態であり，本人によると「無視されている」状態であった。そのため，授業中や休み時間は校内をうろうろしたり，スマートフォンをいじったりして過ごしていた。放課後になるとコンビニエンスストアの駐車場で座り込んで友人や先輩と時間を過ごしていた。中学1年生の冬には，コンビニエンスストアで喫煙しているところを警察に補導された経験もあった。

ケースフォーミュレーションを行う

Aは衝動性が高いという特徴から粗暴な行動をしてしまうことが多く，それに対して父親は強圧的な厳しい対応を繰り返していた。父親の強圧的な対応は，Aが指示に従って反省した様子を見せることにより負の強化を受けていたと考えられる。しかし，衝動性の高いAに対して，Aの粗暴な行動に対する正の弱化の手続きだけでは，代わりの適切な行動の獲得にはつながらず，Aのトラブルの回数はそれほど変わらなかった。小学校3年生頃からは，父親の強圧的な厳しい対応に対してAは反抗を強めていった。Aは，強く反抗することによって父親の強圧的な対応（嫌悪刺激）が除去されるという負の強化を受けるようになり，Aの強い反抗や暴言・粗暴な行動が増加していくことになっていた。その結果，父親や母親からするとAが嫌悪刺激として機能するようになり，家庭内での相互作用も少なくなっていったと考えられる。

そのような状態が続くなか，中学生になり，Aの粗暴な行動パターンを受け入れてくれる同級生や先輩と出会い，Aの粗暴な行動が正の強化を受けるようになった。反対に，級友からは「無視される」状態となり，日常的に正の強化を受ける場面が少なく，補導歴のある同級生や先輩との関わりがより動機づけられるようになったと考えられる。

以上のことから，①家庭内における保護者とのポジティブな関わりを増加させる，②学校内における教師や級友とのポジティブな関わりを増加させる，③喫煙や飲酒のような不良行為を減少させることを目指した支援計画を作成した。

ポジティブな関わりを増やす介入を行なう

①家庭内における保護者とのポジティブな関わりを増加させるという目標に対しては，両親に対するペアレントトレーニングを実施した。両親には，日常生活の中で当たり前にできていること（家

族で一緒に朝ご飯を食べる，家族と同じ部屋でテレビを見るなど）を列挙させ，当たり前にできていることは素晴らしいことであり，言葉にして褒めるべきであることを説明した。また，家庭内での暴言には極力対応しないように助言した。また，Aが関心を持っていること（TVゲームなど）の話をできるだけ一緒にできるようにすることを説明した。

また，③喫煙や飲酒のような不良行為を減少させるという目標のため，適切な行動（家族で朝ご飯を食べる，時間通り登校する，約束した時間までに帰宅する，学校から帰宅後最低30分は家族と同じ部屋で過ごす）に対してはポイントを与え，不適切な行動（喫煙，飲酒，暴言，暴力）にはポイントを取り上げるというトークンエコノミーを取り入れた。ポイントは，Aの好きなもの（本，TVゲーム，スマートフォンのアプリなど）や活動機会（イベントへの参加など）と交換できるようにした。

②学校内における教師や級友とのポジティブな関わりを増加させるという目標のため，学校の教師に対して，危険な行動でない場合は極力対応しないようにし，登校行動や授業参加行動などに積極的に声かけをするように依頼した。また，Aの趣味であるスマートフォンのアプリ（ゲーム）について習熟するように依頼し，Aとその内容で関わりを持つようにした。級友との関わりについては，運動が得意なAが活躍しやすい体育の授業などにおいて，チームリーダーなどの中心的な役割をあたえ，ポジティブな関わりを増やすように教師に依頼した。

介入の効果が得られる

トークンエコノミーを用いた支援によって，家庭内でのポジティブな相互作用が増加し，A自身から両親に「○○に行きたい」などの発言が見られるようになってきた。また，学校に関してポジティブな発言が増加し，学校内外において級友と一緒に過ごす時間が増え，コンビニエンスストアなどで時間を過ごすことが減少した。級友とは，口論などトラブルになることが完全になくなったわけではないが，Aの得意な点（運動面など）を中心に級友が評価する機会が増えた。家庭内および学校内で正の強化を受ける機会が増加することで，相対的に不良行為から得る社会的強化の必要性が減り，不適切行動の低減と適切な社会的相互作用の増加につながったと考えられる。

文献

Baily JS, Timbers GD, Phillips EL et al.（1971）Modification of articulation errors of pre-delinquents by their peers. Journal of Applied Behavior Analysis 4 ; 265-281.
Barrish HH, Saunders M & Wolfe MD（1969）Good behavior game : Effects of individual contingencies for group consequences and disruptive behavior in a classroom. Journal of Applied Behavior Analysis 2 ; 119-124.
Fixsen DL, Phillips EL & Wolf M M（1973）Achievement place : Experiments in self-government with pre-delinquents. Journal of Applied Behavior Analysis 6 ; 31-47.
Phillips EL（1968）Achievement place : Token reinforcement procedures in a home-style rehabilitation setting for "pre-delinquent" boys. Journal of Applied Behavior Analysis 1 ; 213-223.
Reid JB, Patterson GR & Snyder J（2002）Antisocial Behavior in Children and Adolescents : A Developmental Analysis and Model for Intervention. Washington DC : American Psychological Association.

児童自立支援施設に入所する非行少年への集団SST

問題の設定

　少年法で定められる「少年」が触法行為を行った場合に、「非行」という言葉が用いられる。非行行為には、殺人・強姦・傷害・恐喝などの攻撃的なものから、万引き・窃盗などのゲーム感覚で行われるものもある。

　非行の発生に関連する要因については、家庭環境や規範意識の低さ、自己抑制の低さ、ソーシャルスキルの未熟さなどが指摘されている。また、近年触法行為と発達障害との関係についても注目されるようになってきており、児童養護施設に入所している児童のなかにADHDなどの発達障害の診断のある児童が増加していることが示されている（厚生労働省, 2009）。発達障害の特性のある児童はコミュニケーションの困難さを抱えていることが多く、対人関係上のトラブルから攻撃的な行動に出てしまうケースや、衝動性の高さから暴力的な行為に及んでしまうケースなどがみられる。そのため、近年の非行臨床においては、非行行為の背景に発達障害の特性がないかをアセスメントすることが重要になっている。

　非行少年に対する支援としては、近年、ソーシャルスキルズトレーニング（Social Skills Training：SST）に注目が集まりつつある（品田, 2008）。SSTの基本的な仮説は「欠如仮説」であり、適切なソーシャルスキルを習得していないために、対人関係上のトラブルを起こしやすいというものである。そのため、適切なソーシャルスキルを習得させるための学習をする機会を提供することが支援の基本になる。基本的なSSTの枠組みは、教示、モデリング、行動リハーサル・フィードバックであり、参加者は適切なモデルを観察しながらスキルのポイントを学習し、そのスキルを実際に練習し、フィードバックを受けながら習得していく。さらに、前述のように発達障害の特性をアセスメントし、その特性に応じて場面設定を工夫したり、随伴性マネジメント（ルールの呈示、参加行動への積極的なフィードバックなど）を丁寧に行ったりすることでソーシャルスキルの獲得を目指していくことになる。

　近年、SSTは集団で実施されることが増加している。集団SSTを実施するということは、単にソーシャルスキルを習得することだけでなく、習得したスキルが生活環境（所属集団）内で強化されるような環境を整えることにもつながりやすく、習得したスキルの維持や般化を促進すると考えられている。つまり、対象者自身に行動を獲得させることに加え、その行動が強化されるような強化随伴性を整える必要性が指摘されるようになってきている。特に、施設に入所している非行少年などを対象とする際には、地域に戻った際にも習得したスキルを使用していけるように、個別のSSTよりも集団SSTを実施することが有効であると考えられる。

　以上の背景から、非行臨床においては、発達障害の特性を考慮した集団SSTを実施することがひとつの有効なアプローチと考えられる。本稿では、児童自立支援施設に入所している非行経験のある青年に対して、集団SSTを実施した事例を報告する。なお、事例は細部を改変した仮想事例である。

◉ 事例を検討しアセスメントを行う

集団SSTに参加した青年は，児童自立支援施設に入所する13～15歳で，全員に非行経験（窃盗，恐喝，性加害など）があった。幼児期に虐待（身体的虐待，心理的虐待，性的虐待，ネグレクト）を受けていた者も半数以上含まれる。

集団SSTのプログラム内容を検討するために，参加者のソーシャルスキル，発達障害特性，適応行動のアセスメントを実施した。ソーシャルスキルのアセスメントには，上野・岡田（2006）に記載されている尺度を用いた。また，児童自立支援施設の職員から，日常生活における対人スキルについての聞き取りを行い，未習得であると考えられるソーシャルスキルを同定した。アセスメントの結果，適切なアサーションスキル（頼むスキル，断るスキル），セルフコントロールスキル，状況や感情の理解スキルが未熟であることが明らかとなった。

発達障害特性のアセスメントには，広汎性発達障害日本自閉症協会評定尺度（Pervasive Developmental Disorders Autism Society Japan Rating Scale）と，ADHD Rating Scale-IVを用いた。アセスメントの結果，7割近くの参加者に自閉症スペクトラム障害の特性（こだわり，フラッシュバックなど）がみとめられ，5割以上の参加者に不注意や衝動性などのADHDの特性がみとめられた。

適応行動のアセスメントには，Vineland-II適応行動尺度を用いた。これには，コミュニケーション，日常生活スキル，社会性，運動スキル，不適応行動という5つの領域があり，適応行動の発達水準を幅広くとらえ，支援計画の作成に用いることができる。アセスメントの結果，コミュニケーション，日常生活スキル，運動スキルの領域では問題は見られなかったが，社会性の領域では顕著な困難さが確認された。

以上のアセスメントから，ソーシャルスキルおよび感情理解・感情コントロールスキルの未熟さがうかがえること，自閉症スペクトラム障害やADHDといった発達障害特性の強い参加者が多いこと，対人関係の構築や維持に問題がみられることが明らかとなった。

◉ プログラムを構成する

アセスメントの結果を考慮して集団SSTのプログラムを構成した。プログラムは，対人スキルトレーニングと感情コントロールスキルトレーニングに分かれていた。対人スキルトレーニングは，自己紹介スキル，上手な頼み方スキル（基礎編），上手な頼み方スキル（応用編），上手な断り方スキル（基礎編），上手な断り方スキル（応用編）の5セッションで構成された。

感情コントロールスキルトレーニングは，感情理解（感情の語彙の増加と感情のラベリング），感情コントロール①（ポジティブ感情とネガティブ感情），感情コントロール②（感情は変えられる，感情－身体－思考－行動の関連，リラクセーション），認知再構成，感情コントロールスキルのまとめの5セッションで構成されていた。

> 問題の分析

> 問題の解決

◯ 対人スキルトレーニングを実施する

　対人スキルトレーニングでは，コーチング法に基づき，教示，モデリング，行動リハーサル・フィードバックの構成でプログラムを実施した。最初に，参加者全員を対象として，学習するスキルの重要性などについて話し合い，スキルの良い例と良くない例のモデルを呈示した。そして，モデリングに基づいてスキルの重要なポイントを整理した。その後，小グループに分かれて行動リハーサルを実施し，スキルのポイントに基づいた具体的なフィードバックを与えた。フィードバックは，できているポイントを中心に与え，できていないポイントについては1つだけ伝えるなどして，意欲的に練習に取り組めるように配慮した。

◯ 感情コントロールスキルトレーニングを実践する

　感情コントロールスキルトレーニングでは，感情理解では，感情をポジティブ感情とネガティブ感情に分ける活動をしたのち，ポジティブ感情がたくさんあれば気持ちが元気になること，ネガティブ感情ばかりになると辛いが，ネガティブ感情があること自体は悪いことではないという点を確認した。その後，紙芝居を見ながら場面にあった感情表現を学習した。感情コントロールのセッションでは，シールやカプセルなどの具体物を用いてこころの中の感情を表現し，こころの中で整理できていないネガティブ感情を整理する（ポジティブ感情に切り替える）ことができればよいことを確認した。その後，感情－身体－思考－行動はそれぞれつながっており，自分が変化させやすい部分をみつけてアプローチすることで感情を変えることができることを説明した。そして，感情を切り替える具体的な方法としてリラクセーションと認知再構成を実施した。認知再構成では，具体的なエピソードとそれに伴う考えと感情を書き出す練習をし，感情にはその時にどのようなことを考えているのかが影響すること，考え方を変えれば感情を変えることができることを，ワークシートを用いながら学習した。最終セッションでは，自分のエピソードに当てはめながら，学習してきたスキルを使って解決する練習を行った。

　プログラムの実施においては，虐待を受けた経験がある参加者が多いことと，自閉症スペクトラム障害の特性が強い参加者がいることから，セッション中にフラッシュバックが起こる可能性を考慮し，モデリングや行動リハーサルで取り上げる場面設定や心理教育における教材に関しては，具体物を使いながらもあまりに現実的すぎないものを取り上げるなどの工夫をした。

◯ 随伴性マネジメントを行う

　セッションの実施においては，ゲーム活動などを取り入れ楽しく継続して参加できるように工夫した。また，毎セッションにおいて参加行動に対するルール（話を聞くときは背筋を伸ばして話し手を見る，発言するときは挙手するなど）を設定し，ルールを守っていることについてはセッションの開始から終了まで頻繁なフィードバックを行った。また，セッション中の逸脱行動（課題に取り組まないなど）に対しては極力注意せず，プログラムへの参加行動（話し手を見る，指示したことに取り組む，積極的に練習するなど）に対して積極的に賞賛を与えるなどの工夫を行った。

　セッション外では，学習したスキルを生活場面でも使用するようにポスターを掲示したり，生活場面でスキルを使用するようなホームワークを出したりした。そして，職員全体にプログラム内容を周知し，生活場面においてスキルを活用できている場合には積極的に強化するような環境を設定した。

◯ 事例Aの変化を促す

　A（男児）は，自閉症スペクトラム障害の特性が強く，衝動性も高く攻撃的な行動が多く見られ

た。幼児期にネグレクトを受けていた経験があり，精神科医の見立てによると愛着の形成に困難があるということであった。児童自立支援施設のなかでの対人関係の特徴としては，自分を甘えさせてくれる人には年齢不相応にベタベタとするが，一度でも思うようにいかない（頼みを聞いてくれないなど）があると，非常に攻撃的な言動が増加して関係がこじれてしまうということが頻繁に見られた。

プログラムでは，ポジティブな行動への賞賛をすることで参加行動（着席，話を聞く，質問に答えるなど）はかなり維持されていた。しかし，対人スキルトレーニングにおける行動リハーサルでは，自信のなさもあり，小グループの前に立ってロールプレイすることに対する負担が大きかった。そこで，最初は小グループの輪の中で座ったままでセリフを言わせる，手元にメモを渡しそれを読み上げるなどのスモールステップを設定した。すると，2回目のセッションの後半には自ら立ち上がって小グループの前でロールプレイをすることができた。その後も行動リハーサルでは積極的に練習することができ，自己紹介スキル，頼むスキル，断るスキルでは，自己評価および行動観察による他者評価においてもソーシャルスキルの向上が見られた。感情コントロールスキルトレーニングでは，感情についての語彙の少なさが顕著であったが，セッションを進めるにつれて適切なラベリングも身についてきた。また，リラクセーションを練習して身につけられたことで，対人場面での不安や緊張を緩和することができるようになったという発言も聞かれるようになった。

プログラム全体の成果を検証する

施設職員全員がプログラムに関わるようにスモールステップの工夫をした（プログラムについての報告会，部分見学，全体見学，サポート役，進行役）ことで，職員全体でプログラムの目的や支援方法を共有することができた。プログラムによってスキルを学習し，そのスキルを生活場面で積極的に強化するという随伴性を整えることで，プログラムをより効果的なものにすることができた。

文献

厚生労働省（2009）児童擁護施設入所児童等調査（http://www.mhlw.go.jp/toukei/list/69-19.html）．
品田秀樹（2008）少年院におけるSST．In：前田ケイ，安西信雄 編：本人・家族のためのSST実践ガイド．日本評論社，pp.60-67．
上野一彦，岡田智 編著（2006）特別支援教育実践ソーシャルスキルマニュアル．明治図書．

第16章 ── 地域支援

学校コンサルテーションの実践における相談過程

【問題の設定】

◉ スタッフの変容を惹起するように環境を設計する

　地域支援に行動分析学を役立てるには，コミュニティで強化共同体を形成し，望ましい社会的行動を維持・般化させる環境の設計が必要である。その手法のひとつがスタッフトレーニングである。スタッフトレーニングは，スタッフへの知識・技術の供与に留まらない地域支援の方法論である。ただ，そこには，トレーナーとトレイニーの微妙な関係性の問題が横たわっている。

　大石（2015）は，学校コンサルテーションのコンサルタントとコンサルティの関係性のなかに，前記の微妙な問題が潜在することを示唆している。すなわち，トレーナーとトレイニー，コンサルタントとコンサルティ，そして，スーパーバイザーとスーパーバイジーの関係性の如何により，トレーナーやコンサルタント，スーパーバイザーの承認・言語賞賛が，強化子として作用するかどうかが変化することになる。この事実に自覚的でない限り，スタッフトレーニングは本質的な意味で成功しない。ところが，トレーナーの行動を分析した研究や，コンサルタントやスーパーバイザーの行動を分析し，批判的にこれを検討した論文の発表は，皆無に等しい。トレーナーやコンサルタント，スーパーバイザーの行動を分析するには，トレイニーやコンサルティ，スーパーバイジーに及ぼした効果を検討する必要がある。俗に"エンパワメント"と言われるような勇気づけ，力づけをどのように達成することができたか，を検討する必要があるのだ。つまり，トレイニーやコンサルティ，スーパーバイジーの行動を変化させる言語記述を生成・維持するような環境の設計を行えたかどうかが問題である。むろん，インテグリティのような介入の整合性はどうであったか，クライエントや支援対象となる人たちのQOL向上にいかに寄与したか，さらには，テクニカルサウンズと呼ばれる行動的な技術をどれほど履行することができたか，ということも重要である。しかし，それだけでなく，行動分析学が社会的問題や社会的重要事の解決に貢献し，この科学的な技術が社会的に浸透するためには，何を実践すべきか，ということとともに，どのようにそれを実践すべきか，ということを同時に解決することが求められる。

　ところで，Thyer（1999）は，興味深い論考を提示している。その内容は「たいていのソーシャルワーカーの養成校では，適切な行動の機能分析を実行できる実践家になるための教育訓練プログラムの開発と適用に，今のところ成功していない」というものである。また，「ソーシャルワーカーの養成校と同じ事態は，心理士の養成や教員の養成においても生じている」としており，「養成課程において，行動理論を支持しない同僚との調和を図りながらカリキュラムを運営することは容易なことではない」との認識を示している。上記のThyerの論考は，コミュニティで強化共同体を形成することの難しさを示唆している。このような地域実践の展開は喫緊の課題である。

◎付記
本事例は，立教大学の心理学研究倫理委員会の承認を得て行われ，研究参加者全員に対するインフォームド・コンセントをはかり，同意を得た上で，個人情報の保護に努めながら，新たにまとめたものである。

大石幸二

● スタッフトレーニングにおける相互影響関係を分析する

保育士や教員，ソーシャルワーカーや保健師，医師や心理士，ボランティアなど，対人援助の実践家は，教育訓練やスタッフトレーニングを受けたりして，有為な実践家として社会で機能しようと努めている。しかし，これらの実践家に，教育やトレーニングについて尋ねてみると，効果的かつ有意義であったとする回答ばかりではない。「内容的には素晴らしかった」と評価しつつも，あるいは「新たな知見に対する理解が深まった」と言いつつも，それが必ずしも支援行動の変容や対人援助実践の変化に結びついていないことがある。理論的には正しく，エビデンスも十分な技法や手続きを提供しているのに，どうしてこのようなことが生じてしまうのか。それは，これらの実践家に教育やトレーニングを提供する人たちの行動分析の不足が一因なのかもしれない。教育やトレーニングを提供する人たちも，実践家との相互作用を経て行動が変容し，対人援助実践が洗練化される。ところが，それらを批判的に検討し，冷静に記述した先行研究は皆無に等しい。このことは，ややもすると，トレイナーやコンサルタント，スーパーバイザーの行為が批判に晒される機会を奪い，学習性の行動が発達しないという事態を招く恐れがある。この点は大きな問題だろう。

ところで，伝統的なスタッフトレーニングの研究では，次のようなことを検討してきた。すなわち，教育やトレーニングの結果，スタッフが知識・技術を獲得し，それを正確にクライエントに適用し，その知識・技能が般化・維持して，クライエントの行動変容に結びついたかどうかの検討である。そして，教育やトレーニングを行う人の介入の適切性については，社会的妥当性の評価の一部として簡単に測定されてきた。その適切性評価の内容は"負担感"と"実行可能性"および"満足度"の調査が主であった。よって，教育やトレーニングを行う人の態度や行動の評価はほとんど問題にされてこなかった。だが，選好刺激が強化子として機能することを示唆する数多くの研究知見を援用すると，教育やトレーニングを提供する人の態度や行動は，それを受けるスタッフの行動に少なからず影響するであろう。トレイナーとトレイニーの間には相互影響関係が生じるはずである。そこで，トレイナーやコンサルタント，スーパーバイザーの行動とトレイニーやコンサルティ，スーパーバイジーの行動の対応関係を，時系列的に評価していくような取り組みが求められる。トレイナーの視線は，トレイニーの視線や他の行動に対して，どのような影響を及ぼしているか。コンサルタントの身振りは，コンサルティの身振りや他の行動に対して，どのような影響を及ぼしているか。スーパーバイザーの頷きは，スーパーバイジーの頷きや他の行動に対してどのような影響を及ぼしているか。これらの行動と行動の，時系列的な推移について行動の観察記録を用いて分析していく必要がある。

> 問題の分析

> 問題の解決

学校コンサルテーションにおける相談過程を検討する

　行動理論に依拠する学校コンサルテーションでは，機能的行動アセスメントの実行，単一事例実験計画法の適用，および介入整合性の評価が行われる。けれども，この過程においてコンサルタントの行動変容が問題にされることはない。それどころか，行動コンサルテーションでは，コンサルタントとコンサルティの相談過程で生じる相互作用を観察記録した研究は，ほとんど見当たらない。既述のように，行動コンサルテーションの相談過程で「何をすればよいか」は，ある程度明確にされていると言ってよいが，「どのようにそれをすればよいか」あるいは「実際には何が起こっているのか」については，不明のままである。そこで，コンサルタントとコンサルティとの間で行われた相談過程を観察記録した結果を示すとともに，その相談過程がコンサルティによりどのように評価されたか，を事例的に記述する。

学校コンサルテーションの面接を記述する

　ある年，複数回にわたり行われた学校コンサルテーションの相談場面からデータを抽出した。相談の初回（初対面）の，30分間という制限時間付きの相談場面である。相談場面の行動の様子は2台のビデオカメラに録画され，相談場面の発言の内容は2台のICレコーダーに録音された。そして，面接終了直後に15分間の時間を設けて，相談場面に対する簡単な印象評定を依頼するとともに，6カ月後に30分間の時間を設けて，面接の効果評価と相談場面の全体評価を求めた。

　参加者は，コンサルティ1名とコンサルタント1名であった。コンサルティは，校務分掌として教育相談主任を担う高等学校教諭であった。教職経験年数は20年を超える女性であった。一方，コンサルタントは，応用行動分析を専攻する心理士であった。経験年数は20年を超える男性であった。

　結果の整理方法は，15秒間インターバル記録法を用いて，1分間の観察時間を4区間に分け，3区間以上標的行動が生起した場合に，「生起」と見なした。観察総時間は30分間で，生起数の累積は30が最大値となった。また，観察記録された標的行動は，「頷き」（感動詞を伴う，同意を示す深い応答で，首を縦に動かす動作），「笑顔」（発声や発語を伴う，目元および口元が緩んだ，肯定的ないし友好的な表情），「身振」（前傾姿勢をとり，発声・発語を伴いながら行われる伝達のための動作）であった。併せて，心理士の「視線」（コンサルティに顔を向けて，視線の一致を図ろうとする態度で，自身の発話時には発語を伴い，相手の発話時には応答的な発声を伴う）および「正対」（相手に身体を向け，相手の顔や視線，身体の正面とまっすぐ対峙している態度）についても観察記録した。観察者間一致率の平均値は，91.1%（範囲：77.5%〜100.0%）であった。

　図16-1より，コンサルティの「頷き」「笑顔」「身振」はすべて高頻度で生起したことがわかる。一方，コンサルタントの「身振」は高頻度だが，「頷き」と「笑顔」は低頻度で生起した。コンサルタントとコンサルティの「頷き」には対応関係がなかった。これは，「頷き」が相手の発話への同意に基づいて生起することに関連する。コンサルタントとコンサルティの「笑顔」に対応関係は見られた。「笑顔」は互いに影響を及ぼし合う関係になっていた。さらに，コンサルタントとコンサルティの「身振」に対応関係が見られた。互いの伝達意図が強かったものと想像される。

　図16-2より，コンサルティの「頷き」や「笑顔」は，コンサルタントの「視線」や「正対」と対応していた。

　以上のように，コンサルタントは，機能的行動アセスメントを行い，介入の技法や手続きをコンサルティとともに検討しながら，非言語行動についても応答関係を維持・発展させつつ，面接を進

図16-1 コンサルタントとコンサルティの標的行動の累積

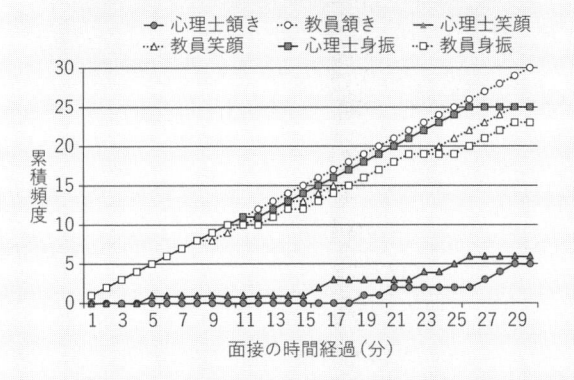

図16-2 コンサルティの「頷き」や「笑顔」と対応するコンサルタントの行動

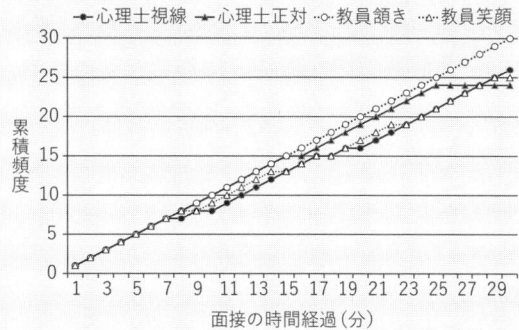

めていた。その面接は，コンサルティにより直後にどのようにその印象が評価されていただろうか。また，6カ月を経過して振り返ったとき，どのようにその場面は評価されていただろうか。直後の評価（5段階のリッカート尺度）では，「気楽さ」「自分のペース」「話題の選択」「解決の糸口」「実践の意欲」について，いずれも最高点の5点と評価された。一方，6カ月後の評価（3段階の評定）では，「実践のヒント」「実践への活用」「見直しと改善」はすべて肯定的な評価であった。また，「クライエントの変容」「クライエントの家族の変容」「関係教員の変容」「コンサルティ自身の変容」もすべて肯定的な評価であった。さらに，「振り返りの機会」「生徒理解の機会」「教育相談の機会」「現職研修の機会」「実践の意欲補強の機会」もすべて肯定的な評価であった。自由記述から，①最初に緊張・不安を感じたこと，②コンサルタントの笑顔による対応によって安心・意欲に繋がったこと，③自分自身の発言をタイミング良く的確にまとめてもらったことで，問題整理に繋がったことが表明されていた。

●文献

大石幸二（2015）行動コンサルテーション——実践と研究の現在位置．コミュニティ心理学研究 18；印刷中．
Thyer BA (1999) Clinical behavior analysis and Clinical social work : A mutually reinforcing relationship. The Behavior Analyst 22；17-29.

保育巡回相談を地域支援システムに結びつける介入

問題の設定

● 包括的な行動システムを記述する

　地域支援に行動分析学を役立てるには，単一の行動を切り出して，それを分析するだけでは不十分である。単一の行動に留まらず，行動のシステムを記述する必要があると考えられる。それは，実験室内でのように，独立変数となる刺激を固定して，その安定的な効果を確認する分析手法が，現場実践の記述に馴染まない場合があるからである。実践の現場では，人と人との行動の交換が行われている。一方の人の行動が他方の人の行動に，先行事象や結果事象として影響を及ぼす。それと同時に，あるいはこれと相前後する形で，他方の人の行動がもう一方の人の行動に影響を及ぼす。このような行動の推移や連続的な変化は，実験室内における独立変数の操作と従属変数の観察記録とは，性質を異にする側面がある。そのため，実験室実験のみを行う研究者にはこの課題を達成することは難しいかもしれない。もちろん，実践の現場に身を置くだけではこの課題を達成することも決して容易ではない。実験室的な研究の条件統制や制御変数の影響を分析する視座と，実践の現場が抱える変動性や多重の随伴性にも理解を示すことができる感覚の両方が，その解決には求められるのである。

　さて，Mattainiは，学校の教室における正の強化随伴性の成立に関してたいへん興味深い事例を取り上げ，説明している（Mattaini, 1996, pp.33-34）。Mattaini (1996) は，先行研究を引用して「学校における自発的な課題従事や学業達成の度合いがはかばかしくない児童生徒にも，正の強化の適用が大きな効果を挙げる」ことを指摘したうえで，「このような正の強化で維持される環境が独りでに（傍点著者）は成立しない」ことを説明している。Mattaini (1996) は，教員が自発行動として，言語賞賛を行ったり，児童生徒にポイントを付与して彼らの動機づけをはかる実践を進めるには，先行事象として，①機会の条件，②自己生成型の言語ルールと教育訓練プログラムの内容，③行動の遂行度を自己確認するための手段が必要であり，結果事象として，①自己強化，②給与などの物的強化子，③スーパーバイザーや保護者からの信頼や承認が必要であることを説明している。もちろん，教員に限らず，対人援助実践の現場では，対人援助専門職の人材すべてに類似の課題が関連している。具体的には，心身の健康の維持増進を達成する保健師や，住民や援助を必要とする人たちへの社会擁護・生活の質の向上に貢献するソーシャルワーカー，医療や精神的ケアサービスを提供する医師や心理士などの自発的な行動の変容にも，前記のことがらが関連している。

　ところで，包括的な行動システムの記述については，単一事例実験計画法の適用が可能である，という考え方がある (Thyer, 1998)。Thyerは，ソーシャルワーク実践に係る長い経験のなかで，単一事例実験計画法を単一の機関や組織に適用して効果評価研究を行う必要があることを指摘している。

◉付記
本事例は，実際の事例を参考に，仮想事例として新たにまとめたものである。

◉ 包括的な行動システムを分析する

行動の推移や連続的変化をいかに記述すればよいか。これは，行動分析学による社会的問題の解決において重要な課題である。問いは2つあり，1つは多重要因の関与をどのように記述するか，もう1つは時系列的な連続的変化をどのように記述するか，である。後者については，相互作用における行動の時系列的変化を分析・記述する手法が開発されていないため，本章で説明することはできない。前者については，Mattainiの提案している枠組みを参照することができるので，ここではそれを検討することにする。

たとえば，教員が"行為者（actor）"で，言語賞賛という"実践（practice）"を行うとする。仮に反応機会があり，適切に行動するための知識と技術も与えられているという"先行事象（antecedents）"が整えられている。また，その実践により児童生徒の行動変容が確認でき，そのことに対する謝意が保護者や関係者から表明され，自分自身でも成果の実感ができるという"後続事象（consequences）"も随伴しているとする。このようなとき，行為者の実践は，先行事象の統制と結果事象の制御を受けて，成立することが予測される（Mattaini, 1996）。

けれども，実践には相手が在るのが普通である。上記の例で言えば，児童生徒との行動の交換のなかで教員の実践は成立する側面があるため，児童生徒の行動についても見ておく必要がある。児童生徒も"行為者"として課題従事を示したり，知識・技術を獲得したり，課題解決を行ったりする。そして，この行為は，適切な応答機会が整えられたり，どのように反応すると何が手に入るのかという結果の記述が明確化されるという"先行事象"が整えられることで，反応の生起確率が変動する。また，教員による言語賞賛や得点，あるいは同級生からの注目や承認が与えられるという"結果事象"により，この行動は補強されることになる。児童生徒の行為と教員の実践との間には，相互に影響関係が存在している。

さらに，これらの児童生徒と教員の実践という行動の交換の場には，それが学校の教室で行われているならば，同級生が存在しているに違いない。この同級生も，自分自身が課題に従事したり，知識・技術を獲得したり，課題解決を行ったりするだけでなく，他の同級生に対して，微笑などの社会的な強化子を提示するという行為を行っている。そして，この社会的な強化子を提示するという実践が先行事象と結果事象の統制や制御を受けて成立しているのである。さらに，これらの同級生に対しても，教員は社会的な強化子の提示がなされやすくなるような先行事象と結果事象を準備している。学校の教室という"事態"においては，このような参加者の行動の交換がひっきりなしに行われ，これらが調和的に推移して当初設定された教育的成果を挙げうるように作用し合っているのである。支援の場では，相互影響関係をできるだけ包括的に記述することが目指される。

> 問題の分析

> 問題の解決

保育巡回相談を地域支援システムに結びつける

　地域支援の醍醐味は，個別の相互作用の分析のなかからエビデンスを抽出し，その般化・維持の取り組みを通じてルールを生成し，ルールが広く地域の人たちに共有され，人々の行動を変えていく先行事象や結果事象に結びついていくことにある。ここで，保育巡回相談を地域支援システムに結びつける実践について検討する（図16-3）。

　図16-3の左上のパネルが基盤となる相互作用である。保育所保育場面において，乳幼児の行動が保育士の保育実践により変容するなら，保育士自身の行動も変容することになる。このような相互の影響関係は実践現場のなかで絶えず生じており，行動のシステムが形作られている。とはいえ，そのすべてを捉え，分析し，適切に操作することは不可能である。しかし，巡回相談員が関与することにより，保育士の行動の手がかりとなるルールや，実践を改善するための手がかりが明確になったり，乳幼児の"ミリメートル単位"の変化に対する感受性が高まったり，反応結果の記述が洗練化される可能性がある。巡回相談により図16-3の左下のパネルにまで関係性は拡大する。

　特定の"困り感"を抱く保育士や，保育実践の質的向上を目指す保育士への巡回相談に基づく介入により，特定の支援を必要とする乳幼児ばかりでなく，同一の集団に所属する他の乳幼児に対しても保育士の行動の変容が般化する。その結果，集団としての一体感が現れたり，乳幼児同士の対人交流が促進される。それは，モデリングによる行動変化が生じやすい環境条件を整えることになる。むろん，特定の保育士の実践行動の変容から始まった変化であるが，それが同僚の保育士の目に留まることにより，保育実践の質的向上は，保育所全体に拡がっていくことになる。保育所全体に拡がった保育実践の変化は，年数が経過するに従って，人事異動により自治体内の保育所間で質の高い実践の共有に繋がる。図16-3の右半分のパネルにまで拡張した状態である。

　上記のように，巡回相談は保育実践変化の契機を作り出すうえで重要な意味を持っている。特定の保育所ばかりでなく，他の保育所との間でも，保育実践改善の意義が共有されていくと，その結果として，乳幼児も保育士も自らの行動を変化させる要因が増えることになる。それと併せて，今度はこれらの保育の実践現場における変化が行政機関の変化をもたらすことになる。主査に昇進した保育士が保育行政機関において任務を遂行することにより，実践現場で生じていることが政策立案の担当者に伝えられることになる。むろん，これらの行政機関における変化は，議会での議論や決議に影響を及ぼし，地域住民に周知される。保育所にわが子を通わせていない住民も，このことを通じて"社会的養護"の重要性を認識し，自らの日々の生活と子育て支援施策・事業が無縁ではないということを認識するに至るのである。

　本来，巡回相談の形で行われるコンサルテーションは，回数を限定した間接的な関与で実践家をエンパワーし，そのことにより内発的な変革が連鎖することが望ましい。けれども，高度に組織立てられた機関・施設における実践が変化し，それがシステム・チェンジにまで繋がっていくためには，巡回相談員による比較的長期間にわたる実践への関与などが求められる。保育・子育て支援実践ばかりではなく，関連する小児医療保健行政や地域自立支援，障害福祉・生涯発達支援，および学校教育へも影響を及ぼすに至るのである。

文献

Mattaini MA (1996) Public issues, human behavior, and cultural design. In MA Mattaini & BA Thyer (Eds.) : Finding Solutions to Social Problems : Behavioral Stategies for Cahnge. Washington, DC : APA, pp.13-40.

Thyer BA (1998) Promoting research on community practice : Using single system designs. In RH MacNair (Ed.) : Research Strategies for Community Practice. New York and London : The Haworth Press, Inc., pp.47-61.

図16-3 ● 保育士と乳幼児の相互作用を支える巡回相談と地域支援システム

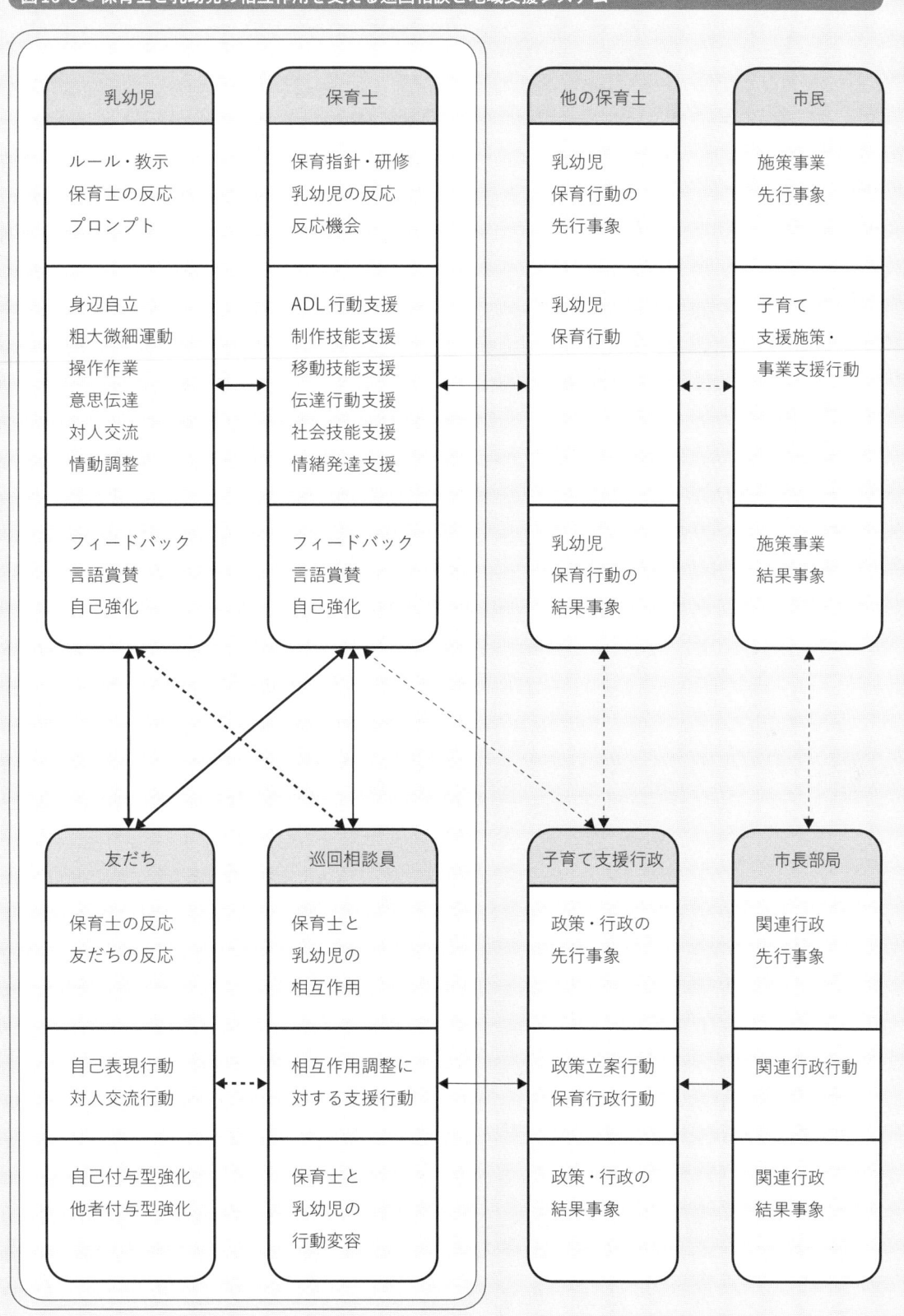

乳幼児	保育士	他の保育士	市民
ルール・教示 保育士の反応 プロンプト	保育指針・研修 乳幼児の反応 反応機会	乳幼児 保育行動の 先行事象	施策事業 先行事象
身辺自立 粗大微細運動 操作作業 意思伝達 対人交流 情動調整	ADL行動支援 制作技能支援 移動技能支援 伝達行動支援 社会技能支援 情緒発達支援	乳幼児 保育行動	子育て 支援施策・ 事業支援行動
フィードバック 言語賞賛 自己強化	フィードバック 言語賞賛 自己強化	乳幼児 保育行動の 結果事象	施策事業 結果事象

友だち	巡回相談員	子育て支援行政	市長部局
保育士の反応 友だちの反応	保育士と 乳幼児の 相互作用	政策・行政の 先行事象	関連行政 先行事象
自己表現行動 対人交流行動	相互作用調整に 対する支援行動	政策立案行動 保育行政行動	関連行政行動
自己付与型強化 他者付与型強化	保育士と 乳幼児の 行動変容	政策・行政の 結果事象	関連行政 結果事象

第17章──コミュニティ支援

放置自転車問題に対する行動分析学的アプローチ

問題の設定

◉ 放置自転車問題が起きている

　自転車は，どの家庭にも1台はあり，日常的によく利用される非常にポピュラーな乗り物である。また，自転車は，バスや鉄道などの他の交通手段とは異なり，走行によってCO_2を排出しないことから，環境にやさしいクリーンな乗り物としてその利用が奨励されている。しかしながら，近年の自転車利用者数の増加に伴い，交通事故や放置自転車の増加といった社会問題が深刻化している。一般に，社会問題は，個人レベルの問題ではなく，「社会」という集団レベルでの問題と考えられがちである。しかしながら，行動分析学の視点から見ると，社会問題の多くは，一人ひとりの行動の結果が，多くの人数分集積することによって生じるものと考えられる。したがって，社会問題は，個人レベルにおける行動改善を，集団レベルにまで拡張していくことによって解決できると考えられる。

　このような考え方に基づき，この章では，自転車利用に関する社会問題として放置自転車問題を取り上げ，行動分析学の知識・技術によって，どのように問題解決が可能であるかを見ていくことにする。ここでいう「放置自転車」とは，決められた場所以外の場所に駐輪され，所有者がその場を離れた状態にある自転車を指す。放置自転車の増加は，道路が狭くなったりふさがったりすることで安全な通行が妨げられるという問題を引き起こす。

　以下では，放置自転車問題の様態を，学校やマンションの敷地内やその周辺の路上といった狭域区域の場合と，大きな駅や商業施設の集まる地域といった広域区域の場合に分け，様態ごとに有効なアプローチについて説明する。

◉ 狭域区域の放置自転車問題を分析する

　学校，病院，マンションなど，建物を中心とする施設とその周辺に敷地がある区域では，その施設に自転車で訪れた人が，施設周辺に駐輪を行うことが多い。その場合，敷地内に駐輪スペースが設けられていることも多く，そこに駐輪がなされていれば放置自転車問題は生じない。しかしながら，駐輪スペースがない場合や，あっても施設から遠い場所に設けられている場合には，施設の間近や敷地の外の路上に駐輪がなされることで，放置自転車問題が生じる。

　放置自転車が発生した場合の対処法として，施設の管理責任者が自転車を適切な場所に移動させることが考えられるが，この方法は，コストがかかり，放置自転車を減少させる効果を持つとは考えにくい。行動分析学の考え方に基づくと，放置自転車問題を解消するには，駐輪行動の弁別刺激を明確にすること（駐輪して良い場所と良くない場所がわかるように示すこと），駐輪行動を正確に測定すること，および駐輪行動に対する適切なフィードバックを行うことが必要である。

佐伯大輔

◉ 弁別刺激を明示する

　駐輪スペースのある施設の場合，来訪者が駐輪スペースの場所を知ることのできるような指示を行う必要がある。この指示は，駐輪スペースにも必要であるが，施設の入口付近にも設置したほうが良い。また，駐輪スペース以外で駐輪される可能性がある場所には，そこへの駐輪は禁止されていることを示し，駐輪スペースへの駐輪を促す指示を行う必要がある。これらの，適切な駐輪行動を導くための弁別刺激の設定は，看板などの標識や地面への表示などの視覚刺激や，音声や警告音といった聴覚刺激を用いて行うことができる。

◉ 行動を測定する

　施設内の敷地や施設周辺の路上など，放置自転車が問題となる場所に来訪者が駐輪するという行動を測定の対象とする。しかしながら，駐輪台数や測定場所の数・面積が大きい場合には，駐輪行動の測定にコストを要するため，駐輪行動そのものではなく，放置自転車の台数が測定の対象となることが多い。測定は，駐輪がなされるたびにその頻度を数えることが望ましいが，コストの問題のために，実際には，一定期間（例えば日）を単位とし，その期間内における放置自転車の台数を数えることによって行う。

　測定をいつ行うかを決める際には，放置自転車の台数に周期的なパターンがあるかどうかに注意すべきである。例えば，日を単位として測定を行う場合，施設の利用頻度が高まる時間帯の前後で放置自転車が増えることが考えられるため，毎日その時間帯に測定を行う。同様に，放置自転車の台数が，週や月を単位とした周期で変化することも考えられるため，考慮する必要がある。

　何らかの介入を行った場合，その結果，当該場所での放置自転車は減少したが，代わりに他の場所で放置自転車が増加する可能性がある。そのため，介入を行っていない区域における放置自転車の台数も数える必要がある。駐輪スペースを持つ施設では，介入の結果として適切な駐輪行動がどう変化したかを明らかにするために，駐輪スペースへの駐輪台数も測定する必要がある。行動分析学では，通常，個人の行動が介入によってどのように変化するかを分析するため，個人を特定した行動測定を行うが，放置自転車の台数を測定対象とする場合には個人を特定しないため，集団レベルでの行動変容を調べることになる。

◉ 行動にフィードバックを与える

　駐輪行動を常時観察できる状況であれば，自転車の放置が生じた時に，行為者に対して，不適切な場所に駐輪がなされたことを即座にフィードバックできるが，それが難しい場合には，その場所での放置自転車数が以前と比較してどの程度変化したのかを，来訪者に示す方法が考えられる。

問題の分析

問題の解決

架空事例を通して分析する

ある市営体育館において，駐輪スペースに空きがあるにもかかわらず，自転車でやってきた利用者が，施設付近の路上に駐輪することで，放置自転車問題が発生しているという架空の事例について考える。なお，以下で述べるような介入を行うには，関係機関からの許可・承認が必須であり，行動コミュニティ心理学では，それに至るプロセスについての分析も必要とされているが，ここでは省略する。

弁別刺激を設定する

放置自転車が発生している場所（区域Ⅰ）に，「垂直サイン」と「地面サイン」の2種類の弁別刺激を設定し，適切な駐輪行動を促すこととした。「垂直サイン」とは，看板などのように，地面に対して垂直に設置される標識のことであり，そこには，「ここは駐輪禁止区域です」「以下の地図に示された駐輪スペースに駐輪してください」などの指示が記載されている。なお，放置自転車を撤去する場合には，そのことについても記載しておく。垂直サインの大きさは，目立つように，大きめのもの（例えば，A2判＝縦594mm×横420mm以上）とする。

一方，「地面サイン」とは，道路上に，色つきのテープを貼付するなどして，駐輪禁止区域がどの部分なのかを示したものである。これについても，駐輪禁止区域の枠線だけではなく，その内部についても斜線を入れるなどして，目立つようにする。

「垂直サイン」と「地面サイン」の併用は，放置自転車の台数を減少させることが明らかにされているが，各刺激の効果を分析するには，各サインの有無について，条件を組織的に変化させ，それに応じて放置自転車の台数がどのように変化するかを明らかにする必要がある。

行動を測定する

「問題の分析」でも述べたように，駐輪行動そのものを測定対象とする場合，時間的コストや人的コストを要するため，放置自転車の台数を測定の対象とする。ここでは，測定を1日に3回（9:00，13:00，15:00），3つの区域（区域Ⅰ，区域Ⅱ，区域Ⅲ）について行った。これらの測定場所と測定の時間帯は，事前に予備調査を行って決定した。

測定の時間帯については，放置自転車台数の周期的パターンを予備調査の結果から把握し，放置自転車の台数が多くなる時間帯を選んだ。

測定場所には，放置自転車がなされている区域Ⅰの他，駐輪はほとんどなされていないが駐輪が可能な区域Ⅱと，駐輪スペースである区域Ⅲを含め，区域ごとに駐輪台数を測定した。

行動にフィードバックを与える

駐輪行動について，個別にフィードバックを行うのは，コスト面で困難なため，区域Ⅰにおいて，弁別刺激として設置した垂直サインの横に，これと同様の形式で放置自転車台数を表示することで，行動のフィードバックとした。これは，横軸に日数，縦軸に放置自転車台数をとった折れ線グラフと，台数の平均値を1週間単位で示すことで行った。そして，2週間前に比べて1週間前の放置自転車台数が増加したのか減少したのかを，「増加した」「減少した」という言葉で表した。このフィードバックにより，この区域における放置自転車の状況が改善しているのか否かを来訪者に知らせた。

介入の効果を見出す

介入を行っていない状態をベースライン（A），区域Ⅰに垂直サインと地面サインを呈示し，行動のフィードバックを行う条件を介入（B）とし，ABABデザイン[1]で介入の効果を検討した。各フェイズを10日ずつ実施した。

[1] ABABデザイン

ある環境変化によって行動が変化するかどうかを確かめるための方法の1つ。まず環境を操作する前の行動を測定し，行動が安定していることを確認する。これをベースライン（A）とよぶ。次に，環境変化を生じさせ，行動が安定するまで継続する。これを介入（B）とよぶ。介入の効果がある場合には，介入への移行後に行動量が変化する。その後，介入前の状態に戻す（2回目のA）ことで行動量が介入前と同程度に戻るかどうか，さらに，再度介入を行う（2回目のB）ことで，介入の効果が再現されるかを確かめる。

図17-1は，各区域における駐輪台数を日ごとに示したものである（仮想データ）。区域Ⅰにおける駐輪台数は，ベースラインでは多いが，介入時には減少していることがわかる。このことから，区域Ⅰにおける弁別刺激と行動のフィードバックは，放置自転車の減少に効果をもたらしたといえる。

区域Ⅰでの介入によって，区域Ⅱや区域Ⅲ（駐輪スペース）の放置自転車の台数がどのように変化したかが，図17-1の「区域Ⅱ」と「区域Ⅲ」に示されている。区域Ⅱには，もともとほとんど駐輪がなされていないが，区域Ⅰでの介入に伴って放置自転車の数が増加していることがわかる。また，区域Ⅲの駐輪台数も，区域Ⅰへの介入に伴って増加している。

このことから，放置自転車が問題となっている区域に対して，弁別刺激や行動のフィードバックを行うことは，その区域における放置自転車台数を減少させる効果をもたらすことが明らかとなった。ただし，このような介入を行っていない他の区域において放置自転車が増加する可能性があるため，駐輪スペースなど，適切な場所への駐輪を促す働きかけも同時に行う必要がある。

図17-1 ● 各区域における駐輪台数（仮想データ）

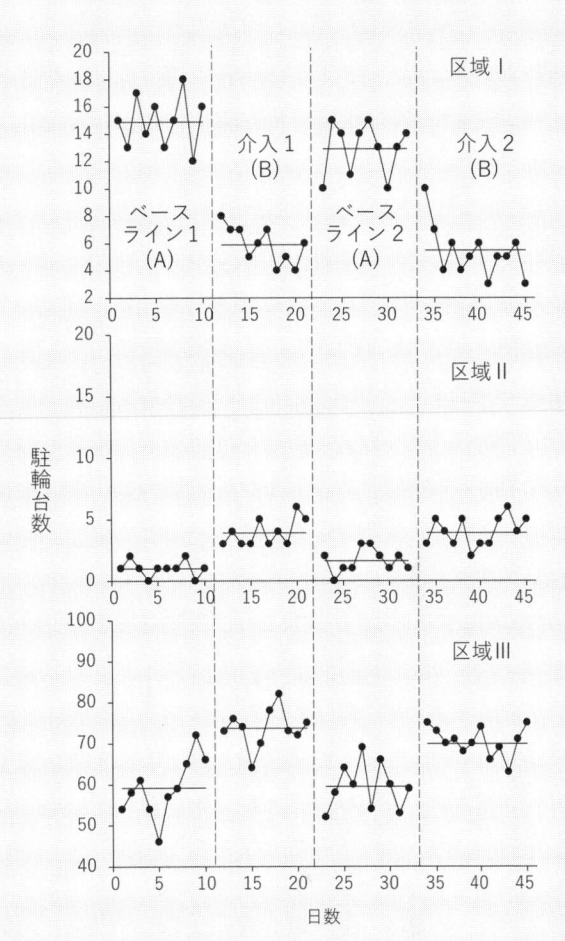

水平線はそのフェイズにおける平均値を示す。

文献

松岡勝彦，佐藤晋治，武藤崇ほか（2000）視覚障害者に対する環境的障壁の低減——駐輪問題への行動コミュニティ心理学的アプローチ．行動分析学研究 15；25-34．

佐藤晋治，武藤崇，松岡勝彦ほか（2001）点字ブロック付近への迷惑駐輪の軽減——データ付ポスター掲示の効果．行動分析学研究 16；36-47．

沖中武，嶋崎恒雄（2010）不法駐輪に対する行動分析的アプローチ——データ付ポスターの掲示と駐輪禁止範囲明示の効果．行動分析学研究 25；22-29．

放置自転車問題に対する介入効果

問題の設定

◉ 広域区域の放置自転車問題を分析する

2013年に実施された内閣府の調査によると，全国の駅周辺における放置自転車の平均台数は約12万3,000台であり，その数は年々少なくなっている。その原因として，駅付近での駐輪場における自転車収容台数の増加やレンタサイクル制度の導入が考えられるが，それでもなお，放置自転車は深刻な社会問題として認知されている。

◉ 社会実験を行う

商業施設の集まる地域では，自転車で訪れた人が，駐輪スペースではなく，目的地である店舗付近の路上に駐輪することにより問題が発生する。このような放置自転車問題に対して，商業施設のある地域では，駐輪場の増設という対策を取っているが，駐輪場から目的地までの距離や自転車を預けるための金銭的コストがあることによって，利用率が高まらない恐れがある。放置自転車問題を解決するためには，単に駐輪スペースを増設すれば良いわけではなく，自転車でその区域を訪れた人々が，どのような行動を取る傾向にあるのかを把握する必要がある。そのための方法として，社会実験が挙げられる。

放置自転車問題に関する社会実験として，例えば，商業施設のある地域において，一定期間臨時駐輪スペースを設けて，自転車で訪れた人にそこに駐輪するよう促すことで，放置自転車の数を減少させる試みがなされている。しかしながら，実験期間が終了すると，臨時駐輪スペースは撤去され，実験前と同じ状況に戻るため，根本的な解決には至らないように思われる。

社会実験のなかには，事前に地域住民を対象に質問紙調査を行うことで，介入がどのような効果をもたらすかを予測したうえで，実験を実施しているものもある。だが，質問紙調査から得られる回答は，仮想場面における言語行動としての反応であるため，回答者の実際の行動を反映するとは限らない。

社会実験の実施には，対象となる道路などを管理する省庁や自治体の承認・協力が必要であり，多大なコストを要するため，実施期間・回数が限定される。したがって，実施前には，介入の内容についての入念な吟味が必要である。しかし前述のように，質問紙調査のデータは吟味の材料としては不十分と思われる。

◉ シミュレーション実験を行う

社会実験に先立って，人の実際の行動を調べる方法として，実験室シミュレーションが有効である。これは，問題となっている場面を実験室内に構築し，参加者がどのような行動を取るかを測定するものである。質問紙とは違って，実際の行動を測定対象としているため，社会実験の内容を決める際に有用なデータを提供してくれる。

ここでは，質問紙調査，実験室シミュレーション，社会実験を組み合わせた統合的アプローチによって，放置自転車問題に有効な施策を導き出す方法について紹介する。

◉ 統合的アプローチを行う

　路上駐輪を行う人々の行動傾向を把握するために，従来実施されてきた質問紙調査と社会実験の間にシミュレーション実験を組み込み，これらを互いに有機的に結びつけた統合的アプローチを提案する。質問紙調査で得られるデータは，仮想場面における言語行動レベルのものではあるが，シミュレーション実験においてどのような状況を設定すべきであるかを決定するために利用できる。例えば，「放置自転車の撤去」という場面をシミュレーション実験で扱う場合，質問紙調査では，「自転車を撤去されることが，どの程度の損失感をもたらすのか」，また「目的地まで距離のある駐輪スペースに駐輪することが，どの程度の負担感をもたらすのか」を測定することで，路上駐輪を行う傾向や自転車撤去に対する損失感を，言語行動のレベルで把握できる。質問紙調査の結果に基づいて，シミュレーション実験における具体的な場面設定を行う。

　シミュレーション実験では，例えば，「放置自転車の撤去」という場面を扱う場合，実験参加者が駐輪行動や自転車撤去を経験するような具体的な場面を構築する。実験では，質問紙調査の結果，駐輪行動に影響すると思われる重要な要因（例えば，放置自転車の「撤去確率」や，撤去された場合の「撤去保管料」）を，実験内で組織的に変化させ，それに応じて駐輪行動がどのように変化するかを測定する。

　シミュレーション実験で設定する具体的な場面としては，実験参加者に，複数の駐輪場所から1つを選ばせる選択場面が有効と思われる。実験的行動分析学では，ヒトや動物を対象に選択行動研究が盛んに行われており，これまでに，選択行動に関する多くのデータが蓄積され，多数の測定・分析方法が開発されてきたからである。

　例えば，路上駐輪に対する自転車撤去確率の効果を調べたい場合，パソコンの画面上に2つの駐輪場所を選択肢として表示し，実験参加者にどちらか一方を選択させるという試行を複数回行わせる。一方の選択肢では撤去確率が10％に固定されており，他方の選択肢では撤去確率を条件によって変化させる。撤去確率の変化に伴い，その選択肢の選択割合がどのように変化するかを調べることで，路上駐輪がなされなくなる撤去確率を推定することができる。

　社会実験では，シミュレーション実験の結果に基づき，路上駐輪を減少させると考えられる要因の効果を，実際の路上で確かめる。例えば，シミュレーション実験において，放置自転車の撤去確率が50％まで高まると路上駐輪は起こらなくなるという結果が出ていれば，ある路上での撤去確率を50％にした場合の放置自転車数を測定することで，その効果を検討できる。

　社会実験の結果がシミュレーション実験の結果と一致しない場合には，シミュレーション実験の場面設定が不十分であることを示している。その場合，社会実験の結果に基づき，実験手続きを修正し，再度シミュレーション実験を実施する。

問題の分析

> 問題の解決

架空事例を通して分析する

商業施設が集まる地域で発生している放置自転車問題に対処するために，地域住民を対象とした質問紙調査，実験室シミュレーション，社会実験を実施した架空事例について紹介する。なお，狭域区域の場合と同様に，社会実験の実施に際して必要となる関係諸機関への働きかけのプロセスについては省略する。

質問紙調査を行う

放置自転車が問題となっている地域，およびその地域を含む市区町村の住民を対象に，自転車利用に関する質問紙調査を行った。当該地域に自転車で行く頻度や，駐輪スペースを利用する頻度といった，自転車利用に関する一般的な質問のほか，路上に駐輪した自転車が撤去された場合の損失感についても測定した。

損失感は，「5,000円入った財布を落とす」ことの不快の程度を100とした場合に，「歩道に駐輪した自転車が撤去される」というできごとの不快の程度を数値で回答させる（2倍に感じたら200，半分に感じたら50と回答する）ことにより測定した。この方法は，心理学で感覚量測定に用いられるマグニチュード推定法[2]を応用したものである。

[2] **マグニチュード推定法**
ある刺激の強さがその人にとってどの程度に感じられるかを，数値によって回答させる方法。例えば，ある強さの音を聞かせ，その音の大きさを「100」と指定する。次に，別の強さの音を聞かせ，その大きさが最初に聞いた音の2倍に感じられるのであれば「200」，半分に感じられるのであれば「50」というふうに，最初に聞いた音の大きさと比例するように数値を割り当てさせ，回答させる。

回答の平均値を算出した結果，自転車が撤去される場合の不快の程度は90前後であることがわかった。このことから，放置自転車を撤去することは，放置自転車の抑制に一定の効果を持つものと予測した。

この結果に基づき，シミュレーション実験では，駐輪された自転車が撤去される状況を設定した。自転車撤去に関係する要因として，撤去確率と撤去保管料が考えられた。ここでは，このうちの撤去確率の効果を検討した。

シミュレーション実験を行う

地域住民に新聞広告などで呼びかけて，実験参加者を募った。実験は，大学の実験室内に設置されたパソコンとディスプレイを用いて行った。

実験では，ディスプレイ上に2カ所の歩道（歩道Aと歩道B）の模式図が呈示され，目的地に自転車で来た実験参加者が2つの歩道のうちのどちらか一方に駐輪するよう教示がなされた。歩道の選択はマウスで，画面上の歩道の図をクリックすることで行わせた。選択後，自転車が撤去されたか否かが表示され，撤去された場合には，撤去保管料2,500円が，画面上の「所持金」から減額された。これを1試行（画面には1日と表示）とし，30試行を1セッションとした。

撤去確率の効果を調べる実験では，歩道Aにおける撤去確率を10％に固定し，歩道Bにおける撤去確率を，10％，30％，50％，70％，90％とセッションごとに変化させ，歩道Bの選択割合が撤去確率の変化に応じてどう変化するかが調べられた。どの撤去確率においても，何回目に撤去されるかについての規則性はなかったので，この条件をランダム撤去条件とした。

実際の自転車撤去は，周期的になされることがあるため，撤去周期性の効果についても調べた。すなわち，歩道Bでは，10日に1回（10％），6日に1回（17％），3日に1回（33％），2日に1回（50％），5日に4回（80％）の撤去が周期的に行われ，画面には，その歩道において何日前に撤去がなされたかが表示された。この条件を周期撤去条件とした。

図17-2は，各条件における歩道Bの選択割合を示している。どちらの条件においても，歩道Bの撤去確率が増加するにつれて，この歩道を選ぶ割

図17-2 ● シミュレーション実験における撤去確率条件ごとの歩道Bの選択割合（仮想データ）

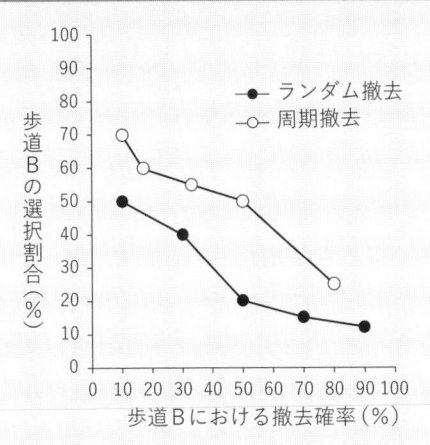

合が低下していることがわかる．しかしながら，ランダム撤去に比べて，周期撤去では選択割合の低下が鈍く，ランダム撤去と同様の撤去確率であっても，放置自転車を抑制する効果は弱いことがうかがえる．

社会実験を行う

シミュレーション実験の結果から，放置自転車数を減少させるには，いつ撤去されるかがわからないような方法で，撤去確率を50～70％まで上げる必要のあることが明らかになった．そこから，以下のような社会実験を計画した．

実際の路上に，区域A，区域B，区域Cを設けた．まず，ベースラインとして1カ月間，各区域の駐輪台数を測定した後，区域Aを駐輪スペース，区域Bと区域Cを駐輪禁止区域とした．自転車撤去確率を，区域Aでは0％，区域Bでは10％，区域Cでは50％に設定し，1カ月間，駐輪台数を測定した．

その結果，ベースライン期に比べて，駐輪台数は，区域Aでは約2倍にまで増加した対し，区域Bでは85％に低下し，区域Cでは20％にまで低下した．この結果は，ランダム撤去の方法で，撤去確率を50％まで高めることによって，路上駐輪を大幅に抑制することができることを示している．

撤去保管料についても，同様の方法でシミュレーション実験と社会実験を実施することで，その効果を検討することができる．

このようにして，いくつかの社会実験の結果をもとに，放置自転車を抑制するのに効果的な，撤去確率と撤去保管料の組み合わせを明らかにし，放置自転車対策のための施策の提案を行う．

● 文献

伊藤正人（2004）不法駐輪行動心理調査業務報告書概要．大阪市立大学．
伊藤正人（2005）行動と学習の心理学――日常生活を理解する．昭和堂．
伊藤正人，佐伯大輔（2003）放置自転車問題に見る大阪人気質――都市生活者の行動パターンに関する地域比較研究．都市文化研究 2 ; 101-111．
佐伯大輔，伊藤正人（2004）都市の放置自転車問題に対する心理学的アプローチ――都市文化研究 4 ; 44-55．

第18章 ── リハビリテーション：理学療法

運動療法の導入を目的とした応用行動分析学的介入

問題の設定

● 対象者には認知機能の低下が見られた

　76歳男性，診断名は胃癌。5年前に慢性閉塞性肺疾患の診断を受ける。入院前，屋外歩行は自立。今回は，胃摘出術後，膵炎，敗血症を併発し，2週間の人工呼吸器管理が実施された。離脱後も全身状態は不安定で，離床は遅延した。術後1カ月の時点でも，息切れ，疲労感が強く，トイレ以外は臥床を続けていた。息切れの軽減，下肢筋力の増強，全身持久力の改善を目的として理学療法を実施することになった。

　理学療法開始時評価では，問題となる関節可動域の制限はなかった。等尺性膝伸展筋力体重比は，右0.16kgf/kg，左0.18kgf/kgであり，筋力低下を認めた。呼吸機能は，%肺活量85%，1秒量1,300ml，最大吸気筋力−50cmH₂Oであり，閉塞性の換気障害を認めた。安静時経皮的酸素飽和度は97%で，動作による増悪は認めなかった。このほか，認知機能の低下を認めた。

● 一般的な理学療法だけでは効果が得られなかった

　理学療法初日に対象者へ，筋力増強，歩行訓練の必要性について説明した。

　4種類の筋力増強訓練各10回と平行棒内歩行を1往復行った。このほか，呼吸補助筋に対するストレッチ，マッサージを実施した。このプログラムを3日間実施したが，徐々に息切れ，疲労感を訴えるようになり，筋力増強訓練と歩行訓練量は減少していった。病棟においてもアドヒアランスは不良で，トイレ以外は臥床を続けていた。

　理学療法士，看護師は，臥床の弊害，訓練の必要性について繰り返し説明していたが，対象者は，「自分のことだからほっといてくれ」と攻撃的な口調で応答していた。

　下肢筋力水準は，歩行や椅子からの立ち上がりなどに必要な筋力下限値を下回っており，これ以上の筋力低下は重大な移動能力低下を引き起こす恐れがあった。また，活動性の低下は呼吸器感染症のリスクを増大させる恐れがあった。早急な対応が必要と判断され，行動分析学に精通した理学療法士が担当することになった。

　閉塞性換気障害を呈していたものの，1秒量は1,300ml，吸気筋力は−50cmH₂Oあり，換気予備能は，比較的良好であった。また，動作時の低酸素血症はなく，呼吸機能は平地歩行を制限するようなものではなかった。したがって，理学療法が実施できない原因は，行動の問題にあるものと推察された。

◎付記
本章の事例は，実際の事例を参考に，仮想事例として新たにまとめたものである。

山﨑裕司

◉ 行動をABC分析する

初期の介入をABC分析した（図18-1）。患者に対して筋力が低下していることは説明されていたが，どの程度の筋力まで増強すればよいのか，それに要する期間はどの程度必要なのかは伝えられていなかった。通常，ルールはその条件が明確に規定されていなければ効果が減弱するため，本症例に与えられてきた先行刺激は不適切なものと考えられた。後続刺激については，歩行や筋力増強訓練を行った場合，疲労感，息切れなどの嫌悪刺激が出現していた。加えて，歩行や筋力増強訓練を行っても症状がすぐに改善するわけではなかった。また，これらの訓練を実施しても注目や賞賛が与えられることはなかった。すなわち，これらの行動は消去されやすい状態にあった。そればかりか，寝ることによって疲労感や息切れ感などの嫌悪刺激は消失するため臥床する行動が増えていったと推察された。

昼間の臥床行動に対して，セラピストや看護師から繰り返し注意や口頭指示が与えられていた。攻撃的な口調での応答は，繰り返し与えた注意によって情動反応（レスポンデント行動）が誘発され，セラピスト，看護師の声や顔が条件性嫌悪刺激化していたものと推察された。

運動療法には，後続刺激として疲労感，筋肉痛，関節痛などの嫌悪刺激が伴う。一方，全身持久力の改善，筋力増強，関節可動域の増加，動作能力の改善などの効果はすぐには出現しない。つまり運動療法は行動随伴性の点から見て継続困難な行動である。これを支持する証拠として，たとえ有効な運動療法であっても，そのコンプライアンスやアドヒアランスが不良なことが種々の疾患で報告されている（表18-1：p.176）。運動療法の実施には，動機づけに配慮しなければならない。

問題の分析

図18-1 ◉ 介入のABC分析

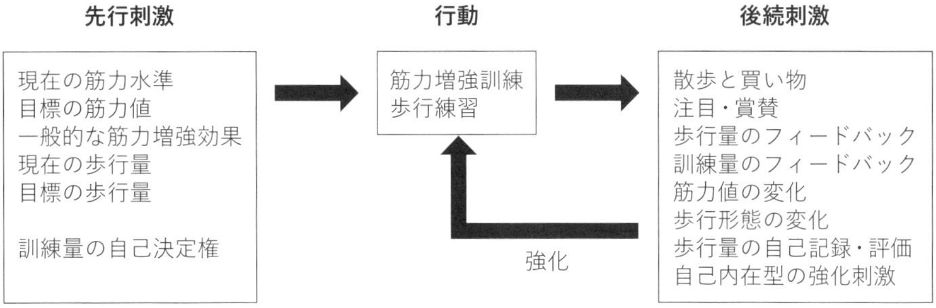

先行刺激	行動	後続刺激
現在の筋力水準 目標の筋力値 一般的な筋力増強効果 現在の歩行量 目標の歩行量 訓練量の自己決定権	筋力増強訓練 歩行練習 ↑強化	散歩と買い物 注目・賞賛 歩行量のフィードバック 訓練量のフィードバック 筋力値の変化 歩行形態の変化 歩行量の自己記録・評価 自己内在型の強化刺激

問題の解決

行動的介入を行った

ターゲット行動の明確化

(1) 歩行訓練：当初，理学療法室における平行棒内歩行，次いで歩行器歩行の自立を目標とした．歩行の安定に伴って，歩行形態は杖歩行，独歩へと移行させた．日常生活に必要な体力維持の観点から，連続20分の歩行を目標とした．

(2) 筋力増強訓練：Leg Extension，Calf Raise，立ちしゃがみ（40cm台），側臥位での股関節外転運動の実施を目標とした．推奨される反復回数は10回を3セット，膝伸展運動の負荷強度は40% 1 Repetition Maximumとした．理学療法士は推奨される反復回数，負荷強度を対象者に伝えたが，毎日の反復回数や負荷強度は自己決定させた．

先行刺激の整備 膝伸展筋力を伝え，移動動作自立に必要な筋力値と比較して，現在の筋力水準が不足していることを示した．連続歩行距離を延長することで日常生活自立に必要な体力水準まで改善すること，息切れ・疲労感が減少し，楽に日常生活動作が行えるようになることを説明した．一般的な筋力トレーニング効果を伝え，筋力増強によって歩行など移動動作が可能となり，安定していくことを示した．

後続刺激の整備 座位保持，歩行，筋力増強訓練など適切な行動に対して注目・賞賛などの社会的強化を行った．不適切な行動である昼間の臥床が見られた場合にも注意はせず，無視することを病棟，理学療法士間で徹底した．

以下の方法で評価し，データの改善があった場合には，注目して賞賛した．理学療法室内での歩行距離は，理学療法士が記録した．病棟内歩行距離は，主要な病棟内移動個所までの距離を計測し（例えば，トイレ歩行40m，ナースステーション30m），移動頻度を自己記録してもらった．筋力増強訓練は，訓練の反復回数，負荷強度を理学療法士が記録した．また，週に1回筋力測定装置を用いて等尺性膝伸展筋力を測定し，筋力の改善を

表18-1 ● コンプライアンス，アドヒアランスの問題

Forkan, R, et al. Phys. Ther 86：401-410, 2006　高齢者の転倒予防のための運動プログラム。週4回以上実施は28%，49%の患者は1回以下の実施。

Lenze, EJ, et al. Arch. Phys. Med. Rehabil 85：1599-1601, 2004　入院リハビリテーションにおけるPT，OTへの参加。熱心に参加しているのは57%，25%以上の訓練機会において回避したり，真面目に参加できない患者は21%。

Shaughnessy M, et al. Rehabilitation Nursing 31：15-21, 2006　慢性期片麻痺患者の在宅での運動療法。週4回以上の運動を行っていたのは31%，42%は1回未満。

Williams A ,et al. Br J Sports Med 25：90-93, 1991　慢性腎不全患者での在宅での12週間の運動療法プログラムの完遂率は23%。

Willich SN, et al. European heart J 22：276-279, 2001　心疾患患者で発症1年後，処方された運動を継続していたのは25%。

Nelson KM, et al. Diabetes Care25：1722-1728, 2002　17歳以上の2型糖尿病患者のうち31%は定期的な運動習慣を持たない。38%は運動習慣はあるが推奨された運動量に達していない。

杉村誠一郎，他：行動リハビリテーション1：30-38, 2012　退院後，上肢骨折患者の自主訓練頻度を調査。退院1週から5週の期間に，指導されていたセット数を守れていた。対象者は，28%から54%

Griffiths TL, Lancet 355：362-368, 2000　集中的な呼吸リハ後のレジャーセンターにおける監視型呼吸リハプログラムを企画するが，参加率は25%と低値。

三浦留美子，日本呼吸管理学会誌10：391-397, 2001　在宅での呼吸リハプログラムの実施率は，呼吸に関するトレーニングが40〜60%，歩行・上下肢筋力トレーニングが0〜20%と極めて低値。

フィードバックした。これらの記録は，ベッドサイドにグラフ化して提示し，歩行距離の延長，筋力増強訓練量の増加が認められた場合，理学療法士だけでなく，病棟スタッフ，家族が注目・賞賛した。なお，歩行距離の記録とグラフ化は徐々に本人が行えるように移行させていった。

当初，前日よりも，歩行量が増加し，かつ必須の筋力増強訓練が実施できた場合には，患者の希望にそって，車椅子で散歩に出かけ，売店で買い物ができることとした。対象者は売店で甘いものを購入することが最大の楽しみであった。なお，この件に関しては担当医，患者家族に説明し，了承を得た。

行動的介入は効果があった（図18-2）

ベースライン期における歩行距離は20m以内にとどまっていた。介入開始から2週目，歩行練習は平行棒内から歩行器へ移行した。3週目からは病棟内歩行器歩行が開始となり，距離は順調に延長した。

筋力増強訓練は，2週目からは2セットに増加，3週目には目標の3セットに到達した。この時期には筋力増強訓練の負荷強度は目標の40%に到達した。膝伸展筋力は，順調に増加し，8週間のトレーニングによって右0.28kgf/kg，左0.32kgf/kgに到達した。

4週目からは，理学療法室での歩行形態はT字杖歩行へ移行した。訓練室内の歩行量は一時減少したが，総歩行量には変化を認めなかった。6週目の時点では，T字杖歩行による院内移動が可能

図18-2 ● 歩行量と膝伸展筋力の推移

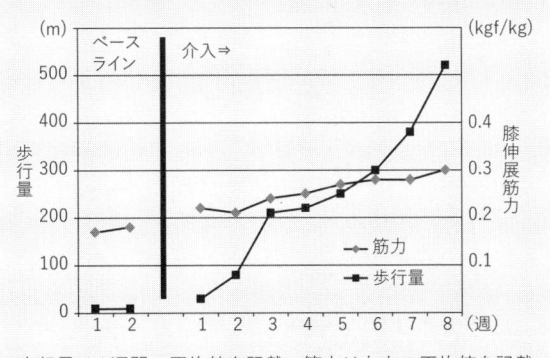

歩行量は1週間の平均値を記載。筋力は左右の平均値を記載。

となった。

最終時点で，歩行量の記録，およびグラフ化は患者自身が行っていた。また，グラフを見て「ずいぶんよくなったな」「これも運動のおかげだよ」などの発言が聞かれるようになっていた。新しい介入開始から，運動療法に対する拒否的な発言は全く聞かれなかった。

介入効果を分析する

運動療法導入時には，患者の希望を取り入れ，車椅子による散歩と売店への買い物という強力な強化刺激を，歩行訓練と筋力増強訓練を行う行動に随伴させた。これによって運動療法の導入に成功した。さらに，ターゲット行動を明確にし，客観的な評価を行うことで，歩行量の増加，筋力増強訓練量の増加という患者自身の努力の結果を即時的にフィードバックした。その後，運動療法の継続によって得られる，筋力の改善，歩行能力の改善が遅延して得られた。その結果，散歩は3週間で中止することができた。今回のような症例の場合，運動療法の必要性を説明するだけではコンプライアンスを得ることは難しい。訓練量の増加や筋力の増加，動作能力の改善といった強化刺激が得られるまでは，強力な外的強化刺激を利用すべきである。

介入初期における歩行量の記録は，徐々にセルフマネジメント行動として本人に任せていった。本来の介入の目的は，退院後にも運動を継続してもらうことである。このためには自己内在型の強化刺激によって行動を定着させる必要がある。歩行量のグラフ化を本人が行えるようになったこと，運動に対して前向きな発言が聞かれるようになったことは，この介入が有効に機能したことを示唆している。

介入当初見られていた理学療法士や看護師に対する攻撃的な口調は，介入開始から速やかに消失した。不適切な行動に対する介入原則は，その行動に拮抗する適切な行動（今回は，歩行）を強化することである。臥床行動に対する注意を止めたこと，適切な行動に対して強化刺激を配置したことによって，条件性嫌悪刺激化していた理学療法士や看護師が中性子に戻ったものと推察される。

重度片麻痺患者における起き上がり・座位保持訓練

問題の設定

● 対象者には多くの介助が必要であった

　対象は70歳代後半の女性。右前頭葉・視床・左右脳室内出血による左片麻痺。急性期病院から回復期リハビリテーション病院へ転院となる。

　理学療法開始時（発症39病日），意識レベルは清明。運動麻痺は，Brunnstrom Recovery Stageにて上・下肢Ⅱ。感覚障害は，表在，深部ともに脱失。非麻痺側筋力は徒手筋力検査にて上肢4，下肢4，体幹屈曲2であった。改訂長谷川式簡易知能検査は18/30点，左半側空間無視と注意障害が認められた。

　起き上がり，端座位保持，立ち上がり，立位，いずれにも介助を要した。ADLは全般的に介助が必要であり，Functional Independence Measure（FIM）得点は34/126点であった。

● 一般的な理学療法だけでは効果が得られなかった

　動作練習として起き上がり，座位保持，起立台での立位訓練が実施された。

　起き上がり訓練は，5回の反復練習を行動連鎖に沿って実施した。できない部分には，口頭指示とモデリング，身体的介助を付与して動作を完遂させた。練習中は動作手順が覚えられず，常に口頭指示が必要であった。また，側臥位から肘立て位，肘立て位から手支持へ移行する際には介助が必要であった。

　座位保持訓練は，鏡による姿勢のフィードバックを行いながらプラットフォーム上端座位で練習した。姿勢の偏倚に対して口頭指示による身体位置の修正を求め，転倒しそうな際には身体的介助によって姿勢を修正した。これを約5分間実施した。

　発症40病日から2週間，理学療法を実施したが，動作能力には変化を認めなかった。60病日，起き上がり動作練習中，理学療法士が「まず，足をプラットフォームから降ろして」と口頭指示したところ，「私にはできませんよ！」と強い口調で返答があった。これ以後，理学療法中に攻撃的口調が多くなり，動作練習を拒否するようになった。

　リハビリテーション科内における会議において，担当理学療法士は，機能障害が重度であるため，基本動作能力の改善が困難であることを説明した。しかし，このままでは理学療法が停滞することは明らかであった。主任から，動作練習を行わなければ，寝たきりになる危険性が指摘された。会議の総意として，早急な理学療法の立て直しが必要と判断された。そのため，担当理学療法士が交代することになった。選ばれたのは行動分析学に精通した理学療法士であった。

問題の分析

● 行動をABC分析する

動作練習に参加した際，常に失敗や注意が随伴していた。一方，上達や成功などの強化刺激はなかった。このため動作練習に参加する行動は弱化されていたと考えられた。失敗や注意は，対象者にとって強力な嫌悪刺激であり，イライラや不安，緊張などの情動反応を生じさせる。失敗や注意には，理学療法士が対提示されており，動作練習，理学療法士が条件性嫌悪刺激化していると推察された。

機能障害が重度であれば，能力障害が生じやすいのは確かである。しかし動作能力を規定するのは身体機能だけではない。例えば，一輪車に乗れるようになるのは，筋力や随意性，平衡機能が改善したからではない。一輪車の操作技術を学習したのである。重症の片麻痺者が行う健側を主体とした起き上がりや座位保持は一輪車と同様，はじめて学習する動作であり，同じように動作を学習させることができる。動作障害の原因分析を行うには，この学習の側面，つまり知識，技術，動機づけの問題を考慮する必要がある（表18-2）。

動作障害の原因を身体機能に求めた場合，身体機能の回復が止まれば動作能力は回復しないという帰結に至る。一方，知識や技術は発症からの日数によらず学習させることができる。こう考えると，動作能力には大きなトレーナビリティー（訓練による上達の可能性）が存在する。

重度の運動麻痺，半側空間無視がある本症例では，起き上がりや座位保持の難易度が高すぎると考えられた（技術の問題）。また認知機能の低下，注意障害が合併した対象者にとって，動作手順の記銘の困難が予測された（知識の問題）。

繰り返す失敗は，動作学習を阻害するため，上達と成功が体験できる練習プログラムが必要なものと考えられた。

表18-2 ● 動作障害の原因

	〈具体例〉
1．先行刺激の問題（知識の問題） 1）行うべき動作を知らない。 2）動作が覚えられない。 3）なぜ，そう行うのか理解していない。	移乗動作の手順が覚えられず，ブレーキをかけ忘れたり，フットプレートを上げないまま，立ち上がる。口頭指示によって修正は可能。
2．技術の問題	
知識はあるが，技術がないためできない。	利き手の箸操作には問題ないが，非利き手では上手につまむことができない。
3．後続刺激の問題	
知識・技術はあるが，動機づけがなされていない。	移乗動作訓練中，失敗ばかりでやる気がなくなってしまった。
4．身体機能の問題	
動作しようにも，それに必要な体力，認知機能を有しない。	足関節背屈可動域が不足しているため，しゃがみ込みができない。

＊通常，1～4の原因が混在している。

問題の解決

行動的介入を行い効果が得られた

対象者に対して，前述した理学療法の問題点を説明し，成功できる練習内容に変更することを約束した。そして，理学療法への参加に同意を得た。65病日より介入が開始された（表18-3，図18-3）。

座位保持練習 難易度の異なる6段階からなる座位保持練習プログラムを実施した。座位保持時間は2分とし，座位保持訓練中の身体的介助の数からさらにそれを3分割した。これによって18点満点（6段階×3分割）で動作能力を評価した。身体的介助なしで2分の座位に成功した場合，次の段階に進んだ。ただし，段階5，6は，時間ではなく移動する輪の本数によって規定した。練習は，ウォーミングアップとして前日までに成功していた段階から開始した。1日の練習回数は3回とした。

介入から3日目に第1段階をクリアーした。その後，順調に得点は増加し，11日目に第6段階をクリアーした。11日間中，得点の向上がフィードバックできなかった日数は1日であった。

起き上がり動作練習 7段階からなる逆方向連鎖の技法を使用した。練習は3回行い，連続して成功した場合，次の段階に進んだ。練習は，ウォーミングアップとして前日成功していた段階から開始した。新たな動作段階では理学療法士が身体的ガイドを与え，運動要領を教えた後に練習を開始

表18-3 ● 座位保持，起き上がり練習プログラム

	座位保持練習*	起き上がり練習**	得点
段階1	30cm台上に肘立て位をとった端座位	側方に右手をついた端座位から起き上がり	1 2 3
段階2	前方のテーブルに手掌をついた端座位	10cmの台上に右肘立て位をとった状態から起き上がり	4 5 6
段階3	身体の側方に手掌をついた端座位	プラットフォーム上に右肘立て位をとった状態から起き上がり	7 8 9
段階4	大腿上に手掌をついた端座位	足を垂らした側臥位。腋窩の下にクッション2つから起き上がり	10 11 12
段階5	近距離の目標への輪 移動10本	足を垂らした側臥位。腋窩の下にクッション1つから起き上がり	13 14 15
段階6	より遠距離の目標への輪 移動10本	足を垂らした側臥位。腋窩の下のクッション無から起き上がり	16 17 18
段階7		プラットフォーム上側臥位から起き上がり	19 20 21

* 座位保持能力は，それぞれの段階において，身体的介助が3～5回，身体的介助が1，2回，身体的介助要無しの3段階に細分化して得点化した。
** 起き上がり能力は，それぞれの段階において，1回成功，2回成功，3回成功の3段階に細分化して得点化した。

図18-3 ● 座位保持，起き上がり得点の推移

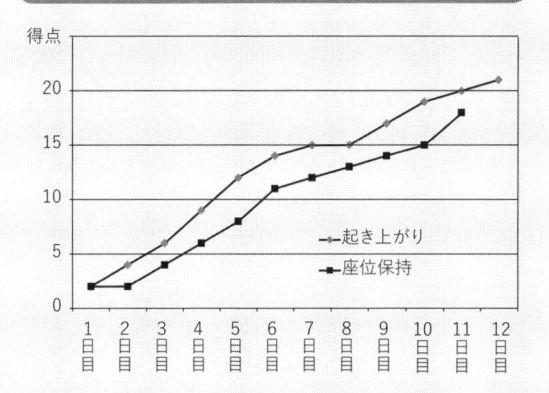

した。練習の成功回数によって段階を3つに分割し，21点満点で動作能力を評価した。

介入から2日目に第1段階が3回連続して成功した。その後，順調に得点は増加し，12日目に第7段階をクリアーした。12日間中，得点の向上がフィードバックできなかった日数は1日であった。

新たな介入開始後，対象者から攻撃的な口調は全く聞かれなくなった。それどころか「早く得点を教えてよ」「ずいぶん楽に体が動くようになった」など，練習に肯定的な発言が聞かれるようになった。

第80病日の時点で，運動麻痺，感覚障害，健側MMT（Manual Muscle Testing：徒手筋力検査）に大きな変化は認めなかった。またpusher現象や注意障害，軽度の半側空間無視，認知機能にも大きな変化はなかった。FIM得点は，38/126点と起居動作以外のADLは介助が必要な状態が続いていた。

効果を分析する

逆方向連鎖化の技法は，自らの力で動作が完了できることが強化刺激として機能する。また，起き上がりにおける「肘立て位まで起き上がる」は，動作初期の困難な行動要素であるが，逆方向連鎖を用いるとこれを後回しにできる。つまり，練習開始時に成功体験を得やすいという利点を有している。座位保持練習では，台やテーブルの上に前腕，手掌を置くことによって支持基底面を広げ，これを段階的に狭くしていった。そうすることで成功確率を高めた。練習すると起き上がりや座位保持に成功するという無誤学習を繰り返すことで，その際に存在する周囲の刺激が学習される。例えば，起き上がりであれば，肘立て位まで起き上がる際の健側筋群の使い方や重心の移動感覚などの固有受容感覚である。「このタイミングで体重を前腕に移動するとバランスよく起き上がれた」などという感覚が学習される。このように技術を学習させた結果，短期間の間に起き上がり，座位保持を自立させることに成功した。介入中，運動麻痺などの機能障害に変化はなかった。また起居動作以外のFIM得点にも変化はなかった。以上のことは，自然回復ではなく，2つの動作を学習させたことが動作能力の改善に強く寄与したことを示している。

経験的に無誤学習では，70～80％の成功確率が必要と言われる。起き上がり，座位保持の段階を細分化して得点化することによって，動作能力の改善をほぼ毎日フィードバックすることに成功した。このことは動作練習を定着させるための強化刺激として有効に機能したものと考えられた。

介入前には，起き上がりの動作手順を口頭指示する必要があったが，介入後は口頭指示が必要なくなった。理学療法士は，「起き上がってください」と声掛けするだけであった。手順が覚えられない場合，理学療法士は繰り返し注意を与えがちである。認知症のある対象者に対する口頭指示は，指導内容よりも「ムカムカ」などの情動反応を惹起させる恐れが強く，動作手順の記銘は困難なことが明らかとなっている。起き上がる際，「肘立て位になる」という先行刺激によって「肘を伸ばして手支持になる」という行動が生じる。そして，「起き上がりに成功する」という強化刺激が得られる（ある先行刺激の下で行動すると強化刺激が得られる）。こういったサイクルが繰り返されると先行刺激が持つ行動制御機能は高まっていく。逆方向連鎖による練習中，何度も成功することで動作手順が自動的に記憶されていったものと推察される。

第19章──リハビリテーション：作業療法

身体的ガイダンスを用いた介助協力動作の学習

問題の設定

◉ 対象者は脳梗塞を発症していた

70歳の右利きの男性。起床してこないために妻が様子を見に行ったところ，呼びかけに対して反応がなく，病院に救急車で搬送された。病院にて脳梗塞と診断され，発症から第12病日に作業療法が開始された。今回の脳梗塞発症の1年前には，右大脳半球の脳梗塞を発症し，軽度の左片麻痺と失語症を認めていた。さらに2年前には，左大脳半球の脳梗塞を発症し，銀行で払い戻しができない，言葉が出にくい，物忘れをするといった症状を認めていた。

◉ 対象者には認知・情緒・言語の困難があった

作業療法開始時（第12病日）の頭部CT所見では，左中大脳動脈領域に広範囲の脳梗塞を認めた。また，右前頭頭頂葉に陳旧性の脳梗塞を認めた。意識レベルは清明だった。重度の右片麻痺により，随意的な右上下肢の運動は不可能だった。また，重度の全失語により，言語的なコミュニケーションも不可能だった。さらに，重度の右半側空間無視によって，右側からの声かけに視線を向けることも困難だった。非言語的な判断力や知能を評価する検査についても，課題内容を理解することができず，施行不可能だった。グー，チョキ，パー，バンザイといった簡単な動作の模倣も不可能だった。

日常生活では，感情の起伏が激しく，明確な理由なく怒ることや暴力をふるうことが頻繁に認められた。食事，排泄，整容などの身の回り動作の全てに亘って他者からの身体的介助を必要としていた。食事については，介助者がスプーンを対象者の口に近づけた際に，興奮してスプーンを払いのける動作がしばしば認められ，介助に難渋していた。排泄については，尿と便の失禁を認め，おむつを常時着用していた。また，日中夜間を問わずベッド上での体動が激しく，転落防止のために常時監視が必要な状況だった。

以上のように，本対象者は，重度の右片麻痺に加えて全失語，右半側空間無視，非言語的判断力の低下といった多彩な認知障害を有しており，日常生活全般に身体的介助を必要としていたが，介助者の介助に協力することが困難な状況だった。また，試行錯誤や失敗経験を基にして，自ら課題の解決方法を見出すことが極めて難しく，通常の作業療法では動作の学習が困難だった。

◉付記
本稿は，既発表論文「鈴木誠，大森圭貢，杉村裕子ほか（2010）重度の認知障害と重度の右片麻痺を呈した対象者に対する日常生活動作訓練の効果．行動分析学研究 24；2-12.」の内容を日本行動分析学会の転載許諾を得て再編したものである。

鈴木 誠

問題の分析

◉ 問題を整理する

重度の失語症や認知症を有する対象者においても音韻的パターンやイントネーションを弁別する能力がある程度保持されており，賞賛が適応的行動の生起頻度を増加させるための刺激として有効に機能し得ることが知られている（鈴木ほか，2004）。本対象者の場合にも，身体的ガイダンスを用いて練習中の試行錯誤や失敗経験を減少させるのと同時に適応的な行動が得られた直後に賞賛を提示する練習が有効であると考え，練習プランを策定した。

◉ 練習プランを立てる

日常生活における介助負担を軽減することを目的として，日常において頻度の高い12項目の介助協力動作を練習のターゲット動作にした（表19-1：p.184）。練習に際しては，各ターゲット動作に対応するプロンプトを動作の開始前に対象者に提示すると同時に，口頭にて動作を促した。例えば，移乗介助の際には，移乗のための立ち上がり動作の開始前に作業療法士が対象者の肩を軽く叩くと同時に，「今から立ち上がりますから，体を前に倒してください」と指示することによって，対象者の体幹前屈動作を促した。

練習スケジュールとして，ベースライン期（第17病日～第24病日），介入期（第25病日～第38病日，第44病日～58病日，第81病日～90病日），プローブ期（第39病日～第43病日），フォローアップ期（第59病日～第80病日，第91病日～第115病日）を設けた。

ベースライン期とプローブ期では，プロンプトの提示によって動作が自力で可能だった場合に，動作の直後に対象者を賞賛した。また，プロンプト提示後10秒待っても動作を遂行しない場合，あるいはターゲットとした動作に適応的でない動作を行なった場合には，数分間の短い休憩を入れてから他のターゲット動作に関するプロンプトを新たに提示した。

介入期では，プロンプト提示後に10秒間待っても動作を遂行しない場合，あるいは課題とした動作に適応的でない動作を行なった場合に，介助者が対象者に手を添えて動作を誘導し，課題を完遂させた。手を添えた誘導は，対象者が拒否的な反応を引き起こさない範囲で5回反復し，毎回の課題遂行直後に対象者を賞賛した。プロンプトのみで動作を遂行し得た場合にも，ベースライン期と同様に対象者を賞賛した。なお，ベースライン期および介入期における練習はトレーニング室にて実施した。

フォローアップ期では，介入期において対象者が開始のプロンプトのみで遂行可能だった動作を看護師に情報提供し，1週間に1回の頻度でベースライン期と同様の手続きを用いて動作を評価した。また，病室における最終的な動作遂行状況について第115病日に看護師より情報収集した。

> 問題の解決

介入の効果が得られた

　プロンプトの提示後に自力で遂行しえた動作項目数の推移を図19-1に示す。ベースライン期では最大3項目しか自力で遂行できなかった。身体的ガイダンスの導入後，プロンプトの提示によって自力で遂行し得た動作項目数は増加し，介入期の12セッション目には12項目中7項目の動作を自力で遂行しえた。次のプローブ期では，プロンプト提示後に自力で遂行しえた動作項目数は減少し，プローブ期3セッション目には3項目まで低下した。そこで再介入期として，身体的ガイダンスを用いた練習を再導入したところ，プロンプト提示後に自力で遂行しえた動作項目数は再び増加した。

　身体的ガイダンスを用いた練習を中止し，看護師による介助のみの条件に変更したフォローアップ期において，プロンプトの提示によって自力で遂行し得た動作項目数は減少し，第1フォローアップ期3週目には動作項目数が5項目まで減少した。そこで再度，身体的ガイダンスを用いた練習を導入したところ，自力で遂行しえた動作項目数は再び増加した。しかし，第2フォローアップ期には，再び動作項目数が減少し，第2フォローアップ期3週目には第1フォローアップ期と同様5項目まで低下した。

　第115病日に対象者の病室での様子について看護師から情報収集したところ，12項目の課題動作中5項目の動作（車椅子のフットレストに健側足部を乗せる，タオルで顔を拭く，着衣時に袖に健側手を袖に通す，脱衣時に袖から健側を抜く，スプーンですくう）を常時，プロンプトのみで自力で遂行することが可能だった。なお，今回の練習でターゲットとした動作以外の動作については，協力的な動作は認められなかった。

表19-1 ● ターゲット行動とプロンプト

ターゲット行動	プロンプト
1. 移乗時に体幹を前屈する	1. 介助者が肩を軽く叩きながら，「体を前に倒してください」と言う。
2. 車椅子のフットレストに非麻痺側足部を乗せる	2. 介助者がフットレストを軽く叩きながら，「足を乗せてください」と言う。
3. 非麻痺側のスリッパを履く	3. 介助者がスリッパを足の前に置きながら，「スリッパを履いてください」と言う。
4. 非麻痺側のスリッパを脱ぐ	4. 介助者が踵部を軽く叩きながら，「スリッパを脱いでください」と言う。
5. タオルで非麻痺側手を拭く	5. 介助者がタオルを渡しながら，「左手を拭いてください」と言う。
6. タオルで麻痺側手を拭く	6. 介助者が非麻痺側手と麻痺側手を軽く叩きながら，「右手を拭いてください」と言う。
7. タオルで顔を拭く	7. 介助者が非麻痺側手と顔を軽く叩きながら，「顔を拭いてください」と言う。
8. 着衣時に非麻痺側手を袖に通す	8. 介助者が袖の入り口を提示しながら，「手を袖に通してください」と言う。
9. 脱衣時に袖から非麻痺側手を抜く	9. 介助者が袖を挙上しながら，「手を抜いてください」と言う。
10. スプーンで食材をすくう	10. 介助者がスプーンと食器を提示しながら，「スプーンですくってください」と言う。
11. 車椅子のブレーキを掛ける	11. 介助者が車椅子のブレーキを軽く叩きながら，「ブレーキをかけてください」と言う。
12. 車椅子のブレーキを外す	12. 介助者が車椅子のブレーキをもう一度軽く叩きながら，「ブレーキを外してください」と言う。

図19-1 ● プロンプト提示後に自力で遂行しえた動作項目数の推移

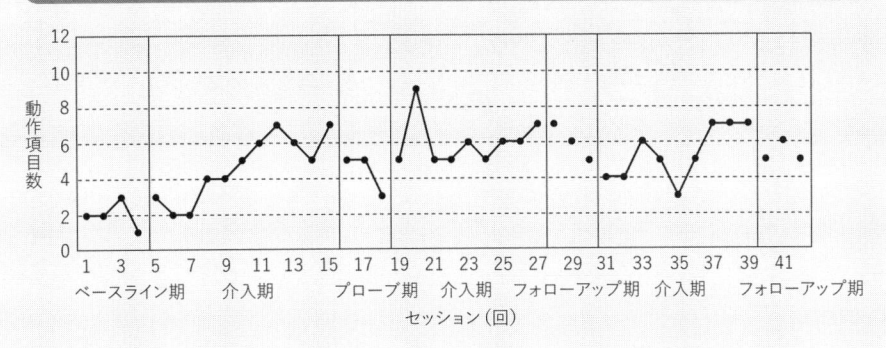

（ベースライン期／介入期／プローブ期／介入期／フォローアップ期／介入期／フォローアップ期）
セッション（回）

問題解決のヒントと今後の課題を検討する

　身体的ガイダンスの導入に一致して自力で遂行しえた動作項目数が増加傾向を示したことから，本対象者において身体的ガイダンスと賞賛を併用した動作練習は有効だったと考えられた。しかし，身体的ガイダンスと賞賛を用いた練習を短期間中止した場合には，一度学習されたはずの介助協力動作は維持されず，動作項目数が経過とともに減少した。山﨑・山本（2012）は，他者からの付加的な刺激を徐々に減少させていくことによって，行動自体に内在する刺激が行動を維持するようになる可能性を述べている。つまり，動作を学習する段階では，作業療法士によって計画的に付与された賞賛によって動作が制御されて学習が促進されるが，動作学習が進んだ段階では，食事や移乗の成功といった目的とした動作を達成することに伴うさまざまな刺激が行動を制御することによって，獲得された動作が維持される可能性が考えられる。本対象者においては，重度の認知障害によって行動に内在する刺激に対する感度が低下していたために，他者による付加的な刺激から行動自体に内在する刺激への移行が円滑に進まなかったのかもしれない。

　フォローアップ期において，対象者が開始のプロンプトのみで遂行可能な動作項目を看護師に情報提供した場合，病室でつねに自力で行なうことが可能だった動作についてはフォローアップ期間に学習内容が維持された。一方，病室でつねに遂行可能だった動作項目以外のものについては，維持されなかった。今後は，トレーニング室で集中的に動作練習を実施した後に，練習場所をトレーニング室から病室に変更して練習を行ない，その後，看護師による介助の中に身体的ガイダンスを用いた練習を取り入れるといった段階的な介入について検討する必要があると思われる。ただし，Rogers et al.（1999）は，認知症を有した対象者の身辺動作障害に対して練習を実施した結果，身体的介助量が減少した反面，監視を含めた全体的なケアに要する時間はむしろ増加したことを報告している。そのため，身体的ガイダンスと賞賛を用いた練習を病室における日常生活で実践していくためには時間的な問題が生ずる可能性も考えられる。今後は，身体的な介助量に加えて，介助に要する時間についても考慮する必要があろう。

● 文献

Rogers JC, Holm MB, Burgio LD et al.（1999）Improving morning care routines of nursing home residents with dementia. Journal of the American Geriatrics Society 47；1049-1057.
鈴木 誠，畠山真弓，大森みかよ ほか（2004）重度失語および重度痴呆患者における注目・賞賛の有効性．作業療法 23；198-205.
山﨑裕司，山本淳一 編（2012）リハビリテーション効果を最大限に引き出すコツ．三輪書店．

外的補助を調整した箸操作の学習

問題の設定

🔵 対象者は脳内出血を起こしていた

44歳の右利きの男性。仕事中に倒れ，救急車で病院に搬送となった。病院にて左被殻出血と診断され，開頭血腫除去術と脳室ドレナージが施行された。手術の翌日から関節可動域練習と離床練習を中心としたベッドサイドでの作業療法が開始となった。第27病日には気管切開術が施行された。第49病日より，トレーニング室での作業療法が開始となり，筋力トレーニングや起居移動練習，身辺動作練習が段階的に施行された。第78病日にはスピーチカニューレによる発声が可能となった。第87病日から全粥食の経口摂取が可能となり，第92病日から箸操作練習が開始となった。

🔵 対象者には多くの介助が必要であった

箸操作練習開始時（第92病日）の頭部CT所見では，左前頭葉から側頭葉にかけて広範囲の損傷が認められ，損傷部位は内包，Broca野およびWernicke野を含んでいた。意識レベルは清明だった。重度の右片麻痺により，利き手である右上肢の随意的な運動は不可能だった。標準失語症検査では，読む，書く，話す，聞くの全ての言語領域において重度の障害を有しており，言語的なコミュニケーションは困難だった。また，WAB失語症検査Ⅱ-Aの「はい／いいえ」で答える問題は21点であり，頷き首振りによるイエス・ノー反応も不正確だった。非言語的な認知能力については，レーヴン色彩マトリックス検査が11点であり，コース立方体組み合わせ検査については遂行不可能だった。

日常生活は，排泄，清拭，更衣，車椅子の操作など全般に他者による身体的介助を必要としていた。食事については第87病日から全粥食が開始となり，スプーン操作は自力で可能だったが，箸操作は不可能だった。排泄については，常時失禁を認めたため，おむつ着用となっていた。また，他者とのコミュニケーションを取ることは難しく，時折，「あーあー」と何かを訴える姿は観察されたが，受け手が内容を推測することは困難だった。

以上のように，本対象者は重度の右片麻痺を有しており，日常生活に関する動作を自力で遂行するためには，利き手を交換することが必要と考えられた。しかし，重度の言語能力の低下に加えて非言語的な認知能力にも重度の障害を有していたため，通常の作業療法では動作の学習が困難な状況だった。

◎付記
本稿は，既発表論文「鈴木誠，山﨑裕司，大森圭貢ほか（2006）箸操作訓練における身体的ガイドの有効性．総合リハビリテーション 34；585-591．」の内容を出版社の転載許諾を得て再編したものである。

● 問題を整理する

脳血管障害患者の日常生活動作の中で，食事が最も自立頻度が高いことが知られていることから（Koyama et al., 2006），食事での箸操作を練習のターゲットにした場合，練習の過程において動作の習得という後続刺激を短期的に提示できるという利点が考えられる。また，山﨑・鈴木（2005）は，箸先位置の安定化を促す外的補助が，箸操作技能の低い対象者に対して有効であることを示唆している。そこで，重度の右片麻痺と重度の言語能力および非言語的能力の障害を有していた本対象者の場合にも，箸操作を練習のターゲットとし，外的補助を用いて動作練習中の試行錯誤や失敗経験を減少させる練習が有効であると考え，練習プランを策定した。

● 練習プランを立てる

箸操作課題として，対象者の正面に20mmの間隔で2つの皿を並べ，左側の皿上にある円柱状のブロックを箸で摘んで右皿へ移動するよう教示した。箸操作能力については，1分間のセッションを1日に3回行ない，1分間で移動し得たブロックの個数をカウントすることによって評価した。また，対象者がブロックを左皿から右皿に移動し得た場合には毎回，「いいですよ」「できてますよ」といった賞賛を提示したが，「もっと速く」「がんばれ」といったより速い動作を促すような声かけは行なわなかった。

練習スケジュールとして，ベースライン期（第92病日〜第94病日），介入期（第97病日〜第99病日，第105病日〜第107病日），プローブ期（第100病日〜第104病日，第126病日〜第128病日），フェイディング[1]期（第108病日〜第125病日）を設けた。

ベースライン期とプローブ期では，毎回のセッション開始前に作業療法士が実際に左手に箸を持ち，操作方法をモデリングにて示した。

介入期では，箸の握りを修正して箸先位置の安定化を図るために，山﨑・鈴木（2005）の考案した屈曲位保持ロールと対立位保持テープを装着した（図19-2）。これらの外的補助に併せて，毎回のセッション開始前にブロックの移動を作業療法士が対象者に手を添えて2〜3回行なった。

フェイディング期では，屈曲位保持ロール，対立位保持テープ，作業療法士による誘導といった多くの外的補助を提示した最初の条件から，13日間に亘って外的補助を漸減させ，最終的には作業療法士がモデリングにて箸の操作方法を対象者に提示するのみとした（表19-2：p.188）。

図19-2 ● 外的補助

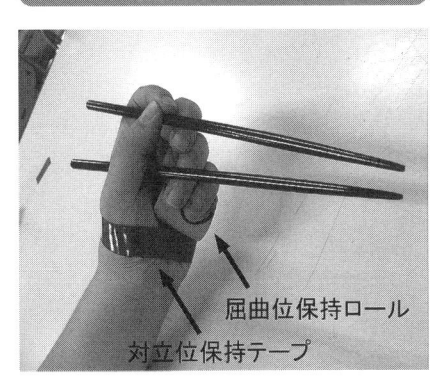

屈曲位保持ロール
対立位保持テープ

> 問題の分析

[1] フェイディング
対象者の誤反応が発生する確率が低い条件を維持しながら，徐々にプロンプトを減少する方法。

問題の解決

介入の効果が得られた

　左手による箸操作で移動し得たブロック個数の推移を図19-3に示す。ベースライン期では、ブロックの個数に増加は認められず、ブロックを箸で摘もうと試みるものの自力では全く不可能だった。外的補助を用いた介入期では、自力で移動し得たブロックの個数は増加した。しかし、外的補助を除去し、モデリングのみのセッションに戻したプローブ期には、ブロックの移動個数が減少した。その後、外的補助を再度導入すると、再びブロックの移動個数が増加した。

　次に、外的補助を用いた練習を練習の前半に行ない、その後、スケジュールに則って外的補助を漸減させていく練習をフェイディング期に導入した。その結果、フェイディング期間中に左手による箸操作によって移動し得たブロックの個数は減少しなかった。また、フェイディング期の後に箸操作方法をモデリングのみで教示した第2プローブ期においても、左手で移動しえたブロックの個数は減少せず、フェイディング期と同程度のパフォーマンスが維持された。

問題解決のヒントと今後の課題を検討する

　本対象者では、外的補助と賞賛を用いた練習によって左手の箸操作で移動可能なブロックの個数が増加した。山﨑・山本（2012）は、日常生活動作の学習を促進させるためには、練習中の試行錯誤や失敗経験を少なくすると同時に、適応的な行動が出現した際に行動を強化するような刺激が必ず得られる環境を設定する必要があることを示唆している。今回の練習では、対象者の能力に応じた外的補助を用いて失敗を減少させたことに加え、箸でブロックを移動した直後に賞賛を提示した。このような練習条件は、学習を促進させるための環境設定に見合うものだったと考えられる。また、重度の失語症患者においても音韻的パターンやイントネーションなどを弁別する能力がある程度保持されていることが知られている（Boller & Green, 1972；鈴木ほか，2004）。本対象者においても、音韻的パターンなどを手がかりとして言語的刺激が自己の行動を肯定するものであることを弁別していた可能性が考えられる。

　ただし、本対象者では外的補助を急速に除去してモデリングのみのセッションに戻すと、介入期で学習された動作内容は維持されず、左手による箸操作によって移動しえたブロックの個数は減少した。そこで、外的補助を漸減するフェイディン

表19-2 ◎ 外的補助のフェイディングスケジュール

	1～3日目	4～6日目	7～10日目	11～13日目
1セッション	1. 屈曲保持ロール 2. 対立保持テープ 3. ブロック移動の誘導	1. ブロック移動の誘導 2. ブロック移動の誘導 3. ブロック移動の誘導	1. ブロック移動の誘導 2. ブロック移動の誘導 3. ブロック移動の誘導	1. ブロック移動の誘導 2. ブロック移動の誘導 3. ブロック移動の誘導
2セッション	1. 屈曲保持ロール 2. 対立保持テープ 3. ブロック移動の誘導	1. ブロック移動の誘導 2. ブロック移動の誘導 3. ブロック移動の誘導	1. 箸先の開閉の誘導 2. 箸先の開閉の誘導 3. 箸先の開閉の誘導	1. モデリング 2. モデリング 3. モデリング
3セッション	1. 屈曲保持ロール 2. 対立保持テープ 3. ブロック移動の誘導	1. ブロック移動の誘導 2. ブロック移動の誘導 3. ブロック移動の誘導	1. モデリング 2. モデリング 3. モデリング	1. モデリング 2. モデリング 3. モデリング

図19-3 ● 左手による箸操作で移動し得たブロック個数の推移

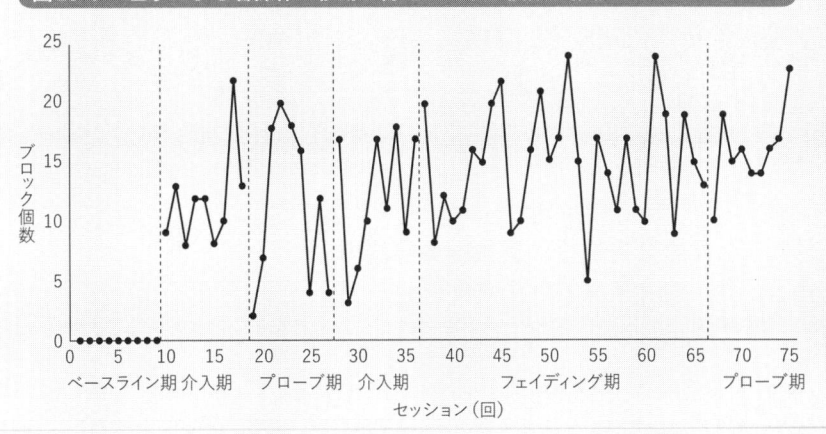

グ法を用いた練習を導入した結果，介入期と同程度のパフォーマンスが維持された．この理由として，重度の言語的および非言語的な認知能力の障害を有していた本対象者では，一度学習した動作を記憶し維持することが困難だったため，外的補助を急速に除去した場合に，再び練習中の試行錯誤や失敗経験が繰り返されたことが挙げられる．一方，外的補助をフェイディングした場合には，試行錯誤や失敗経験を生ずる確率が少ない条件を維持しながら，徐々に口頭指示とモデリングによる練習に移行することが可能だったために，動作が維持された可能性がある．

● 文献

Boller F & Green E（1972）Comprehension in severe aphasia. Cortex 8；382-394.
Koyama T, Matsumoto K, Okuno T & Domen K（2006）Relationships between independence level of single motor-FIM items and FIM-motor scores in patients with hemiplegia after stroke：An ordinal logistic modelling study. Journal of Rehabilitation Medicine 38；280-286.
鈴木 誠，畠山真弓，大森みかよ ほか（2004）重度失語および重度痴呆患者における注目・賞賛の有効性．作業療法 23；198-205.
山﨑裕司，鈴木 誠（2005）身体的ガイドとフェイディング法を用いた左手箸操作の練習方法．総合リハビリテーション 33；859-864.
山﨑裕司，山本淳一 編（2012）リハビリテーション効果を最大限に引き出すコツ．三輪書店.

第20章 ── リハビリテーション：言語聴覚療法

自閉症児の離席行動に対する介入

問題の設定

言語発達支援は言語聴覚療法の中の重要なテーマである

「言語聴覚士」は，音声機能，言語機能または聴覚に障害のある者についてその機能の維持向上を図るため，言語訓練，その他の訓練，これに必要な検査及び助言，指導その他の援助を行うと言語聴覚士法（1997）で定義され，対象は言語発達障害，構音障害，失語症，聴覚障害をはじめ多領域にわたる。言語聴覚療法を実施する主な原理・技法に，①刺激促通法，②行動療法，③バイオフィードバック法，④遊戯療法，⑤心理的サポート，⑥認知心理学的アプローチがある（伊藤，2005）。その中に行動療法も含まれているが，養成課程で十分な知識と技法が習得されているわけではない。

2014年日本言語聴覚学会のプログラムの内，16％が言語聴覚療法で代表的な失語症，11％が言語発達障害に対する発表である。言語発達障害の割合の高さからも適切な対応が喫緊の課題である。言語発達障害に対する言語評価で用いられる代表的な検査に，国リハ式〈S-S法〉言語発達遅滞検査（小寺ほか，2002）があり，検査結果が訓練プログラムに直接反映されることも特色である。

効果的な言語聴覚療法には応用行動分析学の視点が必要である

しかし，筆者自身，実際の言語聴覚療法では，次のような場面に遭遇してきた。①子どもの動機づけが低い。②行動問題を起こす。③訓練に意欲的に取り組まない。④ステップをあげると急にできなくなる。⑤苦手な課題を行おうとしない。それに対して，以下のように対応を行っていた。①視覚手がかりのみで行動を制御しようとした。②子どもの行動に合わせずに教材のみを構造化してきた。③訓練室内のフリースペースが子どもの回避の場所になっていた。④不適切な行動に対応することばかり考え，子どもに指示を繰り返した。⑤現在の行動問題を発達段階や診断名によるものと考え，個人にラベルを貼って完結していた。一方，応用行動分析学（以下，ABA）を学んでから，次のように対応が変化した。①認知特性も新たな学習により変化していくと考え，行動の可変性を重視した。②フリースペースを機軸行動指導法（Pivotal Response Teaching：PRT）のための遊びの場とし，離散試行型指導法（Discrete Trial Teaching：DTT）と合わせた指導を実施した。③対象児ができる行動に焦点を当て強化を繰り返すことで，適切行動を増やした。④対象児の全てを特性ではなく行動として捉え，新たな行動レパートリー形成を行った。

事例は，病院で行った言語発達障害のある自閉症児の言語聴覚療法の実践例であり，言語聴覚療法と応用行動分析を統合した介入として，下記のように取り組んだ。①「できる行動」に焦点を当てる。②子どもにとって適切な先行刺激，後続刺激を与え，反応を引き出し安定させる。③着席を安定させて集中的な介入を行う。④達成可能な行動を集中的に伸ばす。⑤無誤学習によって動機づけの高い状態で行動獲得をはかる。⑥言語の前提となる行動にも指導を行う。

◎付記
本章の事例は，臨床現場で遭遇する数多くの事例を参考に，仮想事例として新たにまとめたものである。

森下浩充

言語聴覚療法では着席ができない場面に遭遇することが多い

翼君（仮名）は4歳の男の子である。同年齢の子どもたちと比べて先生の指示が上手く理解できず，目についたものに飛びついてしまっていた。皆で先生の話を聞く際にじっとしていることができず，他の場所に行って遊んでしまうなどの行動が目立っていた。自閉症スペクトラム障害の診断を受け，病院で言語聴覚療法を受けることとなった。担当となった言語聴覚士（以下：ST）は言語聴覚療法を実施するにあたり，始めに母親からの情報収集と子どもの様子を観察，そして，評価を実施する予定であった。母への情報収集が終了した後に，翼君を机に誘導をして言語検査を実施しようとしたところ，翼君はその日は着席して検査に取り組むことができなかった。2回目の言語訓練場面でも初回と同様に着席せずに部屋を歩いたり，検査道具を勝手に手に取ってしまったりと，着席して検査を受けることができなかった。

翼君の行動問題として一番に目につくのが「着席の指示に従うことができない」ことである。対応ができないままでいると，着席することなく検査道具を手に取り，好きに遊ぶ行動が増加していく。しかし，ABAを用いた介入を行うことで，着席による学習が可能となっていく。

できる行動に着目し，関わることで行動問題は減少していく

ABAを用いた介入では，「できない行動」のみに焦点を当てることはしない。まず適切な行動に焦点を当て，問題行動そのものを減少させるのではなく，安定している適切な行動を引き出せるような環境を整備する。そして，適切なコミュニケーション行動を増やしていくことが最も有効な支援手段となる。まずは，翼君の行動問題分析で，「できる行動とできない行動」を整理した（表20-1：p.192）。この「できる行動」を活用した関わり方を用いることで行動問題の減少をはかった。

機能性のない言語刺激では行動は生起しない

翼君は，着席せずに部屋を歩き回っているので着席するように注意されることや，検査道具を勝手に触ってしまい注意されることがある。このような行動がなぜ改善されなかったのかについてABC分析を行ってみる。目の前に新規な玩具（検査道具）がある際に，STから「一緒に先生と遊びましょう。では，まずは椅子に座ってごらん」という，翼君にとって十分理解できない長い文での言語指示がある。翼君は席をはなれて検査道具に近寄り，手に取って遊ぶ。楽しいのでこの行動は強化され増加していく。また，椅子に座って課題に取り組む際，不明確で長い言語指示や難しい課題が提示され嫌悪刺激となり，それを回避するための離席行動につながる。つまり，離席をおこなった結果，難しい課題を行わなくて済み，自分にとって好きなことができるため，離席をするという行動は強化され，増加していく。

問題の分析

問題の解決

適切な行動と不適切な行動は表裏一体の関係にある

行動問題解決へのポイントは,「適切な行動」と「不適切な行動」は同時にできないということである。この原理を使用して,行動問題に対しては不適切な行動に着目をするのではなく,適切な行動をしている時間を長くしていく。その結果,不適切な行動が出現する時間を減らしていく。

翼君の適切な行動を増やしていくためにまず,表20-1の「できる行動」に着目し,短い時間のなかで頻回な強化を与えられる関わり方を行った。"刺激⇒行動⇒強化"を1学習単位として,この学習単位を短時間の間に頻回に行う。それによってSTの指示に従い行動することにリズムが生まれる。「確実にできる行動」を連続的に強化された後に,「少し努力したらできる行動」がきても,拒否せず行動は実現されることが多い。そして,いつもよりさらに大きな強化をすることで,「少し努力したらできる行動」の頻度は増加する（図20-1）。

翼君の「確実にできる行動」を"簡単な動作の模倣","「少し努力したらできる行動」を"1分着席する"と設定し,連続した強化を与えた後に着席へと誘導すると,翼君はSTの指示で1分間着席できるようになった。その後は,課題達成の向上とともに着席時間が3分,5分と延長された。

表20-1 ● できる行動とできない行動

できる行動	・簡単な指示の理解 ・簡単な動作の模倣 ・体を動かすことが好き ・好きなことであれば集中しておこなえる ・表出語彙数は少ないが単語の表出は可能 ・簡単な遊びは可能
できない行動	・複雑な指示の理解 ・注意を持続させる ・長時間座っている ・我慢する ・集団で話を聞く ・呼びかけにすぐに応答する

着席する行動ができた際に注意するべきなのは,着席し続けることを強要しないことである。着席をすると嫌悪刺激が与えられるようでは,適切な学習の機会を逃してしまう。

子どもの場合,離席をする際には必ず直前にサインがあることが多いので,子どもから目を離さずに課題だけでなくそれ以外の行動にも十分な注意をはらう。翼君の場合には「キョロキョロしだす」「体がゴソゴソ動きだす」などのサインがあった。そのサインが出た際に,「座りなさい」とSTが指示を出すと翼君は離席をしてしまう。そこで,サインが出た際にSTが「立っていいよ」と指示を出して機軸行動指導を行うフリースペースへの誘導を行った。"STの指示（A）⇒行動（B）⇒良いことが起こる（C）"という随伴性によって,行動を,「言語聴覚士の指示に従って,移動する,離席する」という「指示従事行動」へと機能を変える。「離席をする」という行動でも,子どもが勝手に離席をすると不適切な行動となるが,STの指示で離席をすると,それは指示に従った行動であるため,適切な行動となる。後はテンポよく"刺激⇒行動⇒強化"の学習単位の回数を増やしていき,着席をしている時間を長くしていくと次第に着席して課題を実施する時間が長くなっていった。

無誤学習を実現させるためには3つのポイントがある

試行錯誤で学習を行うと繰り返し失敗を経験する可能性がある。失敗が人に与える影響は大きく,高いモチベーションを維持した学習は期待できない。反対に,誤らないように設定された無誤学習を用いた学習では,成功体験を多く経験し,課題に対するモチベーションも増加していく。

無誤学習実現のためには,①子どもの現在の状態を把握し,半歩先の課題を設定する,②誤る前に適切なプロンプトを与え,次第に減らしていく,③誤反応や無反応に対しては,即座に明確な刺激を与えて行動を促し成功させる,という3点が必要

図20-1 ● できる事の連続でリズムをつける

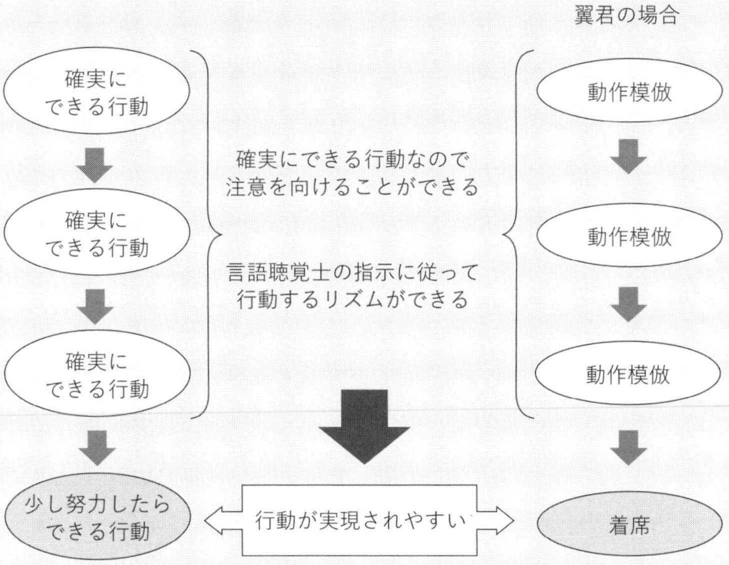

```
           確実に
          できる行動
             ↓
                        確実にできる行動なので
           確実に        注意を向けることができる
          できる行動
             ↓          言語聴覚士の指示に従って
                        行動するリズムができる
           確実に
          できる行動
             ↓
                    ⇓
        少し努力したら  ⇔ 行動が実現されやすい ⇔  着席
         できる行動
```

翼君の場合

```
          動作模倣
             ↓
          動作模倣
             ↓
          動作模倣
             ↓
```

となる．翼君の場合，保護者への情報収集や行動面の観察から，現在のできることと，できないことを列挙することは行えた（表20-1）．そこで，今後の検査，訓練を実施するにあたり，STへの注意を向けている時間の延長と，指示に対する反応性の向上を目的に，無誤学習を用いた介入を行った．翼君は，簡単な指示の理解と動作の模倣が可能であるため，身体動作の模倣を課題として設定した．模倣行動は，他者への注目と，モデルとした動作を自分の身体で再現することが求められ，言語の発達にも大きく関与している機能を含んでいる．無誤学習で行うため，プロンプト量を多くした模倣から開始した．STが「こうして」と言って手を少しだけ上げるモデルを提示した直後に，翼君の手をSTの介助で少しだけ上げ，その後強化を実施した．この一連の"刺激⇒行動（プロンプトあり）⇒強化"を数回繰り返すと，STが「こうして」と言うと，介助がなくても手を挙げるようになった．も

しも，刺激提示後に反応がない場合や誤りそうになった際には，すぐに介助を行い適切な動作を強化していく．1つの動作模倣ができるようになれば，他の動作も同様の手順で行っていくことで，STをモデルとした動作模倣のレパートリーが増加していく．そして，模倣行動を1つから2つへと増加させていき，可能になれば3つへと増やしていく．そうすることで，STへの注意を向ける時間や着席をしている時間が伸びていく．このように，他者に注目し指示通りに行動をすると強化が得られるというサイクルの行動を短時間の間に誤りがなく，反復して実施することで，視覚的・聴覚的注目や音声指示に対する反応性が向上していくのである．

言語聴覚療法を実施していく中で，行動問題が生じた際にABAを用いて解決するだけでなく，高いモチベーションと学習効果を早期から提供するためにも，言語聴覚訓練の中に常にABAを用いた関わりを組み込むことが有効だろう．

● 文献

厚生省（1997）言語聴覚士法．
伊藤元信（2005）言語聴覚障害学総論．In：廣瀬肇 監修，小松崎篤，岩田誠，藤田郁代 編集：言語聴覚士テキスト．医歯薬出版株式会社，pp.222-228．
一般社団法人日本言語聴覚士協会総会，第15回日本言語聴覚学会（2014）第15回日本言語聴覚学会 プログラム・抄録集．株式会社セカンド．
小寺富子，倉井成子，佐竹恒夫 編著（2002）国リハ式〈S-S法〉言語発達遅滞検査 検査マニュアル（改訂第4版）．株式会社エスコアール．

強化により行動問題が解決したADHD児

問題の設定

言語聴覚療法で，読み書きの問題に対応する

2014年に行われた日本コミュニケーション障害学会のプログラムの内で，言語発達障害への読み書きに対する研究は19％と多く，言語聴覚療法での介入が増加してきている。学習障害児のみならず注意欠陥・多動性障害（以下：ADHD）児でも，読み書きに困難さを示すケースが多く，近年は，医療や教育だけでなく，言語聴覚療法においても多くの介入がなされている。

ADHDの診断を受けた子どもたちは，個人差はあるものの，不注意，多動性，衝動性などの症状から注意や叱責を受けることが多い。度重なる注意や叱責を受けつづけると，自尊心や自己評価の低下，反抗・攻撃的な言語や行動の増加などがみられるようになる。

ADHD児の読み書きリハビリテーションでは，急いで書き枠からはみ出すことや，読めない文字を書く，書くこと自体に拒否を示して書こうとしないなどの行動問題が起こりがちである。それに対して，これまでの介入では，①はみ出さない工夫や，②「ゆっくりとはみ出さないように書きましょう」などの音声指示，③適切にうまく書けなかった際に注意や叱責をすることが多い。

それに対して，ABAでは，①強化を行うための先行刺激の調整，②行動の難易度の変更，③行動が生起されやすい環境調整，④少しでもできている行動に着目して強化するなどの介入が行われる。

できない所に注意を向けると褒めて伸ばすことは実現できない

事例は，ADHDへの言語聴覚療法である。光君（仮名）は小学校2年生の男児で，ADHD（多動／衝動優勢型）の診断を受けている。学校では，椅子には座れているが揺らしたり，手遊びをして授業に集中できない時間が多く，勉強についていけない場面も多かった。また，危険な場所で急に飛び出すことや，些細なことで友達に手を出すことがあった。学校生活や家庭でも注意や叱責を受ける機会が多く，「どうせ無理」とネガティブな発言が増加していた。

言語聴覚療法では，社会的なスキルの習得や，落ち着いて話を聞く行動の習得，学校の宿題などを一緒に解きながら成功体験を増やしていく関わりを行っていた。しかし，課題中の急な離席や集中が続かず，課題を継続して行うことが難しい場面が頻回にあった。担当STは，訓練場面でできるだけ課題を実施したいという焦りから，行動問題に対して注意や叱責をしてしまう対応があった。

本人も，漢字の宿題をSTと一緒に実施する際，宿題を早く終わらせて遊びたいという思いから，漢字を乱雑に素早く書いて終わりにしてしまう場面も多くあた。その際にも，STは「ゆっくり書かないといけない」といった発言や，乱れた文字や枠に収まっていない文字を消しゴムで消して，再度書き直しをさせるよう指示を出した。その結果，光君は漢字ノートを床に投げ飛ばし，その後の課題に取り組もうとしなくなった。

◉ 注意や叱責は行動問題を増加させる

子どもの行動問題が起きている場合に注意や叱責をしてしまうと，結果として行動問題が増加していく。注意，叱責，強い指示で，行動問題が解決されない理由として，①効果が一時的で限定的である，②叱責，注意に慣れていく，③注意，叱責をする相手に恐怖や不安，怒りを感じるようになる，④その場の行動を抑制できても新しいことを学習させる効果がない，などがあげられる。

行動問題とはさまざまな日常生活の中でみられるものであり，注意，叱責をしてその場だけ解決したとしても，他の場面でまた同じことを繰り返してしまう。そして，恐怖や不安，いらだち，怒りを感じるようになった大人と一緒に学習をしていても，高いモチベーションを維持することはできず，回避行動を生み出すことが多くなる。

◉ 刺激量が多く，プロンプトが少ないと問題行動が起きる

課題中も急に席を立ったり，他の課題中に急に席を立ったり，他の物に注意が向いたりしてしまい課題を継続して行うことが難しい場合，訓練室内の刺激量が多すぎることが原因としてあげられる。しかし，単純に集中しやすい環境を整えるだけでは，他の物に注意がそれることや，離席が減るわけではない。離席をする行動がなくならないのは，そもそも課題自体が光君にとって楽しく，集中して取り組めるものではなかったと考えられる。本章第1事例の「問題の解決」でも述べたように，「適切な行動」と「不適切な行動」は同時にすることができない。もしも，光君が机上で課題を集中している時間が長ければ，離席する行動の回数と時間も，結果として減少していくはずである。行動問題を解決するためには，まずは，課題を行うこと自体が楽しくなるように，先行刺激の調整と適切なプロンプト，そして，頻回な強化をすることが必要となってくる。

乱筆をしてしまう行動も同様である。確かに，先行刺激として，「漢字を書き終わったら遊ぶ」という約束をしておくことは重要であるが，各漢字を書く行動への即座のフィードバックがなければ，結果的に乱筆のままであろう。

光君にもSTは，漢字を書く前に「漢字が終わったら遊ぼうね。でも，綺麗に書かないと遊べないからね」という「〜できない」というネガティブな発言を最後に付け足した指示をすることが多かった。このように，「○○をしないと××はできない」というネガティブなルールを提示して行動を促しても，適切な行動は生起されにくい。ABAでは，「漢字を綺麗に書いて，一緒にサッカーをしよう」というように，増やしたい行動の後にポジティブな発言を追加し，行動遂行後は必ず強化を行う。

> 問題の分析

> 問題の解決

環境整備によって，大きな行動問題につながる小さな問題行動が減少する

　光君の訓練を行う前にSTがするべきことは，刺激量を最小限にした機能的な訓練環境を整えることである。刺激量を減らしておくことで注意散漫を制限し，課題とSTに対してより多くの注意を向けることができるようになる。これは，ADHDの子どもたちに限ったものでなく，他の子ども達と関わる際にも有効である。不必要な刺激はできるだけ除いておくことで適切な行動が生起されやすい環境をつくってから指導する。

　また，机上で課題を行う場合には，机と椅子の大きさや，配置なども調整する必要がある。机は大きすぎると子どもとの距離が離れてしまい，子どもの行動に対する即時的な対応が難しくなる。学校で使用されている机ほどの大きさが適切である。そして，机は肘が付く程の高さで，椅子も足底がしっかりと床に付く物を選択する。これによって足先を動かす行動が減少する。多動行動を減少させるための物理的環境の整備である。子どもの目に入る刺激量を少なくするためには，STが壁側に座り，子どもは壁とSTと教材しか見えない場面をつくる。結果として，STと課題に向く注意量が増加する。

無誤学習で行動レパートリーを拡げる

　強化という観点からすると，最終的な目標は"勉強や課題を実施すること自体が楽しい"というように，勉強や課題遂行自体が，行動内在型強化によって支えられることである。行動内在型強化で行動ができるようになるためには，それまでの間に十分な強化と頻回な成功体験が必要となる。

　光君の場合，言語聴覚療法での課題は社会性スキルの習得と，漢字を書く行動の習得であった。頻回な成功体験と強化を受けられるように正解に近い行動を求めていく逆向行動連鎖化の手法を用いた介入を行った。社会性スキルの課題では，一般的に行動問題といわれる状況絵を見て，①どこがおかしいのか，②どうするべきか，などの回答を求める。回答をするための知識と行動レパートリーがない場合，失敗経験の積み重ねてしまう。ABAは無誤学習の中で知識と行動レパートリーを学習する関わりが行われる。

　例えば，STが「これは友達がブランコをしている絵だね。だからすぐ前に立っているはおかしいね。じゃあ，動いているブランコに近づかないほうが……」と"……"までを全て手がかり刺激として与える。回答の大半を刺激として提示されているので，光君は「いい」と回答をする。その際に十分な賞賛による強化を行うことで成功体験を経験できる。同じ方法で繰り返し回答を求めると頻回な成功体験が得られる。その後は，"いい"から"近づかないほうがいい"へ，次は"動いているブランコに近づかないほうがいい"，最後に"友達がブランコをしているのに，横に立っているのはおかしい。動いているブランコには近づかないほうがいい"までを光君に回答してもらった。回答をするために必要な情報を初めから説明していくより，情報が集まった状態からの回答は説明が容易となり，何度か課題を行っていると最終的には自分で初めから最後まで回答することが可能となる。このように，長い説明が必要となる社会性スキルの課題であっても，逆向行動連鎖化と無誤学習を用いることで，誤ることなく成功体験を積み重ねていくことができ，課題に対して考えること，回答すること自体が楽しくなっていく。

　光君も「先生，今日もあのカードしようよ」と課題をすること自体が楽しみになっていった。社会性スキルの課題実施中には，STからの多くの音声指示を聞くことで回答することができ賞賛されるため，自然と他者の話を注意深く聞く行動は増加していった。そして，強化の際に「静かに上手に聞けているね」と適切な行動にも具体的行動を述べながら強化をすることで，注意深く聞く行動はさらに増加していった。

図20-2 ◉ 漢字の書字におけるシェイピング

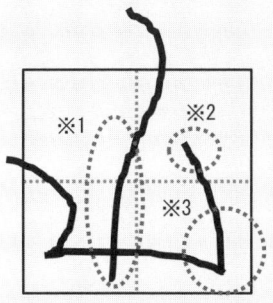

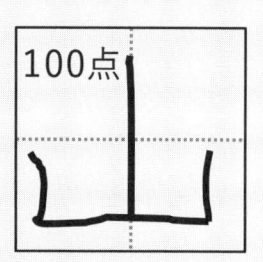

※1「上手にまっすぐ書けてるね」
※2「枠の中にしっかり入ってるね」
※3「しっかりここくっついてるね」

※1「枠の中に全部漢字が入ってるね」
※2＆※3「さっきよりもまっすぐなってるし、枠に入ってるね」

「凄く綺麗に書けるようになったね。君は漢字を書く名人だ。この漢字は100点だよ」

不適切な箇所を注意するよりも、少しだけでも適切にできている箇所を強化していくと次第に目標とする文字に形成されていく

🔄 他行動分化強化と行動形成は適切な行動を増やしていくのに有効である

光君が100マス漢字を書く場合、100マス全てを乱筆で書いているわけではない。100マス中数カ所は少しの歪みのみで書けているのであれば、「試み行動（attempt response）」として強化する。同時に行動形成（シェイピング）の方法も用いる。行動形成とは、現在出現している行動を、徐々に目標とする行動に近づけていく方法である。光君が少しだけでも書けている箇所に強化を与えていき、徐々に強化する基準を上げていき、目標とする漢字に近づいていく。最後には綺麗な漢字が書けるように進める（図20-2）。

一般的な介入では、文字の歪みや枠内に入っていなければ書き直しをさせられることが多い。しかし、それでは書く行動そのものを弱化してしまうことになる。課題に対するモチベーションの低下と注意や集中力も減少していき、最終的には離席や課題放棄などの行動問題に繋がってしまう。

したがって、適切にできている箇所に注目し、強化していくことが大切である。強化の内容には「まっすぐ書けているね」「枠に入っているね」「線がくっついているね」などの正しく書くための具体的な言語を含むようにする。それにより、次に漢字を書く際には、それらの言語が言語教示として機能し、前よりも綺麗に書くことに繋がっていく。

このように、できている箇所に注目し強化を与え、さらに細かく強化できる箇所を大人側が見つけ出して関わる。そうすることで漢字を書くこと自体が楽しくなり、行動内在型強化のみで行動が持続されるようになる。結果として、初めは乱筆で書くことが多かった光君も、文字を書くこと自体が楽しくなっていき、ゆっくりと綺麗に文字を書くようになっていった。

言語聴覚療法を実施するうえでは、対象者の意欲的な取り組みは必要不可欠である。しかし、対象者自体に変化を求めるのではなく、関わるセラピスト側がABAを用いることで対象者が本来持っている最大限の力を引き出す。そのためにも、言語聴覚療法と応用行動分析との融合は不可欠である。

◉ 文献

日本コミュニケーション障害学会（2014）第40回日本コミュニケーション障害学会 学術講演会 予稿集.

第21章──看護

慢性腎不全患者における水分管理マネジメント

問題の設定

[1] 2型糖尿病
2型糖尿病とは、インスリン分泌不全もしくはインスリン抵抗性による糖尿病であり、我が国の糖尿病患者の95％以上は、2型糖尿病である（糖尿病診断基準に関する調査検討委員会, 2010）。

[2] ドライウェイト
ドライウェイトとは、身体に過剰な水分が存在しない状態のことを示しており、透析患者の水分管理を行なうときの基準体重を意味する（伊藤ほか, 2003）。

[3] 無尿
無尿とは、1日の排尿が100ml以下の状態をさし、尿の生成がほぼ停止した状態（伊藤ほか, 2003）。

[4] CTR
CTRとは、胸部X線像所見より胸郭横径に対する心横径の比率である心胸比を指し、正常値は0.5以下とされている（伊藤ほか, 2003）。心臓の肥大を簡便に検査する方法として用いられ、百分率で示すことが多い。

◎付記
本章の事例は、実際の事例を参考に、仮想事例として新たにまとめたものである。

◉ 慢性腎不全患者は水分管理マネジメントが難しい

患者S氏は、68歳の男性であり、現在妻と2人暮らし。S氏は53歳の時、狭心症と診断され冠動脈バイパス術を受けている。59歳の時に2型糖尿病[1]と診断され、64歳の時に糖尿病性末梢神経障害による壊疽（右第2足指）を合併し、右第2足指切断術を受療した。66歳の時に糖尿病性腎症による慢性腎不全と診断され血液透析療法の導入となった。

S氏は、身長176cm、ドライウェイト[2]70.0kg、体温36.3℃、透析前の収縮期血圧146〜160mmHg、拡張期血圧62〜68mmHg、脈拍78回／分（整）、無尿[3]、四肢浮腫軽度あり。血液検査では、血清ではHb 10.9g/dlと貧血を認めた。生化学検査では、BUN 69.2mg/dL、sCr 2.52mg/dL、LDH 312IU/Lと高値を示した。検査所見として胸部X線でCTR[4] 61.8％と心拡大を認めたが、肺野に異常は認められなかった。

S氏は週3回の血液透析療法を受けており、自宅から車で10分ほどの距離にある中規模の急性期病院で受けている。インスリン注射は1日4回（食前と就寝前）S氏自身が行っている。食事療法（1,700kcal、塩分蛋白制限あり）の指導は過去3回ほど妻と一緒に受けたことがある。

S氏は、元来飲酒する習慣はなかったが、営業職への異動とともに会食する機会が増え、飲酒する習慣がついた。以前は、1日1,000mlほど飲酒していたが、腎機能の低下に伴い飲水を制限するように指導を受けてから、飲酒量を抑えるようにしていた。現在飲水は1日500mlに制限されている。しかし、透析治療前の体重は制限された上限をいつも超えており、その状況を看護師から聞いた妻も夫に対して飲水量に気をつけるように口煩く言うようになっていた。S氏は温厚な性格であったが、妻が飲水管理について発言すると「おまえにこの辛さは分からない」と強い語気でいう。最近は、「こんな楽しみのない人生ならば生きていても仕方がない」ともらすようになっていた。

S氏は若いころから身体を動かすことが好きだった。退職後も体力低下予防のために1時間程度のウォーキングをするのが日課であった。しかし、糖尿病性末梢神経障害が発症してからは下肢指全体に力が入りにくい感覚があり、15〜30分程度に減っていった。特に、右第2足指切断術後からは、頻度が少しずつ減っていき、半年ほど前からは完全にやめてしまい、終日自宅で過ごす生活になった。外出する機会といえば、透析治療に出掛けることと、近所のスーパーまで妻の買い物に同行する程度である。以前は楽に持っていた食材入りの袋を今は軽いものしか持てない状態である。筋力不足だけではなく、少し歩いただけでも息があがってしまい、2〜3分歩くごとに休憩が必要な状態であった。そんなS氏の楽しみは、関東在住の孫からかかってくる電話であった。孫から電話が掛かると嬉しそうに話す。孫に対する愛情は強く、秋に行われるバレエの発表会を見に来るように誘われており、晴れ舞台を見るために上京するのを楽しみにしている。

飛田伊都子

慢性疾患患者は複数の健康問題を有することが多く，S氏のような病状は決して珍しくはない。健康管理マネジメント上では，臨床上の問題を整理した上で患者の行動問題を標的行動として抽出し，その先行事象と後続事象との関係を分析する必要がある。

◉ 行動問題を抽出する

まず臨床上の問題を整理すると，S氏は慢性腎不全のため血液透析療法を受けている状態である。腎不全では，本来体外に排泄されるべき水分と老廃物が体内に蓄積することになる。この結果，臨床上起こりうる最も深刻な問題は，心臓に蓄積した場合におこる心不全[5]である。現在，S氏のX線所見においてCTRが60％を超えていることはすでに心不全の状態になっていることを意味している。元々運動習慣があったにもかかわらず，今は自宅で過ごすことが多くなったのも，この心不全による労作時呼吸困難が原因であることが考えられる。心不全により心臓の拡張と収縮が十分おこなわれないために，血液のガス交換が不十分となりこのような症状を呈するのである。その結果，わずかな運動や軽作業でもたちまち息切れが生じてしまう。これが過剰な水分摂取と関連しているとは，S氏本人も妻も認識していなかった。

S氏の行動問題は，労作時呼吸困難による運動の低下もしくは運動習慣の欠如であると結論づけると陥穽に陥る。S氏の行動問題の焦点は運動にあてるのではなく，水分管理にあてるのが妥当である。しかし，この問題を行動分析学的に解決するためには，水分自己管理ができるというような漠然とした目標設定は避けるべきである。

◉ 標的行動を決定する

水分管理という抽象度の高い目標を，体重や水分摂取量など測定可能もしくは観察可能なものに設定する必要がある。透析患者の場合，体重が増加するというのは単に太ったことを意味しておらず，摂取した水分量から排泄された尿を差し引いたものと摂取した食事量が体重増加に反映している。S氏の場合，前回の透析治療から次の透析治療までの体重増加は，ドライウェイトの3〜5％以内とされており，2.1〜3.5kgとされる。しかし，時には約4kgの体重増加の状態で透析治療に来ることもある。

体重を把握するためには，体重計にのる行動が生起しなければならない。体重計にのるだけでなくその体重の増減を把握するためには，体重をグラフ等に記録する行動が生起しなければならない。S氏の場合，すでに体重計にのる行動は形成されていたが，その体重を可視化できるような環境のアレンジは整備されていなかった。そこで，体重計のそばに体重表を貼り，測定後直ちに記入できるようにする。つまり，体重を記録する行動を強化する必要がある。そうすることによって，体重が増加していることを可視化することができる。水分摂取量に関しても同様のことがいえる。つまり，体重や飲水量をセルフモニタリングできる環境を整備することでその変化を見ることができるようになる。

> 問題の分析

[5] 心不全
心不全は，透析患者の死亡原因の第2位であり24.0％を占める（日本透析医学会，2013）。

> 問題の解決

S氏の水分管理マネジメントにおける行動問題について行動分析学的問題解決のために以下3つの方法を挙げる。

● 家族参加型標的行動の強化が有効である

S氏の水分管理マネジメントには，妻の参加が重要である。慢性疾患患者の場合の健康管理マネジメントは，在宅での行動を直接強化できる家族が参加できれば，入院中の患者同様の介入が可能になる。そこで，S氏の担当看護師は，妻との面談を行った。妻は担当看護師に，病状の深刻さを知らなかったこと，体重計には毎日のっているが記録はしていないこと，水分摂取に関しては口出しすると夫との口論が絶えないことを伝えた。担当看護師は，S氏の水分管理マネジメントへの参加を依頼し，妻が重要な役割を担うことを伝え，妻もこれを快諾した。

S氏の水分管理マネジメントの最終的な目標は，透析前体重が増加上限以下に抑えられることであるが，これは最終目標である。S氏の当面の標的行動は体重計にのって体重を測り表に記録する行動と設定した。担当看護師は，妻に目盛り拡大型体重表を提示した。これは，S氏の体重増減が著しく見えるように70〜75kgの部分が拡大加工された体重表のことである。この体重表に丸印をつけるように伝えた。あくまでも記録するのはS氏である。S氏が記録を忘れていても，記録を代行することは控えるように妻に指導した。そして，記録が継続した場合は，前日の体重と線で結び，記録を忘れた場合は線で結ばないように伝えた。これは，記録行動が継続しているのか，中断しているのかを可視化する狙いがある。

この行動が定着した頃に次の介入を開始する。次なる標的行動は，水分摂取量の記録行動と設定した。担当看護師は，透明の目盛りつきペットボトルを妻に提示した。S氏の1日の水分摂取量は500mlと制限されているため，100mlごとの目盛りがついたペットボトルに500mlの水分を入れておくように妻に指導した。1日の水分をより細かく把握できるように工夫したのである。仮に500ml以上の水分を摂取しようとする場合は，摂取しても構わないことを伝え，その追加した摂取量を記録しておくことを伝えた。温かいものを湯呑みで飲む場合は，湯呑み1杯分の容量を把握しておくことも伝えた。先述した目盛り拡大型体重表に水分記入欄を設け，一日の水分摂取量を記録するように指導した。

このような取り組みは，あくまでも標的行動の強化であるため，体重の増減や水分摂取量にあまり敏感に反応しないように妻に説明した。体重が記録できた場合や体重増加が上限範囲内であった場合には妻が言語的賞賛を提示するように伝えた。

● 自然な言語的賞賛が効果をもたらす

S氏の妻は元来夫の病状に無関心な態度を示していた。水分の摂りすぎを指摘すると口論になった経験もあり，口出ししない態度をみせていた。そんな妻の態度がある日突然変わるのは，誰もが違和感を覚えるであろう。そこで，妻には自然な言語的賞賛の具体的な提示方法を指導した。まずは，S氏が体重を表に記録しなくても，水を摂り過ぎても，決して口出しせず，見守る態度で接するように教示した。S氏が1日の水分摂取の制限量を遵守できたとき，もしくは体重表への体重の印が記録されたとき，「お父さん，よくがんばったわね」「最近，がんばっているじゃない」というような言語的賞賛を提示するように教示した。言語的賞賛は，行動分析学的介入実験において多くの場面で活用されており，その有効性は評価されている（Cairns & Pasino, 1977 ; French et al., 1992）。今回，妻にはあくまでもS氏自身が，水分管理ができるように周囲の環境要因を調整することが重要であることの理解を促す必要があり，妻自身もその環境要因であることを指導した。

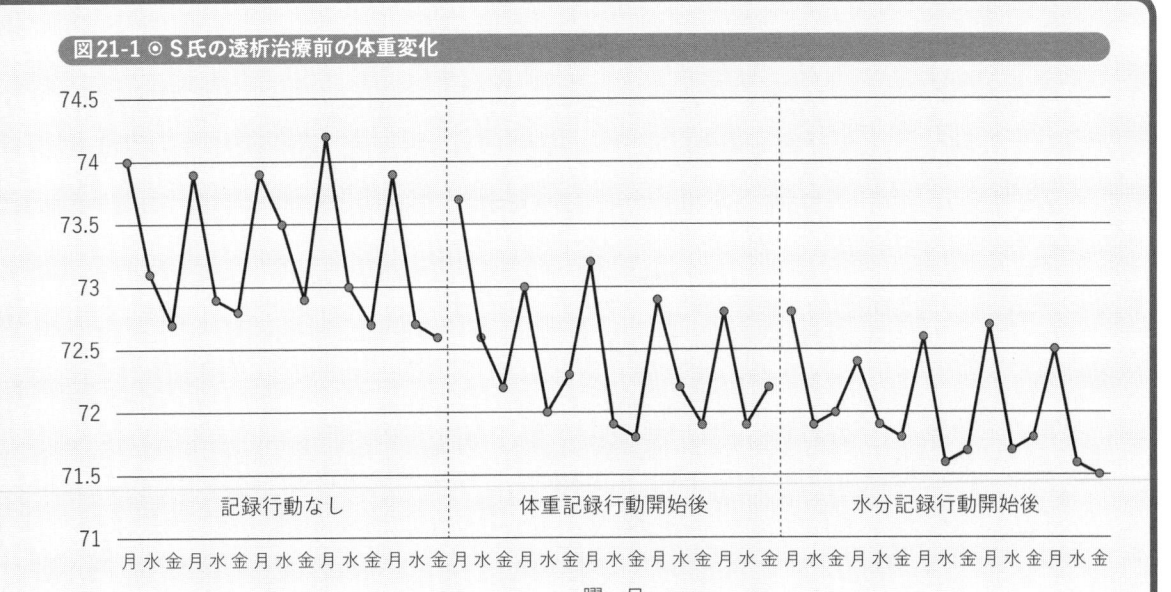

図21-1 ● S氏の透析治療前の体重変化

S氏の治療スケジュールの場合の体重許容上限は，月曜日は73.5kg（DW＋DW5％），水・金曜日は72.1kg（DW＋DW3％）である。

孫が強化子となる

　S氏の体重測定結果および水分摂取量の記録は妻による行動分析学的介入により維持され，図21-1に示すように病院で測定された透析治療前の体重は上限範囲を遵守するようになってきた。誰よりも妻がこの変化に驚いた。このように水分管理マネジメントが順調に進んでいたが，妻は孫娘のバレエの発表会を見に行くことを大変気にしていた。S氏が関東までの旅行ができるのか，妻は不安になり担当看護師に相談した。担当看護師は，孫の晴れ舞台を見に行くことがむしろ強化要因になりうることを伝えた。妻は関東の娘家族にS氏の病状を詳しく伝えていなかったが，担当看護師は，むしろ詳細を伝えて介入に参加して貰うことを提案した。関東までの旅行を実現させるためには，安定した体調管理が必要であり，それを本人だけでなく，家族みんなが望んでいることである。そのためには，情報を共有し，標的行動が目標を達成した場合には，娘や孫からも言語的賞賛を提示して貰うように依頼した。

　その結果，水分摂取量を遵守するようになり，体重が上限を超えることはほぼなくなった。毎月の胸部X線でもCTRが60.2→58.8→55.1％と心肥大所見も改善していった。CTRが55.1％まで改善すると，S氏本人が体調の変化を自覚するようになり，30分程度のウォーキングでも呼吸困難を呈することはなくなった。

　慢性疾患患者の健康管理マネジメントにおいては，健康管理をしていても患者自身の症状が著しく改善することが少ないため，その行動変容が難しいと言われている。しかし，臨床上の複合的問題状況を先ず整理したうえで標的行動を設定し，その行動を一つひとつに対して行動分析学的介入を導入することが重要である。その結果，複合的問題が解決できてくるのである。

● 文献

Cairns D & Pasino JA（1977）Comparison of verbal reinforcement and feedback in the operant treatment of disability due to chronic back pain. Behavior Therapy, 8-4 ; 621-630.
French R, Silliman LM, Ben-Ezra V et al.（1992）Influence of selected reinforcers on the cardiorespiratory exercise behavior of profoundly mentally retarded youth. Perceptual and Motor Skills 74 ; 584-586.
伊藤正男，井村裕夫，高久史麿（2003）医学大辞典．医学書院．
日本透析医学会（2013）わが国の慢性透析療法の現況．（http://docs.jsdt.or.jp/overview/［2013年12月31日取得］）．
糖尿病診断基準に関する調査検討委員会（2010）糖尿病の分類と診断基準に関する委員会報告．糖尿病 53-6 ; 450-467.

慢性疾患患者の問題行動に対する行動マネジメント

> 問題の設定

● 集団的治療環境において問題行動が頻発している

「師長さんきらーい。あっち行って」と甲高い声が透析治療室に響く。声の主は32歳女性の血液透析患者M氏。透析室の看護師長が，頻繁に透析室の入室時刻に遅刻することや音漏れしている音楽鑑賞を注意すると，こんな言葉が透析治療室内に響き渡るのである。このやりとりはすでに1年以上続いている。

M氏が透析治療を受けているA病院は約140名の透析患者を有し，その9割が週3回の血液透析療法を受けている。治療室の医師以外の医療スタッフは，看護師と臨床工学技士が合わせて20名。M氏は，火，木，土曜日の午前に透析治療を受けており，本来であれば8時10分までに入室しなければならない。午前中に治療を受ける場合，8時40分に入室する時間帯を選択することもできるが，その分，治療が終了する時間は遅くなる。M氏は正午頃には帰宅したい意向があるため，8時10分に透析室に入室する時間帯を自ら希望している。

ある日，透析室看護師長がM氏に入室時刻を8時40分に変更することを提案した。しかし，M氏は治療の終了時間が遅くなることを避けたいとそれを断った。8時10分に入室できないのであれば，自ずと治療開始時間は遅れることと，遅れるM氏のためにスタッフを配置するのは難しいことも伝えた。この話をするといつも決まって「次から必ず8時10分に来る」と返事する。このやりとりはすでに何回も繰り返されていた。

透析室看護師長は，自宅の出発時間が遅いのではないかと思いM氏の母親と面談した。すると，自宅から病院まで徒歩で10分程度だが，自宅を出るのは8時過ぎていることが多いという。さらに，家庭内での問題行動について注意しても大きな声で怒鳴るばかりで何も解決しないという。母親は，M氏が20代から腎臓病を患ったため甘やかしてしまったと涙ながらに自責の念を述べた。

M氏の問題行動は，治療室の入室時間だけではない。血液透析療法の際には，シャント[1]に2本の注射針を穿刺する必要がある。しかし，M氏は特定のスタッフにこの穿刺を担当してほしいと要望するのである。その特定のスタッフはM氏にとって「お気に入り」のスタッフである。そのお気に入りのスタッフは，豊富な臨床勤務経験を有しており，穿刺するのが上手な人がおおむね該当する。各スタッフは担当する患者が日々決まっているが，その担当制は無視したうえで，お気に入りのスタッフを「○○さーん，私の穿刺やって」と大声を張り上げて呼び寄せる。治療室にいる他の患者も驚くほどの大きな声であるため看護師長が注意すると，「師長さんきらーい。あっち行って」という声が再び透析室に響き渡るのである。M氏のお気に入りのスタッフの一人は，M氏の穿刺を早々に済ませ，次の患者の対応に移ることが先決であると申し出て，看護師長もそれをやむなく了承した。今では，透析室で唯一穿刺するスタッフを指名できる患者と化している。

---

[1] シャント
血液透析治療における「シャント」とは，ブラッドアクセスのことを意味しており，本邦においては自己血管による内シャントが一般的である。これは，手術によって橈骨動脈と橈骨皮静脈を吻合し，動脈血が静脈に流入することにより透析治療に必要な血液を確保できるように作られた太い血管を指す。

各施設で若干異なるが，一般的には歯科医院のようなオープンスペースを有する透析室が多い。したがって，一部の患者の問題行動は，他の患者にも影響を及ぼす治療環境である。特に，そのオープンスペースの中で透析患者のほとんどが約4時間という長い時間を過ごすため，治療室環境のマネジメントは重要である。

問題行動の行動随伴性を分析する

M氏にとって透析室に勤務するお気に入りのスタッフは4〜5名いる。看護師長以外のスタッフは全員が2交替制[2]で勤務しているため，お気に入りのスタッフがM氏の治療時間帯にいつも勤務しているとは限らない。透析室の看護師長は，スタッフが担当する患者は日々変わることをM氏に幾度となく説明してきた。時には長い時間をかけてM氏と話し合うこともあった。そのたびにM氏は「分かっている」と回答する。しかし，自身の穿刺の時間になるとお気に入りのスタッフを大声で呼び自分の穿刺を担当するように依頼する。つまり，この問題行動を解決するには，看護師長からの説明や時間をかけての話し合いは効果がないことに気づくべきであり，往々にしてそのこと自体が問題行動を強化することも知っておくべきである。

この問題行動を行動分析学的に解決するには，図21-2（p.204）に示すように，M氏が「お気に入りのスタッフを大声で呼び自分の穿刺を担当するように依頼する行動」には後続している事象があることに気づかなければならない。これを結果事象と呼び，先述した行動の後に「お気に入りのスタッフが来て穿刺を担当する行動」がそれにあたる。別の言い方で表現すると，大声でお気に入りのスタッフを呼ぶ行動は望ましくない行動だが，その行動の後にはお気に入りのスタッフが来て穿刺を担当する行動が得られるため，M氏の「お気に入りのスタッフを大声で呼び自分の穿刺を担当するように依頼する行動」は再び生起するのである。つまり，M氏の要望が叶う結果事象が得られるために，これが問題行動を強化しているという随伴性が見て取れる。

問題行動の課題分析を行う

明確にしなければならないことは，患者の「わがままな行動」を課題分析することにより，単位行動で構成される連続的な行動連鎖（behavioral chain）として捉えることである。M氏の場合，「透析室の入室時刻に遅刻」し，その後治療室内で「担当看護師の穿刺を拒否」したうえで，「大声を挙げ」，「お気に入りの看護師を呼んで穿刺を依頼する」という行動が一連の流れで生起している。臨床現場で起こる問題行動を「わがままな患者だから」という言葉で対処するのではなく，ある特定の問題行動には対応しないことが必要な場合もあり，闇雲に対応することが問題行動を強化することも理解する必要がある。また，望ましい行動を特定して，その行動を強化する仕組みを組織的に実施する必要がある。臨床現場における同様の問題行動のマネジメントでは，この仕組みを徹底的に実施することが重要である。

> 問題の分析

[2]
透析室の2交替勤務は，日勤と準夜勤の2交替勤務が一般的である。

問題の解決

望ましい行動を強化する

慢性疾患患者の健康管理マネジメントという意味において，この事例は患者の健康管理に直接的に関連する内容ではないが，間接的には大いに関連する重要な内容である。慢性疾患患者は，数年，数十年という単位で治療を継続している場合が多く，そのなかには病院設備を私物化する患者や医療スタッフに対して節度を超えた要求をする患者がいる。

ある日，M氏の問題行動は透析室のスタッフによる定例カンファレンスの議題になり，病院で勤務する心理士が参加した。その心理士の提案により，M氏の行動で，何が「望ましくない（問題）行動」であり，何が「望ましい行動」なのかが検討された。望ましくない行動として挙げられるものは，「透析室の入室時刻に遅刻」すること，「大声を挙げる」こと，「担当以外の看護師を呼んで穿刺を依頼する」ことがあげられる。一方，望ましい行動とは，「決められた時刻に透析室へ入室」することや「穿刺のために準備」することがあげられる。これらの望ましくない行動が減り，望ましい行動が増えることを目指した介入を導入する必要がある。

まずは，望ましい行動である「決められた時刻に透析室へ入室する行動」を強化する。M氏が決められた時刻に透析室へ入室したときには，言語的賞賛にて即時に強化する。M氏が通う透析室には入口に自動血圧計が設置してあり，全ての患者がそこで血圧測定を行う。その血圧計で測定すると血圧が印字された用紙が機械から出てくるが，そこに測定した時刻も印字される。全てのスタッフは血圧用紙に印字された時刻が到着時刻と判断するように統一した。さらに，言語的教示内容としては，「Mさん，よくこの時間で来れましたね。頑張りましたね。この時間に来ると治療が予定通りに始められますね」と言ったように，少々大袈裟かもしれないが，明確な言語で賞賛する必要があり，血圧用紙に印字された時刻を見ながら，即時に提示することが重要である。また，言語的賞賛の提示内容が毎回同様である必要があり，担当者によってM氏の到着時刻の判定を甘くする者がいてはならず，どの担当者であっても血圧用紙の時刻が8時10分前であれば言語的賞賛を提示するというルールを厳守する。これはある特定のスタッフが介入することではなく，組織的に全スタッフが介入することが必要である。その結果，M氏は決められた時刻に透析室へ入室することが多くなり，1カ月ほど経つと遅刻することのほうが少なくなった。

行動契約を活用する

さらに次なる介入として，行動契約を活用する。行動契約は，先行子操作の一つであり，M氏本人が，特定の標的行動を行うことを書面に記載し，公的な約束とするものである。M氏がこの行動契約を受け入れるか否か，スタッフは半信半疑であった。しかし，お気に入りのスタッフが提案すると，M氏は「患者は私だけではないから，私もやるべきことはやる必要がある」と理解を示し受け入れ

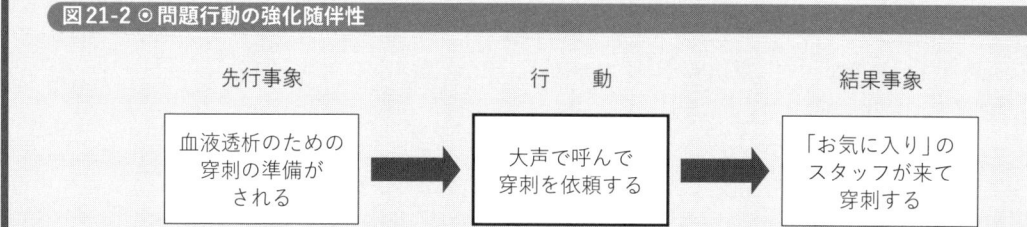

図21-2 ● 問題行動の強化随伴性

先行事象　　　　　　行　動　　　　　　結果事象

| 血液透析のための穿刺の準備がされる | → | 大声で呼んで穿刺を依頼する | → | 「お気に入り」のスタッフが来て穿刺する |

た。そして，M氏は，自らの行動契約を「8時10分までに透析室に入室し，すみやかに穿刺のための準備をおこなった場合のみ，自らが希望するスタッフに穿刺して貰うことができる」として，これを書面に記載した。このように，行動契約で重要なことは，契約した内容を「行動契約書」として文書にして契約した相手の渡すことである。この場合，契約した相手は看護師長とした。その契約を交わした次の日から，M氏は透析室に入室すると，自身のベッドに向かい，穿刺のための準備を始める行動をとるようになった。M氏が，穿刺のための準備する行動をスムーズに取った場合は，お気に入りのスタッフが穿刺を担当するように調整し，これが強化的な結果事象を提示していることを意味していることになる。その結果，M氏は，透析室に入室すると，速やかに自身のベッドに行き，穿刺のための準備をする行動を取り，お気に入りのスタッフからの穿刺を受けることが多くなった。数カ月が経過すると，スタッフ全員とのコミュニケーションが良好になり，M氏の印象は大きく変わっていた。

　行動契約は，ルール支配行動の理論を活用しているものであり，企業等でも活用されておりパフォーマンス・マネジメントとして知られている。詳細は，『行動変容法入門』（ミルテンバーガー，2006）や『行動分析学入門』（杉山ほか，1998）を参考にされることを薦める。

般化を目指した介入を行う

　M氏の問題行動に対して，望ましい行動が強化され，望ましくない行動が弱化されることが確認できれば，次なるステップを考えるべきである。M氏の類似した問題行動は，透析室以外の場所でもみられており，母親からの情報によると家庭内でも複数の問題行動がみられていた。食事の内容に不満がある場合や，テレビや音楽鑑賞時の大音量を指摘した場合，怒鳴るような声で攻撃的な言葉を発するという。母親は腎臓病で透析治療を受けている娘に過度のストレスをかけないように努めたつもりだったようだが，問題行動であるという認識はなかった。透析室内での介入の成果を伝えると，母親は同様の介入を家庭内でも開始させた。透析室内の介入よりもむしろ成果が早く出たことに医療スタッフも母親も驚いた。

　このように，ある特定の場面だけで標的行動が生起すればよいのではなく，場面が変わっても，また介入する人が変わっても同様の結果が得られることが重要である。そのためには，このように般化を目指した介入が必要である。

● 文献

R・G・ミルテンバーガー［園山繁樹，野呂文行，渡部匡隆ほか訳］（2006）行動変容法入門．二瓶社，pp.265-275．
杉山尚子，島宗理，佐藤方哉，R・W・マロット，M・E・マロット（1998）行動分析学入門．産業図書，pp.309-325．

第22章 ── 高齢者支援

行動分析学に基づくBPSDマネジメントと介護職員研修

問題の設定

● 認知症に対して行動マネジメントと職員研修が重要である

　アルツハイマー型認知症をはじめとする認知症では，記憶障害や見当識障害などの中核症状に加えて，Behavioral and Psychological Symptoms of Dementia（BPSD）とよばれる徘徊や妄想，興奮などの周辺症状が高頻度に認められ（Seitz et al., 2010），その対応は認知症ケアのなかで重要な課題となっている。近年では，US Food and Drug Administration（FDA, 2005）による，非定型抗精神病薬を用いることによって認知症患者の死亡率が上昇するといった警告などから，BPSDへの対応として，非薬物的な介入の重要性が指摘されている。また，BPSDに関する非薬物的介入の系統的レビューが複数みられるようになっているが（Livingston et al., 2005；Olazarán et al., 2010），それによれば特に推奨度が高いものとして，行動分析学に基づくBehavioral Management Techniques（BMT），および介護職員研修が挙げられている。

　さらにこの介護職員研修については，Spector et al.（2012）が系統的レビューを行い，理論モデルにより，BMTに基づく研修，パーソン・センタード・アプローチに関する研修，コミュニケーションに関する研修，バリデーション・セラピーの研修，その他の研修の5つのカテゴリーに分類し比較した結果，BMTに基づく研修のBPSDに対する効果が最も高いことが示唆されている。そして，そのなかでも特に，Teri et al.（2005）によって開発されたStaff Training in Assisted living Residences（STAR）は，マニュアルのある数少ないBMTの研修プログラムであり，かつ小規模ながら無作為化比較試験（Randomized Controlled Trial：RCT）とシングル・ブラインドによりその効果が実証されている。この研究では，介入群では統制群と比べ，入居者のBPSDの評定尺度であるNeuropsychiatric Inventory（NPI）における行動異常，抑うつ，不安に関する評価点が有意に低くなっている。また本邦においてもオープン・スタディにより，このプログラムで介護者の研修を行い，認知症患者のアジテーション（焦燥，興奮）が軽減するといった結果が示されている（Sato et al., 2013）。

　RCTによりその効果が検証されているSTARは十分注目に値するが，これら先行研究での効果検証は介入前と介入後の2時点におけるNPIなどでの評価のみであった。そのため，介護職員の支援行動と対象入居者のBPSDとの関係性を時系列に評価はしていなかった。このような課題を踏まえて，本事例と次事例では，構造化されたシングルケースのデザインを用いて，BPSDに対する行動分析学に基づく介護職員研修の効果の検証を行った。

◎付記
本章の事例は，実際の事例を参考に，仮想事例として新たにまとめたものである。

野口 代 | 山中克夫

問題の分析

● 対象者の認知機能を分析した

対象入居者は，アルツハイマー型認知症の診断を受けている75歳（介入開始時）の女性A氏。入居しているグループホームで最も頻繁にみられたBPSDは徘徊であり，具体的には，5分に1回程度席を立ってダイニングからトイレの方に向かって出て行こうとする行動であった（用を足すというわけではない）。A氏は体重減少もあり家族はBPSDを心配していた。日本版Mini-Mental State Examination (MMSE) は8/30点（復唱，呼銘，図形描画などに関する得点）であった。認知機能では，近時記憶，時間の見当識，場所の見当識の障害が重度であった。認知症の重症度の評価スケールであるClinical Dementia Rating (CDR ; Hughes et al., 1982) は2, Functional Assessment Staging (FAST ; Reisberg, 1988) はstage 5であった。要介護2で，ADLは歩行，更衣，摂食，排泄，入浴とほぼ自立であったが，促しや準備が必要であった。抗認知症薬を服用していたが，評価期間中の変更はなかった。A氏の入居前の趣味は絵画を描くことであった。A氏はaグループホームに入居後4年が経過していた。介入開始時に，その他の疾患はなかったが，体重が入居時の43kgから，4年間で33kgへと10kg程度減少していた。対象職員は，aグループホームの介護職員5名（男性1名，女性4名）であった。

● 手続きを設定する

ベースライン期（BL期）において，筆者による介護職員へのインタビュー（次事例にて後述：p.210）と直接観察により介入に必要なデータを収集した。その後，介入期（IN期）において，筆者らが作成したABC分析による行動理解，先行子操作と分化強化による介入に関するワークノートをもとに，介護職員集合研修およびケースカンファレンス（1回：約120分）を行った。このなかで介護職員と筆者が協働でABC分析に基づき対象入居者の支援計画を作成し，介護職員が実際の支援を実施した。IN期終了1カ月後からフォローアップ期（FU期）の評価を行った。

対象入居者の標的行動としてダイニングの席を立ちトイレに向かう行動の生起回数の評価を行った。対象職員の標的行動として支援計画実施の有無の評価を行った。

● 支援計画を立てる

研修後に行われたケースカンファレンスでは，A氏のBPSDは特定の場所や人ごみなどを避けているわけではなく，何もすることがない退屈感を紛らわすといった意味の大きい行動と考えられた。また職員の業務状況を考慮し，職員の負担を増やさず，見守りながら対象入居者の退屈感を軽減させられる活動を設定することを支援の方向性とした。さらに，対象入居者の認知機能や，現在および過去の趣味や嗜好といった情報を加味し，具体的には塗り絵や写真の多い雑誌を提供することを支援内容とした。A氏のBPSDの仮説と支援内容を図22-1 (p.208) に示した。

問題の解決

○ 介入期・フォローアップ期で認知症の行動・心理的徴候（BPSD）が減少した

観察時間におけるA氏のBPSDの生起回数と介護職員の支援行動の生起を図22-2に示した。支援計画に基づき介護職員が支援を実施したIN期ではBL期に比べ、対象入居者の標的としたBPSDの頻度は減少した。また、職員の支援行動はBL期に比べIN期で増加したが、介入期後半からFU期で、A氏のBPSDは再び増加する傾向がみられた。またこのとき、職員の支援行動は低下していた。

○ BPSDへの行動分析に基づく介入とスタッフ・トレーニングについて考察する

本事例の介入期の結果は、Teri et al.（2005）やSato et al.（2013）の結果を支持しており、BPSDに対する行動分析学に基づく介護職員研修と実践の結果、全般的に対象入居者のBPSDを軽減し、介護職員の支援行動が増加するという効果が示された。またSpector et al.（2012）の系統的レビューでは、行動分析に基づく介護職員研修の長期的効果の維持に関するエビデンスが乏しいことをあげていたが、A氏のBPSDが再び増加する傾向がみられたことはその課題の表れといえる。

本事例におけるBPSDへの支援の内容は、行動分析学における先行子操作と結果操作をともに用いたものであった。Zencius et al.（1989）が示したように、認知症をはじめとした学習機能に障害のある人に対しては、強化などの結果操作よりも、先行子操作の効果が大きく、また即効性もあるとされている。さらにいえば藤原（2008）が示した通り、環境設定などの先行子操作による介入は、支援者が負担や無理なく取り組める支援方法であり、多忙な介護現場に適した方法といえよう。

しかし、ここで示したいのはこのような先行子操作だけでは、やはり適切な行動が生起しても持続しないといった課題があるということである。適切な活動に従事し始めても、記憶障害もあり、数分すると自分がなぜその活動をしているのか、その活動をしていていいのかと不安になり、活動が継続できなくなる対象入居者の様子が多々見受けられた。つまり、確かに学習機能に障害のある認知症の人に対して、結果操作としての強化によって長期的に新たな行動を形成するといった意

図22-1 ● A氏のBPSDの仮説と支援計画

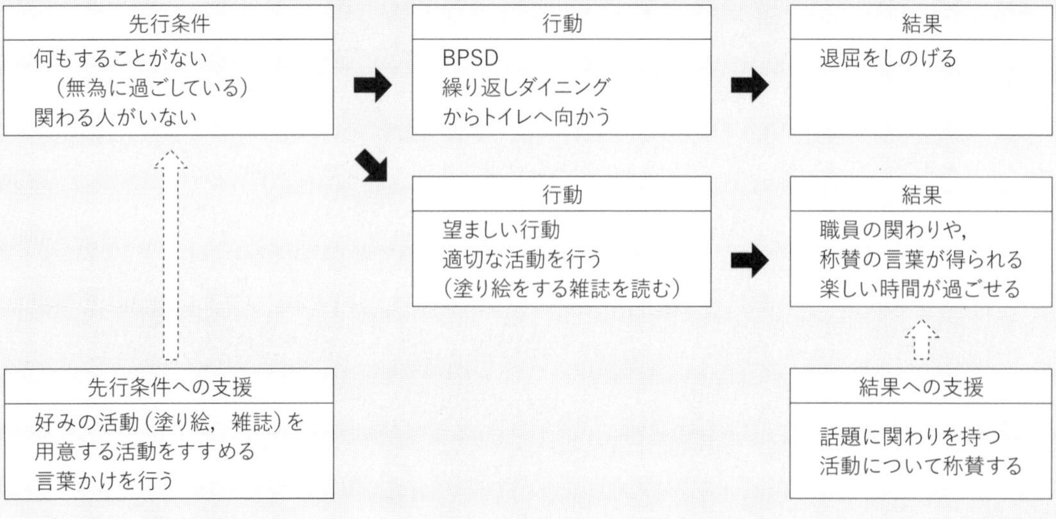

先行条件	行動	結果
何もすることがない（無為に過ごしている）関わる人がいない	BPSD 繰り返しダイニングからトイレへ向かう	退屈をしのげる

	行動	結果
	望ましい行動 適切な活動を行う（塗り絵をする雑誌を読む）	職員の関わりや、称賛の言葉が得られる 楽しい時間が過ごせる

先行条件への支援		結果への支援
好みの活動（塗り絵、雑誌）を用意する 活動をすすめる 言葉かけを行う		話題に関わりを持つ 活動について称賛する

図22-2 ● A氏のBPSDの生起回数と介護職員の支援計画実施の有無

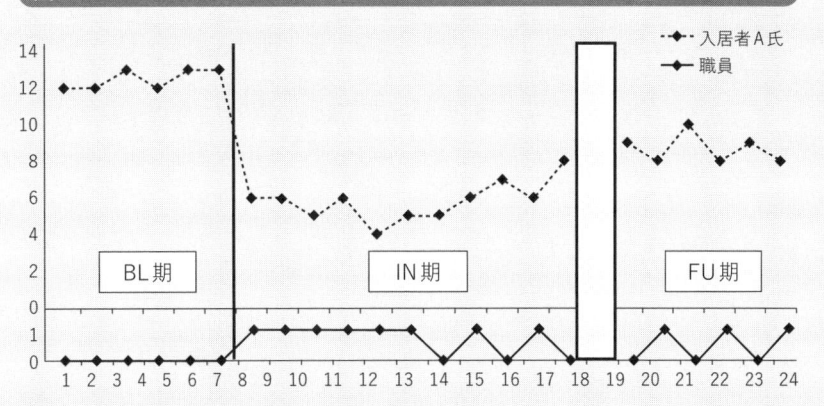

味での行動変容・行動形成の効果は小さい。しかし，適切な行動が生起したその場において，それを一緒に喜んだり，称賛したりするような言葉をかけることは，適応的な行動をその場だけであっても持続させるといった意味をもつ。これは行動分析学でいうなら適切な行動を強化する結果操作というよりも，適切な行動が継続して生起するきっかけを与えている先行子操作とも考えられる。いずれにせよ，適切な行動の持続にはこのような働きかけや関わりも重要ということである。このことは認知機能の障害が重度になった対象者であってもいえることである。山中ほか（2013）は，特別養護老人ホームの共用空間において，好みのアセスメントを用いた先行子操作による簡便な環境的工夫で認知症高齢者間の交流促進を行い，入居者間に自然な交流を生み，一部ボランティアによる介入も加えることで，その状態を持続させることに成功している。このように先行子操作を用いることを基本として，その他の入居者の状況やスタッフの業務状況をしっかりと考慮した上で，無理のない範囲で現場の実情にあった結果操作の工夫を行うことも施設介護においては重要と考える。

文献

藤原義博（2008）家庭における行動問題への支援——家庭文脈に適合した包括的支援の在り方．発達障害研究 30；320-321．
Hugues CP, Berg L, Danziger WL, Coben LA & Martin RL (1982) A new clinical scale for the staging of dementia. British Journal of Psychiatry 140 ; 566-572.
Livingston G, Johnston K, Katona C et al. (2005) Systematic review of psychological approaches to the management of neuropsychiatric symptoms of dementia. The American Journal of Psychiatry 162 ; 1996-2021.
Olazarán J, Reisberg B, Clare L et al. (2010) Nonpharmacological therapies in Alzheimer's disease : A systematic review of efficacy. Dementia and Geriatric Cognitive Disorders 30 ; 161-178.
Reisberg B (1988) Functional assessment staging (FAST). Psychopharmacology Bulletin 24 ; 653-659.
Sato J, Nakaaki S, Torii K, Oka M, Negi A, Tatsumi H, Narumoto J, Furukawa TA, Mimura M. (2013) Behavior management approach for agitated behavior in Japanese patients with dementia : a pilot study. Neuropsychiatr Dis Treat 9 ; 9-14.
Seitz D, Purandare N & Conn D (2010) Prevalence of psychiatric disorders among older adults in long-term care homes : A systematic review. Int Psychogeriatr 22 ; 1025-1039.
Spector A, Orrell M & Goyder J (2012) A systematic review of staff training interventions to reduce the behavioural and psychological symptoms of dementia. Ageing Research Reviews 12 ; 354-364.
Teri L, Huda P, Gibbons L et al. (2005) STAR : A dementia-specific training program for staff in assisted living residences. The Gerontologist 45 ; 686-693.
US Food and Drug Administration (2005) FDA Public Health Advisory : Deaths with antipsychotics in elderly patients with behavioral disturbances. April 11, 2005. (http://www.fda.gov/Drugs/DrugSafety/PostmarketDrugSafetyInformationforPatientsandProviders/DrugSafetyInformationforHeathcareProfessionals/PublicHealthAdvisories/ucm053171.htm [Retrieved March 3, 2013]) .
山中克夫，野口代，石黒映美（2013）従来型特別養護老人ホームの共用空間における認知症高齢者間の交流促進に関する事例研究——プリファレンス・アセスメントを用いた先行子操作による簡便な環境的工夫の効果の検討．高齢者のケアと行動科学 18；35-50．
Zencius AH, Wesolowski MD, Burke WH et al. (1989) Antecedent control in the treatment of brain-injured clients. Brain Inj 3 ; 199-205.

行動分析学による認知症のひきこもりの改善

問題の設定

◉ 認知症に対して積極的行動支援が重要である

近年，発達障害児・者に対する支援領域では「積極的行動支援 (Positive Behavior Support : PBS)」の観点を重視した支援計画が注目されている。PBS は生活全般について，適応的で社会的に望ましい行動への従事を助けることにより，結果として望ましくない行動を軽減させる幅広い取り組みのことを指している (Koegel et al., 1996)。前事例もそうした支援ととらえることができるが，本事例ではさらにそうした点を強調した支援計画を実施することにより，対象入居者の望ましい行動の生起に及ぼす効果について検討した。

表 22-1 ◉ BPSD の原因を特定するための行動インタビュー質問項目

Ⅰ．BPSD のきっかけ（直前の出来事や状況）について
1) 時間帯：BPSD が最も起こりやすい時間と，最も起こりにくい時間はいつですか？
2) 場所：BPSD が最も起こりやすい場所と最も起こりにくい場所はどこですか？
3) 人：誰（スタッフ，他入居者，家族など）と一緒のときにそれらの行動が最も起こりやすく，最もおこりにくいですか？
4) 活動：どんな活動を行っているときに BPSD が最も起こりやすく，最も起こりにくいですか？
5) 人が多かったり，騒がしい状況を嫌がっている様子はありますか？
6) 温度や湿度，照度（まぶしさ，暗さ）などが行動に影響を与えていませんか？
7) 行動に影響を与えているかもしれない医療上の問題や身体の状態がありますか？（例えば，アレルギー，発疹，鼻炎，発作，喘息など）
8) 睡眠の状況を教えてください。睡眠のパターンは行動にどの程度影響を与えていると思われますか？
9) 食事の日課と食事内容，食事量，空腹感について教えてください。それが行動にどの程度影響を与えていると思われますか？
10) どんな薬を服用していますか？　それが行動にどんな影響を与えていると思いますか？
11) 上記以外に，何かある特定の状況や特殊な出来事で，BPSD の引き金となっていると思われるものはありますか？　たとえば，ある特定の指示をされる，服装など。

Ⅱ．BPSD の結果（直後の出来事や状況）について
12) BPSD をおこした後（結果），周囲の状況はどのようにかわりますか？
　　　どのように対応されていますか？
　　　何か得られているものはありますか？（好みのもの，注目，快感）
　　　何か回避できているものはありますか？（嫌いな活動，人，物）

Ⅲ．その他の支援のための手掛かりについて
13) 本人の好きなものは何ですか？（食べ物，活動，物など）
14) あなたが本人と一緒に何かを行うときや支援をするときに，どのようなことを行うべきで，どのようなことを避けるべきだと思いますか？
15) 本人との活動がうまく行えるようにするには，何を改善すればいいと思いますか？
16) 本人の BPSD を防止するためには，どのようなことを避けるべきだと思いますか？

◉ 対象者には多くの介助が必要であった

アルツハイマー型認知症の診断を受けている80歳（支援開始時）の女性グループホーム入居者B氏であった。入居しているbグループホームでみられる顕著なBPSDとして，居室へのひきこもり，不安の訴え，興奮などがあった。日本版MMSEは4/30点（復唱と呼称で得点），CDRは2，FASTはstage 6であった。要介護度3で，ADLは，歩行，更衣，摂食，排泄とほぼ自立であったが，特に入浴の際に，促しや準備，見守りが必要であった。また抗認知症薬を服用していたが，評価を行っている期間中の変更はなかった。

B氏は5年程前から暴言，被害妄想，繰り返しの訴えなどがみられ，4年前にアルツハイマー型認知症の診断を受け，デイサービスとショートステイを利用していたが，混乱が強く在宅介護困難となり，3年前にbグループホームに入居した。B氏の入居前の趣味は読書で，小さい子どもや動物が好きという情報があった。既往は特になかった。対象職員は，bグループホームの介護職員5名（男性1名，女性4名）であった。

◉ 手続きを設定する

前事例の手続きに準じて行った。表22-1に，BPSDの原因を特定するための行動インタビュー質問項目を示す。

◉ 評価を行う

対象入居者の標的行動としてBPSDを軽減するために設定した望ましい行動（リビングの特定の場所において準備された余暇活動への従事）の生起についての評価を行った。対象職員では標的行動とした支援計画実施の有無の評価を行った。

◉ 支援計画を立てる

ケースカンファレンスの結果，B氏は夕方の時間帯，リビングにおける知らない他入居者の人ごみを避けるためや，何もすることがない退屈感を紛らわせるために居室へ向かい，ひきこもることが多いと考えられた。そして，居室に1人でいる時間が長くなり，職員の見守り，声かけが不十分になると，不安や興奮などにつながると考えられた。

B氏が居室で落ち着いて過ごせる時間も必要であるため，対象職員の業務状況を考慮し，職員が居室で過ごす入居者に対して見守り，声かけが可能である時間帯は，B氏を居室に誘導し休息をとってもらうこととした。そして人員的に見守り，声かけが不十分となる時間帯は職員の過度な負担とならないように，入居者全員を見守りながら，リビングの人ごみを避けられる場所で，B氏の退屈感を軽減させられる活動を設定することを支援の方向性とした。さらに，B氏の認知機能や，現在および過去の趣味や嗜好などといった情報を加味し，犬や子どもの写真の多い雑誌を見ることを望ましい行動に設定した。B氏のBPSDの仮説と支援内容を図22-3（p.212）に示した。

> 問題の分析

問題の解決

望ましい行動の生起率が上昇した

観察時間におけるB氏の望ましい行動として設定した余暇活動への従事率と介護職員の支援行動の生起を図22-4に示した。研修およびケースカンファレンスを行い，支援計画を作成し，それに基づき介護職員が支援を実施したIN期ではBL期に比べて，対象入居者の望ましい行動（リビングの準備された場所で好みの雑誌を読む）の生起率は増加した。また職員の支援行動はBL期に比べIN期，FU期で増加した。しかし前事例と同様，IN期後半からFU期で，B氏の望ましい行動の生起率は徐々に減少する傾向がみられた。

BPSDへの行動分析学に基づく介入とスタッフ・トレーニングについて考察する

本事例ではPBSの視点をより重視した介入と評価を行い，B氏はその場における望ましい行動が増加するという結果であった。BPSDが多く生起していた時間帯にリビングで過ごすことが可能になり，居室へのひきこもりを軽減した。居室へのひきこもりの結果生じていた不安の訴えや興奮といったBPSDが減少したという報告も得た。

我々の介入では支援計画の効果をあげるため，Cohen-Mansfield（2000）がいうように，ABC分析の結果に，対象者の能力（認知機能やADLなど）や，好みや生活習慣などの情報を加味し，介入方法や活動を立案している。それにより対象者はより自分の生活に適した望ましい行動が増加し，その結果より社会的に受け入れやすい形でBPSDが軽減したと考えられる。これは行動分析学におけるPBSの考え方を支持したものといえる。表22-2の「ABC分析の基礎となる認知症ケアの一般原則」は，認知症をもつ人を取り巻く生活や環境全般の水準を向上させることができ，PBSの観点からも有用である。介護職員からもわかりやすいと好評であるため，筆者はBPSDに対する介護職員の対応と施設環境を見る際の全般的なチェックポイントとして利用している。

図22-3 ● B氏のBPSDの仮説と支援計画

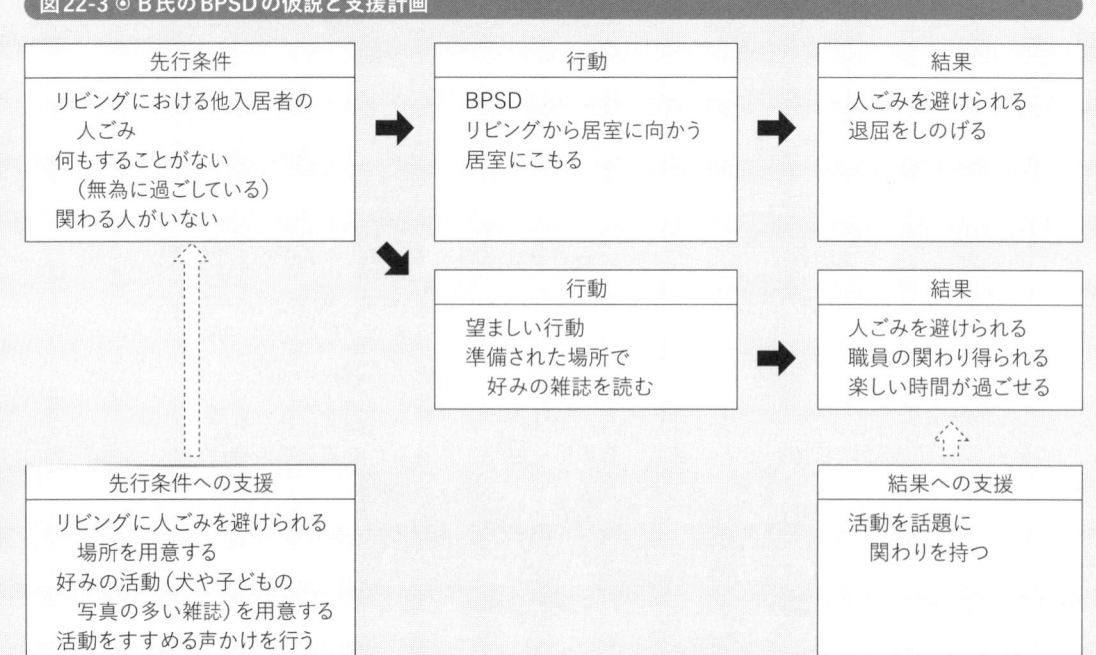

先行条件	行動	結果
リビングにおける他入居者の人ごみ 何もすることがない （無為に過ごしている） 関わる人がいない	BPSD リビングから居室に向かう 居室にこもる	人ごみを避けられる 退屈をしのげる

	行動	結果
	望ましい行動 準備された場所で 好みの雑誌を読む	人ごみを避けられる 職員の関わり得られる 楽しい時間が過ごせる

先行条件への支援		結果への支援
リビングに人ごみを避けられる場所を用意する 好みの活動（犬や子どもの写真の多い雑誌）を用意する 活動をすすめる声かけを行う		活動を話題に関わりを持つ

図22-4 ● B氏の望ましい行動（リビングの準備された場所で好みの雑誌を読む）の生起率と介護職員の支援計画実施の有無

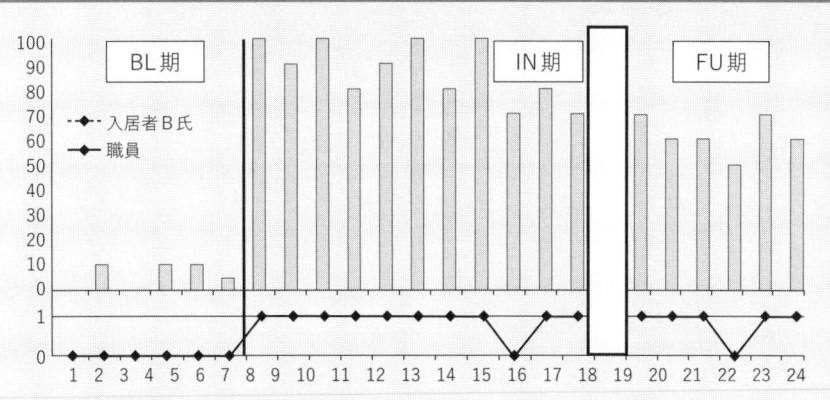

表22-2 ● ABC分析の基礎となる認知症ケアの一般原則（Weiner & Teri, 2003をもとに筆者が改変）

1) 自分に合った眼鏡や補聴器をつけてもらう
2) 相手の言ったことを受け入れる，受容する
3) 対立しない
4) できることは自分でやってもらう
5) 物事をシンプルにする
6) 作業や予定をわかりやすくルーチン化する
7) 手掛かりを多くする
8) 繰り返し説明する
9) 導くように例や見本をみせる
10) 好ましい行動を強化する
11) 選択肢を少なくする
12) 適度な心地よい刺激を与える
13) 身についている技能を利用する
14) 新規の難しい学習（未修得なこと）は避ける
15) 不安を軽くするように働きかける
16) 気を他に向ける，気をそらす
17) うまくいかないときは少し時間をおいて再度アプローチする

課題と今後の展望をまとめる

Noguchi et al.（2013）では，今回の事例で示したような構造化されたシングルケースのデザインによる検証に加え，標準化されたBPSD評価の尺度も用いている。その結果，標準化されたBPSDの評価尺度においてもBPSDの軽減が認められている。今後このような介入について，より大規模なエビデンスレベルの高い検証を行う際には，日本語版が標準化されているNeuropsychiatric Inventory（NPI），Behavioral Pathology in Alzheimer's Disease（Behave-AD），Cohen Mansfield Agitation Index（CMAI），Agitated Behavior in Dementia Scale（ABID）を用途に合わせて用いるべきだろう。

Noguchi et al.（2013）では，介護職員に社会的妥当性の評価もしてもらっており，対象入居者のQOLの向上も示唆され，この取り組みが介護施設において受け入れられやすかったことも示された。一方で，一部の介護職員にとっては負担となる可能性も考えられ，これが今回の事例でも示された長期的効果の維持に関する課題にもなると考えられた。これらのことから介護職員への継続的な支援が今後の課題であるとも考えられた。

● 文献

Cohen-Mansfield J (2000) Non-pharmacological management of behavioral problems in persons with dementia : The TREA model. Alzheimer's Care Quarterly 1 ; 22-34.
Koegel LK, Koegel RL, & Dunlap G. (1996) Positive behavioral support : Including people with difficult behavior in the community. Baltimore, MD : Paul H. Brookes.
Noguchi D, Kawano Y & Yamanaka K (2013) Care staff training in residential homes for managing behavioural and psychological symptoms of dementia based on differential reinforcement procedures of applied behaviour analysis : A process research. Psychogeriatrics 13 ; 108-117.
Weiner MF & Teri L (2003) Psychological and Behavioral Management. In : MF Weiner & AM Lipton (Eds.) : The Dementias : Diagnosis, Treatment and Research. Washington, DC : American Psychiatric Publishing Inc, pp.181-218.

理解を深めるための用語集

山本淳一｜武藤 崇｜鎌倉やよい

以下の用語集は，本書を読み進めて理解を深めていく際に必要な用語を解説したものである。より系統的，網羅的な用語集としては，クーパーほか（2013）『応用行動分析学』（明石書店），ミルテンバーガー（2006）『行動変容法入門』（二瓶社）なども活用していただきたい。引用文献は，巻末の参考文献リストに挙げられている。

I ● 随伴性

行動随伴性ダイアグラム
behavior contingency diagram

行動随伴性ダイアグラム（杉山，2005；杉山ほか，1998）とは，たとえば，「店員の笑顔ナシ（直前条件）」…「ありがとう！（反応）」…「店員の笑顔アリ（直後条件）」というように，ターゲット行動の生起に対する「前」「後」の環境変化を「分かち書き」する表現（分析）方法のことである。この表現を用いると，随伴性の「正負」や消去の随伴性を理解しやすいというメリットがある。しかし「直前条件」は，直後条件に対応した行動出現直前の環境条件を表しており，弁別刺激，確立操作，セッティング事象（つまり，ABC分析の「A」）ではないので，分析にあたって注意が必要である。

【参照】正の強化／負の強化，罰，消去，弁別刺激，確立操作，セッティング事象

三項随伴性／ABC分析
three-term contingency / ABC Analysis

三項随伴性とは，生体（人も含む）と環境との相互作用の変化を，「弁別刺激（discriminative stimulus）」…「反応（response）」…「結果（consequent stimulus）」という三項で表現（分析）したものである。ただし，どの反応に注目し，どこまでを結果と捉えるか，どの部分を弁別刺激と捉えるか，といったことは，分析者によって異なる。そのような恣意的で相対的な性質をもつ分析方法であるために，分析者の「問題の捉え方」をも再帰的にチェックできる。ABC分析は「先行刺激（antecedent stimulus：A）」…「行動（behavior：B）」…「後続刺激（consequent stimulus：C）」からなっており，三項随伴性とほぼ同義で用いられることが多い。しかし，場合によっては，Aの部分に，弁別刺激だけでなく，確立操作やセッティング事象も含まれて表現されることがあるので，分析の際に注意が必要である。

【参照】随伴性，確立操作，セッティング事象

死人テスト
dead man's test

行動分析学において，ある事象が「行動」であるか否かを判定するためのテストである（杉山ほか，1998）。死人には「することができない」事象が，行動分析学における「行動」である。たとえば，受け身（叱られる），状態（静かにしている），非行動（〜しない）で表現される事象は，死人にもできることである。死人テストにパスしない場合は，その現象に含まれる別の行動を抽出し直す必要がある。

随伴性
contingency

行動と環境事象との間の「確率的（偶然も含む）」な関係性のことを表す。たとえば，コンビニエンスストアで買い物をしたときに，「ありがとう」と店員に言うと，何らかの好意的な反応が返ってくることが多い。しかし，つねにそうであるとは限らない。すなわち，行動随伴性とは，行動への影響は，確率的に決まるのである。一方，沸騰しているお湯に，指を3秒以上つけるという行動を生起させると，必ず火傷を負うという結果が生じる。そのような関係性は，依存性（dependency）と表現される（レイノルズ，1978）。

独立変数／従属変数
independent variables / dependent variables

行動分析学では，$y = f(x)$ で表されるような関数関係（functional relation）を同定する。環境内にある x という変数を操作すること（独立変数）によって，生体の反応における y という従属変数が，その関数関係で予測されるような効果として実際に生じるか否か検討する。この関数関係における，x のことを独立変数，y のことを従属変数と呼ぶ。

II ● 先行事象

確立操作
establishing operation

弁別刺激とは異なる，以下の2つの機能をもった先行事象のことである。その機能とは，①ある結果事象の強化子としての有効性（価値）を変化させる，②その結果事象から影響を受ける行動の生起頻度を変化させる，という2つである（クーパーほか，2013）。たとえば，次のような場合である。毎日納豆を食する習慣があった日本人が海外赴任することになった。その結果，納豆が無性に食べたくなり，さまざまな日本食レストランに足を運ぶことになった。
【対比】セッティング事象，弁別刺激

セッティング事象
setting event

ある行動に影響を及ぼす先行事象であるが，行動の直前に存在し直接的で特定的な機能をもつ弁別刺激とは異なる働きをする（ビジュー，2001, 2003）。セッティング事象には，以下の3つのカテゴリーがある（ビジュー，2001）。①物理・化学的事象（例 気温や湿度の高低，騒音の有無など），②有機体・生物的事象（例 睡眠不足，服薬，月経，何らかの慢性的な疾患の有無など），③社会・文化的事象（例 地域文化間の価値観，宗教観などの差異など）。この概念は，説明概念として用いられていることも多いので，その場合，詳細な分析が必要である。
【対比】確立操作，弁別刺激

先行事象／先行刺激／先行子／弁別刺激
antecedent event / antecedent stimulus / discriminative stimulus

これらの用語はいずれも，反応に対して先行して生じる環境条件の変化を表すものである。先行事象，先行刺激，先行子は，ほぼ交換可能な用語である。その環境変化の捉え方が「コト」－「モノ」という軸のどこに位置するかによって，呼び方が変わる。また，機能するようになった先行事象を，特に弁別刺激「S^D（エス・ディ）」という。物理的には存在するが，機能していない刺激要素を「$S^Δ$（エス・デルタ）」という。S^Dと$S^Δ$とは，「図と地」の（対比的な）関係にあることが前提になっているので，機能の分析が必要である。たとえば，横断歩道を渡るという反応に対して，青信号はS^D，赤信号は$S^Δ$である。また，先行事象，先行刺激，先行子には，弁別刺激だけでなく，確立操作やセッティング事象も含まれることもある。
【参照】弁別刺激，確立操作，セッティング事象

プロンプト・フェイディング
prompt-fading

行動が確実にスムーズに生起するために与える付加的な手がかり刺激のことをプロンプトという。ことばによるヒント，視覚的な手がかり，身体の軽い誘導などがある。行動を自発的に遂行させるうえで，プロンプトを徐々に弱くしていく手続きのことをフェイディングという（山本・加藤，1997）。

III ● 行動

オペラント行動
operant behavior

環境内の先行刺激を手掛かりとして自発され（emit），行動生起直後の結果（後続刺激）によって変容する行動である（スキナー，2003）。先行刺激，後続刺激を機能化することによって，新しい，安定した先行事象→行動→後続事象の関係ができあがることを，オペラント条件づけ（operant conditioning）という。行動という場合，特に断りがなければ，オペラント行動を指す。
【対比】レスポンデント行動

課題分析
task analysis

複雑な一連の行動がターゲットとなる場合，それを確実につくりあげるため，より細かい行動要素に分解し，各行動要素が成立するかどうかを評価することをいう。成立していない行動要素を集中的に指導することで，一連の複雑なスキルを確実に形成していくことができる（山本・加藤，1997）。

言語行動
verbal behavior

行動分析学の創設者であるスキナーは，『言語行動（verbal behavior）』（1957）のなかで，言語は他の行動と同じ行動の水準で扱えられることを主張している。言語行動は，「話し手」と「聞き手」の行動随伴性によって支えられていることを理論的に検討した点が最も重要なところである。言語行動が機能し維持されている行動随伴性によって，要求言語行動（マンド），報告言語行動（タクト），言語間制御行動（イントラバーバル），模倣言語行動（エコイック），読み言語行動（テクスチャル）などがある。たとえば，要求言語行動は，動機づけ要因（確立操作）によって生み出され，その動機づけ要因に対応した聞き手からの特定の結果によって維持される行動であると定義され，個人と環境との相互作用という点から分析される（オドノヒュー・ファーガソン，2005）。

行動形成（シェイピング）
shaping

行動の変動性を利用して，ターゲット行動に類似した行動を徐々に分化強化していき，最終的にはターゲット行動を形成する技法である。

行動連鎖化
chaining

複雑な一連の行動を形成する技法である。たとえば，一連の行動のなかで3番目に現れた行動が，2番目に現れた行動の強化刺激になると同時に，4番目の行動の弁別刺激になるように，各々の行動要素を一定の順に徐々につなげていく方法のことをいう。

随伴性形成行動
contingency-shaped behavior

実際の環境との相互作用によって形成される行動のことである（トールネケ，2013）。たとえば，ラケットを握ったこともないテニスの初心者は，まずはワンバウンドするボールをラケットに当てるという実際の行動から練習を始めるだろう。一方，いくら事前に，テニスがうまい人のフォームを繰り返し見ても，テニス教本を何冊も読んでも，ラケットにボールを当てることすらできない。ワンバウンドするボールをラケットに当てる，あるいは外すという環境との相互作用，すなわち随伴性を実際に繰り返し経験することで，上達していく。
【対比】ルール支配行動，行動形成

ターゲット行動（標的行動）
target behavior

指導や支援においてまず必要なことは，支援の対象となる行動を決め，それらを明確に数えられるよう定義することである。このように定義された行動をターゲット行動（標的行動）という。記述的に定義されたターゲット行動の客観性を高めるため，観察者間一致度（inter-observer agreement）を計測する。

対処行動
coping behavior

何らかの問題に呼応して生起する問題解決のための行動のことである。心理学分野全体においては，ストレスに対する対処行動が有名である。ストレス対処は，ストレスを引き起こす環境要因に働きかける対処と，個人のもつストレス（情動や思考）そのものに働きかける対処に大別される。
【参照】体験の回避

代替行動
alternative behavior

結果（強化刺激）は同一であるが，異なる形態をもつ反応のことを指す。機能的等価反応と呼ばれることもある。問題行動と置き換わる反応なので，反応の形態は望ましいものが多い。たとえば，無発語の幼児がモノを要求するときに，「泣き叫ぶという問題行動」が生じている場合に，代替行動として「指さしという適切行動」を指導する。このような手続きは，DRA（differential reinforcement of alternative behavior：代替行動分化強化）と呼ばれる。

ルール支配行動
rule-governed behavior

随伴性が記述された言語刺激（聴覚，視覚いずれかあるいは両方のモダリティを含むルール）によって生起する新奇な行動のことである（トールネケ，2013）。ただし，その新奇な行動が維持するかどうかは，実際の随伴性による。たとえば，過去の古い文献をもとに，見たこともないような平安時代の庶民料理を再現することは可能である（ルール支配行動）。しかし，その料理が定番の京都料理として維持するかどうかは，現代人の嗜好に合うかどうか，コストやニーズに合うかどうかなどにかかっている（随伴性形成行動）。
【対比】随伴性形成行動

レスポンデント行動
respondent behavior

環境内の先行刺激によって自動的に誘発され（elicit），その結果（後続刺激）によっては変容しない行動である（スキナー，2003）。生得的に行動を誘発する無条件刺激と特定の刺激（中性刺激）とが時間的に接近して与えられる（対提示）ことで，中性刺激が条件刺激となり，先の行動を誘発するようになることをレスポンデント条件づけ（respondent conditioning）という。
【対比】オペラント行動

IV ◉ 後続事象

強化スケジュール
schedules of reinforcement

ターゲット行動の全てに対して強化刺激が与えられる連続強化スケジュールと，強化刺激を与える割合を少なくする部分強化スケジュールがある。おおまかに言って，前者は行動の獲得に不可欠な方法であり，後者は行動の維持に有効な方法である。一般に，強化刺激は，ターゲット行動出現の直後に随伴的に与えられるが，特定の時間が経過したら，行動とは関係なく強化を与える場合もある。問題行動が特定の随伴性の中で悪循

環を起こして定着してしまった場合などに用いることがある（奥田，2012）．

好子（強化刺激）／嫌子（嫌悪刺激）
reinforcer / punisher

一般的に，金銭（アメ）は好子（強化刺激）であり，叱責（ムチ）は嫌子（嫌悪刺激）である，と考えられている．しかし，行動分析学では，金銭や叱責が先験的に好悪の特性を持っているとは考えない．あくまで，ある行動に，それらを随伴させたとき，行動の頻度や強度がどのように変化するかを確認するまでは，それが好子なのか，あるいは嫌子なのかは判断できない．つまり，時と場合，あるいは人によっては，金銭が嫌子で，叱責が好子となる場合も十分にありうる．

後続事象／後続刺激／結果事象／好子（強化子，強化刺激）／嫌子（嫌悪刺激）
consequent event / consequent stimulus / reinforcer / reinforcing stimulus

これらの用語はいずれも，反応に対して後続して生じる環境条件の変化を表すものである．後続事象，後続刺激，結果の3つは，ほぼ交換可能な用語である．しかし，それらには，好子（強化子，強化刺激）だけでなく，嫌子（嫌悪刺激）も含まれるので注意が必要である．また，三項随伴性という分析枠は，同一の後続事象によって，形態の異なる反応群を一括りにする分類方法であるため，後続事象が異なれば，たとえ形態が類似していても，異なる行動として捉える．たとえば，パニック反応が，周囲の人の注目を集めるという後続事象によって維持されている場合と，自らの不安感情が減少するという後続事象によって維持されている場合とでは，その行動的な意味（機能）が異なる．逆に，反応の形態が異なっていても，同じ後続事象によって維持される場合もある．
【参照】三項随伴性，確立操作

消去
extinction

強化刺激を与えないでおく手続きである．たとえば，問題行動が，相手の注目によって維持されている場合，問題行動の結果として後続事象が得られることがないようにする．消去を行うと，その後，反応バーストとして，問題行動が一時，それまでよりも増加する．その後，一定時間かけて徐々に減少するという経緯をたどることが多い．ただし，問題行動が多くなったからといって，すぐに対応すると，部分強化スケジュールが働くことになり，逆に問題行動が定着してしまうことがあるので，行動出現の推移を見極めながら対応する必要がある．

【対比】罰と弱化，罰 消去

正の強化／負の強化
positive / negative reinforcement

「負の強化」が「罰（弱化）」の意味として誤用される場合がある．「負の」部分が，嫌悪的な意味に誤解されるからであろう．しかし，この「正／負」は，数学における「＋（プラス）」と「－（マイナス）」の意味で使われている．つまり，正の強化は環境に何かがプラス（付加）されることによって直前の反応が強められる，一方，負の強化は環境から何かがマイナス（除去）されることによって直前の反応が強められる，という意味である．
【対比】罰と弱化

逃避／回避
escape / avoidance

逃避と回避は，何かを避けるために，行動の頻度や強度が増加する，という点では同じ働きをもつ．しかし，両者は，行動生起のタイミングが異なる．つまり，嫌悪刺激が提示されてから行動が生起する場合が「逃避」，一方，提示される前に行動が生起する場合が「回避」である．たとえば，車に乗り込み，シートベルトを着用し忘れると警戒音が鳴り続ける．着用すれば警戒音が止まる（これを「逃避」という）．それが繰り返されると，やがて警戒音が鳴るよりも前に，車に乗り込んだ時点ですぐにシートベルトを着用するようになる（これを「回避」という）．
【参照】体験の回避

罰と弱化
punishment

行動分析学では，従来，反応の頻度や強度を弱める随伴性に対して「罰」という訳語を当ててきた．しかし，日常語の「体罰（という暴力）」と混同されることがあるため，現在は「弱化」と訳するようになっている．また，「正の弱化」という随伴性（体罰も含む）によって，ある反応の頻度や強度を弱め続けることは非常に難しく，かつ望ましくない副作用を多岐にわたり生じさせることが科学的に実証されている．そのため，「正の弱化」の原理にもとづいた手続きが許容されるのは，望ましい行動を増やす手続きを複数実施しても行動が改善されないときや，その行動を減らさない限り本人や周囲の人の生命や安全が確保できないときに限定される（ベイリー・バーチ，2015）．
【参照】日本行動分析学会・「体罰」に反対する声明（2014年4月17日，http://www.j-aba.jp/data/seimei2014.pdf）

罰 消去
punishment extinction

罰と消去は，ともに行動を減少させる。しかし，両者の差異は，罰では行動が急激に弱まり，一方，消去では行動が徐々に弱まっていく，という点にある。さらに，罰では，その操作を中止すると，その操作導入以前の状態まで行動の頻度や強度が戻る（「復帰」という）。一方，消去では，消去を開始した直後に急激な行動の頻度や強度が増したり（「消去バースト」という），その後，行動が弱まったところで，再びその頻度や強度が一時的に増したりする（「自然回復」という）。
【対比】消去

V ● 支援方法全般

アドヒアランス
adherence

単語の意味は「執着・厳守」である。医療の場面では，患者が治療を理解し，患者自身の意思決定に基づき，自律的に治療に参加することを「アドヒアランス」と表現する。「コンプライアンス」の概念では，指示が守れないのは患者側にその要因があるとされてきたが，「アドヒアランス」では，患者側の要因のみならず，医療側の要因，患者・医療者関係などによって規定されると考えられている。背景には，患者が治療に積極的に参加することが治療の順調な完遂にとって重要であるという考えがある。また，患者が治療内容を理解し，自らの意思で医師の処方通りに薬を服用することを「服薬アドヒアランス」と表現する。
【対比】コンプライアンス

エクスポージャー
exposure

不快な情動反応を引き起こす刺激に，対象者（不安症を抱えるなどの）をさらすことである（トールネケ，2013）。治療的なエクスポージャーには，「さらす」と同時に，その刺激を抑制・逃避する反応を生起させないような環境条件が付加される。つまり，治療的なエクスポージャーの目的は，不安が高まっているときに，逃避・回避ではない，代替行動のレパートリーを拡大させ，さらに不安を引き起こす刺激を探し出し，それに積極的に接近するよう促していくことである。
【参照】体験の回避，逃避

機能アセスメント
functional assessment

問題行動は，その形態に注目が集まりがちであるが，支援のために重要なのは，その機能である（オニールほか，2003）。特に問題行動の結果，どのような後続刺激の変化があったかを分析することが重要である。大きく分けて，問題行動が，後続刺激として正の強化刺激が与えられることによって維持される場合と，嫌悪刺激がなくなることによって維持される場合がある（カー・ワイルダー，2002；デムチャック・ボサート，2004）。前者は，行動の結果，「物」「注目」「教示」「感覚刺激」が得られることで維持される場合である。後者は，行動の結果，嫌悪刺激から逃れられる（逃避），あるいは嫌悪刺激を受けなくてすむ（回避）ことで維持される場合である。また，後続刺激が行動に与える機能を決定する先行刺激の機能分析も重要である（ルイセリー・キャメロン，2001）。
【参照】後続事象，正の強化／負の強化，消去，罰と消去，逃避，回避，確立操作，セッティング事象

行動コンサルテーション
behavioral consultation

支援を行う側に，行動分析学の手法を用いて介入する方法を総称して，行動コンサルテーションという（加藤・大石，2004，2011）。便宜的に間接支援ということもある。ペアレントトレーニング，保育士トレーニング，教員研修，などがこれにあたる。
【参照】ポジティブ行動支援，機能アセスメント

コンプライアンス
compliance

単語の意味は「要求命令などに従うこと」である。医療の場面では，患者が医療者の指示にどの程度従うかを「コンプライアンス」と表現してきた。患者が指示に従う行動をとれば「コンプライアンス良好」，指示に従わない行動をとるとき「ノンコンプライアンス」となる。なかでも，患者が薬を医師の処方通りに服用することを「服薬コンプライアンス」と表現してきた。このコンプライアンスの概念は，患者は医療者の指示に従うべき存在であって，評価は医療者側にあることを前提とする。しかし，近年，「アドヒアランス」の概念へと変化し，「コンプライアンス」は使用されなくなってきた。ただし，医学用語としては，肺などの伸展性・弾力性を「コンプライアンス」と表現する。
【対比】アドヒアランス

体験の回避
experiential avoidance

主として，アクセプタンス＆コミットメント・セラピー（acceptance and commitment therapy：ACT）で用いられる，精神病理に関する機能次元的な（診断横断的な）概念のひとつである（ヘイズほか，2014）。不快な私的事象（たとえば，思考，感情，身体感覚，記憶など）の頻度，持続時間，形態，あるいはそれらを生

じさせる状況や文脈を逃避・回避するための行動のこと。たとえば，過度な飲酒，喫煙，長時間のテレビ視聴，長時間の睡眠などが，体験の回避となっている場合がある。
【参照】エクスポージャー，逃避，回避

認知的フュージョン
cognitive fusion

主として，アクセプタンス＆コミットメント・セラピー（ACT）で用いられる，精神病理に関する機能次元的な（診断横断的な）概念のひとつである（ヘイズほか，2014）。現実と認知的解釈（行動分析学的には「ルール」）とがまったく同一であるという認識をもっている，あるいは現実をルールに合うようにゆがめ，そのように振る舞うことをいう。さらに，認知的フュージョンが，体験の回避を増悪させることがしばしば生じる。
【参照】ルール支配行動，体験の回避

発達障害
developmental disabilities

米国精神医学会の『精神疾患の診断・統計マニュアル第5版』（2014）によると，発達障害は，総じて神経発達障害（neurodevelopmental disorder）とされ，診断を，これまでよりも大きな枠でとらえるようになった。自閉症スペクトラム障害は，広い意味でのコミュニケーションの困難さとこだわりの強さなどの2点から診断される。コミュニケーション行動，社会スキルの獲得が発達支援の基本である。限局性学習障害は，読む行動，書く行動，計算する行動のいずれかの障害，あるいはその組み合わせによって診断される。困難さが特定されるので，得意なところを伸ばし，苦手なところを補完していく学習支援が基本である。注意欠陥・多動性障害には，不注意優勢型，多動性・衝動性優勢型，混合型の3つがある。家庭，学校場面に共通の強化で支えられる随伴性を整備し，セルフ・マネジメントを中心にした行動支援を進めていく。
【参照】無誤学習

ポジティブ行動支援
positive behavioral support

多くの場合，問題行動を減らす介入では，当該の問題行動がなくなっても，形態は違うが同じ機能をもつ問題行動が出現する場合がある。また，対象となった環境刺激のもとでは問題行動は減少するが，別の状況や，別の機会に出現することがある。問題行動を減らすのではなく，適切な行動を増やすことで，行動問題を解決する方法の体系を，広い意味でポジティブ行動支援という（ハイネマンほか，2014）。学校教育場面では，問題行動に対して学校全体で，系統的に正の強化を適用する方法が用いられている（クローン・ホーナー，2013）。
【参照】代替行動

無誤学習
errorless learning

行動を確実に遂行させるにあたって，誤反応を生起させないで学習を進めていく方法のことをいう。さまざまな行動を獲得する場合に，試行錯誤を繰り返していると，強化されない機会が多くなり，結果として適切な行動が減少していく。その結果，相対的に問題行動が増える可能性がある。行動を確実に学習させるためには，プロンプトを徐々に減らしてゆく無誤学習手続きを用いる。
【参照】発達障害

参考文献リスト

山本淳一｜武藤 崇｜鎌倉やよい

以下の参考文献リストは，本書で論じられている内容をさらに理解するための基本文献を挙げている．本書の各論文の理解を補うために参考にしていただきたい．

I◉行動分析学の基礎

J・ベイリー，M・バーチ［日本行動分析学会行動倫理研究会 訳］（2015）行動分析家の倫理――責任ある実践へのガイドライン．二瓶社．

伊藤正人（2005）行動と学習の心理学――日常生活を理解する．昭和堂．

日本行動分析学会 編（2011）行動分析学研究アンソロジー2010．星和書店．

W・T・オドノヒュー，K・E・ファーガソン［佐久間徹 訳］（2005）スキナーの心理学――応用行動分析学（ABA）の誕生．二瓶社．

奥田健次（2012）メリットの法則――行動分析学・実践編．集英社．

小野浩一（2005）行動の基礎――豊かな人間理解のために．培風館．

G・S・レイノルズ［浅野俊夫 訳］（1978）オペラント心理学入門――行動分析への道．サイエンス社．

佐藤方哉（1976）行動理論への招待．大修館書店．

島宗理（2010）人は，なぜ約束の時間に遅れるのか――素朴な疑問から考える「行動の原因」．光文社．

島宗理（2014）使える行動分析学――じぶん実験のすすめ．筑摩書房．

B・F・スキナー［河合伊六，長谷川芳典，高山巌ほか訳］（2003）科学と人間行動．二瓶社．

B・F・スキナー［山形浩生 訳］（2013）自由と尊厳を超えて．春風社．

杉山尚子（2005）行動分析学入門――ヒトの行動の思いがけない理由．集英社．

杉山尚子，島宗理，佐藤方哉，R・W・マロット，M・E・マロット（1998）行動分析学入門．産業図書．

II◉応用行動分析学の基礎

P・A・アルバート，A・C・トルートマン［佐久間徹，谷晋二，大野裕史 訳］（2004）はじめての応用行動分析 第2版．二瓶社．

J・O・クーパー，T・E・ヘロン，W・L・ヒューワード［中野良顯 訳］（2013）応用行動分析学．明石書店．

M・デムチャック，K・ボサート［三田地真実 訳］問題行動のアセスメント．学苑社．

J・K・ルイセリ，M・J・キャメロン［園山繁樹 訳］（2001）挑戦的行動の先行子操作――問題行動への新しい援助アプローチ．二瓶社．

R・G・ミルテンバーガー［園山繁樹，野呂文行，渡部匡隆ほか訳］（2006）行動変容法入門．二瓶社．

渡部匡隆 監修・解説，有川宏幸 監修・ドラマ指導（2013）DVDで学ぶ応用行動分析学入門．星屑倶楽部／中島映像教材出版．

山本淳一，加藤哲文 編著（1997）応用行動分析学入門――障害児者のコミュニケーション行動の実現を目指す．学苑社．

III◉幼児期への支援

B・L・ベイカー，A・J・ブライトマン［井上雅彦 監訳］（2011）親と教師が今日からできる 家庭・社会生活のためのABA指導プログラム――特別なニーズをもつ子どもの身辺自立から問題行動への対処まで．明石書店．

S・W・ビジュー［園山繁樹，根ヶ山俊介，山口薫 訳］（2003）子どもの発達の行動分析 新訂版．二瓶社．

S・W・ビジュー，E・リベス編［山口薫，清水直治 監訳］（2001）行動分析学からの発達アプローチ．二瓶社．

L・W・コイン，A・R・マレル［谷晋二 監訳］（2014）やさしいみんなのペアレント・トレーニング入門――ACTの育児支援ガイド．金剛出版．

M・ハイネマン，K・チャイルズ，J・セルゲイ［三田地真実 監訳］（2014）子育ての問題をPBSで解決しよう！――ポジティブな行動支援で親も子どももハッピーライフ．金剛出版．

平澤紀子（2013）応用行動分析学から学ぶ 子ども観察力＆支援力養成ガイド 家庭支援編――発達障害のある子の「困り」を「育ち」につなげる！．学研教育出版．

井上雅彦 監修，三田地真実，岡村章司 著（2009）子育てに活かすABAハンドブック——応用行動分析学の基礎からサポート・ネットワークづくりまで．日本文化科学社．

M・キーナン，K・ディレンバーガー，K・P・カー［清水直治 監訳］（2005）自閉症児の親を療育者にする教育——応用行動分析学による英国の実践と成果．二瓶社．

R・L・ケーゲル，L・K・ケーゲル 編［氏森英亞，清水直治 監訳］（2002）自閉症児の発達と教育——積極的な相互交渉をうながし，学習機会を改善する方略．二瓶社．

L・L・ケーゲル，L・K・ケーゲル［氏森英亞，小笠原恵 監訳］（2009）機軸行動発達支援法．二瓶社．

L・レアル［三田地真実 監訳］（2005）リサーチから現場へ7 ファミリー中心アプローチの原則とその実際．学苑社．

奥田健次，小林重雄（2009）自閉症児のための明るい療育相談室——親と教師のための楽しいABA講座．学苑社．

I・ロヴァス［中野良顯 訳］（2011）自閉症児の教育マニュアル．ダイヤモンド社．

谷晋二（2012）はじめはみんな話せない——行動分析学と障がい児の言語指導．金剛出版．

山本淳一 監修，吉野智富美 著（2012）ABAスクールシャドー入門―特別に支援が必要な子どもたちを園や学校でサポートする親・セラピストそして先生のために．学苑社．

IV ◉ 学齢期

L・M・バンバラ，T・ノスター［三田地真実 訳］（2005）リサーチから現場へ3 プラス思考でうまくいく行動支援計画のデザイン．学苑社．

L・M・バンバラ，F・クガー［三田地真実 訳］（2005）リサーチから現場へ5 選択機会を拡げるチョイス・アレンジメントの工夫．学苑社．

D・A・クローン，R・H・ホーナー［野呂文行，大久保賢一，佐藤美幸ほか訳］（2013）スクールワイドPBS——学校全体で取り組むポジティブな行動支援．二瓶社．

K・ダイヤー，S・C・ルース［三田地真実 訳］（2004）リサーチから現場へ1 実際に使えるコミュニケーション・スキルの指導．学苑社．

加藤哲文，大石幸二 編著（2011）学校支援に活かす行動コンサルテーション実践ハンドブック——特別支援教育を踏まえた生徒指導・教育相談への展開．学苑社．

M・E・キングシアーズ，S・L・カーペンター［三田地真実 訳］（2005）リサーチから現場へ4 ステップ式で考えるセルフ・マネージメントの指導．学苑社．

小野昌彦（2006）不登校ゼロの達成．明治図書出版．

坂本真紀（2011）学校を「より楽しく」するための応用行動分析——「見本合わせ」から考える特別支援教育．ミネルヴァ書房．

D・サンズ，B・ドール［三田地真実 訳］（2006）リサーチから現場へ8 自分で決めるゴール設定と意思決定の指導．学苑社．

高畑庄蔵（2006）みんなの自立支援を目指すやさしい応用行動分析学——「支援ツール」による特別支援教育から福祉，小・中学校通常教育への提案．明治図書出版．

山本淳一，池田聡子（2005）応用行動分析で特別支援教育が変わる——子どもへの指導方略を見つける方程式．図書文化社．

山本淳一，池田聡子（2007）できる！をのばす行動と学習の支援——応用行動分析によるポジティブ思考の特別支援教育．日本標準．

V ◉ 行動問題解決（幼児期，児童期）

J・E・カー，D・A・ワイルダー［園山繁樹 訳］（2002）入門・問題行動の機能的アセスメントと介入．二瓶社．

M・エイグラン，M・ベーマイヤー［三田地真実 監訳］（2005）リサーチから現場へ6 問題解決ストラテジーの指導．学苑社．

平澤紀子（2010）応用行動分析学から学ぶ子ども観察力＆支援力養成ガイド——発達障害のある子の行動問題を読み解く！．学研教育出版．

井上雅彦，平澤紀子，小笠原恵 編著（2013）8つの視点でうまくいく！発達障害のある子のABAケーススタディ——アセスメントからアプローチへつなぐコツ．中央法規出版．

加藤哲文，大石幸二 編著（2004）特別支援教育を支える行動コンサルテーション——連携と協働を実現するためのシステムと技法．学苑社．

小笠原恵 編著（2010）発達障害のある子の「行動問題」解決ケーススタディ——やさしく学べる応用行動分析．中央法規出版．

R・E・オニールほか［茨木俊夫 監修，三田地昭典，三田地真実 監訳］（2003）問題行動解決支援ハンドブック——子どもの視点で考える．学苑社．

小野昌彦（2012）児童・生徒の問題行動解決ツール——教師のための10ステップ実践ガイド．風間書房．

小野昌彦（2013）学校・教師のための不登校支援ツール——不登校ゼロを目指す包括支援ガイド．風間書房．

VI ● 発達障害

A・ボンディ，L・フロスト［園山繁樹，竹内康二 訳］（2006）自閉症児と絵カードでコミュニケーション――PECSとAAC．二瓶社．

L・K・ケーゲル，C・ラゼブニック［中野良顯 監修，八坂ありさ 訳］（2011）自閉症を克服する――行動分析で子どもの人生が変わる．日本放送出版協会．

L・K・ケーゲル，C・ラゼブニック［八坂ありさ 訳］（2011）自閉症を克服する〈思春期編〉――学校生活・恋愛・就職をのりきる方法．NHK出版．

S・リッチマン［井上雅彦，奥田健次 監訳］（2015）自閉症スペクトラムへのABA入門――親と教師のためのガイド．東京書籍．

A・U・リッケル，R・T・ブラウン［貝谷久宣ほか監修，松見淳子 監訳］（2014）エビデンス・ベイスト心理療法シリーズ5 ADHD．金剛出版．

柘植雅義，篁倫子，大石幸二ほか編（2012）対人援助専門職のための発達障害者支援ハンドブック．金剛出版．

C・ウィッタム［上林靖子，中田洋二郎，藤井和子ほか訳］（2002）読んで学べるADHDのペアレントトレーニング――むずかしい子にやさしい子育．明石書店．

山口薫（2011）新訂 Q&Aと事例で読む親と教師のためのLD相談室．中央法規出版．

VII ● 青年期，成人期

P・A・バッハ，D・J・モラン［武藤崇，吉岡昌子，石川健介ほか監訳］（2009）ACT（アクセプタンス＆コミットメント・セラピー）を実践する．星和書店．

J・V・チャロッキ，A・ベイリー［武藤崇，嶋田洋徳 監訳］（2011）認知行動療法家のためのACTガイドブック．星和書店．

G・H・アイファート，J・P・フォーサイス［熊野宏昭，奈良元壽 監訳］（2012）不安・恐れ・心配から自由になるマインドフルネス・ワークブック――豊かな人生を築くためのアクセプタンス＆コミットメント・セラピー．明石書店．

G・H・アイファート，J・P・フォーサイス［三田村仰，武藤崇 監訳］（2012）不安障害のためのACT――実践家のための構造化マニュアル．星和書店．

P・E・フラックスマン，F・W・ボンド，F・リブハイム［武藤崇，土屋政雄，三田村仰 監訳］（2015）マインドフルにいきいき働くためのトレーニングマニュアル――職場のためのACT（アクセプタンス＆コミットメント・セラピー）．星和書店．

R・A・グレコ，S・C・ヘイズ 編著［伊藤儀徳，石川信一，三田村仰 監訳］（2013）子どもと青少年のためのマインドフルネス＆アクセプタンス――新世代の認知／行動療法実践ガイド．明石書店．

G・A・グレッグ，G・M・キャラハン，S・C・ヘイズ［熊野宏昭，野田光彦 監訳］（2013）糖尿病をすばらしく生きるマインドフルネス・ガイドブック――ACTによるセルフ・ヘルプ・プログラム．星和書店．

R・ハリス［武藤崇 監訳］よくわかるACT――明日からつかえるACT入門．星和書店．

S・C・ヘイズ，S・スミス［武藤崇，原井宏明，吉岡昌子ほか訳］（2010）ACT（アクセプタンス＆コミットメント・セラピー）をはじめる――セルフヘルプのためのワークブック．星和書店．

S・C・ヘイズ，K・D・ストローサル，K・G・ウィルソン［武藤崇，三田村仰，大月友 監訳］（2014）アクセプタンス＆コミットメント・セラピー（ACT――アクト――）〈第2版〉――マインドフルネスな変化のためのプロセスと実践．星和書店．

神村栄一 編（2011）特集：行動分析学で広がる心理臨床．臨床心理学 12-1；3-66．

R・J・コーレンバーグ，M・サイ［大河内浩人 監訳］（2007）機能分析心理療法――徹底的行動主義の果て，精神分析と行動療法の架け橋．金剛出版．

熊野宏昭（2011）マインドフルネスそしてACTへ――二十一世紀の自分探しプロジェクト．星和書店．

熊野宏昭（2012）新世代の認知行動療法．日本評論社．

熊野宏昭，武藤崇 編（2009）〈特集〉ACT＝ことばの力をスルリとかわす新次元の認知行動療法．こころのりんしょうà・la・carte 28-1．

J・B・ルオマ，S・C・ヘイズ，R・D・ウォルサー［熊野宏昭，高橋史，武藤崇 監訳］（2009）ACT（アクセプタンス＆コミットメント・セラピー）をまなぶ――セラピストのための機能的な臨床スキル・トレーニング・マニュアル．星和書店．

舞田竜宣，杉山尚子（2008）行動分析学マネジメント――人と組織を変える方法論．日本経済新聞出版社．

武藤崇 編著（2011）ACTガイドブック――臨床行動分析によるマインドフルなアプローチ．星和書店．

大河内浩人，武藤崇 編著（2007）心理療法プリマーズ 行動分析．ミネルヴァ書房．

J・ランメロ，N・トールネケ［松見淳子 監修，武藤崇，米山直樹 監訳］（2009）臨床行動分析のABC．日本評論社．

島宗理（2000）パフォーマンス・マネジメント――問題解決のための行動分析学．米田出版．

杉山尚子 監修，舞田竜宣 著（2012）行動分析学で社員のやる気を引き出す技術．日本経済新聞出版社．

N・トールネケ［山本淳一 監修，武藤崇，熊野宏昭 監訳］（2013）関係フレーム理論（RFT）をまなぶ――

言語行動理論・ACT入門．星和書店．

VIII ⊙ 高齢期

B・F・スキナー［大江聡子 訳］（2012）初めて老人になるあなたへ——ハーバード流知的な老い方入門．成甲書房．

IX ⊙ 看護，介護，医療，リハビリテーション

服巻繁（2003）対人支援における人間行動の科学的理解と実践——医療・福祉・看護学生のための分かりやすい応用行動分析．ふくろう出版．

河合伊六 監修，辻下守弘，小林和彦 編（2006）リハビリテーションのための行動分析学入門．医歯薬出版．

山﨑裕司，山本淳一 編（2012）リハビリテーション効果を最大限に引き出すコツ——応用行動分析で運動療法とADL訓練は変わる．三輪書店．

索引

アルファベット

ABC観察記録 54-61
ABC分析 64, 84, 118, 119, 175, 179, 191, 207, 212, 213
ABデザイン 34
ABABデザイン 168, 169
ACT［▷アクセプタンス＆コミットメント・セラピー］
ADHD［▷注意欠陥・多動性障害］
Borg Scale 33, 34
BPSD 206-213
CBT（Cognitive Behavioral Therapy）
　［▷認知行動療法］
CSB（Contingency-Shaped Behavior）
　［▷随伴性形成行動］
DSM-5 134
MASチェックリスト 76
PBS（Positive Behavior Support）
　［▷ポジティブ行動支援］
PDCA 14, 87
QOL［▷生活の質］
RGB（Rule-Governed Behavior）
　［▷ルール支配行動］
RTI（Response to Intervention） 62

あ

アクセプタンス＆コミットメント・セラピー 25, 26, 28, 105, 130-134, 136, 138, 140, 142, 144-146, 148, 149
　アクセプタンスとコミットメント 131
　脱フュージョン 131, 132, 135-137, 144, 148, 149
アクティブ・ラーニング 98
遊び 50, 54-56, 102, 103, 106-109, 120, 190, 192, 194
アドヒアランス 30, 147, 174, 175
維持 13, 17, 20-22, 24, 32-34, 50, 55, 64, 79, 104, 114, 122, 126, 134-137, 142, 154, 158, 176, 185, 201, 208
医療 29-34, 104, 162, 164, 210
　——事故 32
インテイク 135, 137
イントラバーバル 108
うつ（うつ病） 25, 39, 134, 138, 140
運動療法 29, 30, 174-177
エクスポージャー 130, 132-134, 136, 137, 148, 149
応用行動分析学 12, 118

か

介護職 31, 206-208, 211-213
介入期 ..... 76, 77, 101, 116, 183, 184, 187-189, 207, 208 [▷フォローアップ期, プローブ期, ベースライン期]
回避 15, 17, 19, 20, 23, 46, 47, 59, 64, 72, 75, 84, 85, 105, 130-132, 135-137, 139, 140, 144, 148, 149, 190, 195
　体験の—— 131, 132, 135, 136, 143, 144, 147, 149
カウンセラー 133
カウンセリング 21, 22, 130, 132-134, 138, 140, 143, 144, 146-149
学習単位 192
確立操作 17, 32, 118, 127, 131, 132, 143, 144, 147
課題分析 32, 40, 58, 60, 61, 104, 105, 123-125, 203
片麻痺 182, 186, 187
学級規模介入 62
過敏性腸症候群 146
環境整備 18, 88, 91, 93, 196
看護 29-34, 128
感情 22, 42, 87, 105, 128, 144, 155-157, 182
関節可動域 174, 175, 186
記憶障害 206, 208
機会利用型指導 105
機軸行動指導法 190
機能アセスメント 19, 26, 43, 45, 62-64, 67-69, 76, 79, 80, 83-85, 118, 119
機能訓練 30
機能分析心理療法 133
虐待 44, 155, 156
強化 15-19, 21-25, 29, 32, 33, 40, 46-53, 55-57, 59, 63-69, 71, 79, 87-89, 91-93, 105, 114, 120, 129, 131-133, 144, 153, 162, 176, 188, 190-197, 199-201, 208
　三項——随伴性 30, 32, 34
　正の—— 17, 20, 21, 24, 26, 27, 71, 72, 79, 89, 95, 100, 104, 151, 152, 153, 162
　負の—— 79, 83, 95, 135, 136, 139, 150-152
境界性パーソナリティ障害 24, 25
競合行動モデル 20, 26
教材開発 18
教示 101, 126, 127, 144, 149, 154, 156, 172, 187, 188, 197, 200, 204
強迫性障害 25
緊張 ... 15, 16, 18, 103, 128, 130, 135, 137, 146, 157, 161, 179
筋力増強 174-177
クライエント ... 22-26, 130-137, 148, 158, 159, 161
クラスルームマネジメント 62, 69
ケースフォーミュレーション 20, 22, 135, 139, 152
嫌悪
　——刺激 15, 17, 87, 89, 95, 150, 152, 175, 177, 179, 191, 192
　——事態 115-117
限局性学習障害 62
健康 18, 29, 33, 38, 42-45, 126-129, 143, 145, 162, 199
　——管理マネジメント 201, 204
言語聴覚士 30, 191-197
言語聴覚療法 30, 190, 191, 193, 194, 196, 197
幻聴 24
好子 56, 61, 95-97, 127
高次脳機能障害 30
後続刺激（consequent stimulus：C） ...... 13-15, 17, 18, 88, 91, 92, 175, 176, 179, 187, 190 [▷行動, 先行刺激]

行動
　——（behavior：B） 14
　　［▷後続刺激，先行刺激］
　逸脱——............. 13, 110, 113, 156
　課題従事——.................. 66, 69, 81
　気になる——........ 13, 54, 58, 74
　「キレ」る——............ 19, 114-117
　——契約 77, 204, 205
　言語——...... 12, 23, 24, 27, 29, 89, 131, 160, 170, 171
　——コミュニティ心理学 168
　——コンサルテーション 19, 62-65, 160
　——産物 23
　自傷——..... 46, 102, 103, 118-120
　授業妨害——...................... 67, 69
　——随伴性 ... 14, 15, 17-19, 24, 26, 64, 72, 131, 150, 151, 175, 203
　随伴性形成——（CSB）
　　.................................... 21, 22, 24
　セルフケア——................. 142-145
　対処——...................... 23, 147-149
　代替——...... 20, 22, 48, 65, 68, 69, 75, 77, 85, 114, 117, 120, 121, 132, 133
　他害——.......... 46, 82, 84, 85, 103
　適応—— ... 110, 114, 115, 117, 155
　——内在型強化 15-17, 196, 197
　物壊し—— 114
　反社会的——..................... 150, 151
　標的——...... 25, 33, 48, 51, 54, 55, 57, 58, 60-62, 64, 66, 114, 121, 125, 126, 160, 161, 199-201, 204, 205, 207, 211
　不適切——.......................... 13, 153
　減らしたい——...................... 13, 58
　——モメンタム 20
　問題—— 12-17, 20-24, 26, 27, 29, 31, 34, 39, 44, 46, 62, 74, 78, 104, 111, 118, 131, 143, 150, 191, 202
　——問題 12, 13, 15-19, 29-34, 54, 55, 86, 88, 90, 91, 110, 114, 115, 190-197, 199, 200
　臨床関連——.............................. 24
　ルール支配——（RGB） 21-23, 28, 143, 205
　レスポンデント—— 15, 175
　——レパートリー 13, 15-18, 21, 26, 27, 46-48, 72, 73, 75, 77, 106, 122, 143, 144, 147, 190, 196
　——連鎖 178, 196, 203
行動活性化 25, 134, 138-140
行動障害 118, 121, 122
行動分析学 12-14, 16-18, 20-22, 24, 26, 29
行動療法 29, 131, 190
校内委員会 19, 88

興奮 15, 16, 18, 182, 206, 211, 212
高齢者 12, 30, 31, 209
呼吸訓練 30, 33
コスト ... 50, 86, 88, 89, 166-168, 170
　レスポンス——.......... 66, 114, 117
言葉の遅れ 102
コミュニケーション 16, 19, 30, 41, 46, 50, 55, 56, 78, 79, 88, 89, 103, 107, 126, 131, 144, 154, 155, 182, 186, 191, 205
コンサルテーション 13, 113, 158, 160, 164
コンプライアンス 30, 175-177

さ

座位保持 176, 178-181
作業療法 30, 182, 186
シェイピング 23, 32, 71, 73, 104, 197, 200
刺激内プロンプト 50, 52, 53
私語 18, 94-97
自己
　——記録 19, 110, 111, 113, 114, 117, 176
　——権利擁護 26
　——刺激 75, 76, 102, 104, 118, 119
　——目標設定 110, 113
指示 15, 18, 29-31, 40, 41, 44, 48-50, 52, 53, 58, 60, 89, 90, 93, 102, 110, 128, 149, 150, 152, 156, 167, 168, 179, 183, 190-196, 210
失語症 30, 182, 183, 188, 190
叱責 43, 45, 83, 90, 95, 110, 130, 152, 194, 195
自閉症スペクトラム障害 .... 12, 19, 46, 50, 62, 155, 156, 191 ［▷発達障害］
シミュレーション 123, 124, 170, 172
　——実験 170-173
社会的妥当性 13, 75, 159, 213
社会の不適応 27
社会的リソース 104
弱化 20, 29, 32, 95-97, 152, 179, 197, 205
社交不安症 130, 134
遮断 32
充実感 132, 145
重複障害 122
授業 62, 64, 67, 68, 72, 79, 86-90, 93-101, 110-112, 134, 135, 137, 153, 194
巡回相談員 164
消去 22, 46, 57, 59, 64, 68, 69, 73, 132, 148, 175
　——抵抗 68

条件性嫌悪刺激 15, 17, 175, 177, 179
賞賛 32, 40, 41, 88, 116, 156-158, 162, 163, 175-177, 183, 185, 187, 188, 196, 200, 201, 204
衝動性 19, 152, 154-156, 194
食事療法 29, 30, 198
自立 174, 176, 187, 207, 211
シングルケース研究法 34
心療内科 130, 134, 138, 140, 146
心理療法 ... 21, 22, 24, 131, 134, 138, 146
スモールステップ 23, 32, 40, 46, 48, 61, 65, 81, 157
生活習慣 70, 102, 103, 106, 142, 212
生活の質（QOL） ... 12, 13, 15, 17, 20, 21, 23, 39, 79, 146, 158, 162, 213
精神障害者 126-128
生態学的調査 118
積極的行動支援 ［▷ポジティブ行動支援］
セラピスト 22-26, 50, 51, 105, 135-137, 140, 175, 197
セルフマネジメント ... 20-22, 24, 177
先行刺激（antecedent stimulus：A）
　...... 13-15, 17, 18, 88, 91, 92, 131, 175, 176, 179, 181, 190, 194, 195
　［▷後続刺激，行動］
全身持久力 174, 175
早期対応 12, 16, 19
ソーシャルスキル 106-109, 151, 154, 155, 157
ソーシャルワーカー 158, 159, 162

た

他傷 90-93
立ち歩き 18, 110
達成感 132
多動・衝動性 65
多動性 19, 194
単一事例実験計画法 160, 162
チェイニング 32
知的障害 78, 118, 119, 124
注意欠陥・多動性障害 19, 35, 38, 67, 110, 111, 154, 155, 194, 196
トイレットトレーニング 102, 103
統合失調症 24
動作能力 175, 177-181
疼痛 25, 30
　慢性—— 25
糖尿病 142-145, 176, 198
逃避 17, 18, 64, 76, 119, 120
トークン・エコノミー法 111, 113, 114, 127, 129
特別支援学校 19, 78, 82, 83, 86, 88, 124

特別支援教育コーディネーター
.... 18, 86, 88, 111
特別養護老人ホーム 209

な

認知機能 174, 179, 181, 207, 209, 211, 212
認知行動療法（CBT） 29, 130-132, 138, 146
脳梗塞 182

は

罰 20, 22
発言 57, 92, 98-101
　　自己解決—— 115-117
発達支援 18, 164
発達障害 ... 19, 67, 115, 118, 122, 154, 155, 190 [▷自閉症スペクトラム障害]
パニック症 23, 134
パニック障害 23
般化 13, 23, 49, 53, 66, 104, 105, 107, 108, 133, 154, 158, 159, 164, 205
被害妄想 126, 211
ひきこもり 126, 210-212
被験者間多層ベースラインデザイン
.... 34
非行 150-152, 154, 155
ヒューマンサービス 12
比喩的 21, 22
不安 15, 16, 18, 23, 25, 33, 70, 102-105, 128, 130-135, 137, 142, 143, 146-149, 157, 161, 179, 195, 206, 211-213
　　予期—— 134
不安症 134

フィードバック 89, 91, 97, 126, 127, 154, 156, 166-169, 178, 181, 195
フォローアップ期 ... 183-185, 207, 208 [▷介入期、プローブ期、ベースライン期]
不登校 19, 70-73
プリセプターシップ方式 31, 32
プローブ期 ... 183, 184, 187, 188 [▷介入期、フォローアップ期、ベースライン期]
プロンプトフェイディング 52
分化強化 32-34, 69, 104, 105, 120, 207
　　代替行動—— 120, 132
　　他行動—— 121, 197
ペアレントトレーニング ... 38-41, 50, 51, 104, 151, 152
ベースライン期 ...... 76, 77, 101, 116, 173, 177, 183, 184, 187, 188, 207 [▷介入期、フォローアップ期、プローブ期]
弁証法的行動療法 25
弁別刺激 21, 32, 33, 41, 52, 118, 122, 123, 143, 147, 166-169
保育士 54-59, 61, 103, 105, 164
保育者 18
暴言 54-57, 114, 115, 117, 152, 153, 211
放置自転車 166-173
暴力 75-77, 114, 115, 153, 182
　　対教師——問題 74
　　——行為 18, 74
飽和 32
歩行訓練 33, 174, 176, 177
保護者 13, 18, 19, 23, 26, 27, 38-48, 50-53, 72, 74, 86-91, 93, 103-105, 107, 108, 115, 116, 124, 150-152, 162, 163, 193
ポジティブ行動支援（PBS） 19, 21, 62, 64, 69, 74, 75, 77, 79, 114, 210, 212
補導 152

ま

マッチング法則 20
慢性疾患 145, 198-202, 204
慢性腎不全 176, 198, 199
無誤学習 181, 190, 192, 193, 196
メンタルヘルス 39, 103-105
妄想 24, 128, 149, 206
目標設定 19, 40, 41, 62, 87, 110, 113, 199
モデリング 63, 66-68, 105, 108, 126, 127, 154, 156, 164, 178, 187-189
　　ビデオ—— 108, 109
模倣 50, 52, 127, 182, 192, 193

や

薬物療法 29, 138, 146, 148
養育スキル 18, 45
要求 17, 40, 43, 46, 47, 75, 76, 81, 106, 107, 115, 119, 121
　　もの・活動の—— 75, 118, 119, 120
予防的対応 16, 19, 44, 45, 47
読み聞かせ 106, 108, 109

ら

ラポール 128
理学療法 29, 174, 178, 180
離散試行型指導法 50, 190
リスク管理 32
リハビリテーション 12, 29, 30, 33, 34, 126, 178, 194
リラクセーション 146, 149, 155-157
臨床心理学 142
ロールプレイ 44, 92, 126, 157

執筆者一覧 [50音順]

井澤 信三 ……… 兵庫教育大学大学院 特別支援教育専攻 障害科学コース

石川 健介 ……… 金沢工業大学心理科学研究所

大石 幸二 ……… 立教大学現代心理学部

大内 佑子 ……… 早稲田大学人間科学学術院

小笠原 恵 ……… 東京学芸大学総合教育科学系

岡村 章司 ……… 兵庫教育大学大学院 特別支援教育専攻 特別支援教育コーディネーターコース

小野 昌彦 ……… 明治学院大学心理学部教育発達学科

熊 仁美 ……… NPO法人ADDS

熊野 宏昭 ……… 早稲田大学人間科学学術院

佐伯 大輔 ……… 大阪市立大学大学院文学研究科

佐藤 美幸 ……… 京都教育大学教育学部

鈴木 誠 ……… 北里大学医療衛生学部リハビリテーション学科作業療法学専攻

竹内 弓乃 ……… NPO法人ADDS

田中 善大 ……… 奈良佐保短期大学地域こども学科

谷 晋二 ……… 立命館大学文学部

道城 裕貴 ……… 神戸学院大学人文学部人間心理学科

飛田 伊都子 ……… 滋慶医療科学大学院大学医療管理学研究科

野口 代 ……… 筑波大学人間系

野田 航 ……… 大阪教育大学大学院連合教職実践研究科

原口 英之 ……… 国立精神・神経医療研究センター 精神保健研究所 児童・思春期精神保健研究部

平澤 紀子 ……… 岐阜大学大学院教育学研究科

松本 圭 ……… 金沢工業大学心理科学研究所

三田村 仰 ……… 関西福祉科学大学社会福祉学部臨床心理学科

森下 浩充 ……… 須崎くろしお病院リハビリテーション部言語聴覚療法科

山﨑 裕司 ……… 高知リハビリテーション学院理学療法学科

山中 克夫 ……… 筑波大学人間系

責任編集者略歴

山本 淳一……やまもとじゅんいち

慶應義塾大学文学部教授。文学博士，臨床心理士，臨床発達心理士。
慶應義塾大学文学部社会・心理・教育学科心理学専攻卒業。同大学大学院社会学研究科心理学専攻修士課程・博士課程修了。京都大学霊長類研究所共同利用研究員，日本学術振興会特別研究員（筑波大学）。明星大学人文学部講師，同大学同学部助教授，筑波大学心身障害学系助教授，慶應義塾大学文学部助教授，University of California, San Diego（UCSD）Visiting Scholarを経て，現職。

主要著訳書──『リハビリテーション効果を最大限に引き出すコツ──応用行動分析で運動療法とADL訓練は変わる 第2版』（共編・三輪書店・2012），『ABAスクールシャドー入門──特別に支援が必要な子どもたちを園や学校でサポートする親・セラピストそして先生のために』（監修・学苑社・2012），『できる！をのばす行動と学習の支援──応用行動分析によるポジティブ思考の特別支援教育』（共著・日本標準・2007），『応用行動分析で特別支援教育が変わる──子どもへの指導方略を見つける方程式』（共著・図書文化社・2005），『ことばと行動──言語の基礎から臨床まで』（責任編集・ブレーン出版・2001），『応用行動分析学入門──障害児者のコミュニケーション行動の実現を目指す』（共編・学苑社・1997）ほか多数。

武藤 崇……むとうたかし

同志社大学心理学部心理学科・教授，同志社大学実証にもとづく心理・社会的トリートメント研究センター・センター長，同志社大学心理臨床センター・副センター長。博士（心身障害学）。
筑波大学博士課程心身障害学研究科心身障害学専攻修了。
筑波大学研究協力部研究協力課文部技官（心身障害学系附属），同大学心身障害学系助手，立命館大学文学部助教授，同大学大学院応用人間科学研究科（修士課程）助教授，同大学文学部准教授，同大学大学院応用人間科学研究科（修士課程）准教授，Visiting Research Professor, Department of Psychology, University of Nevada, Renoを経て，現職。

主要著訳書──『マインドフルにいきいき働くためのトレーニングマニュアル──職場のためのACT（アクセプタンス＆コミットメント・セラピー）』（監訳・星和書店・2015），『アクセプタンス＆コミットメント・セラピー（ACT）第2版──マインドフルネスな変化のためのプロセスと実践』（監訳・星和書店・2014），『関係フレーム理論（RFT）をまなぶ──言語行動理論・ACT入門』（監訳・星和書店・2013），『よくわかるACT（アクセプタンス＆コミットメント・セラピー）──明日からつかえるACT入門』（監訳・星和書店・2012），『ACTハンドブック──臨床行動分析によるマインドフルなアプローチ』（編著・星和書店・2011），『行動分析学研究アンソロジー 2010』（責任編集・星和書店・2011），『ACTをはじめる──セルフヘルプのためのワークブック』（監訳・星和書店・2010），『臨床行動分析のABC』（監訳・日本評論社・2009），『行動分析』（共編・ミネルヴァ書房・2007）ほか多数。

鎌倉 やよい……かまくらやよい

愛知県立大学副学長，同大学看護学部教授。博士（学術），看護師。
愛知県立看護短期大学卒業，慶應義塾大学文学部卒業，愛知淑徳大学大学院コミュニケーション研究科博士後期課程修了。

主要著訳書──『行動分析家の倫理』（共訳，二瓶社，2015），『深く深く知る 脳からわかる摂食・嚥下障害』（共著，学研メディカル秀潤社，2013），『実践するヘルスアセスメント』（監修，学研メディカル秀潤社，2012），『看護学生のためのケース・スタディ 第4版』（編著，メヂカルフレンド社，2011），『摂食・嚥下障害ベストナーシング』（編著，学研メディカル秀潤社，2010），『周術期の臨床判断を磨く』（共著，医学書院，2008），『訪問看護における摂食・嚥下リハビリテーション』（編著，医歯薬出版，2007），『対人援助の心理学』（共著，朝倉書店，2007），『嚥下障害ナーシング』（編著，医学書院，2000）ほか多数。

ケースで学ぶ
行動分析学による問題解決

2015年9月15日　初刷発行
2024年11月30日　4刷発行

編───────日本行動分析学会
責任編集──山本淳一
　　　　　　武藤　崇
　　　　　　鎌倉やよい
発行者────立石正信
発行所────株式会社 金剛出版
　　　　〒112-0005 東京都文京区水道1-5-16
　　　　電話03-3815-6661
　　　　振替00120-6-34848

装丁◉戸塚泰雄（nu）
組版◉石倉康次
印刷・製本◉シナノ印刷

©2015 Printed in Japan
ISBN978-4-7724-1448-7 C3011

好評既刊

Ψ金剛出版　〒112-0005 東京都文京区水道1-5-16　Tel. 03-3815-6661　Fax. 03-3818-6848
e-mail eigyo@kongoshuppan.co.jp　URL https://www.kongoshuppan.co.jp/

[新装版] ことばと行動
言語の基礎から臨床まで
［編］一般社団法人 日本行動分析学会

行動分析学と言語の発達を知る上で必須の一冊が待望の復刊！　行動分析学という共通の枠組みの中で，理論，基礎，言語臨床への応用までを論じており，関連する学問領域の研究成果も検討し，行動分析学の観点からの展望やデータを提示する。臨床支援の具体的な技法や実践例（発達臨床における言語の早期療育，学校教育の中での言語指導，問題行動解決のための言語支援技法，脳障害のある人への言語療法における支援技法など）を示すことで，言語聴覚士，臨床心理士，公認心理師だけでなく，ヒューマンサービスの現場にいるあらゆる人に役立つ内容となっている。　　　　定価4,620円

親子で成長！
気になる子どものSST実践ガイド
［監修］山本淳一　作田亮一
［著］岡島純子　中村美奈子　加藤典子

「なかまプログラム」は，子どもにはソーシャルスキル・トレーニング（SST），保護者にはペアレント・トレーニングを実施する，短期集中型プログラムとして実践されてきた。本書では「なかまプログラム」の基本フォーマットを活かしながら，SSTのベースとなる応用行動分析（ABA）を丁寧に解説し，4人の登場人物（コダワリくん・ベタオドくん・グイオシちゃん・スルーくん）への支援をモデルに，子どもの気づきを促し行動を変容していくスキルをスモールステップで身につけていく。　　　定価2,860円

言語と行動の心理学
行動分析学をまなぶ
［編著］谷 晋二

わたしたちは言葉や行動をどうやって学んできたのか？──言葉は感情・行動・思考に大きな影響を与えていて，言葉がなければ感じることも考えることもむずかしい。にもかかわらず，言葉はまるで空気のように生活に浸透していて，言葉を定義するのはもっとむずかしい。行動分析学，機能的文脈主義，関係フレーム理論，そしてACT（アクセプタンス＆コミットメント・セラピー）が，この難問に答えを与えてくれる。ありふれた日々の出来事，カウンセリング現場，そして働くことを題材に，謎がいっぱいの「言語」と「行動」をまなぶ。　　　　　　　　　　　　　　　　　定価3,080円

価格は10%税込です。